脉望乡韵

Mai Wang Xiangyun

林彬 著

海峡出版发行集团
THE STRAITS PUBLISHING & DISTRIBUTING GROUP
福建人民出版社

图书在版编目（CIP）数据

脉望乡韵 / 林彬著 .-- 福州 : 福建人民出版社，2023.3

ISBN 978-7-211-08969-7

Ⅰ. ①脉⋯ Ⅱ. ①林⋯ Ⅲ. ①地方文化—长乐—通俗读物 Ⅳ . ① G127.574-49

中国版本图书馆 CIP 数据核字 (2022) 第 236358 号

脉望乡韵
MAI WANG XIANGYUN

作　　者：林　彬
责任编辑：何　欣　何　妍　林　婧
美术编辑：白　玫
责任校对：林乔楠
出版发行：福建人民出版社　　电　　话：0591-87533169（发行部）
网　　址：http://www.fjpph.com　　电子邮箱：fjpph7211@126.com
地　　址：福州市东水路 76 号　　邮　　编：350001
经　　销：福建新华发行（集团）有限责任公司
印　　刷：福州万达印刷有限公司
地　　址：福建省福州市闽侯县荆溪镇徐家村 166-1 号厂房第三层
开　　本：787 毫米 × 1092 毫米　1/16
印　　张：28.5
字　　数：430 千字
版　　次：2023 年 3 月第 1 版　　2023 年 3 月第 1 次印刷
书　　号：ISBN 978-7-211-08969-7
定　　价：108.00 元

目 录

政事之韵

经世之韵

文释之韵

域势之韵

政事之韵

知　韵

知人善任，一直是人才工作的重中之重。形成科学的识才“知韵”，必须进一步解放思想，更新观念，善于冲破一切妨碍人才快速成长的思想观念，革除一切束缚人才施展才华的陈规陋习，改变一切影响人才创业创新的氛围和环境，牢固树立科学的人才观。

树立以人为本的“知韵”理念。以人为本是科学发展观的本质和核心，也是我们必须始终坚持的一个重要执政理念。要做好人才工作，首先要明白人才在想什么、关心什么、需要什么。要从“以人为本”的角度出发，把促进“人的自由、全面发展”放在首位，把有利于发挥人的能力、作用，促进人的发展、成才作为我们制定人才政策的出发点和落脚点，充分理解各类人才的正当要求，充分考虑他们的需要，充分体现关心人、爱护人、理解人、信赖人的精神，使他们在不同的岗位上充分享有实现价值的满足感、贡献社会的成就感、得到社会承认的荣誉感，以充分调动人才的积极性、主动性和创造性。

树立人才是“第一资源”的“知韵”理念。人才是各种资源的开发者和利用者，是最宝贵的资源。随着知识经济的发展，人才资源已上升为一个国家或地区最重要的战略资源，是名副其实的第一资源。事实反复证明，凡是发展快、发展好的地区，都是人才工作搞得好的地区。为此，我们必须彻底扭转在人才认识上的一些陈旧和错误的观念。一是“见物不见人”的狭隘发展观。在有些部门、乡镇（街道）领导的头脑中，一谈到发展，首先想到的就是抓资金、抓项目，很少想到抓人才；舍得下气力招项目、引资金，却舍不得下气力招人才、引技术。这种“见物不见人”的观念是缺乏见识的表现。二是片面的人才成本观。有些部门单位在人才培养和职工培训上，只看到培养人才、引进人才要花钱，成本很大，却看不到人才自身的价值和人才创新所带来的巨大效益。三是急功近利的功利观。有些部门单位在用人上，不同程度地存在着重使用轻培养、重引进轻现有、重现成轻潜在的现象。其实，人才有其内在的成长规律，作为一种资源，我们对待人才，既要开发利用，也要涵养保护，既要用在当前，又要着眼长远，既不能竭泽而渔，更不能搞掠夺性使用。要坚持统筹发展的观点，既叫马儿跑，也让马儿多吃草，从而实现人才资源的合理开发与可持续利用。

树立人人成才的“知韵”理念。人人都可以成才，是科学人才观一个新的重大发展。树立人人都可以成才的观念，要破除对人才概念的狭隘理解。在一些人眼里，人才似乎很神秘，高不可攀，遥不可及；有的甚至只把那些顶尖人物、精英人物看作是人才，而把大量具有各种技能的人排除在人才之外。这种理解是片面的。事实上，人才是多层次的。能搞发明创造的是人才，具有一技之长的也是人才；有大才的是人才，有中才、有小才的也是人才。同样，人才的需求也是多方面的。既需要“高精尖”人才，也需要“短平快”人才；既需要“象牙塔”里的人才，也需要“泥土堆”里的人才。学历、职称、资历，虽然能在一定程度上说明一个人的知识层次，但毕竟是一些外在标志，而非本质的东西。看人才，关键要看业绩、看能力。“三百六十行，行行出状元”，只有打破旧的条条框框，做到不拘一格选人才，才能形成人才辈出、人尽其才的生动局面。

树立求贤若渴的“知韵”理念。要有刘备“三顾茅庐”“萧何月下追韩信”的求贤若渴精神，要放眼天下、广揽人才。现代社会条件下，人才具有很强的流动性、社会性和共享性。这就要求我们必须破除人才单位所有、地方所有的狭隘观念，树立不求所有、不求所在、但求所用的开放人才观。上海市把人才定义为“能为上海服务的人”，这种观念很值得我们学习和借鉴。海纳百川，体现在用才上要有宽阔胸怀，要包容人才、宽容人才。所谓包容，就是能容人之短、容人之过、容人之异。“骏马能历险，犁田不如牛；坚车能载重，渡河不如舟。”看待人才也是一样，要看主流、看长处、看发展。所谓宽容，是要宽容人才的失败。科学家也好，企业家也好，没有未经历过失败的。对人才，要以创新论英雄，既尊重人才在创新中的成功，又宽容他们在创新中的失败，鼓励人才敢为天下先，始终给勇于创新的人以信心和鼓励，让新思想、新知识、新技术、新产品获得生长和发育的良好土壤。

（2004 年 12 月 30 日）

廉　韵

学会鉴史和鉴人，对于每个党员干部，尤其是领导干部更好地落实党风廉政建设责任制，永葆共产党员的先进性，不仅具有十分重要的现实意义，而且才称得上真正是理解了“廉韵”的内涵。

以史为鉴，把握知兴替的“廉韵”。翻开中国历史，我们看到，自夏建国以来几千年的王朝更迭，因腐而败结果“人亡政息”的不乏其例。即便是如“文景之治”“贞观之治”“康乾盛世”这样的太平时期，最终也难逃因吏治腐败而衰亡的恶果。这就是所谓的“其兴也勃焉，其亡也忽焉”的“历史周期律”。由此，我想起这么一句话，叫作“三年清知府，十万雪花银”。这句话既是对古代贪官的一种讥讽，也是对今日干部的一种警示。深入解读这句话，不外乎有三层意思：一是初做官的人，开始想做清官，但时间长了便被官场腐败风气所同化，而由清变贪；二是一边做“清官”，一边捞“银子”，表里不一、言行不一；三是仅仅当了“三年知府”，捞了“十万雪花银”，就露了馅，被查办了。由“三年清知府”发轫，至“十万雪花银”翻车，凡此种种在历朝历代并不少见。我们常说“堡垒最容易从内部攻破”，又说“千里之堤，溃于蚁穴”，有这些大大小小、形形色色的“清知府”存在，那么出现“黄钟毁弃，瓦釜雷鸣；谗人高张，贤士无名”的现象也就可以理解了，至于改朝换代更是早晚之事。由此，才有了后来著名爱国人士黄炎培先生在延安与毛泽东主席就“历史周期律”问题展开的被称为“窑洞对”的讨论。讨论的结果是毛主席为此向全党同志推荐了郭沫若写的《甲申三百年祭》，告诫全党同志要汲取历史教训，警惕骄傲与腐败。从我们党的执政历程来看，正是由于我们善于从历史中总结教训，所以党始终把反腐倡廉作为党的生命线。历史经验告诉我们，只有以史为鉴，切实加强党风廉政建设和反腐败斗争，才能使我们党从根本上摆脱“历史周期律”的支配，经受住执政的考验。

以人为鉴，把握知得失的“廉韵”。有这么一组数字：1992年10月至2002年上半年，全国纪检监察机关共立案159万多件，25.9万多人被开除党籍。在受处分的党员干部中，仅县处级干部就有4.9万多人，地厅级以上干部有4100多人。透过这些数字，用四个字来概括就是“怵目惊心”，再用四个字概括就是“深感惋惜”。“怵目惊心”的是，在我们这个6800多万党员的执政党中，竟然有如此之众的人走上了与党、与人民为害、为敌的道路，给党和人民的利益造成了不可估量的损害。“深感惋惜”的是，在这些人当中，不乏曾经在革命和建设中的建功立业者，然而在市场经济大潮的冲击下，他们置国家法令与党的政策、人民的利益于不顾，拿人民赋予的权力做交易，中饱私囊，纵情挥霍，最终自取毁灭。如果大家稍加留意，或者敢于正视问题的话，就会发现，其实腐败离大家并不远，前车之覆，可以为鉴。从新中国建立初期的刘青山、张子善一案，到近年来一系列“老虎”“苍蝇”的落网，无不说明，领导干部一旦贪欲膨胀、利欲熏心，就会丧失理想信念，在金钱面前打败仗；一旦追逐名利、捞取功名，就会导致急功近利，贻误事业的发展；一旦恃权轻法、心存侥幸，就会触犯法律受到制裁，最终变成人民的罪人。“历览古今多少官，成由清廉败由贪。”以人为鉴，就需要我们每个党员干部通过警示教育，从中得到警醒和启发，时刻提醒自己，牢记一个共产党员的标准，从点点滴滴处严格要求自己，强化政治意识、大局意识、奉献意识、服务意识、勤政意识，忠实践行“三个代表”重要思想。

以慎为鉴，把握知细微的“廉韵”。以慎为鉴，应努力把好三个环节。一要思政。就是要树立正确的政绩观。不要一说政绩，就只谈发展。发展是政绩固然不假，但没有一个良好的发展环境和氛围，发展就只能是一时的，绝不可能长久。更何况贪官不除、吏治不清，发展的成果最终也会变成个人的囊中之物。所以，各级各部门“一把手”一定要树立科学的政绩观，要有“发展是政绩，反腐倡廉也是政绩”的意识，切实把党风廉政建设和反腐败斗争摆上重要议事日程，常抓不懈、久久为功。二要善权。就是要树立正确的权力观。唐代白居易在出任陕西周至县尉时，目睹农民们冒着酷暑割麦的情景，感慨万千，挥笔写下了著名的《观刈麦》：“……今我何功德，曾不事农桑。吏禄三百石，岁晏有余粮。念此私自愧，尽日不能忘。”“有愧”两个字，就是白居易权力观的最好写照。为官者，手里掌握着部分权力，但是，无论你职务高低、权力大小，都是人民的公仆。没有人民群众日复一日的艰苦劳动和辛勤耕耘，当官的哪有“吏禄”和“余粮”可言？因此，人民是我们的衣食父母，我们每个党员干部都要经常想一想：权力到底是谁给的？应该干什么？自己的言行举止是否“有愧”于人民群众？实践证明，为官者对自己的权力、地位乃至所作所为有无“愧疚”之心，是能否保持清醒的头脑，挡得住诱惑，经得起考验的关键所在。三要慎独。《礼记 · 中庸》说：“君子戒慎乎其所不睹，恐惧乎其所不闻，莫见乎隐，莫显乎微，故君子慎其独也。”意思是说，品德高尚的人，即使是在别人看不见听不到的时候、在闲居独处的情况下，也都小心谨慎，严格要求自己，使自己的言论和行为符合道德规范。要达到慎独的境界，就要从“隐”和“微”处着手，从小事做起，“积小善而成大德”，“勿以善小而不为，勿以恶小而为之”，培养自己优秀的道德品行。要做到慎独的境界，就必须自觉履行各种道德规范，使之成为一种行为习惯；就应该像古人说的那样“君子不欺暗室”，无论什么时候，无论干什么，都要做到有人知道与无人知道一个样、有人管与无人管一个样、有人监督与无人监督一个样。

（2005 年 1 月 20 日）

戎　韵

征兵工作是一项常规性工作，虽年年一样，但也岁岁不同。面对新情况、新任务，要与时俱进地认识与把握征兵工作的特点，以更高的标准、更严的要求全力做好征兵工作，保质保量完成征兵任务，向部队输送更多更好的优秀兵员，为军队现代化建设、为国家长治久安做出应有贡献，也才算是把握住了新时代征兵工作的“戎韵”。

居“安”不忘“思危”。征兵工作是一项基础性、全局性和战略性的重要工作，也是地方政府和政府各部门义不容辞的法定职责和神圣义务，直接关系到国防和军队现代化建设，直接关系到国家的长治久安。当今时代，和平与发展是主题，但新形势下国际霸权主义、单边主义有新的发展，局部战争仍不断发生，台海局势也并不平静。天下虽安，忘战必危。长乐地处我国改革开放和对台工作两个“第一线”，抓好征兵工作，对长乐而言意义更为重大。长乐多次荣获“福建省双拥模范城”和“全国双拥模范城”称号，素有拥军优属、拥政爱民的光荣传统。抓好征兵工作，也是不断巩固提升“全国双拥模范城”工作水平的客观需要与重要体现。

居“高”不忘“服务”。做好征兵工作，要力戒形式主义或眼高手低，主要领导必须亲自抓、负总责，构建形成“党委政府牵头，以块为主、条条尽责”的征兵工作格局。同时，各级征兵领导小组要领导有力、协调有力、督导有力、保障有力，充分发挥牵头、协调、督导、服务等职能作用，确保征兵工作顺利推进，圆满完成。各有关职能部门要切实按照职责分工，各尽其职，各负其责，加强协作，强化服务，形成合力。尤其是公安部门要按照政治审查标准办法，“严而又严、细而又细”，严把政治审查关，确保征集到的新兵政治上纯洁可靠。卫生部门要严格按照《应征公民体格检查标准》《应征公民体格检查办法》和《关于征兵体检有关问题的通知》要求，认真组织新兵体检，严格把好新兵身体质量关。教育部门要积极动员高中毕业以上文化程度的适龄青年，尤其要动员待分配大中专毕业生、高等院校在校生和在各类高考补习班学习的适龄青年报名应征，加强对应征公民学历和在校表现的审查，把好新兵文化质量关。民政部门要结合征兵工作开展拥军优属活动，认真抓好优抚安置政策兑现落实，解决应征青年的后顾之忧。人事部门要组织动员大专以上毕业待分配生报名应征，妥善帮助解决有关安置问题。交通部门要严密组织好新兵运输，保证新兵按时、安全到达部队。财政部门要按时足额划拨征兵经费，确保征兵工作顺利开展。各级各部门要切实按照市里安排，挑选政治思想好、工作责任心强、有征兵工作经验的干部脱产参加征兵工作，征兵未结束原单位不得召回。征兵工作期间，各级征兵办要强化工作落实的检查、督导，确保工作责任到位、任务完成到位。

居"多"不忘"监督"。面对纷繁复杂的工作，在保证兵员数量的同时，必须切实保证和提高兵员质量，这是检验征兵工作成败的核心标准。要全面、坚决、认真地执行国务院、中央军委的征兵命令和有关征兵政策规定，切实把好征兵的政审、体检、文化和定兵关，不得以任何理由搞变通、打折扣，擅自放宽条件、降低标准。要加强对具体征兵工作人员的政策、业务培训，认真学习领会征兵命令和有关征兵政策规定，确保全面理解、正确把握、规范执行，真正把最优秀的青年送到部队中。要坚持廉洁征兵，进一步完善监督机制，增加征兵工作透明度，自觉接受社会和群众的监督，以公开保公正，以公正保质量，切实防止和纠正征兵工作中的不正之风。

居"然"不忘"实效"。作为一项常规、常态的工作，征兵工作有其自身的规律和特点。如何形成长效机制？既要顺其自然，又要有所创新。特别是在宣传工作上，要在全社会努力形成"一人参军，全家光荣"的良好氛围。和平时期和市场经济条件下，相当一部分群众的国防观念还比较淡薄，加强国防教育和征兵宣传就显得更为必要。大张旗鼓、旗帜鲜明地把征兵宣传教育作为当前思想政治宣传教育和公民道德建设的重要工作，认真谋划，统筹安排，营造浓厚、良好的征兵氛围，激励、引导更多的适龄青年应征入伍、从戎报国。特别是要突出兵役法规的宣传教育，大力宣传公民依法服兵役的义务和应享有的权利，讲清拒绝、逃避服兵役必将受到法律制裁的道理，从而在全社会形成“依法服兵役光荣，违法逃避服兵役可耻”的强烈氛围。同时，多层面介绍军队大熔炉良好的育人环境，集中宣扬报道一批长乐籍官兵在军营中锻炼成才的典型事例，进一步激发广大适龄青年参军报国的热情。

（2006 年 10 月 17 日）

心　韵

中华民族的历史是一部不断进步的历史，同时也是一部思想不断解放的历史。回顾历史的进程，我们可以发现，在历次重大的社会变革和思想演进过程中，记者在思想解放的历史舞台上扮演着重要的角色，记者所承担的社会宣传舆论工作发挥着极其重要的主导作用。新时代是奋斗者的时代，是新闻舆论工作大有可为和新闻工作者奋发有为的时代。面对我们所处的这个伟大时代和所要完成的历史重任，作为新闻工作者应当养成树立“六心”、当好“六者”的心韵。

忠心：当好党和政府的宣传者。新闻工作者一定要始终不渝地坚持党性原则，保持清醒的政治头脑，不但要遵循社会主义市场经济规律，更要坚持正确的舆论导向。要有高度的政治敏感性，坚持团结、稳定、鼓劲的正面宣传方针，审时度势，顾全大局，做到大事面前不糊涂、关键时刻不动摇。要正确运用新闻工具，准确、鲜明地宣传党和政府的方针政策，生动展现各级党政干部执政为民的实践，深刻反映社会发展变化，为各项重点工作和发展大局创造良好的舆论氛围，帮助广大干部群众认清形势、振奋精神、坚定信心，自觉地把个人理想融入建设中国特色社会主义的共同理想之中，把个人奋斗融入民族振兴的共同奋斗之中。为此，在任何时候、任何情况下都要谨记：党管新闻的根本原则不能变，指导意识形态工作的方针不能变，坚持正确的舆论导向和时代旋律不能变。当前，长乐的主旋律就是围绕“增强城市意识，建设海西窗口”的目标，努力实现追赶型、跨越式、超常规发展；就是坚持以经济建设为中心，努力推进新农村建设、构建和谐社会。全区各新闻媒体要与区委、区政府同心协力、同频共振，为长乐更快更好地发展摇旗呐喊，把全区干群的注意力和兴奋点引导到长乐发展的伟大征程上来，引导干部群众强化共识，形成合力，做到心往一处想、劲往一处使，促进党群、政群、干群关系的融洽。

热心：当好人民群众的代言者。古人说："涉浅水者得虾，其颇深者察鱼鳖，其尤深者观蛟龙。"新闻工作从本质上讲，就是最大限度地反映人民群众的生活和实践，最大限度地反映人民群众的愿望和要求。对于广大新闻工作者来说，要当好人民群众的代言人，就必须贴近实际、贴近生活、贴近群众，深入实际、深入生活、深入群众，多做调查研究工作，多掌握第一手材料，多反映人民群众社会实践中生动、鲜活的新闻，否则只能落得"徒有羡鱼情"的境地。新闻是一项需要沟通的职业，研究受众才能了解受众，贴近受众才能赢得受众。人民记者为人民，新闻工作者要与时代同行、与人民共进，就需要在新闻实践中，贴近人民群众，关注弱势人群，及时报道人民群众的生动实践和精神风貌，多到群众最需要关心的地方去挖掘新闻，把镜头对准基层，把版面留给群众，及时发现基层群众的实际困难，及时传递群众的愿望和要求，多做得人心、暖人心的工作，多做增进团结、增进理解的工作。真正把体现党的意志与反映人民心声统一起来，推动新闻工作取得更大实效。要切实转变新闻报道的作风，把过去记者一味围着会场转、围着领导干部身后转，转变为围着党和政府的中心转、围着基层群众的需求转，通过记者的报道、记者的屏幕，架起党和政府与人民群众沟通的桥梁，让领导干部在第一时间关注到民计、民生，想方设法去解决群众的疾苦。

忧心：当好和谐社会的守望者。新闻工作者肩负着维护社会和谐稳定的重大责任，新闻工作者对宣传报道把得准，就能凝聚人心、振奋精神、团结鼓劲；反之，就会混淆视听、误导添乱。特别是当前长乐正处于经济社会快速发展的关键期，海西窗口建设、新农村建设、和谐社会建设等各项工作千头万绪，在这个过程中，将不可避免地产生各种矛盾与冲突，并在不同程度上影响社会的稳定与和谐。广大新闻工作者作为社会和谐的守望者，应该以维护社会和谐稳定为己任，一方面，要在把好舆论导向上做到导之有责。具体到新闻工作者身上，就是要听从党和政府的“招呼”，坚持一切工作服从于、有利于经济发展和社会稳定，有利于稳定的就多做、努力去做；不利于稳定的坚决不做、避免去做。另一方面，要在把好舆论导向上做到导之有方。面对社会发展过程中出现的新情况、新变化、新问题，广大新闻工作者要学会从“度”上把握宣传工作的重点和方向。什么时候需要旗帜鲜明，什么时候需要藏而不露；什么时候需要单刀直入，什么时候需要委婉吞吐；什么时候需要浓墨重彩，什么时候需要轻描淡写；什么时候需要大开大合，什么时候需要以小见大；什么时候需要大张旗鼓，什么时候需要点到为止；什么时候需要“大弦嘈嘈”，什么时候需要“小弦切切”，等等，都应当根据实际情况和不同对象，根据时间、地点、条件随机应变、灵活运用，真正使正确的舆论入耳、入脑、入心，为广大群众所欣然接受，为和谐长乐建设摇旗呐喊。

公心：当好长乐历史的记录者。中国人历来有由当代人将当时发生的事件记录下来，以便以史为鉴的传统。在当今时代，改革开放和社会主义现代化建设是大众的事业，亿万工农群众、专业人员、企业家、政治家参与了这一事业，而最适合将他们的辉煌业绩和失败挫折记录下来的人莫过于记者，莫过于现代社会中的“无冕之王”——新闻工作者。可以说，今天的新闻就是明天的历史，记者的使命就是做历史忠实的记录者。记者应当具有“为历史打工”的责任感和荣誉感，给后人留下可资镜鉴的信史，而非稗史逸闻。为此，作为一名新闻工作者，也是一名长乐历史的记录者和见证者，广大记者们肩负着光荣而神圣的使命，要正确地开展舆论监督工作，正确地记载长乐各个历史阶段发生的大事、要事，要在舆论监督和历史记录中体现真实，要坚持公正、透明，站在公众利益的立场上，实事求是地反映客观事物，让读者了解事情的真相，避免任意夸大、缩小甚至歪曲事实真相的报道。特别是在遇到错综复杂的矛盾纠纷时，必须严格要求自己，排除各种偏见，客观报道事实。

清心：当好思想教育的启蒙者。新闻工作者也是思想教育工作者，承担着用正确的舆论引导人、用优秀的作品教育人的重任。教育者必须先受教育，应该为人师表，应该具有良好的思想道德素养，应该是“一个高尚的人、一个纯粹的人、一个有道德的人、一个脱离低级趣味的人、一个有益于人民的人”，否则就无法承担教育者的重任。因此，新闻工作者首先要把自己武装好、塑造好。要坚持用马克思主义的新闻观来看待新闻工作，认识新闻现象，确立符合人民利益、符合辩证唯物主义和历史唯物主义的职业观念和职业态度，培养符合社会需要和新闻传播自身规范的职业情感和职业作风，不断提高新闻宣传的公信力。当前，在社会主义市场经济制度还不完善的情况下，广大新闻工作者一定要洁身自爱，牢固树立“八荣八耻”的荣辱观，不断强化新闻职业道德教育。新闻工作者的职业道德是每一个新闻工作者都必须遵守的道德操守。强化新闻职业道德，既是提高新闻工作者思想情操和道德水准的需要，也是保持新闻工作者队伍纯洁的必然要求，更是改进和加强新闻队伍作风建设、树立新闻队伍良好形象的一项长期任务。广大新闻工作者一定要坚持党性原则、坚持正确导向、坚持实事求是的新闻职业精神，切实遵守敬业奉献、诚实公正、清正廉洁、团结协作、严守法纪的新闻职业道德。要甘于淡泊，守得住清贫；要恪尽职守，耐得住寂寞；要净化心灵，抵得住诱惑；要防微杜渐，守得住小节。要自觉维护新闻工作的崇高声誉和新闻工作者的良好形象，做到政治强、业务精、纪律严、作风正，真正体现出文风与作风的统一、文格与人格的统一、作品与人品的统一。

用心：当好学有所长的践行者。新闻工作者是学有专长、术有专攻的专业工作者，社会瞬息万变，知识日新月异，新闻工作者要适应新形势，必须人人学习、终身学习、快速学习，掌握专业的手段和专业的技能，熟练掌握新闻工作的十八般武艺，与日新月异的时代一起前进。为此，全体新闻工作者一定要有强烈的紧迫感和学习意识，利用多种形式进行学习，不断丰富和调整自己的知识结构。一方面，要学有专长。新闻业务是一门专业性很强的工作，有着与其他体裁不同的特点，有着自己特殊的要求和内在规律，只有熟悉新闻媒体的运作规律，才能很快地进入角色，很快适应媒体工作的需要，使自己的采访、报道、评述和信息传播尽善尽美。因此，新闻工作者要以只争朝夕的精神、滴水穿石的毅力，勤于学习、敏于求知，掌握好专业的手段和专业的技能，不断提高自己的理论政策水平和专业知识素养，以适应不断发展变化的新形势。另一方面，要博学多才。当今的社会在飞速发展，知识更新的频率也在不断加速，没有良好的知识储备，新闻工作者即使是“巧妇”也难为“无米之炊”，更无从谈起做优秀的新闻报道。只有博学多才、厚积薄发，才能妙笔生花，才能下笔如有神，才能写出许多名篇佳作。因此，新闻工作者要广泛涉猎科学、经济、历史、文化、社会实践等多方面的知识，不断更新知识结构、拓展知识面，力争当一名上晓天文、下知地理，博古通今、博学多才的“杂家”。

（2006 年 11 月 8 日）

宣 韵

“记者”在《现代汉语词典》（第 7 版）里的解释是：“通讯社、报刊、广播电台、电视台等采访新闻和写通讯报道的专职人员。”这是站在现代角度对“记者”身份做出的诠释。综观古今，我们可以发现，在历史上，“记者”含义更为广泛，他们担当着“记载史事、记忆史实、记录史料、记取史训、记述史诗”的重要职责。时至今日，我国专门为行业设立的节日也只有“记者节”“教师节”“护士节”，由此可见记者地位的突出和责任的重大，亦可窥见“宣韵”之本质。

要讷其言。古人云：“君子讷于言而敏于行。”可见，“讷其言”在前，“敏其行”在后。所谓“讷其言”，就是指要谨慎说话，不可无中生有。要做到“讷其言”，一方面，要言必由衷。我们看到，从“百家争鸣”到“真理标准问题大讨论”，每一次思想论争中，思想家们都力求通过不同的舆论渠道，使更多的大众接受并认同自身的观念。要达到这种效果，前提是必须把最本质、最关键的东西传播给大家。换言之，就是要说到点子上、说到要害处。所以，才有了孔子的“学而优则仕”、荀子的“人定胜天”、孟子的“万物皆备于我”等论述。作为新闻工作者，在宣传实践中，要取信于民，同样需要做到言必由衷，坚持“用事实说话”，不讲言而无物的空话、哗众取宠的大话、敷衍了事的套话、言不达意的废话和油腔滑调的假话。另一方面，要言为心声。语言是思想的外壳，是心灵的写照，是情感的流露。正是由于人的思想大部分是通过语言表达出来的，今天我们才有幸能够穿越时空，从历朝历代那些思想家、哲学家和政论家留下的鸿篇巨制或只言片语中领略到他们的真知灼见。作为新闻工作者，要感动别人，先要感动自己。所谓的“言为心声”，具体到工作中，就是要做到言之有情、言之有理，把真实情感融入自己的新闻报道中，才能感动读者或观众。再一方面，要言简意赅。历史经验告诉我们，不管是社会变革还是思想解放，人民群众始终都是起决定作用的力量。这就决定了我们的宣传方式不能只追求“阳春白雪”，还要兼顾“下里巴人”。面对普通大众，新闻工作者同样要掌握说话的艺术，既要生动准确，又要通俗易懂，尽量做到言简意赅，这样的言谈话语，才更有语言美的无穷魅力，才更能赢得群众的欢迎。

要敏其行。所谓“敏其行”，就是指反应迅速、行动敏捷，具备敏锐的洞察力、敏捷的反应力和敏感的捕捉力。要做到“敏其行”，一方面，要坚持千里之行。“千里之行，始于足下。”在这方面，孔子可以说是一个典范。没有他周游列国的传道，就没有儒家思想的广为流传。古人说，“读万卷书不如行万里路”，这是因为理论是死的，而实践是活的，只有通过实践才能辨别出理论的真伪。对于新闻工作者而言，就是不能闭门造车，要坚持到基层和群众中，通过自身的实践去获取真知、增长才干。另一方面，要坚持规矩之行。孔子说过“七十而从心所欲不逾矩”，言中之义关键在于“矩”是什么。对一般人而言，这个“矩”就是为人处世的原则和应当遵守的准则。对于新闻工作者来说，这个“矩”就是新闻宣传工作必须坚持的行规行矩或者说是规章制度。不能因为自己是“无冕之王”，就可以不受约束、不听招呼、我行我素。再一方面，要坚持“三人之行”。所谓“三人行，必有我师焉”，体现的是一种谦虚的品格和好学的态度。作为一名新闻工作者，要想走在同行之首、时代前列，更应该具备向同行、向他人学习的谦虚品格，不能同行相轻，要善于取他人之长，补自己之短，在学习中不断提高自身的从业素质和工作能力，使自己成长为一名合格的新闻工作者。

要正其论。所谓“明其义，正其论”，就是说，只有正确认识事物的本质，才能确保得出正确的论点。要做到“正其论”，一方面，要避免就事论事。新闻工作者不能用经验替代不断变化的实情、用事先定下的口径来反映真实的民情民心，要加强调查研究，既要会微观地分析把握事物，又要能宏观地判断事物，力求从总体上、本质上以及发展趋势上把握事物的真实性，尽可能地将事物的内在联系反映给广大群众，让广大群众更加明白、更加理解。另一方面，要注意舆论立论。解放战争时期，新华社发表的一系列新闻评论，不仅短小精悍，而且生动别致，让人读来兴味盎然。这些由毛泽东同志亲自撰写的评论广征博引、妙趣横生，读之如行云流水、听之如金声玉振。把新闻评论写得生动有趣，起点高、立意新，不但是必要的，也是必需的。这既是读者的需要，也是新闻工作者工作水平的反映。再一方面，要避免政治“论战”。新闻工作者在新闻宣传中要始终抱着对党和对人民负责的态度，符合党和人民利益的东西要满怀深情地报道宣传。而对于复杂的社会问题，要以清醒的政治头脑和政治责任感去处理它，要服从和服务于大局，注意把握话说分寸、把准政治方向，避免出现政治“论战”。

要导其向。所谓“驭其辔，导其向”，是指国家的统治者，在“治国平天下”的过程中，要像精湛的骑手驾驭马匹一样，善于引导民意、把握时局。要做到“导其向”，一方面，要把好导向。历史上的每一次思想解放，都主导了人们思想观念的更新，并进而推动了社会的变革和时代的进步。新闻舆论工作是党和国家前途命运所系的工作，舆论导向正确是党和人民之福，舆论导向错误是党和人民之祸。牢牢把握正确舆论导向，始终是新闻宣传中最重要的责任，必须始终坚持以正确的舆论引导人，决不能给人以误导、偏导和错导。另一方面，要把对风向。高格调、高品位能激发人的斗志、振奋人的精神，给人们送去凉爽的清风；低格调、低品位会涣散人的斗志、麻痹人的精神，给人们灌输丑陋污秽的东西。我们提倡百花齐放，同时旗帜鲜明地反对鱼目混珠。作为新闻工作者，在把对风向上，要坚持思想性、艺术性、观赏性的统一，做到雅俗共赏、人民群众喜闻乐见。再一方面，要把正志向。新闻工作是一项神圣的职业，新闻工作者要学会正确对待名和利，使自己始终恪守新闻工作的职业操守，不滥用、乱用自己手中的舆论工具，避免帮了他人的忙、添了宣传的乱、坏了自身的名。

要合其力。所谓“合其力”，就是要借助舆论宣传的力量号召民众，使主流思想发挥最大的作用，从而更好地推动社会发展、时代进步。要做到“合其力”，一方面，要力所能及。历史经验告诉我们，大凡历史处于平稳发展时期，人们的认识就容易出现脱离实际、不负责任地坐而论道的倾向，这种倾向往往在政治实践上造成巨大的失误并导致民族危机。正所谓“空谈误国，实干兴邦”，处于当前这样一个和谐稳定的社会环境中，新闻工作者在宣传报道过程中，更要脚踏实地，力所能及地展示新闻故事的真实面目，而不能夸夸其谈、言之无物。另一方面，要力持正义。五四运动的主旨就是宣传民主与科学。提倡民主旨在阻止人性恶之展开，保护社会上的其他性善之人，宣传科学则是为了改变愚昧。在这个过程中，社会舆论宣传力量所表现出的伸张正义的历史价值和思想魅力至今仍然为人所称道。因此，作为一名新时期的新闻工作者，必须继续秉承民主、科学之精神，运用新闻自由这种宪法赋予的武器去促进社会公平、伸张社会正义，促进社会发展和人类进步，而不制造社会混乱。再一方面，要力争上游。历史上的四次思想大解放，无不是突破落后思想禁锢、传播先进思想、促进人们思想的觉醒、推动社会的发展和进步。时代前进需要一种向上的主流思想来引领，社会发展需要一股强大的精神力量来推动。今天，再次从政治的高度认识宣传工作，以免重蹈历史覆辙，是历史摆在广大新闻工作者面前的一个重大任务。作为社会宣传的中坚力量，新闻工作者们走在时代的前沿，肩负着推动社会进步的重任，应当实事求是地宣传党的纲领、路线、方针、政策，做好重大政策法规解读，以及党和政府重大部署的报道，并做到量足、质高。

（2006 年 11 月 8 日）

协　韵

政协委员是政协工作的主体。政协的整体作用离不开每位委员的积极性、主动性和创造性的有效发挥，政协的一切成就都离不开委员的智慧和创造。因此，作为一名政协委员，既要有光荣感、自豪性，更应有责任感、使命感，决不辜负人民群众的信任和期望，不辜负社会各界的重托，做到无愧于组织、无愧于时代，也无愧于对“协韵”的把握。

当一个讲政治的委员。讲政治是对政协班子和成员的根本要求。讲政治，每个政协委员必须坚持做到：首先，在政治上把握好自己。政协每一位成员，都应不断增强政治敏锐性、政治鉴别力和政治坚定性，善于从政治上、全局上考虑问题，坚定政治信仰，坚决抵制各种错误思潮和反动政治观点的影响，经得住各种政治风浪的考验。要自觉维护党的领导，自觉服从党委的领导，在依法履行职责的过程中，坚决执行上级党委的决定，保证和促进党委和政府各项重大政策措施的贯彻执行。其次，在思想上把握好自己。要端正对理论重要性的认识，看到理论对提高思想政治素养、分清重大是非、提高处理复杂事务能力的作用，以高度的责任感和使命感努力培养自己的理论学习兴趣。培养理论学习的兴趣，必须从政治的高度、大局的高度、事关执政党执政能力的提高和执政地位的巩固的高度来看待学习，增强责任感和使命感，提高理论学习的主动性、自觉性。各政协委员只有培养与具备党的目标要求相一致的思想道德素质，才能为自己的工作生活、立身做人指引正确的方向。再次，在品格上把握好自己。要始终保持清醒的政治头脑，哪些事不该做，哪些地方不该去，哪些人不能交，都要做到心中有数，把握得很严格才行，真正做“一个高尚的人，一个纯粹的人，一个有道德的人，一个脱离了低级趣味的人，一个有益于人民的人”。

当一个增团结的委员。团结，对于政协班子来说，是全部战斗力的基础；对于每一个政协委员来说，是觉悟高的体现。把各方面的人团结起来，把各种力量凝聚起来，为推进经济社会发展增添新的力量，做出新的贡献，这是每个政协委员肩负的历史责任。增团结，要增进政协班子成员的凝聚力。每一位政协班子成员，都需有一颗胸怀全局的团结心和容人、容言、容事的气度，争做团结的表率。要以人民的利益、长乐的发展为重，通力协作、以诚相见，自觉维护班子的团结，做到思想上合心、工作上合力、行动上合拍。要通过各种形式，加强委员之间、委员与群众之间、上下之间的联系，以增进了解，加深理解，消除误解，促进团结。增团结，要增进广大人民群众的凝聚力。政协委员来自社会各个层次、各个行业，与各界群众有着天然密切联系，既能反映群众在社会主义各项事业建设中的意见和呼声，又便于做好理顺情绪、化解矛盾的工作，能在凝聚人心、增强共识、维护稳定、促进团结方面发挥独特的作用。各政协委员要高举团结的旗帜，发挥政协的优势，做好宣传群众、教育群众的工作，做好团结鼓劲、凝聚人心的工作，在长乐上下形成一股团结一心、群策群力推动发展的巨大力量。增团结，要增进各界人士的凝聚力。各政协委员要坚持大团结、大联合，充分发挥政协沟通情感、联络友谊、凝聚人心方面的优势，认真做好联系人、团结人的工作，促进不同党派、不同信仰、不同民族、不同界别之间的共同合作。要继续开展多层次、多渠道、多形式的联谊工作，加强港澳台同胞、海外侨胞和国际友人的联系与沟通，广交朋友，坚持做到对人对事谦逊平和、不计得失、求同存异，通过尊重理解、体谅包容，联系各界、团结各方，把一切积极因素、创业热情和智慧力量都挖掘出来、调动起来，统一到加快发展的大目标上来，促进大团结、大联合、大发展生动局面的形成。

当一个懂民主的委员。民主是人民政协继往开来的方向和使命。要坚持民主主题。人民政协是中国共产党领导的发扬民主与促进团结相统一的政治组织。因此，每个政协委员应清楚地认识到，只有坚持民主主题，充分发扬人民民主，在民主政治中求同存异，才有利于政协为各党派、团体、界别提供参政议政的舞台，才能更好地反映各界别群众的利益和意见，在发扬民主的过程中巩固和发展团结稳定的政治局面。要营造民主氛围。要搞好政协班子的团结，关键是要坚持和贯彻民主集中制原则，在班子内部营造浓郁的民主氛围。各政协委员，尤其是新成员，要始终把握好在集中领导下的民主、民主基础上的集中、集中以后的执行三个环节，对事关全局的重大问题，既要注意广泛听取各方面的意见和建议，集中广大干部群众的智慧，实现决策的民主化、科学化，又要敢于和善于集中，该决断的要决断，不能议而不决、决而不行。凡是领导班子集体讨论决定的，就要不折不扣地贯彻落实，决不能我行我素、各行其是。班子成员要互相信任、互相谅解、互相支持、互相帮助、互助监督，形成团结一致干事创业的良好局面。要畅通民主渠道。要尊重和保障各界代表人士充分发表意见的权利，搞好以协商讨论和批评建议为主要形式的民主监督，使各族各界人士的意愿和要求，能够通过政协组织得到充分表达，使得社会各个阶层、各种利益群体的矛盾都能纳入到民主法治渠道中来解决。

当一个促和谐的委员。人民政协由各党派团体和各族各界人士组成，具有广泛的代表性和政治上的包容性，是促进发展、维护社会政治稳定的重要力量，在构建社会主义和谐社会具有特殊的重要作用和优势。各政协委员要充分发挥这一优势，在推进和谐社会建设过程中，主动当好“三员”：一是当好宣传员。政协委员来自社会各界，不仅在各个领域具有相当的影响，是事业的领军人物，还掌握丰富的专业知识，了解情况比较全面，与群众联系也比较密切，群众十分信任，在传达“上情”方面具有得天独厚的优势。因此，广大政协委员，在自己所联系的界别群众中，要积极宣传党的路线、方针、政策，地方党政的重大决策部署和所在系统的形势动态，以及本领域对群众有用的一些基本知识、健康的生活常识，使群众及时知晓“上情”、了解“行情”、熟悉“人情”。要多讲鼓舞人心、激励斗志的话，多讲增进团结、利于稳定的话。这样才能更好地统一认识、坚定信心，以良好的精神状态，去迎接各种困难和挑战。二是当好调解员。

要针对当前社会上存在的影响稳定的突出问题，组织深入调研，为维护社会稳定出主意、谋良策，积极协助党和政府做好协调关系、化解矛盾、理顺情绪的工作。要及时了解社会生活中的重要情况和群众关注的热点问题，深入基层，联系群众，如实反映人民群众的意见、愿望和要求，帮助群众排忧解难，促进群众间的相互理解和沟通，维护社会的和谐稳定。三是当好参谋员。作为各行各业精英的各级政协委员，要主动为党委和政府分忧、为人民群众解难。要牢牢把握住构建和谐社会这个时代主题，紧紧围绕经济社会各项事业建设、党政中心和群众关注的社会热点、难点、焦点问题，通过调研、视察、座谈、提案等形式建言献策，发挥好参谋和助手的作用。

当一个会协商的委员。政治协商是发展社会主义民主政治的重要内容，也是党委、政府实行科学民主决策的重要环节。会协商，要求每个政协委员在政治协商上要规范内容、严格程序、讲究方法。在协商内容上，要突出对事关发展全局的重大问题的协商，要根据党委、政府的工作部署，围绕经济社会发展中的宏观性、前瞻性、战略性问题，制约经济发展的难点问题，以及人民群众普遍关心的热点、难点问题，来选择课题，本着少而精的原则，搞好政治协商。在协商方式上，要自觉把问题放到大局中去思考，放到事物发展的总趋势中去把握，注重发扬民主、广开言路，为各党派团体、各族各界人士提供一个充分发表意见的渠道。同时要在协商中强化服务意识，多做帮忙、协调、解释工作，切实做到“尽职而不越位，帮忙而不添乱，切实而不表面”。在协商程序上，要在党委的领导下，进一步完善履行政治协商职能的制度规范和实施细则，特别要在如何搞好协商前的调研论证上多想办法、多下功夫，努力向党委、政府提供有价值的协商意见。要在已有协商制度和做法的基础上，进一步改进和完善协商的形式，采取大范围讨论、小范围座谈、公开协商、内部沟通、专题约谈等灵活多样的办法，使协商活动开展得更加活泼、卓有成效。

当一个议大事的委员。知情是参政议政的重要前提和基础，不知情，参政就难以参到点子上、议政就难以议到关键处。要知下情。没有调查就没有发言权，各政协委员只有深入实际调查研究，才能真正做到“参政参实，议政议实，谏言谏实”。各政协委员要力戒虚名注重实际、力戒空谈注重实干、力戒浮夸注重实效，一定要到实践中去，到群众中去，了解真实情况，体察民情，倾听群众呼声，提出符合民意、反映民声的意见和建议，为市委和市政府决策提供真实情况与科学依据，把智力密集、联系面广的优势转化为促进改革与发展的强大动力。要知上情。要关心国家大事、时事政治，熟悉党和国家的有关方针政策及工作部署，多阅读一些全国性的报刊，及时了解我国在改革开放、经济建设等方面取得的新成就，各相关行业在国内、国际最新发展动态，等等。这样参政议政才能有高度、广度和深度。要知市情。各政协委员要准确把握市政协会议精神，积极参加政协组织的各种会议和活动，阅读政协为委员订发的有关学习资料，及时掌握全市大政方针、重点工作和经济及社会各项事业发展动态，只有这样，才能使参政议政更符合实际，问题反映得准确，提出的意见和建议有情况、有观点、有分量，体现前瞻性和可行性。

当一个善监督的委员。民主监督是政协的三大职能之一，也是建设社会主义政治文明的重要手段。所以说，在某些方面，政协委员就是监督员。善监督，要求每个政协委员要适应形势的需要，按照政协章程的要求，加大监督力度。一方面，要将发挥主观能动性和尊重客观事实规律相结合。政协进行民主监督没有硬性指标和任务，弹性较大。这就要求每个委员要更好地发挥主观能动性，对需要监督的内容进行认真分析、综合、归纳、汇总和取舍；同时，又要注意尊重客观事实和规律，无论是提出批评、建议或意见，都要从实际出发，坚持实事求是。另一方面，要将敢于监督和善于监督相结合。所谓敢于监督，就是以对党和人民的事业负责的态度，遇到问题敢于直谏，大胆陈述自己或政协组织的意见。所谓善于监督，就是要善于听取群众呼声，善于发现问题，善于分析研究解决问题的办法，通过监督，促进有关工作的落实。再一方面，要将政协的监督与行政监督、法律监督、舆论监督等相结合。政协委员的监督不能漫无边际，好高骛远，应“靠船下篙”，要让政府及有关方面觉得监督是“补台”，不是出难题，既是严厉的，也是温暖的，既是有分量的，也是经过努力可以办到的，这样的监督才能有助于问题的解决和提高政协的威信。

当一个有形象的委员。政协委员不仅是一种荣誉，也是一种使命，更是一种责任。要经常想想自己的身份，看看自己的言行，一举一动、一言一行都要无愧于政协委员的光荣称号，用自己的实际行动在自己的工作岗位上争当先进代表，树立自己的威望，维护政协组织的形象。要做讲道德的表率。作为政协委员，应该具有高尚的精神境界和完美的道德情操，应该具有正确的价值取向和行为准则，应该具有较高的科学文化素养和思想道德素质。我们倡导群众讲诚信，政协委员首先要讲诚信；要求群众讲廉耻，政协委员首先要懂荣辱。在这个问题上，人民政协要敢为人先、知荣弃耻、褒荣贬耻、扬荣抑耻，才能明荣辱之分、做当荣之事、拒为辱之行，才能更好地凝聚人心，提升境界，激发活力，形成良好的社会风气和适应经济社会发展的道德体系。要做讲务实的表率。求真务实的作风是抓好各项工作落实的关键。如果没有求真务实的作风，再好的思路也难以落实，再宏伟的目标也无法实现。作为人民寄予厚望的新一届政协班子的全体成员要集中精力议大事、抓大事，切实在抓落实、求实效上花大气力、下大功夫，抓具体、具体抓，对每项工作的安排部署，都要做到具体、实在，既有总体安排，又有阶段性要求；既有任务目标，又有具体措施；既有实施步骤，又有操作方法；既有时效要求，又有督促检查的办法，从而在班子内部形成全力以赴抓落实的浓厚氛围。要做讲廉政的表率。“公生明，廉生威”，政协新委员要自觉地在人民群众中树立清正廉洁的良好形象，在工作和生活中讲良知、讲道德、讲人格、讲廉耻，做到耐得住艰苦、顶得住歪理、抗得住诱惑、管得住小节，以自身的正、自身的净和自身的硬为广大干部和群众做好表率，当好楷模。要自觉接受各方面的监督，虚心接受各方面的批评意见，不为权势丧志、不为钱财动心，以身正求公正、以公正换人心，靠高尚的品德和人格的力量来影响他人，增强凝聚力和感召力。

（2007 年 1 月 10 日）

人　韵

人是一切因素中最关键、最宝贵的因素和财富。如果把一群好人聚集在一起工作，并且充分发挥他们的主观能动性，我们的事业将无往而不胜。从这个意义上讲，才称得上把握住了人大工作的“人韵”。

人大。人大代表是职务概念，代表着个人的荣誉与职责，也是国家、人民的概念，代表着人民的利益、国家的形象。人大机关全体干部和广大人大代表要切实增强荣誉感与使命感，依法履行好人大和代表职责，树立好人大与代表的形象。要“大”写“人”字。人大是体现和实施国家权力的主体，工作生活在这样一个集体中，对大家而言，本身就是一种荣誉。因为这个荣誉，选民才愿意投票选举自己的代表，候选人才愿意当这个代表。就好像手心连着手背一样，荣誉和职责也是密不可分的。在拥有和享受荣誉的同时，更应该想到肩负的使命和责任。从某种意义上讲，人大代表的是国家和人民的形象，只有时刻牢记党和人民的重托，不辱使命、不负重任，才能更好地以主体身份出现在行使国家权力的政治舞台上，进而把“人”字“大”写在群众的心中。要“大”促“人”和。俗话说“家和万事兴”。实践证明，人大在促进、维护、实现风正气顺、人和业兴的发展氛围上已经发挥了巨大的作用，这是人大优势所在。在工作中，要善于容人、容言、容物、容事，维护团结；要真诚、守信、友善、关爱，加强团结；要识大体、顾大局、诚相待、常沟通，增进团结。要“大”快“人”心。依法监督“一府两院”工作是宪法和法律赋予人大的神圣权力，也是人大的重要工作职责。要围绕经济社会发展的重大问题和人民群众关注的热点、难点、焦点问题开展监督，围绕重点工程项目建设开展监督，围绕法律法规实施中的突出问题开展监督，围绕国家公职人员履职尽责情况开展监督，积极参与干部作风整顿，重点加强对执法部门的监督检查，坚决杜绝有法不依、执法不严、违法不究和吃拿卡要、徇私枉法等行为，彻底清除政策落实中的“梗阻”和“搁浅”现象，推动政风、社风、民风的转变，进而营造一个“大”快“人”心的发展环境。

人意。大家来自群众，又代表着群众。从这个层面上讲，“人民选我当代表，我当代表为人民”既是一种工作的理念，更是一种行动的指南。在参政议政的过程中，必须时刻把“民心大如天、民意不可违”作为衡量工作的唯一标准。要代表民意。不论是人大干部，还是人大代表，不论从事什么职业，还是来自哪个党派，都是人民的公仆，这是由“一切权力属于人民”的人民主权性质决定的。因此，只有树立牢固的公仆观念，摆正与群众的关系，密切与人民的联系，才能当好人民群众的代言人，把基层和群众的意见心声反映上来，为他们的诉求鼓与呼、为他们的利益奔与忙，也才能真正做到“人民选我当代表，我当代表为人民”。要关注民生。民生民本作为贯穿当今中国发展的主旋律，彰显了党中央、国务院重视民生、关注民生，发展经济以民为本、经济成果与民共享的执政理念。作为人大，要始终关注民生民本，牢固树立群众意识，把维护好、实现好、发展好最广大人民群众的根本利益作为人大工作的出发点和归宿地，把权为民所用、情为民所系、利为民所谋作为人大工作的准则，无论是开展立法、监督工作，还是讨论决定重大事项，都必须坚持走群众路线，为群众诚心诚意办实事、尽心尽力解难事、持续持久做好事。在议案、提案时，要切实可行，使其具有操作性。要体察民情。要注重发挥人大及其常委会“党委和政府联系群众”的桥梁作用，发挥人大代表最了解群众的需求、最知晓群众的愿望、最掌握基层的实情的纽带作用，深入实际、深入基层，通过开展人大信访和接访工作，多形式、多渠道地深入了解民情、体察民忧、掌握民需，围绕解决人民群众最关心、最直接、最现实的利益问题，协调处理好各方面的利益关系，为群众多办实事，让群众多得实惠。

人才。人大汇聚了各行各业的精英分子，这是人大的优势所在、希望所在。要把这种优势保持住、发挥好，就需要我们创造一个“人尽其才、才尽其用”的良好环境，努力使人大成为人才辈出之地、人才聚集之地、人才创业之地。要聚人才。得人才者得天下。开创人大工作新局面既需要具有丰富经验的领导干部，也需要具有一技之长的专业人才。因此，要围绕打造人才集聚“洼地”的目标，坚持用崇高的事业来激励人才，努力用真挚的感情来关心人才，注重用良好的待遇来吸引人才，鼓励人才干事业，支持人才干成事业，帮助人才干好事业，以最好的服务集聚最好的人才，以最优的环境吸引最优的人才，以最大的诚意留住最需要的人才，进而把人大建设成一个人才荟萃的“大舞台”。要育人才。要紧紧围绕构建“学习型人大”“创新型人大”的需要，下大力抓好人大干部的培育，着眼于人才总量的增长和人才素质的提高，根据各类人才成长的特点和事业发展的需要，树立大教育、大培训、大交流的观念，重点提高人大干部和代表的学习能力、实践能力、创新能力，努力形成富有人大特色、充满生机活力的育才机制，使人大真正成为干部成长的“大熔炉”。要用人才。要按照科学人才观的要求，进一步解放思想，坚决破除那些不合时宜、束缚人才成长、不利于人才发挥作用的观念和做法，以改革的思路、创新的精神、开放的眼光、务实的作风，按照人才成长的规律和特点识才用才，探索建立一套具有人大特色、行之有效的人才激励机制、人才流动机制、人才保障机制等，让更多的优秀人才健康成长、脱颖而出，使各类人才都有施展才华的机会，都有实现人生价值的舞台，努力创造一个人才活力竞相迸发、聪明才智充分涌流的大局面。

人格。人格是一个人道德品质的集中反映，是理想和追求的外部表现，是一个人灵魂的折射。具备什么样的人格，也就决定了什么样的人生追求和价值目标。要讲求高尚的人格魅力。只有人格高尚，才有人格魅力。人大领导班子要想在工作中得到广大人民群众的拥护支持，真正实现代表的价值，不辜负组织的愿望、人民的厚望、历史的重望，就要塑造高尚的人格，用人格感化人民、激励群众，一起来实现党委的各项工作目标。高尚人格源于做人方正。人大班子成员及代表要始终保持高尚的道德品质、良好的敬业精神，讲原则讲风格，处事不偏不倚，坚持真理，主持公道。高尚人格源于心胸宽阔。要有容人之心、有涵纳之量。胸怀能“容人之长、容人之短、容人之过、容人之功、容人之喜、容人之难”，“能容难容之人、能听难听之话、能宽难宽之事、能吃难吃之亏、能忍难忍之辱、能受难受之罪”，只有这样，才能更好地深入民心、了解民意、体贴民情。要追求高雅的生活情趣。近年来，长乐上下都在倡导和追求文明、文化、文雅的生活方式、生活情趣。作为人大干部更要带头追求高雅的生活情趣，学会把握情趣爱好的俗雅，去俗就雅。体育运动、种花养鸟、旅游垂钓、琴棋书画等等情趣爱好，对修身养性、陶冶情操大有裨益。要学会把持情趣爱好的度量，情趣爱好不能成“癖”，更不能“狂”，否则，深陷其中不能自拔，不仅损害身体健康，而且还会荒废主业和影响正常工作。要学会把准情趣爱好的方向，使之有利于风尚的提高、工作的进步，决不能为了自己的情趣爱好损公肥私，更不能为了个人的情趣爱好违法乱纪。要寻求高远的理想志向。人大干部不能有退居二线之念、船到码头车到站之感，要有在其位谋其职之想，积极作为、主动融入，参与到全局工作中，为构建文明和谐的海峡西岸省会窗口城市贡献出自己最大的力量。从个体上讲，人大是培养干部的摇篮，人大干部要珍惜在人大工作的机会，不断给自己充电，提升素质、增强本领，真正成为一名拿得出、用得上、干得好的领导干部。

人际。处理好人际关系，创造一个和谐无间、心齐劲足的环境，从而把人的积极性和创造性充分调动起来。要拥护党委。作为人大，要坚决维护党委的领导核心地位，紧紧围绕党的中心工作行使职权，在指导思想上强化“中心”意识，在工作安排上突出“中心”位置，在具体措施上保障“中心”地位，保证党委的主张和意图得到全面贯彻实施。要支持政府。人民代表大会是国家的权力机关，具有重要的监督职能。要按照《中华人民共和国各级人民代表大会常务委员会监督法》的规定，结合长乐实际，紧紧围绕推动经济社会又好又快发展，把监督工作的重点放在关系改革发展稳定大局和群众切身利益、社会普遍关注的问题上，放在构建和谐社会中的突出问题上，切实增强监督实效，全力支持政府有效行政。要不断完善和改进监督方式，注重把工作监督和法律监督结合起来、把专项监督和综合监督结合起来、把初次监督和跟踪监督结合起来、把听取专项工作报告与执法检查结合起来，切实做到既敢于监督，又善于监督，将监督寓于服务之中，支持“一府两院”按照各自职责更加富有成效地开展工作。要沟通政协。人大和政协机关都有一个共同点，就是履行参政议政的职责。在履行职责过程中，人大要积极主动与政协沟通，对事关长乐发展重点、发展方向、发展目标的决定性问题，对涉及长乐人民群众关心、关注、关切的事情，要多商量、多探讨、多研究，使政协的提案与人大的议案能够更好地相互补充、相互提升，更好地帮助党委定决策、政府抓落实。

人气。人心齐，泰山移；人气旺，事业兴。人气，不是人的简单集结和相加，而是人心所向，是人的信任、互助的集合，是促进和谐的强大力量。要广结人缘。近年来，在爱与温暖的氛围里，长乐上下齐心协力精心打造环境品牌，积极营造秩序良好的市场环境、安全文明的法制环境、开明开放的政务环境、高效快捷的办事环境、诚实守信的人文环境和舒适优美的人居环境，在长乐人民的努力下，长乐人气急升、魅力四射，成为大批有志之士投资的热土、创业的乐园。风正气顺、人和业兴的发展氛围来之不易，人大要继续主动作为，团结力量、凝聚人心、广结人缘，为营造百姓创家业、能人创企业、干部创事业的良好环境多出力、多献策。要广纳民意。代表民意、关注民生、体察民情是衡量人大工作开展好坏的重要标准。作为人民的代表、人民的公仆，任何时候都要有一种“一日无为、三日不安”的责任感，把自己融入老百姓之中，广纳民意，想群众之所想、做群众之所需，为群众释疑解惑，帮群众排忧解难，努力使自己成为一方百姓的主心骨和好公仆。坚决防止和克服说得多、做得少、工作落不到实处的现象，切实把“三个代表”的要求贯彻到全面履行好人民代表的职责之中去。要广促和谐。为构建社会主义和谐社会服务是人大的一项重点工作和战略任务。在今后时期里，要更加关注社会发展问题，更加关注民生问题，更加关注人与人、人与自然、人与社会之间的关系问题，广促和谐。要把围绕参政议政履行职能与发挥人大在构建社会主义和谐社会中的作用结合起来，积极探索人大为构建社会主义和谐社会服务的途径和方法，多为社会和谐做贡献。

人事。社会主义民主法制建设的不断推进，对人大工作提出了越来越高的要求。只有加强人大自身建设，人大代表履行好自身职责，任命好“一府两院”的工作人员，才能使国家和人民意愿真正落实到实处。人事任免要公正。任命领导干部，是人大常委会代表人民依法行使宪法和法律赋予的职权。只有人大常委会履行好这份职权，客观公正地做好人事任免工作，才能使每位被任命的领导干部都能在工作岗位上竭尽全力为广大人民群众谋利益。因此，在人事任免时，市人大常委会要广泛听取人民群众意见，认真审查每一份任免材料，实事求是、客观公正地任免“一府两院”工作人员，使他们在最合适的岗位上充分发挥自己的聪明才智。代表审查要慎重。一方面，要慎重审查人大代表履行职责情况。要加强代表警诫、劝辞和罢免制度建设，不断完善惩戒和制约措施，改变个别代表不作为的状态，使他们时刻牢记代表的责任和人民的厚望，始终做到情系百姓、利为民谋、勇于直言，做人民群众利益的忠实维护者。另一方面，人大代表要慎重审查“一府两院”行政情况。要认真慎重地审议“一府两院”工作报告、审查批准计划和预算等，促进依法行政、公正司法，确保宪法和法律得到正确实施，确保行政权、审判权、检察权得到正确行使，确保公民、法人和其他组织的合法权益得到尊重和维护。机关建设要加强。“打铁还需自身硬”，只有人大机关加强自身建设，才能更好地履行职责。要进一步牢固树立党的观念、政治观念、法制观念、大局观念、群众观念，加强党风廉政建设，不断提高拒腐防变能力，树立地方国家权力机关的良好形象。要加强学习，不断提高政治素质和业务水平，掌握人大工作特点规律，拓宽眼界、活跃思维，积极寻求新的工作思路，大胆创立新的工作方式，不断增强依法履职的能力，使市人大及各乡镇（街道）人大主席团（联组）成为全面负担起宪法赋予的各项职责的工作机关，成为同人民群众保持密切联系的代表机关。

人望。人民代表是广大人民群众依法选出的代表。只有代表们依法履行好自己的职责，实现组织的愿望，才能不辜负人民的厚望、历史的重望。组织愿望。我们党代表着全国最广大人民群众的根本利益，人民代表是人民群众选举出来行使权利的代言人。因此，市人大常委会及各乡镇（街道）人大主席团（联组）要坚决维护党委的领导核心地位，认真贯彻党委意图，把自觉坚持党的领导，实现人民当家作主和严格依法办事统一起来，紧紧围绕党的中心工作行使职权，在指导思想上强化“中心”意识，在工作安排上突出“中心”位置，在具体措施上保障“中心”地位，保证党的主张在地方国家权力机关的实现，从而在长乐上下传送团结的讯息、营造团结的氛围。人民厚望。人民代表是人民选举产生的，肩负为民代言、为民服务、管理国家和社会事务的重任。各位人大代表要牢记自己的职责，时时处处以人大代表的高标准严格要求自己，始终把为选民服务、对选民负责、为人民群众谋利益放在心坎上，深入基层进行调研，体察民情，倾听群众呼声，及时把群众关注的热点、难点问题反映上去，尽可能多途径、多渠道解决好选民和长乐发展中的实际问题，决不要辜负选民在向自己投下信任票时的那份信任和那份厚望。历史重望。要深刻认识到我们现在所从事的工作，是参与长乐历史的书写，是为长乐的历史打工。代表们要充分认识到自身的价值，增强责任感、使命感和光荣感，为长乐的经济建设和社会各项事业发展贡献自己应有的力量。

（2007 年 1 月 22 日）

正　韵

正风肃纪始终是我们面临的重要课题。作风问题不解决，干部队伍尤其是领导干部的廉政问题就无从着手、难以根除。“正韵”不扬，浊气蚀人。

要以制度导风气正韵。完善对权力制约和监督的法规制度，形成结构合理、配置科学、程序严密、制约有效的权力运行机制，是从源头上防治腐败的重要途径。因此，在工作过程中，我们要加强反腐倡廉的各项制度建设，以行之有效的制度来传导清廉的社会风气。要强化教育的说服力。健全反腐倡廉的教育机制，建设党员干部思想道德和党纪国法防线，增强领导干部的拒腐防变能力，是反腐败抓源头的重要举措。各级各有关部门要紧紧围绕建设社会主义核心价值体系，加强思想道德教育和党纪国法教育，认真开展政治纪律教育、理想信念教育、社会主义荣辱观教育，切实把好教育关，通过形式多样的教育活动，树立良好风气。同时，要加强开展预防职务犯罪教育，促进党员干部进一步坚定理想信念，增强自重、自省、自警、自律的自觉性。坚持典型带动与警示教育相结合，开展以“身边人讲身边事、身边事教育身边人”为主题的教育活动，通过看得见、摸得着、学得了的典型示范，激发党员立足本职奋发进取，加强警示教育，以事实触动党员心灵，时刻记取深刻的教训，认真走好人生每一步。加强先进文化建设，用健康的文化生活占领思想文化阵地，陶冶党员干部的情操，拓展反腐倡廉教育的外延与空间。要强化制度的约束力。制度带有根本性、全局性、稳定性和长期性，加强制度建设是预防腐败的根本保证。在推进制度建设中，要深入分析腐败行为发生的特点和规律，根据典型案例暴露出来的制度缺陷，适应市场经济的发展进程和运行规则，严格论证、科学制定行之有效的制度。要及时总结基层工作经验，把经过实践检验的成功做法上升到制度层面，有针对性地建立健全行得通、做得到的制度。要增强制度的系统性，既要有执行制度的要求，更要有惩处违反制度、破坏制度行为的有力措施，以及基本制度与实施细则、实体性制度与程序性制度的配套，使各项制度相互衔接、环环相扣。要加强制度宣传，强化制度意识，使党员干部了解制度、崇尚制度、敬畏制度、维护制度，自觉按制度规定行使权力，形成严格遵守制度的良好氛围。要强化监督的制衡力。只有加强对权力运行的制约和监督，才能确保权力在法律允许范围内有效地运行，把人民赋予的权力用来为人民谋利益。因此，在实际工作中，我们要强化对权力运行的制约和监督，认真查找监督管理工作中的薄弱环节，通过改革和制度建设，有针对性地建立健全行之有效的监督制约措施。要加强对制度执行情况的监督检查，及时发现和解决制度落实过程中出现的问题，确保制度落到实处。要坚持原则，不徇私情，不管是谁违反制度都要依纪依法严格追究责任，绝不能搞“情有可原”或“下不为例”，切实增强制度的执行力，维护制度的严肃性。尤其是要坚持以党政“一把手”为重点对象，以决策和执行行为为重点环节，以人财物管理为重点领域，加强对各级领导干部行使权利的全方位、全过程监督。通过制定测评预警目标和评价标准，量化廉政指数、行风评价指数，定期走访党代表、人大代表、政协委员，开展问卷调查和民意测评，建立反腐败情报交流制度，对各单位反腐倡廉情况进行定量和客观的检测评价，及时发现和解决问题，增强监督的时效。

要以表率树正气正韵。领导干部以身作则，在严格遵守党的政治纪律、组织纪律、经济工作纪律和群众工作纪律上做出表率，带头执行廉洁自律相关要求，对于弘扬正气，深入推进全党党风廉政建设和反腐败工作具有极其重要的意义。要常怀律己之心。常怀律己之心，既是对工作事业的高度负责，也有利于每个党员干部的健康成长。党员干部要重视培养和增强自身的自律意识，加强政治理论学习，树立正确的世界观、人生观、价值观，提高辨别是非的能力，自觉抵制腐败。要慎权、慎欲、慎情、慎独，清廉自守，要坚决贯彻上级党政领导机关的决议、决定，重大问题要请示报告，特别是涉及征收政策性和全局性的问题不能擅作主张、各行其是，影响全局。不搞所谓“变通”或“上有政策、下有对策”，做到令行禁止。要坚持民主集中制原则，重大决策的出台、重要人事任免、重要项目和活动安排、大额度资金的使用，必须集体讨论决定，并认真指导部门按集体讨论决定去抓好落实。要坚持工作集体讲究程序，不打“擦边球”，不钻政策的“空子”，不应拿的钱财不要拿，要言行一致地遵守党的各项纪律。要模范遵守党风廉政建设各项规定，要求大家做到的，自己要首先做到。在工作和生活当中，不以恶小而为之，要始终坚持严格用党性原则要求自己、约束自己的言行，积极培养健康向上的生活情趣，自觉抵制腐朽思想的影响。要常思贪欲之害。古人说：“贪如火，不遏则燎原；欲如水，不遏则滔天。”一些领导干部之所以走上违法违纪的道路，主要原因是他们理想信念动摇，被贪欲冲昏了头脑，到头来自毁前程。由此可见，贪欲不但害己、害家、害人，而且害国、害党。俗话说，欲壑难填。贪欲的大嘴一张，如同洪水猛兽一样肆虐。常思贪欲之害，目的在于增强抵御诱惑的能力。只要我们常思常想贪欲之害，时刻以党纪国法约束自己，以典型的腐败案例警示自己，就能始终做到心不贪、手不伸。常思洪水肆虐之害，方能筑牢堤坝。常思贪欲之害，才能筑起思想防线，才能不断增强抵御各种诱惑的自觉性。面对社会生活中种种诱惑，心不为其所动，志不为其所丧。因此，在实际工作中，我们要时刻不忘世界观、人生观的改造，时刻不忘清正廉洁、克己奉公。时刻以党纪国法约束自己，以典型的腐败案例警示自己，防微杜渐，以廉洁自律的良好形象赢得群众的赞誉。尤其是在对待权力、地位、利益上，要保持清醒头脑和平衡心态，始终保持崇高的思想境界，克服私心杂念，把心思用在党的事业上，以严格的党性要求自己，以所肩负的重任鞭策自己，耐得住寂寞，守得住清贫，经得住诱惑。要常修为政之德。常修为政之德，就是要在市场经济的复杂形势下，自觉用党员的标准要求自己，用党纪国法约束自己，修身重德，提高境界，净化心灵，在思想道德上筑牢拒腐防变的防线。道德是一个人的立身之本。干部的道德修养如何，不仅关系到自身，而且关系到一个部门、一个单位。孔子说："为政以德，譬如北辰，居其所而众星共之。"对党的干部来说，"政德"的核心是全心全意为人民服务，是廉洁奉公、勤政为民。不修政德，品行不端，难以服众。当前，我国处在国际经济全球化、国内经济市场化的大环境下，处在改革开放、发展社会主义市场经济的条件下，处在新旧体制的过渡之中、中西文化的碰撞之中、社会利益关系的调整之中、各种制度的建立与完善之中。在这样一个时代，想做好事有很多条件，想做坏事也有很多空子可钻，常修为政之德就显得尤其重要。因此，党员领导干部必须牢记"轻者重之端，小者大之源""千里之堤，溃于蚁穴"的古训，在内心深处筑牢拒腐防变的思想道德防线，在稳得住心神、管得住身手、抗得住诱惑、经得住考验上当好表率。总之，一定要以"蝼蚁之穴，溃堤千里"的忧患之心对待自己的一思一念，以"如履薄冰，如临深渊"的谨慎之心对待自己的一言一行，以"夙夜在公，寝食不安"的公仆之心对待自己的一职一责，时刻牢记"为民、务实、清廉"的要求，树立良好形象。

要以清廉扬朝气正韵。保持清正廉洁、一身正气，绝不仅仅是一种个人品行，而是一种人生信仰、人生追求，更是党的性质、宗旨对党员领导干部最基本的要求。因此，广大党员干部要拒腐蚀、讲原则、守纪律，以清正廉洁的作为与形象弘扬干部队伍的蓬勃朝气。要拒腐蚀。清正廉洁是一个干部"德"的重要表现，有"德"的领导干部在群众中才会有权威。古人云："政者，正也，己不正焉能正人？""欲影正者端其表，欲下廉者先之身。"现实生活中，为什么有的领导干部说话有人听，有号召力，群众拥护，而有的同志群众对其意见很大，说话没人听，工作成效差？就是因为我们的党员干部生活在群众之中，一言一行都在群众的监督之下，德行如何、人品怎样，群众心中有杆"秤"。因此，在实际工作中，我们要不断增强自律意识，按照“自重、自省、自警、自励”的要求，经常反思自我、剖析自我、完善自我，做到居官不忘民、得志不忘形、受挫不自弃、失意不失志，始终保持奋发进取的精神状态，真正筑牢拒腐防变的思想道德防线。要讲原则。“讲原则”，就是做事一切按“规定”“要求”办，对人对事立场坚定、旗帜鲜明，该肯定的就肯定，该否定的就否定，正确的就拥护，错误的就反对，敢于批评，敢于表态。这是党对一名党员领导干部的根本要求。一个地区、一个部门、一个单位的领导者，肩负着组织和带领人民群众全面贯彻落实党的路线方针政策、推进经济发展和社会各项事业发展的重要职责，只有敢讲原则、擅讲原则，才能更好地坚持党的路线，履行党的宗旨，维护人民的利益，推进事业加快发展。因此，每一个党员干部，尤其是主要领导，要从党的宗旨和共产党员的历史使命出发，政治坚定、旗帜鲜明、顾全大局，大兴“讲原则”之风；无私无畏、雷厉风行、一以贯之，大行“讲原则”之事。把国法视为“生命线”以自持，把党纪视为“高压线”以自卫，把党和政府对党员干部廉洁自律的规定视为“警戒线”以自律，切实管好自己、身边工作人员及亲属，处理好原则与人情的关系，增强对党和人民的责任意识，坚决反对只讲人情不讲原则、只讲关系不讲党性的庸俗作风。要守纪律。“加强纪律性，革命无不胜”是被实践反复证明了的真理。只有大家认识到纪律的重要性，并使之成为一种内在的要求，才能自觉地遵守纪律。因此，全市各级各部门领导干部要认真学习党章、法律法规及廉洁自律的各项规定，树立法制观念和纪律观念，知道哪些是应该做或可以做的，哪些是不应该做或不可以做的。正确处理自由与纪律的关系，培养自己管理自己、自己约束自己的能力，培养严于律己、自控自制的坚强意志，做到在任何情况下，都能保证思想上不忘纪律观念，行动上不违反各项纪律和规章制度。在实际工作中，市各级各部门领导干部要严格遵守自觉做到“四个管住”：管住自己的头，做到头脑清醒、是非分明；管住自己的嘴，做到不该吃的坚决不吃；管住自己的手，做到不该拿的坚决不拿；管住自己的腿，做到不该去的地方坚决不去。同时，要注意慎其所好，尤其对有损于自身形象，或影响秉公用权，或可能被人利用的爱好，一定要坚决戒除。

（2008 年 1 月 24 日）

合 韵

宣传思想工作历代都很重要，它涉及上层建筑的意识形态，涉及转变人的思想观念，关系到整个社会的精神面貌，也关系到社会的安定稳定和国家政权的稳固。宣传思想文化工作要更好地为经济发展服务、为社会和谐服务，立足实际。应对当前的宣传思想文化工作进行方式方法的创新，在具体工作中要突出好“五合”的韵味。

合时——与大局共振合韵。宣传思想文化工作历来是党的工作的重要组成部分，是党的重要战线，新形势下要维护改革、发展、稳定的大局，必须要有强有力的宣传思想文化工作做支撑。认清使命。宣传思想文化战线一方面担负着加快文化强市建设的责任，另一方面担负着为长乐“建设海峡西岸经济区，做大做强省会窗口生态城市”提供思想保证、舆论支持、精神动力和文化条件的重大使命。要不断增强政治责任感和历史使命感，以更深刻的认识、更开阔的思路、更有效的政策、更得力的措施，不断开创长乐宣传思想文化工作新局面。明确定位。宣传思想文化工作是党和国家工作的重要组成部分，在中国特色社会主义事业全局中具有重要地位，发挥着不可替代的作用。做好宣传思想文化工作，从大处讲，关系全面建设小康社会进程，关系中国特色社会主义事业发展，关系党的前途命运，关系国家长治久安，关系中华民族的伟大复兴。具体到一个地方，关系经济发展、政治稳定、社会和谐和人民福祉，关系各项事业的活力、后劲，关系地方的对外形象，关系党委、政府的执政能力和领导水平。历史经验告诉我们，经济工作搞得不好要出大问题，意识形态工作搞得不好也要出大问题。正视挑战。当前宣传思想文化工作面临的挑战纷繁复杂。从国际上看，各种文化交流、交融、交锋日趋频繁。西方敌对势力相互勾连、借题发挥、蓄意炒作，利用各种渠道攻击社会主义制度，插手人民内部矛盾和群体性事件，千方百计争夺群众、争夺人心、争夺阵地，因此有效抵御西方思想文化渗透、维护社会主义意识形态安全的任务十分紧迫。从国内看，随着经济社会持续快速发展，特别是生活水平的不断提高，人民群众文化消费多层次、多方面、多样性的特征更加明显。随着经济体制深刻变革、社会结构深刻变动、利益格局深刻调整、思想观念深刻变化，人们思想活动的独立性、选择性、多变性、差异性明显增强，思想道德领域出现了一些不容忽视的现象，引领社会思潮、弘扬社会正气、培育文明风尚的任务更加繁重。从宣传思想文化工作自身来看，还有许多与迅速发展的形势不相适应的地方，工作中还有不少薄弱环节，改革开放和现代化建设中的许多重大问题需要做出更有说服力的回答，引导社会舆论的本领需要进一步提高，必须加强对策研究，有效应对挑战。

合心——与民生共鸣合韵。随着改革的深入和发展，社会生活和社会结构发生了深刻的变化，社会经济、组织形式、就业方式、利益关系等日益多样化，人们的思想观念、价值取向更加复杂多变，矛盾也逐渐复杂化。宣传思想工作要坚持以人为本，努力合乎民心，力求与民生共鸣。贴近实际。要从群众的实际出发，主动做好群众的思想工作，及时、全面、准确地向群众宣传党和政府的方针政策，并认真做好解疑释惑、理顺情绪、协调关系、化解矛盾的工作；引导广大干部群众正确处理个人利益和集体利益、局部利益和整体利益、当前利益和长远利益的关系，树立社会主义义利观，增强主人翁意识和社会责任感。要为群众提供必要的沟通渠道，使群众的愿望、意见和要求有畅通的渠道来表达，坚持以人为本，尊重人、理解人、关心人，教育人、引导人、鼓舞人，多做得人心、暖人心、稳人心的工作。要讲究方法，尽量把工作做深、做细、做实，最大限度地调动人民群众构建社会主义和谐社会的积极性。贴近生活。要深入到火热的现实生活中去，深入到社会经济生活、政治生活、文化生活和人民群众的日常生活中去，反映客观现实、把握社会主流、解决具体矛盾，更好地融入生活、服务生活、引导生活。要始终把宣传工作视点对准火热的生活，关注朴素平凡的生活细节，聚焦丰富多彩的生活场景，从现实生活中挖掘生动事例、汲取新鲜营养，展示未来生活的美好前景，激励人民群众同心协力，为创造更加美好的新生活而共同奋斗，使宣传思想文化工作更加入情入理，充满生活色彩、富有生活气息。要抓住生活本质、解决生活难题、丰富生活内容，不能停留在社会表象和简单的说教、搞形式主义，要跟上生活变化的新节奏、传递生活变化的新信息、满足群众精神文化生活的新需求。贴近群众。“群众利益无小事。”在构建社会主义和谐社会的进程中，宣传思想文化工作要时刻把人民群众的安危冷暖放在心头，始终把目光投向基层、投向普通群众，倾听群众呼声；既要认真做好群众的思想工作，又要尽力为群众解决实际问题，做好各项社会协调工作，多办利民之事。要通过组织科技、文化、卫生“三下乡”“四进社区”以及开展创建文明社区、文明小区、“美在农家”等活动，更好地宣传动员群众、引导教育群众、帮助服务群众，想方设法积极为群众办好事、实事，解决群众实际困难，倡导科学健康文明卫生的生活方式，提高群众生活质量，使群众得到实实在在的好处，才能让宣传工作得到群众的欢迎和拥护。

合璧——与文化共舞合韵。当今时代，文化已经成为衡量社会文明程度和人民生活质量的显著标志。宣传思想文化工作要着重在引领社会思潮、弘扬社会正气、培育文明风尚上下功夫，不断丰富人民群众精神文化生活，提高全民族思想道德素质，主动承担起传承历史、繁荣文化、构建和谐的责任。传承历史。中华优秀传统文化博大精深、源远流长，其中，“贵和”的伦理道德思想深深植根于人民的实际生活，深刻影响着人们的思想观念和行为方式。中国古代哲人根据天人合一的观念，要求以和善、友爱的态度对待自然万物，提出了丰富的保护自然资源的思想。在人与人的关系上，提倡宽和处世，协调人际关系；在民族与民族、国家与国家的关系上，主张和谐共处，“协和万邦”。在新的历史条件下，充分发掘这些优秀传统文化资源，大力弘扬优秀传统文化，对于构建社会主义和谐社会，具有重要的意义。宣传思想工作要注重弘扬诸如“和为贵”“和衷共济”“仁爱”“修身”“守望相助”“行善积德”“尊师重道”“自强不息”“厚德载物”等传统美德，通过在广大干部群众中开展“让传统文化进社区、进企业、进校园”活动，挖掘地方传统文化精华，弘扬长乐“大爱暖千秋”文化，发挥其在构建和谐社会中的积极作用，使人们在接受传统文化教育中得到熏陶。繁荣文化。文化产业发展水平是文化强市的重要标志。要实现从文化资源大市向文化强市的跨越，必须要像抓经济发展那样抓文化产业的发展，整合各方面资源，协调好部门关系，形成文化产业发展的整体合力。要深化文化体制改革，抓好文化产业发展工程，增强文化发展活力，解放和发展文化生产力，加快建设文化产业基地和特色文化产业群，发展新的文化业态，引进文化产业的战略投资者，培育骨干企业和有竞争力的市场主体，大幅提高文化产业整体素质。要把发展文化产业和发展旅游业结合起来，让长乐“大爱暖千秋”文化成为旅游业的灵魂，让旅游业成为长乐“大爱暖千秋”文化的重要载体，使文化产业、旅游业成为长乐产业结构转型的突破口。要在培育文化产品和要素市场上求突破，健全文化行业组织和文化中介机构，促进文化生产要素的合理流动与优化配置，创新文化生产传播方式，使文化产品和服务更好地赢得群众、占领市场。构建和谐。增强文明建设的实效性，其重要内容就是要在经济发展的前提下，让广大市民享受高质量的文明生活，享受丰富的物质文明成果，促进人与社会的和谐。要紧密结合平安和谐社区建设，深入开展多种内容和形式的文明社区创建活动，关心和帮助居民解决面临的实际问题。要紧密结合社会主义新农村建设，以创建生态文明村为突破口，以建设文明乡风为重点，深入开展文明村、文明户等富有新意、群众欢迎的精神文明创建活动，增强农民科技文化素质，倡导健康文明的生活方式。要结合诚信长乐建设，加快建立以政府诚信为关键、企业诚信为重点、个人诚信为基础的社会诚信体系，在全体市民中形成关心社会、关爱别人、热心公益、和睦相处、文明礼让的新型人际关系。

合拍——与时代共进合韵。从时代的高度来认识宣传思想文化工作，用发展的眼光来审视宣传思想文化工作，以改革的精神来推动宣传思想文化工作，做到与时代合拍、与时代共进。创新理念。树立以人为本理念，把实现好、维护好、发展好最广大人民的根本利益作为一切工作的出发点和落脚点，做到发展为了人民、发展依靠人民、发展成果由人民共享。要树立文化传播理念，善于运用现代高新技术加工处理信息，优质快捷地进行传输和反馈，覆盖更广泛的人群。要充分体现传播双向互动的特点，创造思想文化交流的条件和环境，拓展人们的文化生活空间。要树立面向基层理念，广泛开展群众乐于参与、便于参与的文化活动，把健康向上的文化产品和服务送到城乡基层，让人们在多姿多彩的文化活动中享受美好生活。创新形式。宣传思想文化工作要强化前瞻性，工作开展前，应进行广泛深入的调查研究，在此基础上确定课题。对于确定的课题，应逐个进行整体策划，制定详细方案，真正搞清楚工作的价值和意义，分析有利条件和不利因素，明确工作要达到的预期效果，特别是要进行可行性和不可行性论证，从而提高决策的科学性。宣传思想文化工作要增强目的性，把每一项任务和活动都作为一个项目，明确目标要求，制定奖惩措施，层层分解责任，使启动、计划、实施、结束形成一个闭环控制过程，并在过程中及时进行有效调控，确保每一个步骤都精心、每一个环节都精细、每一项工作都是精品。宣传思想文化工作要提高系统性，把每一项宣传思想文化工作作为一个系统架构中的工程来实施管理，分清主次，排出时间表，强调各相关部门都是系统的有机组成部分，彼此密切配合、协调联动、整体推进，努力形成思想联通、人员联动、行动联手的工作格局，实现各项工作效率最高化、效能最佳化、成果最大化。创新载体。行之有效的活动载体，是实现宣传思想文化工作与各项工作有机结合的有效途径。过去，在宣传思想文化工作中创造了许多生动活泼、行之有效的工作方式，并逐步形成了体系，成为促进宣传思想工作的有效载体。如创建文明村、文明户、“五好”家庭活动，开展科技“三下乡”活动，等等。今后，要进一步加强对群众心理的动态分析，充分利用现代科技发展的成果，加快宣传思想文化工作载体的更新，力求在内容上更丰富、形成上更活泼、操作上更简便，为群众所喜闻乐见，不断丰富群众精神文化生活。此外，在开展各种活动过程中，还应该注意发挥典型的作用，用活生生的典型事例去影响和带动群众。

合力——与社会共建合韵。宣传思想文化工作是一项复杂的社会系统工程，涉及政治、经济和社会生活的各个方面，必须把全社会的力量调动起来，努力构建社会化宣传的大格局。发挥各级党委的核心作用。要加强和改善党对宣传思想文化工作的领导，把和谐文化建设纳入各级党委、政府的议事日程，纳入经济社会发展规划，保证人员到位、工作到位、投入到位，不断提高宣传思想文化战线的创造力、凝聚力和战斗力，不断提高各级党委领导和谐文化建设的能力。要建立健全宣传思想文化工作体制机制，高度重视宣传思想文化工作队伍建设，努力建设一支具有坚定政治立场、宽广战略眼光、广博文化知识、崇高职业精神、过硬工作本领的高素质的宣传思想文化工作队伍。要采取走出去、引进来的大人才战略，造就一批有助于推动宣传思想文化工作的优秀人才，并且眼睛向内、着眼未来，舍得将一批年纪轻、业务好、有前途的宣传思想干部送到外面进行强化学习培训。发挥宣传部门的主体作用。宣传部门掌握着现代化的传媒工具，左右着经济和社会发展的精神动力，应始终坚持党性原则，牢牢把握正确的舆论导向。要善于谋大事抓大事，在全局工作中找准自己的位置，把精力放在研究和宣传关系全局的重大问题上，熟悉了解长乐市委、市政府的中心工作，熟悉了解经济建设和改革发展的进程，熟悉了解重要经济政策和措施，有针对性地设计宣传载体、宣传形式，积极主动地搞好服务。要善于找准服务经济建设的结合点，发挥宣传思想文化工作的优势和特点，在结合上做文章，把广泛宣传各种健康、积极向上的文化和正面的典型作为工作的切入点和着眼点。要围绕市委、市政府的重大战略决策，组织好集中性、战役性宣传报道，为经济社会发展提供舆论支持。发挥社会力量的辅助作用。做好宣传思想文化工作既要充分发挥理论、新闻、文化等部门的“主力军”作用，又要与社会各界密切配合，相互协作，形成整体优势。各乡镇（街道）党委、市直各单位要充分发挥统揽全局、协调各方的作用，动员全社会积极支持和参与，要把宣传思想文化工作与经济工作和行政管理工作结合起来，一道去做，使之相互促进，共同发展；工会、共青团、妇联等群众团体要充分发挥桥梁和纽带作用，结合各自特点，把宣传思想文化工作落实到基层和群众；机关、企业、农村、街道、学校等单位也要从自己的实际出发，深入细致地做好宣传思想文化工作，确保各项工作健康顺利发展。

（2008 年 3 月 25 日）

法　韵

翻阅《杂文选刊》时看到一副很有意义的对联："鸟在笼中，恨'关羽'不能'张飞'；人在世上，要'八戒'更需'悟空'。"对联巧妙地用了"一语双关"的修辞手法，简单的字面之下，藏着人生无奈的常态。人的这一生，总是会遇到困境，常常被世俗的条条框框束缚，不能真正活出舒服的自己。有人说，人生的累，就是因为活得太"规矩"了。生而为人要遵守的规矩，是现世社会里的法律法规和内心的道德良知。法院，作为践行我国法律法规的机关，于每一位在现世中的公民而言，都是安身立命的坚强屏障。紧紧围绕工作大局，认真履行宪法和法律赋予的职责，以维护人民利益为根本，以维护社会和谐稳定为目标，以维护社会公平正义为核心，以化解矛盾纠纷为主线，切实肩负起依法惩治犯罪、保护人民的重任，调节各类关系，是新时期法院工作的重要使命。明局、明情、明断、明制、明晰，是新时代法院工作的重要准绳和应有的"法韵"。

坚持服务发展第一要务的"法韵"。服从、服务党和国家工作大局，是法院工作的重大政治责任。坚持服务大局，必须进一步强化了解大局、关心大局、支持大局的意识，自觉把法院工作置于大局中来谋划和部署，明确使命、把握特点、创新理念，使法院工作更加切实贴紧中心，为经济、社会发展提供强有力的保障。明确使命。革命战争年代的司法机构是根据当时的革命斗争形势而设立的，担负着为党的中心工作服务的重要使命。紧贴时代脉搏，突出司法在政权中的国家机器功能，服务党的中心工作，成为人民司法的一大特色。现在，我国已成为发展中的市场经济国家，经济正处于加快发展的关键期，但是资源消耗、环境破坏较为严重，社会发展相对滞后，公共资源分布不均衡，城乡差距、地区差距扩大，社会分配不公等问题正成为发展的制约性因素。发展方面正由单纯追求经济指标上升到追求人文、环保指标，实现人口、资源、环境的全面、协调、可持续发展。人民法院审理的大量案件特别是民商事案件，与经济社会发展息息相关。因此，服务发展第一要务的能力，应成为法院工作坚持依法执政、提高司法能力的重要内容。把握特点。独立性、被动性是法院工作的两大特点，只有正确理解和把握法院工作的特点，才能更好地服务发展。其一，要把握好独立性。依法独立行使审判权是宪法赋予司法机关的特殊地位和权力。这种独立性，对于保证司法机关以中立的地位，公正地调整和裁决社会矛盾，有着极其重要的意义。但是，独立性并不意味着法院工作可以脱离党和国家工作的大局。恰恰相反，法院工作作为党和国家大局工作的一个组成部分，只有贴近大局、融入大局、服务大局，才能真正实现自身的价值。其二，要把握好被动性。“不告不理”的被动性是法院工作的又一个特点。基于这个特点，不少干警习惯于坐等案件上门，而很少考虑如何主动服务大局的问题。而实践证明，法院业务工作被动性的特点，并不排除主动服务的可能性。比如，近年来，我们法院大力开展诉讼前和诉讼外的调解，对于巩固第一道防线、把矛盾化解在基层发挥了良好的作用。因此，人民法院应当继续坚持发扬这些好的做法，进一步增强法院服务大局工作的主动性。创新理念。在新形势下，法院工作服务于发展，要不断更新服务发展的理念，摒弃“重打击、轻保护，重审判、轻服务，重实体、轻程序”等观念，坚持以人为本，树立社会主义的人权保障观念，在严厉打击犯罪的同时，自觉保护当事人的合法权益；树立既重审判又重服务的观念，把为当事人服务的精神和态度贯穿到审判执行工作的全过程；树立既重实体又重程序的观念，既给当事人一个明白的“说法”，又在审判程序上体现简便、快捷。重点是要坚持司法平等的原则，对国有经济、民营经济、个体私营经济和外资经济等各类市场主体一视同仁，创造公平交易、有序竞争的市场环境、法制环境。要充分发挥审判工作的独特优势，认真分析研究涉法的新情况、新问题，制定妥善的司法应对措施，并及时向党委、政府和有关部门提出加强和改进工作的司法建议，从而在更广的范围内、更高的层次上为发展提供司法服务。

坚持维护稳定第一责任的“法韵”。建设社会主义和谐社会，既需要通过发展来不断增强社会的物质基础，也需要公正司法来不断提供有力的保障。人民法院作为社会矛盾和纠纷的终局裁判者，承担着维护安定有序的社会秩序的重要职责，要积极参与发展难点、社会治安、社会矛盾的综合治理。积极参与发展难点的综合治理。人民法院必须强化服务意识，发挥商事审判职能，支持好保障好重点产业发展。依法妥善审理好各类合同纠纷案件，保护企业的合法权益；依法妥善审理知识产权案件，加大对知名品牌、驰名商标的保护力度，促进企业核心竞争力的提高；妥善处理企业改制、破产、重组的案件，保障产权制度改革和现代企业制度的建立，以改革促发展；妥善审理涉外案件，创造良好的法制环境，促进招商引资；妥善审理好涉及“三农”的案件，切实保护农民利益。积极参与社会治安的综合治理。充分发挥打击职能，依法打击各类严重暴力犯罪和黑恶势力犯罪以及多发性犯罪等严重影响社会稳定和人民群众安全感的犯罪，营造良好的社会治安环境。依法开展好对罪犯的减刑假释，定期回访和跟踪帮教被判处缓刑、管制和假释的人员，促进罪犯改造，减少重新犯罪。审理好涉及青少年的违法犯罪案件，将惩治与感化有机地贯穿于案件审理的全过程。注重发挥人民法院熟悉法律和政策的优势，积极开展公开审理、公开宣判、以案讲法等各种形式的法制宣传活动，提高群众学法、守法、用法、护法的意识，推动社会主义精神文明建设。积极参与社会矛盾的综合治理。在工作中，要树立“案件就是矛盾，和谐是最高目标”的理念，着眼于社会矛盾的化解，运用各种手段和方法，努力减少不安定因素，缓和社会冲突。要妥善处理好土地征用、城市拆迁等涉及群众基本利益的案件，做到既保障人民群众的合法权益，又确保政府重点工程的顺利进行；妥善处理好涉及企业下岗职工、低保失业人员等社会弱势群体的案件，确保困难群众的合法利益得到有效保障，避免因矛盾激化而引发的群体事件；妥善处理好涉及社会主义新农村建设过程中的各类案件，维护村民自治的正常秩序，促进党在农村各项政策的落实；妥善处理好各类婚姻家庭、相邻关系等传统民事案件，努力定纷止争，维护家庭和社区的安定团结；妥善处理好各类涉诉信访案件，在维护司法机关权威的同时，保障信访当事人的合法权益的实现。

坚持公平正义第一目标的“法韵”。确保司法公正，是党和人民群众对司法活动的根本要求，是审判工作的核心和生命。司法一旦离开了公平正义的价值取向，就会损害人民群众对司法的信任和认同，使整个司法体系从根本上偏离社会发展的方向。因此，追求司法的公平正义，是审判工作的本质要求，也是人民法院司法工作的第一目标。提高审判质量，确保司法公正。司法公正是人民法院永恒的工作主题，是法院审判活动竭力追求的终极目标，也是社会公众对法院裁判的希冀与期盼。司法公正与否，根本在于法院审判案件的质量，体现在对于案件实情的准确把握。客观地说，虽然法院有时难以完全实现司法公正，但是，可以通过自身的不懈努力最大限度地接近事实真相，让犯法者受到适刑惩罚，实现司法公正的目标。迟来的正义非正义，无效率的审判，同样会损害人民群众对司法的信任和认同。所以，办案效率也是审判质量的重要一环，要加强协调，提高效率，减少办案中间环节，加强刑事案件移送工作，从收案、分案、审案到结案都做到运转有序、协调有方，不怠慢、不拖延。如此，才能使社会公众感觉到法院是可以信赖的，不至于对法院丧失实现司法公正的信心。规范司法行为，树立司法权威。司法公正既是指实体上的公正，也包括了程序上的公正。程序公正意味着法院不仅要实现司法的公正，而且要以规范的程序操作实现这种公正，最后由程序上的公正自然而然地走向实体上的公正。人民法院只有按照公开透明的原则，严格依照法定诉讼程序规范审理案件，强化对终审结果的执行力，形成威慑机制，才能让社会公众普遍认可这种公正。法官在审理案件的过程中还要始终树立“当事人本位”的现代司法理念，始终要以当事人作为出发点，尊重当事人、关爱当事人，充分保障当事人行使各项诉讼权利，最大限度地实现胜诉方当事人的实体权益，让当事人感受到法院的司法人文关怀以及法律的权威与尊严，做到“辨法析理，胜败皆服”，树立并维护好法律的权威性，取得良好的法律和社会效果。建设法院文化，彰显司法文明。法院是审判的地方，法官是是非曲直的裁决者，法院的庄严与否，法官的举手投足、仪容仪表、精神风貌等都直接影响当事人和社会公众对司法公正的直接感知和评判。为此，我们要通过建设优秀的法院文化，不断提升规范化的管理理念，让法官每时每刻都能注意其仪容仪表等外在的文明和审判水平、规范性的法律语言表达等内在的文明，无论是接待当事人，还是主持庭审、依法执行，都能以良好的工作作风，做到热情周到、耐心细致，不随意执法、胡乱执法，损害法官公正文明形象。

坚持司法为民第一宗旨的“法韵”。权为民所用，法为民所立。司法为民的工作途径是“司法”，初衷和目的是“为民”。法院工作最大限度地保障人民群众的利益，最大限度满足人民群众的诉求，把“我”字看轻、把“责”字放大、把“权”字认清、把“民”字捧过头顶，牢记司法为民的第一宗旨。护民权。法律是民生之盾，人民法院工作与保障民生、维护和谐密切相关。党的十七大明确指出，要加快推进以改善民生为重点的社会建设，着力解决人民群众最关心、最直接、最现实的利益问题。因此，在法院工作中，要更加注重依法公正审理涉及民生问题及群众权益的案件，切实维护好宪法和法律赋予人民群众的政治、经济、文化、社会等各项权利；要更加注重推进司法公开，切实尊重人民群众的知情权、参与权、表达权、监督权；要更加注重弥补法律漏洞，完善法律援助机制，保护社会弱势群体的合法权益；要更加注重畅通信访渠道，使民心民意和民生诉求可以有效上达；要更加注重基层基础建设，把维护民权的职能落实到基层，做到精力向基层集中、力量向基层加强、政策向基层倾斜、工作向基层贴近。解民忧。法院工作要以化解矛盾为主线，以定纷止争为目标，敏锐捕捉民生问题，从源头上解决群众诉求，充分发挥调解手段，在早期中解决社会矛盾。要充分利用好调解这一适应我国国情的政治优势，按照“能调则调，当判则判，调判结合，案结事了”的民事审判原则，在正确处理调解和判决关系的基础上，加大以司法调解方式解决纠纷的力度，引导当事人在平等自愿、互谅互让的基础上达成调解协议。要针对不同案件的具体情况，能够调解结案的，通过调解解决纠纷；不能调解结案的，依法及时判决，努力实现案结事了。积极探索行政案件处理新机制，按照“保护合法权益，促进依法行政，优化司法环境，化解行政争议”的要求，最大限度地采取协调方式解决行政争议，努力实现社会效益的最大化。保民安。法院工作要践行对党和人民保境安民、安居乐业的神圣承诺，就要以增强群众安全感、促进社会和谐稳定为出发点，准确把握宽严相济的刑事政策。“宽”和“严”是宽严相济刑事政策辩证统一的两个方面，都必须严格依法实施。人民法院要根据社会治安形势的变化，坚持宽严相济的刑事政策，做到“该宽则宽，当严则严，宽严相济，罚当其罪”。刑事犯罪一旦对社会稳定构成严重危害，一定要坚决依法严厉惩治，要强调重点打击严重暴力犯罪、严重影响群众安全感的多发性侵财犯罪、毒品犯罪和严重破坏社会主义市场经济秩序的犯罪，继续深入开展打黑除恶专项斗争。同时，要坚持区别对待，着眼于预防犯罪、减少社会对抗、促进社会和谐，对确有依法从轻情节的犯罪，应体现政策，从轻处理，注重教育、感化和挽救主观恶性不大的犯罪人员，实现法律效果和社会效果的有机统一。

坚持以人为本第一关键的“法韵”。人民法院的工作，成也在队伍，败也在队伍。没有一流的队伍，就不会有一流的工作，要造就一支一流的队伍，教育很重要，管理更重要。我们应当按照“以人为本”的现代管理要求，探索建立更加规范、科学的管理模式，进一步地提升法律工作者素质和服务发展的水平。在服务中锻造队伍。强化服务意识，依法更好地维护广大人民群众的合法权益，是新世纪新阶段、新形势新任务对法院工作提出的新要求，是对司法为民根本宗旨的进一步深化、细化和强化。要把全心全意为人民服务作为法院工作的出发点和落脚点，力求在服务中提升工作水平。要进一步加强法院干警的职业道德教育，在执法指导思想上真正解决好“为谁掌权、为谁司法、为谁服务”的根本问题，真正做到“权为民所用，情为民所系，利为民所谋”。要坚持公正与效率的价值追求，坚持法律效果与社会效果的统一，依法公正高效地审理、执行好每一个案件，撰写好每一份司法文书，处理好每一个群众来访，让每个公民、法人的合法权益得到公正及时的维护。要坚持并完善与群众联系的制度，通过院长接待日、首问负责制等，多渠道了解群众的要求，为群众解决实际困难。要进一步探索执行机制新方法、新举措，努力攻克“执行难”，使人民群众的合法权益得到最大限度的实现。要积极开展送法下乡、送法进企等各种服务活动，加强与群众、企业、客商联系，积极提供法律咨询意见。在管理中提升水平。社会主义法治社会对法院的司法水平和管理水平提出了更高的要求。现代法院工作要以贯彻法官行为规范为重点，在健全制度的基础上，加强司法管理，全面提升法院的规范化管理水平，突出抓好管理创新，继续完善审判流程管理制度，形成职责明确、分工合理、运转高效、保障有力的审判管理和监督体系，自觉接受人大及其常委会的工作监督。加强宣传工作，突出宣传重点，把握宣传导向，拓宽宣传渠道，增强法院工作的社会认知度和公信度；加强法院文化建设，进一步加大法院文化建设投人，积极开展具有时代特色、展现法官精神风貌的文化活动，营造健康向上的工作氛围，打造学习型法院，培养创新型法官；积极探索和完善减刑、假释案件听证与公示制度，增强减刑、假释案件的公开性和公信度；加强机关内部管理，严肃工作纪律，严格落实责任，强化监督制约，对重点、敏感岗位和环节要进行定期检查，切实做好机关安全保卫工作。通过努力，有效提高机关行政服务能力和科学管理水平，达到职责明确、制度健全、管理精细、保障到位的目标。在执法中展示形象。法院代表着国家的政治形象，彰显着党和国家在人民群众心目中的公信力。要积极采取措施，切实落实方便群众方便诉讼的“两便原则”，搞好“三段式服务”，力求通过优质的司法服务展示新时代法院良好形象。要做好案前服务，灵活立案方式，使当事人既可以到人民法院立案庭立案，也可以到人民法庭立案，加强对当事人的诉讼指导和风险提示。不断完善立案等方式，切实为群众诉讼创造便利条件。

进一步扩大司法救助的范围，对经济困难的涉诉当事人，一律给予司法救助，确保他们打得起官司，依法平等获得司法救济的权利。要做好案中服务，采取多种形式，尽量减少当事人的诉讼负担。建立简便易行的速裁机制，坚持案件繁简分流和简易案件即收即审即结，简化办案的程序和环节，提高办案效率。要做好案后服务，搞好案件审结后回访工作，排查案件可能遗留的问题，积极做好当事人的服判息诉工作，敦促当事人积极履行法院判决和调解书确定的义务，努力实现圆满和谐的社会效果。

（2008 年 3 月 31 日）

和　韵

纵横家出现于战国至秦汉之际。在春秋战国时期，为适应兼并斗争的需要，提出了“合纵”或“连横”的策略。千年来“合纵连横”的策略延伸到现在，从某种意义上讲，就成了我们今天所开展的统战工作。统战工作涵盖社会工作的方方面面，是项细致入微又至关重要的工作。充分用好、发挥好统一战线联系广泛等方面的优势，不仅能为社会经济发展和安定稳定发挥积极作用，而且也才称得上把握住了统战工作的“和韵”。

统观全局，识统战之“和韵”。统战工作是我们党的工作的重要组成部分。对待统战工作，我们不能从一般意义上去看待和理解，要从全局的高度、战略的高度来把握和认识，从而进一步推动统战工作开展。统一战线是加强党的执政能力建设的重要组成部分。党在执政能力建设中把做好统战工作作为提高发展社会主义民主政治能力的重要内容。为此，统战工作搞得好不好，将关系到我们党执政能力的高低。对领导干部来说，对统战工作的认识到不到位，统战工作搞得好不好，也是衡量其领导水平的一个重要方面。这就要求领导干部既要努力成为领导科学发展的行家里手，也要努力成为开展统战工作的行家里手，全面提高自身素质和领导水平。统一战线是建设省会窗口生态城市的重要力量支撑。近年来，长乐积极融入海峡西岸经济区建设中，提出了“建设海西省会窗口生态城市”的发展战略目标，努力在“大福州、新长乐”的建设过程中做先行、走前头，初步形成一条富有长乐地方特色的发展之路。要实现这一艰巨而繁重的历史任务，必须依靠长乐广大工人、农民和知识分子的团结协作，必须依靠各阶层和各界人士的共同奋斗。因此，要进一步巩固和发展最广泛的爱国统一战线，最大范围地把方方面面的力量都团结起来，最大限度地把各种积极因素调动起来，把各民主党派、各团体、各民族、各阶层、各方面人士团结、凝聚到长乐事业发展中来，为长乐发展提供最广泛的力量支撑。统一战线是构建社会主义和谐社会的重要制度保证。构建社会主义和谐社会，必须求同存异、兼容并收。统一战线作为“同”和“异”、一致性和多样性的矛盾统一体，具有广泛性和包容性的特点，具有协调关系、化解矛盾的社会功能，体现和追求的就是一种和谐。发挥统一战线人才荟萃、智力密集、联系广泛的独特优势和作用，有利于促进长乐经济社会全面协调可持续发展；有利于把不同党派、不同民族、不同阶层、不同信仰以及生活在不同社会制度的人们团结起来；有利于更好地了解民意、理顺情绪、联络友谊、沟通感情；有利于促进风正气顺、人和业兴的良好发展趋势；有利于凝聚各方面的力量，为构建社会主义和谐社会做出贡献。

统领发展，运统战之“和韵”。“成事在天，谋事在人。”人是发展过程中最为关键的因素。我们谋发展、求发展、推发展，关键在于团结和依靠一切可以团结的力量，凝聚成干事创业的强大合力。在这个过程中，只要我们科学运作，把各个阶层、各个方面的力量团结起来、凝聚起来，把全社会的一切积极因素充分调动起来、发挥出来，就能够在发展的大局占有一席之地。放手调动一切力量谋发展。全面建设海峡西岸省会窗口生态城市是新的历史条件下长乐的奋斗目标，实现这个宏伟目标，需要大家倍加顾全大局，倍加珍视团结，倍加维护稳定。统一战线是人才密集、知识密集、智力密集之地，成员智力结构具有多学科、多领域、多层次的特点。要高度重视和充分发挥这一人才优势，坚持求同存异、体谅包容的原则，善于团结一切可以团结的力量，调动一切可以调动的因素，让一切有利于富民强市的新鲜思想充分活跃起来，让一切有利于促进发展的社会成员充分活跃起来，让一切有利于社会进步的发展要素充分活跃起来，形成万众一心谋发展的生动局面，形成同心同德奔小康的强大合力。放胆鼓励非公经济唱主角。长乐是个民营经济发达的城市，引导和推动民营经济快速健康发展，是实现长乐跨越式发展的最佳途径。统战工作要为发展服务，就必须切实做好非公有制经济代表人士的工作，为非公有制经济的发展创造更加宽松的生存环境和更为广阔的发展空间，从根本上调动和激发广大非公有制经济人士的积极性和创造性。要立足于做大做强、做久做优的目标，积极引导非公有制经济向科技型、规模型、效益型、集约型的方向发展。要帮助非公有制经济人士牢固树立正确的公私观、义利观、信用观和法制观，不断提高他们的思想政治水平和综合素质，引导他们把自身企业的发展与社会的责任、国家的需要结合起来，把个人富裕与共同富裕结合起来，形成符合社会主义市场经济要求的经营理念、价值观念和道德规范。要在非公有制经济人士中大力弘扬中华民族的高尚精神和传统美德，为建设和谐长乐做出应有的贡献。放心任用党外干部挑重担。有为才能有位，从另一个角度讲，有位才能有为。“有位”和“有为”往往互为表里，相辅相成。在党外干部队伍建设上，党员领导干部要经常同党外领导干部沟通思想，加强协商，加强党外人士选拔任用工作的组织协调。统战部要协助组织部门做好党外领导干部的了解、考察和推荐工作。党外领导干部的安排使用，统战部门要参与考察，并提出意见。要加大党外后备干部的培养力度。对党外干部采取挂职锻炼、教育培训、搭台阶培养、岗位交流等措施，使党外后备干部逐步积累多方面的领导工作经验。要大力培养党外干部，放手使用党外干部，为发展县域经济搭设新平台，构筑新阵地，凝聚新力量，真正使党外干部在政治上受尊重，在组织上有地位，在事业上有作为。

统筹兼顾，强统战之“和韵”。坚持党对统一战线工作的领导。这是我们党在长期实践中形成的重要原则，是长乐统战工作蓬勃发展的根本保证。在头脑里强化意识。强化意识也就是要真正解决认识问题。党委是否重视统战工作，党的干部是否熟悉党的统战方针政策、是否善于做统战工作，这是衡量一级党委政治上是否成熟的一个重要标志。为此，各级党委要把统战工作作为事关长乐改革、发展和稳定全局的大事放在心上、抓在手上、摆在议事日程上，精心研究部署，定期听取汇报，及时解决重大问题，切实加强领导。各级党政主要领导干部要模范地执行统一战线的方针、政策，亲自做统战工作，广交党外朋友，做好思想工作；要加大对党员干部进行统战理论培训教育的力度，努力提高对统一战线工作的领导水平。在工作中确立位置。确立位置也就是要给统战工作提供充分发挥作用的舞台。在实际工作中要真正做到：党委和政府在年初安排部署整体工作时，要对统战工作提出具体的目标任务和工作要求；党委和政府对某项重点工作进展情况进行定期或不定期的督促检查时，要对统战工作的情况进行督促检查，并针对存在的问题提出相应的改进办法和措施；党委和政府在年终考核各项工作落实情况时，要同时对统战部门的工作情况进行考核。总之，要真正像对待经济工作和其他工作那样，做到同时部署、同时检查、同时考核。在岗位上培养队伍。面临新的形势和任务，统战干部必须加强学习，提高素质，增强才干，为高质量完成工作任务奠定坚实基础。要学会加强对统战工作的领导，要真正把统战工作抓在手上、放在实处，从而使统战工作发挥其应有的作用。要提高自身素质、增长才干。统战部门和统战干部一定要充分认识到肩负的责任，不断探索，提高研究新情况、解决新问题的能力。要练好内功，努力做到人缘好、形象好、人格好。要在统战部门营造人才成长的环境，形成人才兴、事业兴的氛围，建设一支适应统一战线发展的忠于党和人民、服务事业、奉献社会、有所作为的统战干部队伍。

统御形势，明统战之“和韵”。随着当前的形势不断发展，新时期下的统战工作既有挑战、压力，又有着机遇、优势，要进一步明晰形势，认真对待，较好地推进统战工作的三个转移。工作重点向构建和谐社会转移。进一步转变观念，拓展思维空间，把统战工作主动融入构建社会主义和谐社会的大局中去。构建和谐社会是多方面的，统战工作要立足自身优势，很好地融入其中。比如，做好经济统战工作，发挥非公有制经济在构建和谐社会中的巨大能力；做好多党合作和政治协商工作，完善社会主义民主政治；做好宗教工作，引导宗教与社会主义相适应；等等。工作重心向夯实基层基础转移。从长乐实际情况看，党外代表人物、党派成员等并不是很多，而经济统战、民族宗教、党外知识分子工作任务相对较重。在经济体制的转轨和社会的转型过程，越来越多的“单位人”转变成“社会人”，许多知识分子、高等人才纷纷流向社会，社区中的统战对象数量不断增多。而且，一些宗教渗透活动也逐渐向农村基层发展，基层的反渗透工作和打击邪教的任务十分艰巨。为适应新时期统战工作范围的变化，统战工作必须重心下移，向乡镇、街道、社区等基层单位延伸。工作重力向新统战对象转移。在现阶段，我国的社会阶层构成发生了新的变化，出现了新的社会阶层，他们作为有中国特色的社会主义建设者，是新的统战成员。对长乐而言，当前，随着时间推移，特定历史条件下的一代统战对象逐渐减少，而非公有制经济代表人士、新华侨、新移民和海外留学人员及海外华侨华人的二、三代队伍日趋增多，海外统战工作、基层统战工作都被赋予了更新的内容。因此，如何有针对性地做好新时期这些统战成员的工作，是一个新课题，也是需要广大统战工作者要积极突破的领域。

统合创新，优统战之“和韵”。主动适应变化的新形势和新情况，用与时俱进的精神回应时代的要求，用创新的观念对待发展中的问题，积极做好时代赋予统战工作的重要课题。创新工作方法。科学的方式方法，是解决问题、推动工作的“跨江之桥”和“渡河之舟”。统战部门要根据工作的特点，切实坚持以人为本，采取有效的方式方法，不断探索开展统战工作的新方法。唯有如此，才能适应生动多样的社会实践发展，才能破解统一战线工作中的难题，才能不断地推动统战工作上新台阶。在长期的实践中，长乐形成了政策推动法、民主协商法、求同存异法、联谊交友法、照顾利益法等许多重要方法。要在继承这些基本方法的基础上，采取措施落实政策，改进方法，做细、做深、做实工作。要适应民主政治的要求和时代变化的特点，进一步营造宽松稳定、团结和谐的环境，真正使民主协商成为达成共识、增进团结和科学决策、民主决策的重要形式。创新工作载体。开展有规模、有影响的社会活动，是新的历史条件下做好统战工作的重要途径和方法。统战工作如果没有载体，就会显得空泛。经过实践证明，载体即是活动，活动即是抓手，抓手即是推手。统战工作需要通过一定形式的活动来开展。近年来，长乐统一战线之所以能够产生一定的社会影响，受到各方面的广泛关注，其中一个重要原因就在于统战部门不断创新工作载体，开展了一系列有影响、有针对性、有实效的活动。要将这一行之有效的方法坚持下去，进一步组织好统一战线的重大活动，通过活动来增强统战工作的活力，来增进共识、增进团结、凝聚人心。创新工作机制。当前面临的形势和任务，对进一步加强统战部门自身建设提出了新的更高的要求。要从党的统战事业发展的高度，继续在学习兴部、调研立部、制度建部、从严治部上再下功夫，不断总结工作实践，规范工作制度，把统战部门自身建设提高到一个新水平。要在制度层面保证民主党派参政议政、民主监督、参与经济建设、协调关系、自我教育等五大作用的充分发挥，使多党派更加和谐、政治协商更加有效、民主监督更加有力。同时，要帮助民主党派加强自身建设，使其始终与时代同步，持续提高参政能力和政党活力。

（2008 年 3 月 31 日）

明 韵

茶之道，一冲一泡；政之道，一思一得。二者看似异曲，实则同工，运用之妙，存乎一心。故施政者，当常修为政之道，修得好，则“治大国如烹小鲜”。政之首，在于明；明之基，在于责。作为基层乡镇（街道）主官，岗位重要、责任重大，牵一发而动全身，是全域工作的重心、重点，也是各个区域社会经济和民生事业发展前行的烛光。乡镇（街道）如何在时势寒流中明大局、明大务、明大法、明大为、明大体、明大任，抱团取暖、抱团发展，恪尽职守、逆流而上，是为政一方、造福百姓的固基之石、固本之木。

“四求先行”中明大局之韵。站在新的历史起点上，作为海西省会窗口生态城市，长乐有责任在科学发展上率先探索，先行一步，实现又好又快发展；有义务承担起服务海西发展大局的历史使命，先行先试，更好地推动海西建设。在这个过程中，最关键的是要统一大家对“四求先行”的认识，以及在行动上自觉自愿地实践好“四求先行”。作为乡镇（街道）的主官，大家对“四求先行”的理解与实践，不仅决定了各自区域的发展快慢，而且影响着全市经济社会发展的大局。就当前而言，按照中央部署、围绕海西战略、结合实际，坚持解放思想求先行、以人为本求先行、好字当头求先行、持续运作求先行，在两个先行区建设中先行先试就是大局。明确和把握了这个大局，大家的工作就有了目标，发展就有了方向，就能在这个大局的牵引下，按照更大范围的排位、更高层次的站位、更快速度的升位、更显魅力的品位、更具优势的地位的要求，奋力先行、加快发展，更好地完成市委、市政府赋予的各项发展任务。

“四项要求”中明大务之韵。福建省委从 2005 年对福州提出“重、重、重”，到 2006 年提出福州要“挑大梁、树形象、走前头”，再到当前提出福州要“打基础、挑重担、树形象、走前头”的四项要求，这是对福州发展的新定位。长乐作为福州的重要组成部分，无论从经济实力、还是从区域站位上讲，都必须主动去呼应、积极去对接这四项要求，把它当作今后一段时期内的主要任务加以推动和落实。必须看到，在国际金融危机影响深远、国内经济环境日趋严峻的形势下，省委提出的“打基础、挑重担、树形象、走前头”的要求，既是对作为省会的福州的要求，也是对作为省会窗口的长乐的要求。这四项要求不仅告诉我们在困难面前要怎么做，而且告诉我们战胜困难要做什么。“打基础”在任何时候都是一级地方主官所肩负的最沉重的职责和最艰难的工作，“好高骛远”向来都是身为“父母官”的切身大忌。各乡镇（街道）必须树立一切工作围绕“四项要求”、一切精力专注“四项要求”的思想，把保持经济平稳较快发展作为首要任务，坚持扩大内需保增长、优化结构上水平、深化改革添活力、以人为本重民生、增强民主求法制、反腐倡廉树形象、强化党建夯基础，在谋划思路、制定措施、推动工作的全过程中时刻不忘“打基础、挑重担、树形象、走前头”，以实际行动为两个先行区建设做出应有的贡献。

“四个重在”中明大法之韵。“重在持续，重在提升，重在运作，重在实效”，是福建省委、省政府对改革开放以来福建社会经济建设发展的科学总结，也是海峡西岸经济区建设的实践要领，充分体现了科学发展观和社会主义和谐社会的战略内涵。从某种角度讲，“四个重在”既是实践的指南，也是工作的方法。对于身处基层一线的同志而言，深刻理解和领会“四个重在”，有助于大家在工作中更好地克服困难、解决问题、化解矛盾。特别是在当前发展面临暂时困难的情况下，紧紧围绕“四个重在”的实践要领，谋划发展新思路、寻求工作新方法，对于我们克服经济下滑的趋势，消除影响经济发展的不确定因素，化解“三农”工作中存在的各种矛盾，促进社会的安定和谐，都具有十分重要的意义和作用。眼下，长乐的发展正处在一个转折的特殊期和关键段，各乡镇（街道）的工作十分繁杂、任务十分艰巨，如何化繁为简、化危为机，都需要以科学发展观为指导，创新工作方法、探索工作模式，力求在持续中打基础、在提升中谋发展、在运作中求突破、在实效中出成绩，进而建立健全一套与本地实际、发展任务相适应的工作机制，更好地推动各项工作的有效落实。

“四个带动”中明大为之韵。近年来，长乐经济社会之所以能在高位平台上持续快速发展，得益于经营城市、营销城市、文化涵养城市、品牌提升城市、和谐构建城市、生态塑造城市等理念的指引，得益于各级各部门持之以恒地落实项目、品牌、创新、服务的带动效应。可以说，“四个带动”是福建省委、省政府对海西建设的经验总结，也是对实践方法的深度提炼，是推动长乐经济社会实现又好又快发展的主要手段与重要途径，不仅需要认真总结，而且需要始终坚持。越是困难时期，越要坚持发展；越是任务艰巨，越要确保预期目标的圆满完成。这就需要各方主动作为、积极作为、有效作为，继续围绕项目、品牌、创新、服务“四个带动”展开工作，把时间和精力放在抓项目引进、抓品牌建设、抓工作创新、抓服务提升上来，并把这些工作作为检验自身执政能力和工作水平的主要内容，做好项目、品牌、创新、服务这四篇文章，力求通过实施项目带动，培育一方发展后劲；通过实施品牌带动，提升一方竞争实力；通过实施创新带动，突破一方发展瓶颈；通过实施服务带动，营造一方和谐氛围。

“发挥四力”中明大体之韵。人心齐，泰山移。能否最广泛最充分地调动各方面的积极因素，形成推进发展的强大合力，是我们事业成败的关键所在。构建文明和谐的海峡西岸省会窗口城市，不仅需要依靠乡镇（街道）党政主官的力量，更要借助全社会方方面面的共同努力。各乡镇（街道）要注重发挥好内在的活力，进一步明确“九稳”之基、认清“九下”之势、正视“九转”之困、把握“九顺”之利、开创“九平”之举、实践“九应”之策，努力在践行科学发展观中解放思想、开拓创新、挖掘潜力、发挥特色，最大程度地激发一方的发展活力。要注重发挥好外在的凝聚力，坚持相信群众、依靠群众、团结群众、发动群众，努力激发广大干部群众推动科学发展、构建和谐长乐的积极热情，巩固发展风正气顺、人和业兴的良好氛围，不断形成全民创业、共图发展的生动局面。要注重发挥好班子的合力，凡事以党的事业为重、以大局工作为重、以人民利益为重，促家和而兴万事、求大同而存小异，倍加珍惜团结、悉心维护团结、自觉加强团结，进一步凝聚班子合力，心往一处想、劲往一处使，拧成一股绳、汇成一股劲，不断增强班子的战斗力。要注重形成好工作的推动力，深入实施“回归”工程，加强与域外、海外长乐籍企业家和各类技术人才的联系，积极为长乐发展引进更多的资金、技术、管理、人才等生产要素，围绕发展形成强大的工作推动力，万众一心推动长乐经济社会平稳较快发展。

“坚持四责”中明大任之韵。有什么样的责任心，就有什么样的工作效果。一个干部如果有强烈的责任意识，就会胸怀全局、脚踏实地、埋头苦干。卢展工同志对领导干部提出“四责”工作要求，其实就是责任问题。各级领导干部尤其是乡镇（街道）主官，一定要认真对照“四责”要求，以强烈的事业心和高度的责任感对待自己的工作，亲力亲为，率先垂范。要忠诚履责、尽心尽责，把精力用在谋发展上、把身子沉到抓工作中、把重心放在促落实上，努力在岗位上、在责任中体现共产党员的先进性。要勇于负责、敢于问责，绝不能在其位不谋其政、在岗位不在状态，绝不能敷衍塞责、逃避责任，做到在岗一日，尽责一天，真正对党的事业负责、对长乐发展负责、对辖区百姓负责。要坚持领导干部问责制，切实加大问责力度，对失职渎职的干部该处理的坚决处理，该追究的坚决追究，取信于民。在问责的同时，要大胆提拔重用那些责任心强、人民信得过，能干事、肯干事、干成事的干部，从根本上调动各级干部尽职尽责的积极性。

（2009 年 1 月 21 日）

检　韵

“立善法于天下，则天下治；立善法于一国，则一国治。”检察机关作为法律监督机关，在促进和维护社会和谐稳定中担负着重要职责。而在新形势下如何进一步发挥检察机关的法律监督职能，立检为公、执检为民、规检固基、施检护干、强检聚力，让全体检察机关工作者知责于心、担责于身、履责于行，是进一步推进检察工作提质增效的必由之路。

把握立检为公之韵。检察机关的权力来自人民，行使检察权的最终目的是实现好、维护好、发展好最广大人民群众的根本利益。因此，大家要将立检为公贯穿于各项检察职能，体现于检察工作的各个环节，在检察工作中做到出于公心、维护公权、坚持公正。出于公心。一切为了人民的利益，一切从人民的利益出发，是检察工作的必然选择。作为国家专门法律监督机关中工作人员的检察干部，行使权力，不是代表个人意志，而是代表国家和人民的意志，检察干部思想上的任何偏差和动摇，都可能使执法目标和方向发生错误，手中的执法权力都可能被错用和扭曲，给党和人民的事业造成损失。因此，检察干部在工作中要出于公心、态度公允，以事实为根据、以法律为准绳，严把证据关、法律关，排除私利，坚持秉公执法，决不能办人情案、关系案、金钱案。

把握维护公权之韵。为经济社会发展提供有力的法律服务和保障，这是时代赋予检察机关的神圣使命，也是检察机关维护公权的具体表现。全体检察干部要不断增强维护公权意识，进一步树立和落实科学发展观，在促进和谐长乐建设上下功夫，把维护国家利益、维护市场经济秩序、维护人民群众切身利益作为立足点、出发点和归宿，努力提高为经济社会发展服务的本领。要坚持履行法律职能，依法准确、有力地打击各种刑事犯罪，严肃查办国家工作人员职务犯罪，坚决纠正各种诉讼违法行为，全面发挥检察机关在打击预防犯罪、化解矛盾纠纷、保障公平正义中的职能作用，维护国家利益和人民利益。坚持公正。维护和实现公平正义，是构建和谐社会的内在要求。检察机关是国家的法律监督机关。捍卫宪法和法律尊严，维护社会公平和正义，是人民检察官的天职。因此，广大检察干部要顺应时代发展的要求和人民群众的呼声，以对党、对人民、对法律高度负责的态度，切实履行好各项法律监督职责，依法监督纠正各种执法不严、执法不公等问题，保障国家法律的统一正确实施，做国家法律的忠实守护者。要强化公正执法的意识，模范执行宪法和法律，坚持以事实为根据、以法律为准绳，平等保护各类诉讼参与人的诉讼权利，规范执法活动，提高执法质量，公正地对待每一个当事人，公正地办理每一起案件，做到有罪追究、无罪保护、严格依法、客观公正。

把握执检为民之韵。为谁执检，怎样执检，能否做到为民执检，这是广大人民十分关注的热门话题，也是检察机关必须认真面对的重大课题。检察干部手中的检察权来自于人民，就必须服务于人民。古人说："一切为民者，民则向往之。"检察机关要取得广大人民群众的支持、拥护和爱戴，就必须在亲民、为民、服民上有更新的作为、更大的作为。以形象亲民。执法形象既是一个总体概念，是检察队伍政治坚定、业务精通、作风优良、公正执法等综合素质的反映，同时又是一个具体的概念，人民群众往往从执法者的一言一行、一举一动中直接做出形象评价。因此，检察机关队伍的形象好坏，关乎检察工作的群众基础，关乎检察机关的社会公信度，关乎检察事业的长远发展。全体检察干部要以"忠诚、公正、清廉、严明"作为自身的形象追求，模范遵守和执行中央、福建省以及福州市的各项规章制度，不去不该去的地方，不做不该做的事情，不获取正当权益范围以外的利益，不搞特殊化，切实做到领导在一线指挥，干部在一线工作，问题在一线解决，经验在一线总结，形象在一线树立，以此树立良好的亲民形象。要以作风建设为突破口，按照胡锦涛同志提出的"八个方面良好风气"和"三种意识"的要求，从工作和生活的点滴做起，时时处处保持和维护检察队伍的良好形象。以服务为民。当前，随着依法治国的深入推进，法制观念进一步深入人心，社会各界和人民群众对公平正义的需求越来越强烈，要求加强法律监督的呼声越来越高。因此，作为国家权力的重要组成部分，检察机关要把执法活动作为保护和实现人民群众根本利益的载体，坚持以人为本，运用检察职能解决人民群众最关心、最直接、最现实的利益问题，抓住人民群众反映强烈的突出问题，加大法律监督力度。要在执法过程中，切实解决好“严格执法和保障人权”的关系，进一步强化法律意识、证据意识和程序意识，坚持“打击与保护并重”“实体与程序并重”，在执法办案各个环节依法尊重和保护诉讼当事人的合法权益。要主动参与人民内部矛盾的排查调处，依法妥善处置群体性事件，努力把影响稳定的不安定因素解决在基层，消除在萌芽状态，维护良好的社会秩序、生活秩序和工作秩序，力争在积极构建防范和化解社会风险机制上有所作为。要以人民满意不满意作为根本标准，依法严厉打击各种严重刑事犯罪，坚定不移地加大反贪工作力度，保持查办案件的强劲势头，把惩治犯罪和保护人权结合起来，切实维护人民群众的合法权益。要强化广大检察干部的服务意识，每个检察机关干部职工都要做到“来有迎声、问有答声、走有送声、事情办完有回声”和“接待群众热心、听取群众反映细心、解答群众问题耐心、解决群众问题诚心”，不断增强自身服务水平。以清廉服民。良好的职业道德操守和高尚的人格形象，是检察官职业的内在要求。当前我国正处于社会转型的关键时期，每个检察官所面对的考验和诱惑很多。因此，廉与不廉已经成为群众信任与衡量检察机关形象的一条极为重要的标准。作为检察干部，要常修为检之德、常思贪欲之害、常怀律己之心，不断加强自身世界观改造和党性锻炼，强化自身内在的道德良知，逐步养成强烈的道德责任感、高度的道德自制力，以高尚的人格境界和精神境界，抵制各种诱惑和各种腐朽思想的侵蚀，筑牢拒腐防变的思想道德防线。要规范自身社会活动，约束自己的生活方式，远离纸醉金迷、灯红酒绿和声色犬马，有损形象的话不说，有损形象的事不做，始终保持一种高雅的生活情趣。要志存高远、清心寡欲、心如止水，不为荣誉所迷、不为金钱所惑、不为美色所动、不为威胁所屈，保持一种“壁立千仞，无欲则刚”的精神气度，永葆浩然正气。

把握规检固基之韵。维护公平正义是检察机关的工作主题，要保障在全社会实现公平正义，检察机关必须转变执法观念、创新执法理念、规范执法行为，切实用好自己手中的权力，确保社会基础稳固、民心稳定。提高执法水平。近年来，通过狠抓教育、整顿、培训等各项工作，长乐检察队伍的政治、业务素质大有提高。但是“欲穷千里目，更上一层楼”，随着社会主义民主法制建设的不断推进，广大人民群众的法律意识和法律需求不断增强，执法中遇到的新问题越来越多，这就给执法者提出一个十分迫切的课题。只有抓紧提高执法水平、抓紧练就过硬的执法本领，才能跟上时代前进步伐，才能更好地实践执检为民的神圣使命。广大检察干部必须深刻认识到，执法水平高低、办案质量优劣，既关系到法律监督能否到位，更关系到检察工作能否实现好、维护好、发展好人民利益的根本性大事、全局性大事，必须树立高度的紧迫感、责任感，刻苦学习，努力提高自身的业务素质。否则，光有良好的执法为民之愿望，却缺乏过硬的素质，执法为民就会变成一句空话。创新执法理念。执法理念是人们在司法、执法过程中形成的一种价值观，是基于对司法功能性质和基本模式不同理解的价值观念，在影响与控制执法活动方面起着积极的作用。不断更新执法理念，既是检察机关正确履行职能的需要，也是适应当前我国社会生活形态变化的需要，更是落实科学发展观、构建和谐社会的需要。这就要求检察机关必须准确把握长乐经济社会发展的阶段性特征、主要矛盾和工作重点，增强大局意识和工作主动性。现阶段，随着长乐人均 GDP 接近 3500 美元，人民群众生活水平和质量日益提高，各种复杂的社会性矛盾与问题也日益凸显。检察机关要对长乐发展形势做出科学判断，不断增强忧患意识和政治责任感，确立以维护社会公平正义为价值取向的执法理念，坚持检察工作的宪法定位、工作主题和总体要求，正确处理检察机关各项职能之间的相互关系，并统一到强化法律监督的基本职能上，依法保障社会公平和正义。规范执法行为。要紧紧围绕规范执法行为，通过专项整改、健全执法规范化体系等途径，不断提高检察队伍的执法能力。要结合工作实际，在职务犯罪侦查、公诉、侦查监督、民事行政检察等部门，重点查摆和纠正人民群众反映强烈的执法不规范、执法不文明等突出问题，认真查处和预防徇私枉法、权钱交易、执法不作为等违法违纪行为，并从制度、程序、管理、考评等方面，进一步加强执法规范化建设，完善对检察活动的监督和制约机制，促进检察执法的严格、公正和文明。要建立健全执法规范化体系，坚持以检察业务部门和执法办案环节为重点，建立健全检察执法规范化体系，加强对基层检察院规范执法行为的分类考核和检查指导，全面推进检察业务、队伍建设和办案信息化建设，努力提高检察执法水平和工作效率，把规范执法行为活动不断引向深入，不断抓出实效。古人说：“法令行则国治，法令弛则国乱。”而法令之行，在于执法者的身体力行，如果执法者行为不规范，法令又如何施行？所以，规范执法行为，非同小可。

把握施检护干之韵。对于检察工作而言，实施惩治只是手段，不是目的。只有把防范、教育和监督贯穿于检察工作的全过程，本着对广大干部爱护与负责的态度出发，检察工作才能得到干部群众的真心支持与拥护，才能实现全面协调可持续发展。防范在前。检察官作为国家公诉人员，依法行使国家赋予的神圣职权，把犯罪分子送上审判台，使之受到相应的惩罚，这是很重要的。但是，打击犯罪是治标，好比给病人治病；而预防犯罪才是治本，好比给病人打增强抵抗力的疫苗。为此，在注重办案的同时，我们要把预防职务犯罪工作放到更加突出的位置，注重发挥办案在治本方面的建设性作用，努力把犯罪止于萌芽之时、毫末之中，做到无案可诉，这才是我们要努力追求的终极目标。我们设置了预防犯罪科，目的很清楚，就是要把预防工作提高到一个重要位置，通过预防措施，让更多的人懂得悬崖勒马，不至于陷入犯罪的深渊。因此，要进一步加强预防工作整体性、配套性和系统性，在单位预防、个案预防的基础上加以深化，从个案到类案、从点到面，抓住倾向性、苗头性的问题，研究制定出整套预防制度和措施，建立预防网络。总之，我们要充分认识到，预防犯罪是一项功德无量的工作，是救人于虎口的工作。教育在前。加强检察机关的思想道德和纪律教育，这是我们各级党的组织和纪检检察部门的一项主要工作任务，检察院要把这一宣传教育工作纳入领导班子的主要工作议事日程，机关党组织、政工、纪检检察部门要密切配合抓好宣传教育工作，形成宣传教育工作的整体格局，促进检察机关的廉洁自律工作。要以权力观教育为重点，加强理想信念教育，提高党员干部的思想道德水平。同时，要把自律和他律、管理与教育结合起来，引导广大干警树立正确的思想道德观念。培养高尚的道德情操，提倡检察干警的人格储蓄、道德储蓄，通过一点一滴的积累，形成干警的宝贵的精神财富。要通过以德治检、以德立检增强检察干警的自身反腐防变能力，自觉抵制各种诱惑，特别是要过好金钱关、权力关和美色关，吏制腐败和司法腐败往往都是因为没有过好这三关。金钱、职务、地位都很重要，但是世界上还有比这更重要的东西，那就是一个人的人格、一个人的品德。大家都说“金杯银杯不如老百姓口碑”，社会各界都在对我们检察机关的每个领导干部、每个普通干警画像，你的形象如何、品德如何、能力如何、交往圈如何，老百姓都一清二楚。“君子爱财，取之有道”“莫伸手，伸手必被抓”，这些大道理都好讲，做起来却很不容易，必须靠自身的道德养成和严格的内省规范。监督在前。要把监督的重点放在严重违反法律规定、严重侵犯人权的问题上。在立案监督中，要依法监督纠正有案不立、有罪不究、以罚代刑、不该立案而立案和违法插手民事经济纠纷等问题；在侦查监督中，要依法监督纠正漏罪漏犯、各种违反诉讼程序和侵犯人权的违法行为；在审判监督中，要正确把握抗诉条件，运用抗诉手段加强对有罪判无罪、无罪判有罪、量刑畸轻畸重的监督，努力提高抗诉质量。同时，采取检察建议等方式，对一些带有普遍性的问题提出综合性的监督意见；在刑罚执行监督中，要重点加强对违法减刑、假释、暂予监外执行的监督，完善同步监督机制，继续做好纠防超期羁押工作。积极探索对刑事自诉案件和简易程序适用等问题进行法律监督的途径和方式，扫除监督盲区。

把握强检聚力之韵。任何一项事业的成败兴衰，队伍都是关键因素。新形势、新任务，对检察队伍建设提出了更高的目标和要求，只有建设一支充满朝气和活力、具有高度凝聚力和战斗力的检察队伍，检察工作才能永葆生机，取得新的进步。建设学习型队伍。检察工作是一项有着悠久传统、深厚文化和精深业务的工作，要胜任这项工作，就必须把学习放在首要位置，在学习中增长见识、在学习中增加知识、在学习中增进学识。要通过学习，明白中国乃至世界检察制度的产生、沿革、完善的整个过程，努力使自己成为博古通今的学者型检察官。要牢固树立终身学习的理念，刻苦钻研检察业务知识，加强岗位练兵和实战锻炼，学习新知识、增长新才干、掌握新本领，不断提高执法水平和办案技能，更好地担负起法律监督的重任。建设创新型队伍。创新是时代赋予检察机关的重要使命，是检察事业发展的不竭动力。一个没有创新能力的民族，难以屹立于世界先进民族之林，同时，一个没有创新能力的检察机关，也不能跻身于先进检察机关之列。建设创新型检察院，目的就是要引导创新意识，培养创新思维，在宪法和法律法规的范围内，全面推进检察工作体制机制、队伍建设和信息化建设的改革与创新，使检察工作在创新中获得不断发展。全体干警必须牢固树立"崇法尚文、以人为本、规范提高、创新发展"的检察工作新理念，对每一个细节都精益求精；必须广泛地积累经验，深刻地总结教训，把先进的经验推广到其他工作中去，不断创新完善，进一步拓展思路；必须坚持检察队伍建设机制和检务保障机制的不断创新，突破困境，激发人才活力，实现建设创新型检察院的目标。建设文化型队伍。作为一种新的管理思想、管理理论和管理形式，检察文化是社会主义先进文化和法律文化的重要组成部分，是检察官们在检察实践中逐渐形成的共同的理想、价值观及行为准则，是一种具有检察官个性的信念和行为方式。检察文化的精神与灵魂，是检察官个人的道德基础和价值观念，追求以物为重点的管理向以人为核心的管理转变。

因此，建设文化型队伍，关键在于加强全体检察人员的检察职业道德建设，提高检察人员的思想道德修养水平，达到公正执法、阳光执法，成为社会文明的表率、遵纪守法的模范。这就要求我们必须用“三个代表”重要思想和科学发展观的要求来统领检察文化建设，用符合时代发展要求和历史进步潮流的司法理念、价值观念来调整检察人员思想意识，通过一系列行之有效的教育活动，把自我教育、自我锻炼、自我改造融合在道德意识、道德情感、道德行为品性之中，提高检察人员检察职业道德行为的选择能力，始终确立“崇尚法治、为民护法”的执法观和“匡扶正义、奉献检察”的价值观，使“公正执法、热情服务”成为全体检察人员的行为准则和自觉行动，真正成为符合党和人民要求的品德高尚、品性优良、品行高雅的新一代检察职业工作者。

（2009 年 2 月 27 日）

警　韵

有一种担当叫“我是警察”，有一种安全感叫“有困难找警察”，有一种颜色叫“警察蓝”。公安机关人民警察心怀着对党、对祖国、对人民的无限忠诚，勇于担当，无私奉献，他们用辛勤的汗水乃至宝贵的鲜血和生命捍卫着国家的政治安全、打击违法犯罪、维护社会稳定、护航经济社会发展、保障人民安宁，用实际行动为我们撒下名为“安全”的种子，让百姓真切感受到“警韵”的魅力。

公安为民的“警韵”认识要有新提高。2008年既是奥运年，也是党的十七大召开后的第一年，更是改革开放后的第三十年，有着极为特殊的意义，面对新形势、新情况、新任务、新要求，公安机关和广大干警一定要统一为民思想、提高为民认识，自觉站在构建和谐社会的高度去谋划工作，以维护稳定、促进和谐的标准和要求去检验工作，充分认识做好公安工作、维护稳定大局对构建和谐社会的重要意义，努力实现公安工作的新突破，不辜负人民以身家性命相托付的殷切寄望。充分认识做好公安工作对于促进社会和谐具有重要的保障作用。当前，由人民内部矛盾引发的群体性事件已成为影响社会稳定的突出问题，直接影响人民群众安全感的“两抢两盗”案件时有发生，自然灾害等非传统安全因素对社会稳定已构成现实威胁。可以说这一时期，改革发展的任务很重，维护社会稳定的任务也很重，做好稳定工作至关重要。充分发挥公安机关的职能作用，进一步做好新时期公安工作，全力维护社会稳定，是改革开放和社会主义现代化建设事业顺利进行的客观需要，更是构建社会主义和谐社会的重要保证。充分认识做好公安工作对于促进社会和谐具有重要的规范作用。构建社会主义和谐社会，必须依法治国。公安机关作为贯彻依法治国的重要力量，最基本的职责就是执法。公安机关要通过正确行使执法权，依法打击各种犯罪行为，严厉查处各类违法行为，积极调整社会关系，有效规范社会成员的行为，保障社会安定、有序、协调运行。要通过广大干警在工作圈内坚持建功立业为人民、在生活圈内坚持一身正气拒腐蚀的良好形象，引导形成健康文明的生活方式。充分认识做好公安工作对于促进社会和谐具有重要的建设作用。做好公安工作，既是和谐社会建设的重要保障，又是和谐社会建设的重要内容。当前，公安工作的实际状况与推进和谐社会建设的要求相比，还有许多不适应的地方，必须以创新的思维，着重在自身建设上下功夫，努力形成与构建和谐社会要求相适应、相协调的思想理念、工作体系、工作体制和工作方法。这既是公安工作在促进和谐社会建设中更好发挥职能的客观需要，也是推进和谐社会建设本身的重要任务。

保境安民的“警韵”领域要有新拓展。构建社会主义和谐社会是一项复杂的系统工程，涉及政治、经济、文化等各个方面。公安工作要在构建和谐社会中做出更大贡献，必须对新形势下公安工作的职能有新的思考和新的拓展，使公安工作更多地融入政治、经济、文化和社会生活的各个领域。履行好打击职能。开展严打整治专项斗争既是公安机关的重要手段，也是这几年长乐治安状况取得明显好转的成功经验。希望公安机关一如既往地发扬克难攻坚、善打硬仗的工作作风，瞄准突出的治安问题，适时组织开展严打整治专项斗争，做到打击坚决有力、处理不留尾巴。要建立经常性严打工作机制，始终保持对刑事犯罪的高压态势，坚决遏制恶性案件、重特大案件的发生。要根据社会治安的实际确定打击的重点和方式，做到什么犯罪突出就重点打击什么犯罪、什么治安问题严重就重点解决什么问题、哪里治安混乱就重点整治哪里、用什么方式更为有效就采用什么方式，不断增强严打整治斗争的实效。要通过开展严打整治专项斗争，做到绝对不能让黑恶势力和其他势力坐大成势，绝对不能让有损长乐形象的恶性案件发生，绝对不能让侵害群众利益的多发性案件居高不下，绝对不能让恐怖势力和邪教势力威胁长乐的政治稳定。履行好服务职能。经济建设是中心，发展是第一要务，服务发展是公安机关的首要任务。希望同志们进一步增强服务全局的理念，不断增强中心意识，始终把服务经济建设摆在首要位置，热情服务经济建设。在实际行动中，要努力实现“三个转变”，积极构建公安工作与经济建设的新型互动关系。在工作理念上，要由传统管理型向管理服务型转变，树立“经济发展我先行”的观念，切实把公安工作融入经济建设的全局中去，自觉寓管理于服务之中，做到经济发展推进到哪里，公安服务的触角就延伸到哪里。在工作目标上，要由传统的为管理而管理向注重促进发展转变，把履行职能的目标定位在服务经济发展上，只要有利于经济发展的，就要大胆支持、依法保护。在工作内容上，要由浅层次注重外在的形象向深层次注重内在的平等维权转变，把保护各类经济主体的合法权益作为公安机关服务的最高准则和永恒主题，切实维护和促进各类经济主体特别是民营经济的快速发展。要积极推进公安审批制度改革，按照合法、合理、效能的原则，全面清理现行的公安行政审批事项，增强透明度，使各项公安管理工作更加规范、快捷和高效。履行好管理职能。要深入研究新形势下加强社会治安综合治理的有效途径，形成长效管理，切实提高预防、控制和打击犯罪的能力。要继续加强防控体系建设，实现防控从量的积累向质的提升。要树立“警力有限，民力无穷”的思想，在打造“平安长乐”的活动中坚持宣传群众、发动群众、组织群众、依靠群众，充分挖掘和利用社会资源参与社会治安工作。要坚持实行重大矛盾定期排查制度，对影响稳定的新矛盾和问题要立足于抓早、抓细、抓苗头。要建立和完善群体性事件的预防和工作机制，妥善处置各类群体性事件。要广辟情报信息渠道，完善情报信息网络，健全预警性信息工作机制，及时掌握不稳定苗头因素，服务党委、政府决策和有效处置。

立警护民的“警韵”理念要有新飞跃。社会主义法治理念，是社会主义和谐社会建设重大战略思想在执法方面的具体体现。要坚持以社会主义法治理念为指导，不断统一执法思想、转变执法理念，正确处理打击与保护的关系、管理与服务的关系、严格执法与文明执法的关系，真正把实现好、维护好、发展好最广大人民的根本利益作为公安工作的根本出发点和落脚点。端正执法思想。立党为公、执政为民，落实到公安工作、具体到公安队伍，就是要坚持“立警为公、执法为民”。要切实加强思想政治教育，教育广大干警始终把维护人民群众的根本利益作为公安工作的出发点和落脚点，牢固树立执法为民的思想和群众利益无小事的观念，把执法为民真正体现到实际工作中。只有思想正、作风硬的队伍，才是最有战斗力的队伍，才是做好公安工作的根本保证。规范执法行为。依法办案、秉公执法是对执法机关的基本要求。广大公安干警要牢固树立依法办事、保障人权的观念，强化证据意识、时限意识、程序意识，规范执法、文明执法，坚决制止粗暴野蛮的执法行为。在执行公务时既要做到实体公正，又要做到程序公正，切实尊重和保护执法对象的合法权益，坚决防止滥用强制措施、刑讯逼供、侵犯人权等违法违规事件的发生。融洽执法关系。公安机关要站在建设“和谐长乐”的高度，从依靠民力补充警力的实际需要出发，从人民群众最关心的问题入手，不断推出便民利民措施，真正做到“把群众的呼声作为第一信号，把群众的需要作为第一选择，把群众的利益作为第一考虑，把群众的安危作为第一警务，把群众的满意作为第一标准”，杜绝发生伤害群众感情、漠视群众疾苦、侵害群众利益的行为和影响公安声誉、影响公安形象的事件，切实改进公安行政管理工作，更好地为人民群众服务。通过密切警民关系，主动赢得群众的支持。

强警爱民的“警韵”形象要有新展现。做好公安工作，队伍建设是根本和保证，只有练好业务本领，提高业务素质，才有爱民的能力。要按照“建设过硬班子、纯洁公安队伍、树立良好警风，提高执法水平”的基本思路，持之以恒地抓好公安队伍建设，努力建设一支富有生机和战斗力的公安队伍，为做好新时期的公安工作，构建和谐社会提供有力的组织保障。增强公安队伍的综合素质。公安干警既是执法者，又是护法者，而且公安工作涉及社会方方面面，广大公安干警必须具备较高素质，才能适应社会、适应时代对公安工作的要求。要打牢深厚扎实的政治理论功底，了解和掌握经济、管理、法律等方面的知识，建立起符合时代发展需要的知识体系。要不断强化专业的精深度，注重增强专业的复合度，特别是要强化对案例教学方式的运用，加强对新知识和新设备的学习，培养出更多的“业务通”和“多面手”。要围绕公安队伍建设工作的目标任务，培养提高围绕中心、服务大局，解决现实问题的能力，做群众工作的能力。提升公安队伍的整体形象。公安干警的形象体现着群众对整个公安队伍的认识、影响到群众对公安工作的认可，关系到公安工作的外部环境。广大公安干警一定要从自身做起，牢固树立公正执法、一心为民的思想，树立起新时期公安干警的崭新形象。要把更多的精力放到基层，始终把维护和实现最广大人民群众的根本利益作为公安工作的出发点和落脚点，带着对群众的深厚感情去执法、去工作。要时刻把群众的安危冷暖放在心上，从群众最希望公安机关做的事情做起，凡是得民心、顺民意的事情，都要竭尽全力去做；凡是失民心、背民意的问题，都要雷厉风行去改，在群众中树立起可亲、可敬、可信的执法形象。强化公安队伍的作风建设。作风和形象有着天然的因果关系，作风是因，形象是果。要在老百姓心目中形成不可磨灭的光辉形象，对于公安机关来讲，就必须树立求真务实之风，按照“八个坚持、八个反对”的要求，积极引导公安机关全体党员干部特别是党的领导干部不断地求重要战略机遇期社会稳定之真，务充分发挥职能做好维护社会稳定各项工作之实；求公安工作长远发展与进步之真，务公安工作的制度、体制、机制建设之实；求公安队伍整体素质和战斗力提高之真，务加强公安机关党的建设和公安队伍建设之实。在生活作风上要更加严谨，要严于律己，执行好廉洁自律的各项规定。在纪律要求上要更加严格。纪律是执行路线的保证，要严格教育、严格管理、严格监督，树立公安队伍的浩然正气。

警民和谐的“警韵”环境要有新改善。警民和谐是和谐社会的重要组成部分，公安机关是和谐社会的保障者和促进者；公安民警是确保百姓生活安宁的守护者和创造者。各级党委、政府要继续关心公安民警，积极为公安民警办实事、办好事，努力为公安工作开展创造良好的执法环境、工作环境和舆论环境，不断增强公安队伍的凝聚力，提高公安队伍的战斗力。加大领导力度，营造良好的执法环境。公安工作必须置于党的领导之下，这是新时期做好公安工作的根本保证。各级党委、政府要加强对公安工作的领导，认真贯彻落实党对公安工作的方针政策，切实把公安工作摆上重要议事日程，定期研究公安工作，经常听取公安工作汇报，切实解决公安工作中存在的困难和问题，支持公安机关履行法定职责、严格依法开展工作。要坚持排除地方保护主义和部门本位主义对公安执法活动的干扰，严禁随意指派公安机关参与非警务活动，严禁向公安机关下达创收和罚款指标，为公安机关创造良好的执法环境。加大投入力度，营造良好的工作环境。目前，公安机关在基础保障方面，仍然存在着许多困难和问题，还没有从根本上建立起规范化的保障机制。各级党委、政府对此要高度重视，各相关部门要从打造“平安长乐”的实际需要出发，把建立健全适应公安工作发展需要的保障机制纳入经济社会发展规划，加大对公安工作的倾斜力度，在改善执法环境、增加经费投入、理顺管理体制、加强基础建设等方面，妥善解决好公安工作遇到的实际困难和问题，研究建立与经济发展水平相适应的公安经费保障机制，确保公安机关各项工作的顺利开展。加大协作力度，营造良好的舆论环境。确保社会稳定，公安机关固然负有专责，但也需要各部门的密切配合、通力协作。各乡镇（街道）要通过大力发展经济、维护社会秩序、提供社会保障，最大限度地维护、实现和发展好最广大人民群众的根本利益，维护一方平安。各有关部门要履行好各自职责，真心实意地为群众办实事、办好事，为群众排忧解难，避免因渎职、失职或履行职责不到位而损害群众的利益，减少社会不安定因素。要按照有利于帮助公安机关改进工作，有利于正面鼓励和保护干警积极性的原则，开展监督工作，帮助和支持公安机关开展工作，营造良好的舆论导向环境。

（2009 年 3 月 20 日）

汛　韵

居安思危，有备无患，这是人类在与大自然抗争中总结出的永恒真理。对于长乐而言，特殊的气候条件和地理位置，使之始终无法回避自然灾害的侵袭，因此抓紧抓好各项防汛备汛工作刻不容缓。

积淀谋在早的“汛韵”。随着长乐经济与社会各项事业全面跨越式的推进，重点工程建设、成片开发区域、防洪重点部位等方面对防汛工作提出了新的更高要求。增强对当前及今后一段时间防汛备汛工作的重视程度，切实克服麻痹思想和侥幸心理，以高度重视的预见性、时刻关注的警惕性，扎实做好防汛备汛的各项准备工作刻不容缓，必须以防汛备汛的实际行动对人民负责、以防汛备汛的实际成效对人民负责。要及早准备好抢险队伍和防汛备汛物资，保证抢险时能够及时拿得出、用得上。长乐应急视频会商指挥系统维护工作组要协调好应急视频会商系统的运行和维护工作，定期对系统进行联调，及时发现问题，保证系统正常运转，确保应急指挥命令畅通。同时，要通过各种手段，时刻关注天象气象变化，正确掌握每一次风情、雨情、水情、汛情、灾情。气象、水利、海渔等部门要及时预警台风暴雨等灾害信息，充分利用先进技术手段加强预测预报，第一时间通过手机、网络、广播、电视等手段向社会公众发布，确保一旦遇到台风暴雨能够做到报后能备之、备后能战之、战后能胜之。

积淀建在固的“汛韵”。防汛备汛工作是一项系统工作，涉及方方面面，但是各种已建和在建的工程仍然是防汛备汛抗汛工作的重点与关键。虽然近年来长乐在提高工程建设质量、加强安全监督管理工作方面做了大量细致的工作，但由于历史和地质的原因，一些工程特别是水利工程仍存在安全隐患，一旦遇到强力的台风暴雨天气，将会造成不堪设想的后果，甚至可能会对人民的生命财产造成严重危害。为此，各相关部门及各乡镇（街道）应组织人员对职责范围内和各自辖区的重点防汛薄弱环节进行再检查整治。结合近期开展的安全生产大检查活动，对长乐所有现有水库、江海堤防和水毁修复工程等已建工程进行全面的安全大排查，对存在安全隐患的水库、水闸、江海堤防，要根据责任归属与实际情况，督促和组织人力立即进行抢修加固。对在建和拟建的各项防洪排涝水利工程，建设、安监等部门要严格把关检查，督促项目工程负责人以高标准、严要求推动建设，全力提升建筑物抗灾害能力等级，做好各项安全防范工作，从而确保安全措施得力、防范工作到位。

积淀预在实的“汛韵”。长期的实践和经验表明，完善的预案能有效地提高政府组织群众应对灾害的效率，从而大幅度减轻灾难的破坏程度和危害性。要把“以人为本”和“预案到村、到船、到点”等一系列理念贯穿到整个预案中，以总体预案指导部门预案，以部门预案落实总体预案，以全面预案指导节点预案，以节点预案保证全面预案的落实。在按照预案开展工作的同时，还要根据不同时期防汛备汛的特点和当时当地的实际情况来完善预案。入夏后，热带气旋还会有新的变化和特点，应及时针对这些新的情况，充分结合各单位部门职责与特点，结合原先的预案进行认真核对修订，坚持“安全第一、常备不懈、以防为主、全力抢险”的防汛工作方针，立足于防大汛、抢大险、救大灾，完善整体预案、部门预案，确保部门预案更加具体化、细致化，整体预案更具指导性、全局性、可操作性。同时，在预案制定过程中，要充分考虑现有体制、经济能力和社会状况，确保部门之间配合衔接合理，不致产生相互推诿现象。

积淀练在前的“汛韵”。不断完善的预案是工作的基础，而加强对预案的演练更是不可或缺的。有了完善的预案，却没有加强演练，就无法更深刻地领会预案的精神和相关措施，也就无法在危害发生时更好地提高预案的执行效率。所以说，预案不是摆设，要通过反复演练，让大家熟练掌握各项防汛备汛的措施和技能，只有这样，当灾难来临时，才能迅速有效地将损失降到最低。为此，要从“以人为本”的高度和构建和谐社会的角度，广泛宣传各类应急预案，做到家喻户晓，并切实组织防汛演练，确保台风等自然灾害发生时，广大人民群众忙而不乱、有序应对。要建立健全事前严格保密、事中全程记录、事后总结评估的检查机制，不断提高演练的真实性，准确评估演练效果，确保达到反应敏捷、组织有序、撤离迅速的要求。此外，要在积极进行演练、提高实战能力的同时，通过演练发现预案的不足和盲点，以此不断完善相关预案，并在下次演练中采用新修订的预案，检查实际效果，通过在“实际演练中发现问题、在发现问题后完善预案、在完善预案后加强演练”，确保预案落到实处。

积淀防在先的“汛韵”。对防汛备汛和抗灾救灾工作来说，思想的麻痹是最大的危险，思想的松懈是最大的过失，只有事先做好各类隐患排查并提前做好防御准备工作，才能在灾害来临时准确把握工作重点、难点，沉着应对。近年来，虽然不断加大基础设施建设力度，但长乐水利设施还存在一些问题和隐患，农村地区还存在一些危房，一些房屋还处在低洼地带和易发生地质灾害的地方，完整的高标准的防灾抗灾工程体系尚未真正形成，整体抗灾能力还不够健全。因此，要把防汛备汛和抗灾救灾工作做实、做细、做到位，事先做好这些易发生险情地段、部位的隐患排查工作。要提前做好高空作业设施的防风安全工作，对高层建筑上的广告牌，在建工地的塔吊、支架等悬挂物等进行细致的检查，对可能危及人身安全的设备设施进行检查、支护、加固或拆除。要加强沿海低洼地带、危房、工棚等危险区域的巡查，在灾害来临前及时组织受威胁群众转移至安全地带。各类水库和海堤工程都要加强值班和巡查，特别要对病险水库及沿海在建工程进行安全检查，对江海堤坝及险工险段，要组织人力立即进行抢修加固。对跨乡镇（街道）的防汛工程，要坚持统一规划、统一设计的原则，落实责任，分级分段实施，以便形成整体防洪能力。

积淀查在严的“汛韵”。市防汛办要加强对防汛备汛准备工作的检查，检查相关部门是否按照统一管理、分级分部门负责的原则，从各自所承担的防汛任务出发，落实防汛物资的品种、数量、规格及存储方式，督促各级各部门防灾抗灾所需人、财、物的落实到位。比如，要加强对防汛物资的管护，经常检查防汛物资的储存情况，防止雨蚀、风化，特别是对麻袋、编织袋等容易腐化的物资要定期检查、定期更新。有物资储备任务的单位要检查是否将物资存放地点、负责人、保管员和联系电话等资料进行详细登记并放在醒目位置，保证抢险时能够及时拿得出、用得上。同时，各级各部门都应恪尽职守，履职尽责，严格执行防汛值班和领导带班制度，防汛值班人员、水文气象测报人员、水利工程安全管理人员、巡查人员等要及时上岗到位，坚守岗位。市防汛办、效能办要对在安全检查中发现存在安全隐患的水库、水闸、江海堤防，以及尚未修复的水毁工程加固情况进行跟踪检查，确保度汛安全。要加强对责任制执行、防汛部署落实情况的督查，切实推动防汛备汛工作措施的有效落实，因玩忽职守、失职渎职而造成严重后果的，必须严肃追究相关人员责任。

积淀令在行的"汛韵"。防汛备汛是项讲究实效性、全面性与精密性的应急工作，存在许多影响因素，各种不可预测的状况随时都可能发生，并且贯穿于灾前预防、灾后自救的整个过程，统一调度和服从命令尤为关键。灾害来临时，常常会有意想不到的变故出现，这就要求广大靠前指挥的领导要在上级的指导下，做到独立协调、独立作战，特别在通信发生中断的情况下，做到积极应对、果断指挥，这在防汛抗台工作中是非常关键的，也是工作落实不落实的重要评判。

积淀责在心的"汛韵"。明确责任是及时完成各项工作的关键，只有明确责任、落实责任，才能把各项工作落到实处。为此，在防汛备汛和抗旱救灾过程中，要按照"分级、属地、业主"的分工，明确好责任，做到责随心走，确保防汛备汛和抗旱救灾各项工作落到实处、落到每个具体的人身上。要按照属地管理的要求，真正把每一项工程、每一处险工患段防汛工作责任落实到具体岗位、具体人头，确保责任落实"沉底盖边"。要引导各类企业按照防汛抗灾的要求，自觉承担应尽的防汛抗灾责任，做好各自企业防汛抗灾工作，确保生产设备及员工的人身财产安全。特别是当灾害发生时，各级各部门责任人要确保到岗、到位、到现场。各级主要领导要坐镇前线、深入一线、靠前指挥、严防死守，与人民群众共渡难关。

（2009年5月15日）

理　韵

从最初的“不够吃饭”到“保住吃饭”，再到能够经营全市整个大家庭，甚至在不久的将来发展为宽裕型财政。可以说，这些都是长乐全市广大干部群众同心同德、艰苦创业的结果，也是各级政府不断积淀成的理财之韵致。

把握理财之韵。在现实生活中，要想成为理财高手，需要具备以下三点。有专业精神。理财是个专业的问题，这里先讲个故事。中国最早的“经济学家”、春秋时齐国政治家管仲在齐国为相期间，立足当时国情形势，在经济上实行租税改革，采取了若干有利于农业、手工业发展的政策，最终辅助齐国成就了“春秋之霸”的赫赫威名。但在管仲之后，由于齐桓公任用了不懂经济的佞臣为相，结果导致了最终的亡国。古为今用，这个故事告诉我们，从事财政工作必须要具备求真务实的专业精神，要有一种强烈的责任感和忧患意识，注重调查研究，迎难而上，勇于探索，敢于创新，创造性地开展工作。唯此，才能为地方区域经济发展做出贡献。有专项知识。财政部门承担着对国民经济宏观调控、进行国民收入分配的重要职能，责任重大。财政工作是一项专业性十分强的专业工作，广大干部要充分认识到，随着社会经济不断向前发展，财政在调节分配关系、资源配置以及保证各项公共支出、支持产业发展、参与平衡社会供求总量等过程中的重要作用越来越明显。政府承担着维护社会稳定、加快社会事业发展、保干部职工工资福利等公共服务职能，而这些职能的履行，需要强有力的财力保障。因此，搞好财政工作，是加快公共事业发展、构建和谐社会的有力保障。成为专家里手。要驾驭复杂多变的经济发展形势，需要我们广大财政干部不断学习、实践，成为懂行的专家里手。事实说明，一支队伍有什么样的精神状态、工作状态，就会产生什么样的工作效率、工作成绩。

把握理解之韵。财务、财政、财税三者之间有着密切的关联，每一项工作都有对应的规律、规范、规程。单就财税来说，财税工作是政府工作的重要物质基础，是国家宏观调控的重要手段，现行财税体制具有分税制、分级制、分管制、分享制、分科制等类别。发挥财政导向作用。目前，经济生活中存在的这样那样的问题，从根本上说还是要通过不断促进经济发展来解决。从经济与财政的辩证关系看，经济发展程度决定着财政收支规模和作用的方向。财政要发展壮大，必须靠发展经济、培植财源。发挥财政导向作用，必须始终坚持科学发展观，做大做优经济总量与质量，综合运用财政手段促进全市经济跨越式发展目标的实现。研究财政发展方式。按照建立社会主义市场经济条件下公共财政体系的要求，财政要逐步减少对竞争性、经营性领域的直接投入。但公共财政并不是“吃饭财政”，也不是简单地退出经济领域，而是财政支持经济方式的转换，在今后一个时期内，支持和促进经济发展仍然是财政部门的一项重要工作。这就要求财政部门在树立公共财政意识、转变理财观念的同时，还必须在支持经济发展的范围、方向、方法和手段上，研究新的思路和办法。扩大财政乘数效应。在充分发挥财政政策和资金的导向作用的基础上，我们还要不断引导民间资金、社会资金注入国民生产领域。当前，要进一步适应形势发展需要，立足本市实际，在深度和广度上不断加大财政改革力度，配合国家实施的财政政策，改革财政资金供给方式，研究建立财政激励和约束机制，尽可能发挥财政资金对社会资金的黏合作用，以财政投入的乘数效应来努力增加对经济发展的投入。

把握理性之韵。从事财政工作必须要时刻保持理性的思维和清醒的头脑，才能在深刻理解财政工作意义的基础上，不断锐意进取、改革创新。理性思维。财政是国民经济的综合反映，要做好财政工作，首先必须认清形势、把握大局，找准立足点和切入点，离开了这一点，财政工作就会失去目标和前进方向。我们必须跳出就财政论财政的圈子，更多地从政治的高度、全局的角度，分析形势、调整思路、完善措施，既要算经济账，还要算政治账和社会账。要善于把握经济社会发展的脉搏，根据市委、市政府的中心工作，适时调整财政工作的思路和重点，及时研究一些事关全市经济社会发展的重大课题，妥善解决财政工作中出现的各种矛盾和问题，始终掌握工作的主动权。理念更新。改革创新是一个国家和民族兴旺发达的源泉，也是财政工作始终保持生机和活力的重要途径。随着经济社会的发展，财政工作中还会出现一些新矛盾、新问题。对这些矛盾和问题，我们必须用改革的思路、创新的办法不断加以解决。要敢于打破过时的条条框框，大胆进行探索和实践，只要有利于促进经济发展，有利于提高财政工作水平，有利于解决问题，都应该积极尝试。我们既要坚定改革创新的信心，又要注意策略和方法，尽可能争取各方面的理解和支持，创造良好的氛围，形成合力。理会深刻。社会主义市场经济是法制经济，财政部门作为政府财政政策的执行者和资金的管理者，必须依法行政、依法理财。这不仅是依法治国在财政工作中的具体体现，也是衡量财政工作质量和水平的一个重要尺度。财政部门必须高度重视依法理财工作，提高依法理财的自觉性和主动性，使财政工作的各个方面、各个环节、每一项活动做到有法可依、有章可循、依法办理。

把握理顺之韵。要进一步加强新形势下的财政工作，必须按照“统筹安排、优化结构、保证重点”的要求，做到有所先办先为，有所后办后为，才能理顺关系，促进财政与经济齐头并进发展。拓宽视野，统筹财力。资金统筹运用是一门大学问。要使有限的资金发挥最大的效益，必须切实做到“三个结合”。一是预算内资金与预算外资金相结合。要通过扩大收支脱钩、编制综合预算的改革，从根本上解决预算内外“两本账”“两张皮”的问题。二是财政资金与社会资金相结合。要通过部分财政资金的市场化运作，发挥“四两拨千斤”的作用，吸附更多的社会资金兴办事业。三是财政资金与金融资金相结合。要发挥好财政资金的导向作用，通过贴息、建立担保机制等，积极引导金融资金投向经济建设和社会发展急需的地方。整合资金，优化结构。要大力压缩一般性支出，努力节约开支。当前，会议费、通信费、出国经费等一般性支出浪费较多，节支潜力很大。要严格控制零星支出，力戒分“小钱”、办“小事”。今后，对部门单位申请的项目，财政部门一定要把好关，可给可不给的要坚决不给，该压的要坚决压下来。花钱必须要有计划，预算定下来后原则上一律不得增加。同时，要清理规范各项财政专项资金。重点清理、归并那些功能相近的财政专款，压减那些已经到期或效益不高的支出项目。做好这项工作，财政要带头，部门要支持。集中力量，保证重点。财政部门在支出安排上，首先要保证工资的正常发放。工资问题事关干部职工的基本生活，一定要按时足额发放。其次，全市新增的财力、集中的资金，要向重点事业倾斜。要按照中央统筹经济社会、统筹城乡发展的要求，加大对“三农”、社会各项事业及教育、卫生、科技等重点支出的法定增长需要的投入，积极支持就业和再就业工作，逐步建立和完善与长乐经济社会发展水平、财政承受能力相适应的社会保障体系，逐步解决“三农”问题。

把握理想之韵。要实现理想境界，必须始终坚持以发展为第一要务，以又好又快的经济发展逐步推动全市财政不断走向宽裕、宽松和宽广。着力培植税源。要强化“经济发展看效益，效益提高看利税，利税增长看入库”的观念，以效益和市场为取向，加大地方财政支持经济，特别是税源经济的力度，把税源建设的这篇文章做好。要全力支持全市纺织、冶金传统支柱企业发展，在技术创新、融资、盘活存量以及税收政策等方面，加强研究，落实措施，提供服务，想方设法促进企业规模做大，产业做强。同时，要扶持石化、电子、医药等新兴产业的发展壮大，着力培植新的税源。努力拓展思路。要深刻领会“税收政策不落实也是收过头税”的精神，既要狠抓收入不放松，又要落实政策不打折。善于综合并灵活运用预算、税收、转移支付、补贴等政策工具，充分发挥财政资金“四两拨千斤”的作用，加快经济发展，拓宽生财聚财的渠道。只有把“蛋糕”做大，才能为财政收入持续增长提供坚实的基础。坚持依法征收。雄厚的财政实力不仅是衡量一个地区综合实力的重要依据，更是推进长乐经济社会发展的重要保证。今年长乐财政收入的目标任务已经确定，完成这一目标是有可能的，压力也是很大的。为此，财政部门要认真落实好“聚财”的各项措施，想方设法拓宽收入渠道，挖掘增收潜力，确保长乐财政收入继续较快增长。要进一步加强财税法规宣传，提高全民纳税意识；强化税收征管，做到依法规范征收、应收尽收，防止税收流失；进一步加大税收稽查力度，维护税收秩序。

（2009 年 6 月 9 日）

经世之韵

融 韵

长乐的发展与金融单位的发展是相互依存、共生共荣的。在长期的合作发展中，双方实现了共赢共荣。展望未来，如何把握机遇，进一步拓宽双方的合作平台？关键要在“融”上做文章，充分理解“融韵”之精髓。

理解融入之韵。何谓金融？我的理解就是资金融入。融入何处？当然是国计民生的方方面面。从长乐当前的发展形势来看，资金就是要融入“海西”建设、融入发展大局、融入经济领域。融入“海西”建设。大家都知道，就福建省而言，“十一五”规划最振奋人心、最重要的任务，无疑就是海峡西岸经济区建设。海峡西岸经济区建设不仅是一个概念、一个口号，它包含许许多多的政策、措施以及具体工作。海峡西岸经济区建设给福建省带来了新的发展契机。作为福建省会窗口城市，长乐在海峡西岸经济建设中区位重要，机遇众多，可谓是“东风专与长乐便”。如何借助“海西”建设这股东风发展自己？关键要有一种融入意识。长乐要融入“海西”建设，长乐的金融部门更要抢先融入“海西”建设。因为只有抢先融入，长乐的金融部门才能及早谋划、及早准备，抢得先机，进而在“海西”建设的大舞台上尽显风采、大有作为。融入发展大局。金融工作与地方经济存在着一重“同命运、共发展”的关系。地方经济的发展离不开金融的支持、金融的发展也离不开地方经济的发展。两者相互依存，互为统一。一方面，没有地方经济的发展，金融工作就难以开展；另一方面，没有金融部门的大力支持，地方经济就难以快速发展。因此，金融部门要从长乐的发展实际出发，正确处埋经济发展与金融发展、业务拓展与金融风险防范的关系，深刻地认识到“只有企业发展，金融才能发展；只有地方经济繁荣，金融才能兴旺”，从而以积极的态度投入地方经济建设，与地方政府、企业共谋发展大计。特别要针对当前贷款权限上收、贷款规模控制的宏观金融形势，积极为地方、为企业出主意、想办法，指导相关单位和企业筛选好的项目，积极向上级部门争取贷款规模。同时，要进一步增强“双赢”意识，“放水养鱼”，克服“惜贷”“惧贷”的思想，坚持该贷的一定要贷、不该贷的一律不贷，千万不能因噎废食、裹足不前。融入经济领域。经济决定金融，经济健康发展是金融稳健运行的基础和保障；金融服务经济，并在经济发展中壮大自己。金融工作是一门大学问，哪个地方金融工作做好了，哪个地方就能占有更多的金融资源，就能在发展中赢得先机。这是全国各地发展实践的证明，也是长乐近年来工作的经验和体会。正是因为金融与经济存在着这样的关系，我们大家都要牢固树立经济金融同兴共荣理念，高度重视金融工作，合理引导资金流向，聚集更多的资金服务于全市经济快速发展。同时，金融运行质量最终决定于当地经济发展水平，化解和防止金融风险的根本也在于当地经济的质量。近年来金融部门的良性运行和效益提高，既是金融系统广大干部职工积极努力的结果，也得益于全市经济的健康快速发展。金融部门要牢固树立服务地方经济就是壮大自我的意识，转变观念，推进改革，挖掘资源，改进服务，强化监管，通过支持地方经济发展，做大做强金融产业。

理解融通之韵。金融是现代经济的核心。发展经济离不开金融部门的支持。希望全市金融部门要积极适应新形势、新任务的要求，充分发挥主渠道、主功能、主战场的作用，更好地支持长乐发展。要发挥主渠道作用。长乐正处于一个全面发展的阶段，现在需要加快发展，加快发展就需要大量的资金，这无疑对金融机构提出了很高的要求，希望你们能够发挥主渠道作用，积极向上争取资金。要积极向上级汇报长乐的情况，特别是汇报长乐今后的发展预期。银行投资，应该投资的是未来，不是现在。作为战略银行家，更应该投资未来。如果投资仅看现在，长乐吸引力不算非常大，但如果着眼于未来，长乐还是很有吸引力的。长乐自身具有显著的区域优势和人文优势。另外，经过多年的发展，长乐形成了具有自身特色的块状经济。如果这个块状经济能进一步向产业群经济发展，那长乐的经济会有更强的竞争力。要发挥主功能作用。金融业的主功能就是要服务和支持地方经济的发展。因此，金融部门要树立“地方经济兴则金融兴”的观念，强化支持地方经济发展的责任意识，大胆开拓信贷业务。要进一步加大对招商引资的支持力度，在存款、贷款、开户、结算、咨询等方面提供全方位服务，为外商来长乐创业发展提供良好的金融生态环境。要大力支持重点项目建设，特别是高新技术项目、利用外资项目、城市公共设施建设等项目，加大投入，全力扶持。同时要配合项目投资单位，认真抓好项目资金落实工作。要加大对“三农”工作的支持，着力扶持农田水利和城乡道路建设，改善农业生产生活条件，加快农村城镇化步伐。要大力支持工业发展，积极为重点产业、重点工程、重点项目和重点企业提供配套资金，重点扶持技术创新、设备更新、产品嫁接，培植壮大纺织、冶金等支柱产业，不断提升产业竞争力。要着力支持民营经济发展，认真筛选一批规模大、管理严、效益好、辐射带动能力强的重点民营企业，在对外贸易、技术改造、贷款担保、新产品开发等方面给予金融支持，促进企业尽快做大做强。要发挥主战场作用。长乐既是著名的侨乡，又是“草根工业”的发祥地，民资十分雄厚。金融部门驻扎在长乐这块乐土上，要充分发挥主战场作用，通过完善金融服务、提高金融服务质量、发展更多金融衍生品等方式，把民间资金集聚好、使用好，以缓解当前长乐资金紧缺的状况。集聚了资金以后，还要把资金配置、使用好，要充分发挥市场的作用，使资金“一分钱掰成两半花”，提高资金的使用效率。

理解融会之韵。就是要立足金融系统自身的发展实际，由此及彼、融会贯通，使金融系统自身的优势在服务地方发展、服务经济发展的过程中得到充分的发挥。要真正做到金融行业发展与企业发展、地方经济发展融为一体，各家金融部门必须做到“三知”。知家底。一年来，金融机构振奋精神、和衷共济，坚持在发展中化解风险，在规范中加快发展，使长乐金融工作步入了稳健、快速、良性的发展轨道。主要表现在：金融总量持续增长，对经济发展的支撑作用日益明显；对中小企业和“三农”的信贷支持力度加大，个人消费信贷积极发展；在金融资金总量迅速扩大的同时，信贷投向也更趋合理，金融运行的安全度显著提高；金融服务水平不断提高，形成了各自的市场定位和服务特色。只有摸清了各自的家底，我们才能在看到成绩的同时，也清醒地看到不足和差距，才能有的放矢地不断转变观念、创新方法、改进工作，努力创造更好的工作业绩。知市情。长乐的发展离不开金融部门的帮助和支持。当前，长乐企业发展资金不足的共性问题仍没有很好解决，如果金融部门今后能够在企业融资问题上再多想一些办法、多下一番功夫，相信对长乐经济的促进作用会更大。发展实践证明，金融立足于地方、扎根于地方，并伴随着地方经济的发展而发展。全市金融部门必须清醒地看到，当前和今后一段时间，将是长乐实现跨越式发展的黄金时期，各项事业的发展都离不开金融部门的资金投入与政策扶持。为此，希望金融部门一定要正确理解、贯彻好国家金融宏观调控政策，立足长乐经济发展实际，加强信贷政策与产业政策、地方经济发展目标的协调，把“区别对待、有保有压”作为贯彻落实金融宏观调控措施的着眼点，把国家货币信贷政策贯彻到为地方经济发展的金融服务之中，通过有效的信贷投入促进地方经济建设发展，保持信贷投入的合理有效增长，维持全市金融运行的良好态势。知形势。当前，从宏观上讲，我们面临的经济形势十分有利。中国经济良好的发展态势、广阔的市场前景、政通人和的社会政治局面，使得中国成为对外资最具吸引力的地方。而外资的不断涌入又给经济增长提供了更大的动力。但是，在总体向好的经济和金融形势下，我们也要看到，当前金融业的发展也面临许多新的挑战。一是随着国际金融机构的逐步进入，我国的金融市场向国外金融机构开放的程度将越来越大，这就给当前已经竞争比较激烈的国内金融市场，增加了更多的竞争性。二是国内区域之间的金融业竞争也将更趋激烈，国内各区域性股份制金融机构在地区间的大力扩张和渗透，将使各地金融业的区域界限变得更为模糊，服务水准和创新能力将成为各金融机构竞争取胜的关键因素。三是证券、投资、保险等与金融业密切相关的行业，随着手段和工具的创新，互相间的渗透也非常厉害，业界之间的竞争也更趋复杂。因此，金融从业者必须要有强烈的忧患意识，要在与政府、企业合作的三方互动中共同营造一个多赢的发展格局，实现金融单位自身做大做强的目标。

理解融洽之韵。就是金融机构、企业和政府之间关系融洽，形成经济、金融良性互动、共同发展的格局。要密切“银政”关系。即银行与长乐各级党委、政府的关系。全市上下都要牢固树立起“在振兴经济中发展金融、在发展金融中振兴经济”的观念，关心、支持金融工作。各级各部门要高度重视金融工作，把金融机构的发展纳入地方建设统筹考虑，帮助解决金融系统的实际困难，努力创造金融发展的最佳环境。特别是政法部门，一定要利用法律武器保护好银行的权利，维护好金融秩序。同时，各家银行要主动向党委、政府汇报工作，向相关部门通报金融形势，根据金融形势的变化对地方经济的发展提出建议和意见。要树立强烈的主人翁意识和责任感，积极支持地方经济发展，把长乐作为融资、投入的主战场、大市场，增强产业意识，不断改进服务，不断加强自身建设，实现银、政“共赢”发展的良好局面。要密切“银企”关系。即银行与企业之间的关系。众所周知，企业的发展需要银行的支持和服务，银行的发展也需要企业不断地注入活力，合作与发展就显得尤为重要和迫切。这种鱼水关系的建立，需要双方共同努力、积极沟通、互相理解、换位思考、积极配合。因此，企业要诚实守信，积极主动地接受银行对企业信度的调查、评估，自觉接受银行对资金使用情况的监督，依靠自身经营业绩和履约能力的提高来取得银行的信任，以此来提高信用等级，从而营造一个诚信环境。银行要进一步改善金融服务，深入企业，及时通报金融信贷政策，了解地方和企业发展的资金需求，利用自身管理和信息优势，主动向企业介绍银行的金融产品和服务流程，多为企业出谋划策，帮助企业选荐项目、创业融资、拓宽财源。不仅要在放贷前关心，而且要从项目的评估论证持续到运行，搞好金融服务。对于一旦签了约的项目，要确保资金按时到位，以赢得企业对银行更大的信任。要密切“银银”关系。

即各家银行之间的关系。在社会分工细化、利率市场化、金融创新层出、混业趋势明显、客户服务要求更加强烈等新形势下，各家银行既是竞争的对手，又是合作的伙伴，不能形成对立面。因此，各家银行势必要加大合作力度，在网络、产品、人才、服务等方面联合起来，互相学习，加强交流，共享资源，优化分工，集中优势做好各自的目标市场，共同致力于做大做强金融市场，从而不断推动长乐经济发展。特别是在项目贷款中，可以多家合作，共同搞一个项目，分享效益。长乐各类银行，就共性来说，贷款是第一位的，存款是第二位的。各家银行要认真研究，如果确实有项目，完全可以争取更多一点信贷支持。

理解融解之韵。就是高度重视各种银行金融风险问题，坚决采取一系列防范和化解银行金融风险的对策，逐步消除各种银行金融风险的隐患，保证长乐经济能够持续、快速、健康地发展。要加大监管力度。金融安全是经济安全的核心。因此，我们要按照“管法人、管风险、管内控、提高透明度”的监管要求，加强和改进金融业监管工作，不断提高监管工作的科学性和有效性，最大限度化解金融危机。一方面，要将完善金融机构公司治理结构、提高透明度和建立现代金融企业制度放在各项工作的首位，并相应完善监管法规和各项制度。对各家银行、要进行专项和全面现场检查，重点对公司治理、内控制度、信贷资产、非信贷资产、表外资产质量，以及贷款五级分类等情况进行检查。另一方面，要加强非现场监控，在对各家银行贷款质量的真实性、实际损失、五级分类准确性等进行专项现场检查的基础上，要建立按月和按季跟踪监测制度，建立考核评价体系，促进各家银行提高经营水平。同时，各级银行要加强内控和管理方面建设，努力消除公司治理、内控制度建设、风险管理和贷款管理方面存在的薄弱环节，杜绝违规经营行为发生。要加大清收力度。要群策群力、加大清收力度，最大限度降低不良资产，确保国有资产不流失。一方面，抓重点，攻难点，坚持个人清收与集体清收相结合、整体清收与分割清收相结合、责任追究与目标清收相结合、岗位清收与社会各界协助清收相结合、协调清收与依法强制清收相结合。对所有财政有偿资金放款和银行贷款逐一进行清理核对，根据每笔放款原始资料编成目录，分别建立“一户一档”档案，并采取各个击破的清收措施，找准突破口，确保清收工作开展得卓有成效。另一方面，对一些认账不还或有能力而不还款的贷户，要通过依法起诉等方式，充分运用法律武器清收。要加大执法力度。全市相关部门要严格依法行政，维护良好的金融秩序。妥善处理好企业改制与保全金融债权的关系，支持银行依法参与企业改制的全过程，特别是在企业合并、分立、中止等过程中，要突出和强化银行权益的法律保护，制止和纠正企业改制中逃废和悬空金融债务的行为。法院、公安、工商等部门要多方联动，严厉打击涉及金融领域的各类违法犯罪行为，加大对信贷人权利的保护，全面清理金融纠纷案件审理、执行情况，提高金融纠纷案件的审结率和执结率。对中介服务市场，要加强监督和管理，坚决打击虚假报告、虚假信息、虚假认证、虚假评估等行为，逐步建立起独立、客观、公正的中介服务体系。

理解融合之韵。“人无信不立，商无信不财，市无信则乱，国无信则衰”，信用环境的好坏决定着一个地方市场化程度和现代化水平的高低，而金融生态将是今后一个地区信用环境、投资环境的重要标志。要优化信用金融体系。近年来，在全社会的共同努力下，“诚信金融”建设取得明显成效，今后，政府和企业将一如既往地配合金融系统做好金融信用建设。政府要做信用建设的表率，加强自律，依法行政，加强信用宣传教育，认真抓好企业信用评级工作，争取更多的企业成为信用企业；要继续深入开展文明信用单位创建活动，努力打造信用政府、信用社会、信用企业、信用金融。企业要牢固树立诚信是企业生存之魂、经营成败之根的理念，自觉遵守市场经济的基本规范，努力成为诚实守信的市场主体。金融机构作为社会信用体系的重要组成部分，要加强服务，遵守承诺，努力把银行、保险、证券业建设成为全市重诺守信的典范。要优化信用担保体系。信用担保是融通银行资金的重要手段。目前，我们要积极探索建立多种形式、多层次的社会化中介服务体系，特别是中小企业贷款评估、担保体系；配合担保机构合理确定担保基金的担保倍数，运用企业互保、联保、贷款保险、多渠道筹资建立贷款担保基金等多种形式，解决中小企业的担保难问题。要积极鼓励中小企业、民营企业建立互助担保基金和互助性担保机构，大力支持个体工商户、农民实行联户联保。对经社会担保机构承诺担保的中小企业发放贷款，要适当简化审贷手续。同时，有关部门要简化抵押登记和公证手续，严格制止乱收费，降低收费标准，合理确定抵押登记和公证期限。要优化信用服务体系。维护金融工作正常运转是长乐经济实现快速持续协调发展的重要保证。全市各级各部门要树立大局意识，充分发挥职能作用，主动配合，密切协作，积极支持配合金融工作。要自觉适应金融改革要求，增强金融法制观念，倾听金融部门建议，充分尊重金融机构经营自主权，支持好银行依法收贷等工作，尽力为金融部门开展工作提供方便。要扎实推进“诚信长乐”和“金融安全区”建设，把加强社会信用体系建设作为改善金融环境的关键措施，正确处理好发展中的各方利益关系，进一步加强企业信用意识，加大企业信用监管力度，促进“银政”“银企”之间的良性互动，努力把长乐建成信贷投入的放心地区和高效地区。

（2005 年 1 月 5 日）

牌　韵

树立城市品牌的目的是把城市推销出去，所以，但凡能反映一个城市的历史、现状、风貌、成就的东西，都可以被当作这个城市的品牌。可以说，如果一座城市不想被遗忘，就必须像经营企业、营销产品一样来营销自己的城市，打造自己独具特色的产品、文化、旅游、信用、安全和城市形象等品牌。

确立产品品牌之韵。对企业而言，产品品牌是企业在竞争社会中生存、发展的通行证；而对城市而言，产品品牌是扩大城市知名度、提升城市形象、增强区域经济竞争力的重要载体。长乐要想成为区域性重要产品制造基地，打响“长乐制造”，具体来讲要着重把握以下三个环节。强化企业产品品牌意识。企业品牌是市场的通行证，是质量、信用的保证，是企业最大的无形资产。要打响“长乐制造”，首先必须引导企业加强文化形象建设，引导企业坚持“以人为本”的思想，注重培育企业精神，增强以培育企业精神为主要内容、以诚信经营为发展灵魂的核心竞争力，进而增加企业的美誉度、信赖度，从而在消费者和社会公众心目中树立起良好的企业形象。其次，必须把创品牌放在优先发展位置。要突出扶持企业创造品牌，促使企业走以管理发展品牌、以营销拓宽品牌、以信誉支撑品牌、以文化树立品牌的名牌战略之路。要大力开展重点企业推荐评选活动，对全市产品进行调查摸底，对基本符合条件和有发展前途的产品进行重点培植，引导企业做好创造品牌的前期基础工作。要进一步制定并落实扶持政策，从项目、资金、技术、税收等方面，加大对品牌产品生产企业的鼓励、扶植力度。要通过法律手段和综合治理，形成公安、工商、司法、技术监督、新闻单位相结合的保护系统，有效地保护企业品牌。要通过企业品牌的创立，增加企业的知名度、信誉度，从而增强企业产品的市场辐射能力。强化产业集群发展意识。产业聚集区的发展成为近年来城市经济发展中的一个突出现象。例如，在发展高新技术产业方面，中国已有许多城市致力于建设“中国硅谷”“中国光谷”“中国药谷”等产业聚集区；在传统产业的推陈出新方面，也有城市以建立产业聚集区为重点，如“中国瓷都”“中国茶都”“中国鞋都”等。实践证明，形成相关产业的聚集，可以发挥产业自我发展的功能和辐射功能，获取竞争优势，形成地域品牌。简而言之，就是通过产业集聚发展，提升区域知名度，让投资者更了解该区域的投资环境、服务功能，了解其核心专长及其所发展的产业重点，使他们做出投资地域的选择。现在国内外许多地区正是成功塑造了地域品牌，从而获得无形资产，更好地吸引国际资本和国内资本，增强地域的竞争优势，使区域经济走上了持续发展之路。产业集聚区的建设，应有自己的战略定位，突出特色。就长乐而言，要针对自身产业发展定位，在盘整滨海、金峰、闽江口三大工业集中区的基础上，以工业化带动城市化为战略目标，构建以纺织、钢铁、电子、医药、食品等产业为主的滨海工业集中区，以冶金、水泥等建材建筑产业为主的闽江口工业集中区，以纺织上中下游配套产业为主的金峰工业集中区，形成一批配套齐全、功能完善、特色鲜明的现代化、专业化工业园区。特别是要紧密结合各镇乡、工业集中区的区位条件、经济优势和区域产业发展定位，合理有效地确定招商引资重点、产业承接重点，形成各具特色、集中布局的“产业群”。同时，通过发展“一村一品”“数村一品”“一镇一业”“数镇一业”的集约化、规模化农业，带动农业结构调整，努力形成区域化布局、规模化生产、产业优势明显、产品特色突出的农村块状经济。要通过产业集群化的发展，使产业布局从分散走向集中、从粗放走向集约。强化产业链延伸意识。产业链是产业之间和产业内部在资源、人才、信息、技术、市场等方面的深度组合。“温州制造”的一个重要经验，就是不断配套延伸产业链，使产业越做越大，附加值越来越大。甚至有的产业已形成原材料供应、半成品加工、成品生产、加工机械制造一体化，产供销一条龙的生产经营格局，大大降低了经营成本，提高了竞争力。在打造产品品牌，打响“长乐制造”过程中，要注重产业链条的上下游延伸，吸引优势产业的上下游配套企业前来落户，形成以产业链条组合产业整体、以产业整体打造“联合舰队”、以“联合舰队”发展大型企业的格局。重点要突出垒大纺织、冶金这两大传统骨干产业，大力培育电力、食品、医药等新兴产业。要通过产业链条的延伸，增强企业发展的互补配套效应，形成造就一个骨干企业，拉动一个行业，带动一个地方发展的良性循环。

确立文化品牌之韵。长乐历史悠久，文化积淀深厚，素有“海滨邹鲁”的美誉，在其独特的地域环境中孕育、发展的海洋、闽剧、体育等特色文化，成为传承长乐地域精神的载体，深深地影响了一代又一代长乐人。今天，当我们全力打造长乐品牌时，就必须重视对这些传统特色文化进行挖掘、再现和宣扬，使之成为长乐经济和社会各项事业发展的助推器。包装海洋文化品牌。在长乐人性格形成过程中，海洋意识的融入十分明显，如胸怀宽广、思维开阔等，可以说，海洋文化是长乐传统文化中的一颗耀眼的明珠，这一品牌一定要精心地包装、打造。长乐海洋文化产物很大一部分被历史所尘封，有的流散在民间，有的在地方文献中也只能见到一鳞半爪。就像显应宫，如果没有在偶然中被挖掘出土，就永远被淹没在沙土之下，对宣传我们长乐文明是一种巨大的损失，许多体现长乐文明传承与创造关系的文脉，也因此被切断了。所以，我们必须努力去挖掘、寻找那散落在吴航大地各个角落的海洋文化产物，然后进行焊接、修复，再现其完整性和延续性。此外，海洋还给长乐奉送了海蚌这一海产奇珍，“一蚌压群雄，独尊唯长乐”。我们一定要珍惜、保护这一大自然的恩赐，把海蚌作为饮食文化品牌在全国乃至全世界打响。包装闽剧文化品牌。长乐是福州地区乃至全省闽剧艺术事业起步较早、发展较快的县（市）之一。目前，闽剧这个地方剧种虽然受到了其他艺术门类的冲击，但在长乐，依然长演不衰，深受老百姓喜爱。据统计，长乐每年闽剧演出的场次达 6000 场左右，全省所有的剧团都在积极开拓长乐的市场。从闽剧消费情况来看，长乐几乎养活了一半的闽剧团体。由此可见，闽剧这个剧种已经深深地植根在长乐这片土地上，称得上是一件地方瑰宝，成为长乐传承历史文明的一条文脉。因此，长乐一定要把闽剧这一文化品牌打响。可以通过创办一些艺校，培养闽剧新苗；可以通过依托闽剧专馆，建立长乐闽剧票友会，开展“票友赛”“闽剧进校园”等活动，把观众参与的氛围搞浓厚，特别是要通过每两年举办一届长乐民间艺术节，进一步繁荣闽剧演出市场；可以通过承办全省闽剧会演，让长乐闽剧这一文化品牌走出长乐，让更多人接受长乐闽剧。包装体育文化品牌。体育也是长乐传统文化中的一个强项，长乐曾经荣获“全国体育之乡”的称号，长乐籍的运动员有好几个曾经在国际性的大赛中获过奖。一些乡镇的体育运动成绩在全省都很有名气，如梅花镇的篮球运动等。因此，如何把体育这一强项做得更强，应该成为我们打造文化品牌、弘扬传统文化的一个重要课题。要立足长乐自身的特色，借助既有的优势，加快竞赛体育运动员培养和体育运动队的建设。比如，我们现在可以利用海峡奥林匹克城培训青少年高尔夫球队；可以在城区建游泳馆，发挥“海边人”擅长游泳的天性，培养游泳运动员；可以利用已建的网球场，组建青少年网球队等。包装教育文化品牌。长乐自古以来就十分推崇文化教育，宋乾道、至元年间，一代理学宗师、闽学创始人朱熹长期流寓长乐讲学，足迹几乎遍及全县，培养了一批名儒硕士；明永乐年间，邑人进士陈洵仁在六平山东溪精舍讲学，培养出了“联科状元”马铎、李骐，“兄弟文宗”陈瑞、陈省，“父子解元”林赐、林侨，轰动一时。历代有重大影响的文学家、艺术家比比皆是，特别是现当代文化名人灿若星辰，艺术成就蔚为壮观，有当代文坛祖母冰心、著名文学家郑振铎、历史学家郑天挺、天文学家高鲁、与梅兰芳并称“北梅南奏”的表演艺术家郑奕奏、著名电影导演陈怀皑父子等等。同时，在中国科学院和中国工程院中，就有四位长乐籍院士。此外，我们还有为数众多的知名专家、学者、教授以及将军分布在全国各地。我们可以借助上述这些人才资源，大力宣传长乐尊师重教的优良传统；可以借助长乐民营企业蓬勃发展、民间闲置资金众多的优势，引导经营教育产业；可以通过改革的方式，加快名教师、名校长的引进和培养；也可以依靠大量企业的技术创新，聚集一批高素质的科技人才，使长乐成为“人才洼地”。包装书画文化品牌。长乐历代书画名人辈出，宋代著名画家陈容最擅长画龙，堪称“华夏画龙第一人”；明代著名画家高庭礼擅长山水画，书诗画俱佳；民国时期著名书法家李兆征、黄保钺和著名文学家高梦旦，为同行之佼佼者；到了现代，长乐书画名人更是层出不穷，有著名画家陈子奋，有著名书法家潘主兰，有书法篆刻家周哲文……我们可以借助这些名人的影响力，加快书画人才的培养。比如，我们可以以长乐书画院为依托，广泛开展书画培训，然后从中发现好的苗子，并加以重点培养。同时，我们对那些有潜力的书画新秀，要加大投入力度，创造机会送他们到一些高校或高水平的书画院进行培训；我们还可以借助各级各类学校的书画课，不断扩大书画的群众基础，努力把长乐“书画之乡”这一文化品牌发扬光大。

确立旅游品牌之韵。作为新兴的滨海旅游城市，长乐江海山野多姿多彩、自然景观和人文遗迹珠联璧合。当前，长乐急需包装出独具特色的品牌旅游线路以招徕游人。突出特色建精品。要突出地方特色，铸造观光精品。立足“大爱暖千秋”旅游产品特色，深度挖掘个性化品质，巩固提高原来知名度较高的景区；同时，从全省乃至全国的视野进行规划设计，递进开发比较具有优势的新型旅游项目。拓展旅游资源的丰富内涵，通过产品、线路组合和市场推介，不断整合推出新的主题产品，使旅游产品既有统一品牌，又有不同气质，构建唯我独有、唯我为优的观光产品体系。要提高文化品位，建设文化旅游名品。注重旅游产品的文化内涵、文化形式和细节的文化性，着力提升“大爱暖千秋”旅游的文化与审美价值。从游客求知、求奇、求新等特点出发，深入保护挖掘地方民俗、戏曲、历史、建筑等特色文化，丰富提升导游词的文化品位，营造文化氛围。依托丰富深厚的文化底蕴，抓好“郑和之旅”“博爱之旅”等文化旅游项目的开发培育，增强“大爱暖千秋”品牌的文化感召力。要开发度假休闲新品。规划开发一批度假休闲功能区，启动旅游度假区建设，积极发展修学、寻根谒祖、水上运动、登山攀岩、农家乐等参与性、体验性旅游项目，推动“大爱暖千秋”旅游产品从以观光型为主向观光型和度假型相结合转变。改善设施提档次。以建设生态文化旅游区为目标，增加必要的投入，改善旅游条件，加快旅游区建设步伐。在旅游城建设方面，把城区当景区来建设，按照生态文化旅游城的定位，以南山公园为载体，不断完善南山植物园、体育公园、棋苑等景区，使南山公园成为休憩健身的好去处。健全城市旅游标识标志，建好旅游服务中心，发展旅游公共交通，鼓励发展宾馆饭店等接待设施，规划建设特色餐饮、购物、文化娱乐等旅游专业街区，加强城市管理，搞好交通、环卫、市场等综合整治，创造整洁、亮丽、清爽的城市环境，营造“人人都是文明使者，处处都是长乐形象”的旅游氛围。在景区建设方面，深入开展旅游景区创优评级，按 AAAA 级标准建设管理，瞄准国内一流水准，不断完善提高“大爱暖千秋”旅游品牌主体景区。强化营销拓市场。要坚持“政府主导、企业主体、社会参与”的市场开发机制。认真分析研究市场规律特点，制定市场开发规划，加强政府层面的旅游合作，充分运作好政府强有力的行政资源，组织、支持、指导、服务旅游企业开拓市场。建立长期稳定的利益导向机制，充分发挥旅游企业在组织客源中的生力军作用。广泛动员各种社会资源，采取各种形式，营造全市上下共同宣传推介长乐旅游的浓厚氛围。要强化公众宣传。把提高知名度作为公众宣传的首要任务，以电视、报纸、因特网等公众媒体为主渠道，并通过参加或举办各种旅游说明会、博览会、交易会等形式，扩大宣传面，引起公众关注。根据目标市场的需求，策划推广富有特色、品位和吸引力的品牌形象、宣传口号，培育市场兴奋点，促成公众出游。将公众宣传经费集中投入重点市场、媒体和项目，多策划炒作起点高、立意新、轰动效应大的广告促销活动，迅速提升“大爱暖千秋”知名度和美誉度。要加大目标市场开发力度。通过政府引导、企业运作、利益导向，加强与省内外城市和旅游区的合作，以产品、线路为纽带，将双方特色景点串连起来，实现“大爱暖千秋”旅游线路南北延伸、东西互联。尤其注意发展与目标市场旅游代理商的互利合作，争取让更多旅行社重点推介“大爱暖千秋”线路，壮大“大爱暖千秋”的销售网络。

确立信用品牌之韵。市场经济是法制经济，又是信用经济。信用是市场经济的通行证，信用是维护市场经济规则正常运行的重要保障。建设“诚信长乐”，打造信用品牌，就是在长乐全社会各层次范围内，大力弘扬诚实守信的良好风气，改善长乐信用形象，优化长乐发展环境，以诚实守信推动长乐经济跨越式发展。树立“信用政府”形象。政府信用是信用体系的关键。建设“诚信长乐”，政府要率先垂范，取信于民。当前，要针对干部群众反映强烈的一些乡镇、部门存在的有规不循、小鬼难缠、办事拖拉、作风散漫等问题，以依法行政、提高行政公信力为核心，全面加强政府信用建设，努力提高为人民服务质量和水平。要转变政府职能，建立高效行政制度。以机构改革为契机，积极探索构建服务型政府的管理模式，改革政府行政审批制度，压缩审批事项，简化审批环节，规范审批手续，建立审批责任制，实现政府由直接管理向间接管理、微观管理向宏观调控转变，实现行政效能的全面“提速”，提高行政效益。要健全科学决策机制，规范政务行为。大力推行“有限政府”“责任行政”的理念，建立行政决策、论证咨询机制，健全和完善政府决策程序，提高行政决策的科学化、民主化和法治化水平，克服行政行为随意性。进一步加大政策落实实施力度，确保政府出台的各项政策得到有效兑现，取信于民，维护政府信用。要继续完善政务公开制度，全面推行政府采购、公开招投标、价格听证等“阳光”操作，健全完善项目包办制、服务承诺制、首问责任制、限时办结制、否定报备制、公示制等一系列政务制度，增强政务活动的透明度，进一步改善投资软环境。加强企业信用建设。企业和企业法定代理人是社会信用的重要载体，企业和企业法人诚信与否，对我们开展信用建设、整顿市场秩序尤为重要。当前，要针对部分企业经营过程中存在的法制观念淡薄、品牌意识薄弱、编造假账以及急功近利等问题，以建立现代企业制度为目标，以贯彻落实国家经贸委《关于加强中小企业信用管理工作的若干意见》为主要内容，进一步加强企业诚信教育，积极组织各类企业、企业法人开展“诚信经营、文明管理”活动，引导企业和企业法人在生产和经营中树立“效益第一、信用为本”的诚信观念，强化信用责任，切实做到诚信立业、诚信治业、诚信兴业。要规范企业经营行为，建立企业信用管理制度；要发挥行业协会作用，加强行业自律管理，建立行业信用承诺公约；要健全、完善会计师事务所、审计事务所等中介资信组织的资质认证管理工作，建立中介资信组织信用公约，建立企业及法人信用档案，并以此作为企业等级和市场准入的重要标志；要建立失信惩治机制，大力整顿社会信用秩序，推动市场经济秩序健康有序的发展。构建个人信用体系。公民是社会的基本细胞，是建设信用文化的主要参与者和实践者。公民诚信教育的成效将直接影响社会的信用文化建设。当前，要针对群众中普遍存在的法制与诚信观念淡薄、市民意识不强等现象，继续深入贯彻《公民道德建设实施纲要》，全面实施“共建文明”系列活动。要强化诚信观念，倡导文明行为。以“五爱”“四有”为基本要求，以群众性精神文明建设为载体，深化公民道德建设，尤其是诚实守信教育。在农村，要积极组织开展文明户、五好文明家庭、文明敬老院、文明村等活动，增强信用道德建设的吸引力、渗透力，推动信用道德教育深入千家万户。在城市，要认真开展“道德文明进社区”活动，以市民喜闻乐见的广场文化、社区文化等形式，发动市民参与道德学习、宣传、讨论，提高市民教育的深度和广度。在学校，要大力推进青少年学生的诚信教育，增强青少年思想道德养成教育，制定不同年龄学生及学习阶段的诚信教育的具体内容，把诚信教育贯穿于道德教育的全过程，渗透在学校教育的各个环节，把教书与育人紧密结合起来，全面推进素质教育，努力培养青少年诚信、自重、负责、同情、合作、自律、坚韧和奉献等基本品德。同时，采取教育引导和打击相结合的办法，大力开展打击非法宗教、吸毒、封建迷信、偷私渡等专项活动，加大对民间基金会、标会等违法失信行为的惩治力度，大力弘扬遵纪守法、诚实守信的社会道德新风尚，不断提高全体公民的道德信用素质。

确立安全品牌之韵。安居乐业是民生之本，自古以来，安居乐业始终是人民群众最基本的要求。随着社会经济的快速发展，人们对创造一个安定的生活环境的需求越来越强，投资者对安全的生产发展环境的要求也越来越高。从某种意义上讲，创造良好的治安环境、稳定的社会环境、正常的市场经济秩序，创造的不仅是投资环境，也是发展环境，是“政府创造环境”的具体体现。打造“平安长乐”的治安安全品牌。为了率先在全省实现全面建设小康社会的战略目标，要加快创建经济发展安全区，确保稳定的社会环境，为营造宽松的投资发展环境提供保障。要严厉打击敌对分子和“法轮功”等邪教组织捣乱破坏活动，积极预防、妥善处置因人民内部矛盾引发的群体性事件，重点打击黑恶势力、严重暴力犯罪和“两抢”等直接影响人民群众切身利益的多发性犯罪活动，促进在全社会实现公平和正义。要进一步完善以交巡警为核心的快速反应机制和专群结合的治安防控机制，推行警务到社区活动，切实增强群众的安全感。打造“平安长乐”的金融安全品牌。金融是现代经济发展的命脉，是区域经济运行质量好坏和健康与否的“晴雨表”。要全面创建长乐金融安全区，提高防范和化解金融风险能力，着力建立良好的金融秩序，确保金融安全稳定运行，促进金融业健康发展，促进金融更加有力地支持长乐经济发展。政府部门在行政管理中，要按照金融法律、规律办事，充分尊重金融部门的经营自主权及其他合法权益，在维护金融秩序、搞活资金等方面，支持、帮助金融机构做好工作。金融部门也要经常同地方政府联系，认真听取党政部门对金融业发展的意见和建议，赢得地方政府的关心和支持，更好地拓展业务空间，在支持地方经济发展中壮大自身实力，取得良好的经营效益。打造“平安长乐”的人居安全品牌。平安对老百姓来讲是福气，对政府来讲是“大爱”，对一座城市来讲是一种环境，是一个城市发展的前提和文明的根基。要紧紧围绕构建“平安长乐”，坚持稳定压倒一切的方针，切实把改革的力度、发展的速度和群众的可承受程度有机统一起来，努力保持稳定和谐的社会局面。要高度重视安全生产，保障人民群众的生命财产安全。要切实加大城区交通整顿力度，尽快规划设计城区公交线路和公交站点，并把公交站点建设通过转让广告权的形式，发动企业出资建设，确保城区交通有序安全。要以创建国家级园林城市、卫生城市、生态城市、环保城市为抓手，以建设生态型硬环境、平安型美环境为主线，建立乡镇（街道）、城区、城市联动发展机制，加快建设一批提升城市形象的标志性工程，完善市政设施建设，努力在长乐创造一个更适合人居、适宜创业的安全环境。

确立城市形象品牌之韵。城市如人，有生命周期，有兴衰更替。在强调品牌概念的今天，城市的品牌，其实就是城市生命力、竞争力的重要象征，它涵盖城市本身所独具的职能特征和精神内涵所凝聚的品牌个性，实质上就是展现在人们面前的城市形象。城市形象，一般而言，是城市给人的印象和感受，这似乎比较容易理解。但再作进一步分析，不难发现构成人们对一个城市印象和感受的因素实在太多，比如建筑物、道路、交通、生活设施等，都是构成这种印象和感受的基本要素。而市民行为、文化氛围、风土人情等，又都是富有特色的城市形象的最关键因素。从这个意义上说，塑造长乐城市形象，打造长乐城市品牌，必须十分注意长乐精神内涵给予人们的精神感受和长乐外在形象给予人们的视觉感受。突出城市内涵，培育“长乐精神”。长乐有文明可考的历史可上溯到四千多年前，当时古闽越族就已经在这片土地上繁衍生息。悠久的历史文化、独特的地域特征，使生活在这片土地上的人们形成了宽阔的胸襟、开放的性格、创新的品质、拼搏的秉性。大浪淘沙，历史作证。长乐这块经受了海洋文化与闽江文化洗礼的古老土地，积淀了长乐文化的丰厚底蕴；长乐这块涌现了无数仁人志士和灿烂文明的神奇土地，孕育了长乐精神的不灭香火。如今，我们要培育这座古邑新城的城市精神，就必须十分注重传承祖辈们身上流淌的精神血液，并在发掘原有内涵的基础上注入“以人为本”的全新内容，通过培育“长乐精神”，提升长乐人的思想道德素质、科学文化素质和健康素质，使“长乐精神”成为促进长乐城市永续发展的精神支柱和不竭动力。把握城市特色，凸显城市魅力。特色是城市保持永恒生命力的基本因素，失去了特色就失去了前进的动力。对于任何城市而言，在建设发展中都应正确把握历史文脉，同时强化对时代精神的理解与把握，强化发展意识、精品意识、环境意识，通过科学合理的规划与设计，塑造出多样化、富有个性特色的城市布局、空间形态和单体造型，以构成城市的独特内涵和品质，不断增强城市的外在魅力，打造城市亮丽的名片。要突显长乐独特的城市总体艺术布局，就要充分利用长乐城市独特的自然环境，如高地、山丘、河湖、水域，将其作为总体布局的视线和活动焦点，以创造出平原、山地和水乡等各种城市特色，通过对这些自然环境的保护和艺术布局，凸显长乐滨海、滨江、山地风光。要处理好对历史传统的继承。长乐不少地方留存有古城墙、古河道、古桥梁、古园林、古碑、古井、古树以及古代传说与记载，我们在规划总体布局时应尽量考虑把它们完整地保留下来，并组织到城市总体规划中去，使它们成为城市历史文脉的见证，成为城市艺术面貌的点睛之笔。要掌握城市自身特点，探索适宜于本城市性质和规模的城市艺术风貌。要积极探索长乐作为省会城市窗口的艺术风貌，注重建筑造型、色彩，特别是主色调选择以及标志性建筑的布局。要适当采取城市布局轴线的手法，组织城市主要功能分区、景观地段和重要建筑群。城市的轴线是建立城市艺术风貌构架的重要手法，在轴线上组织布置主要建筑群和广场，使之具有严谨的空间规律关系。在确定城市道路走向、市中心布局和城市轴线的构思上，要多考虑对景、借景、风景视线的要求，并加强绿化建设，以丰富城市面貌，增强城市魅力。拓展城市空间，建设滨海新城。长乐历史悠久，早在新石器时代就有人类活动。商朝以前，长乐是“《禹贡》九州”中的扬州地。之后，历经变迁，于唐武德六年（公元623年）设新宁县，县址设在今古槐镇中街，背靠董奉山，为长乐版图心脏地带，但因腹地小，据史载，“先民交通、赶集多有不便”。唐肃宗上元元年（公元760年），为扩大长乐对外往来，增进同周边县郡的沟通联系，防御使董玠移县治于吴王屯兵造船处——吴航头。从此，长乐实现了从新宁古县时代向吴航时代过渡，这也是长乐文明的一次演进。吴航位于长乐西北部，东靠六平山、北临首石山、西枕闽江，与福州接壤。县（市）区面积从解放前的1平方公里左右逐步扩到现在将近9平方公里。但由于市区呈盆地状，随着长乐经济实力的不断壮大，中国长乐的城市知名度不断提升，以及城区可资开发资源的不断减少，在可预见的将来，长乐的发展必将跃过市区，把经营的重点放在自然资源和生态条件俱佳、濒临国际空港和深水海港、总面积达92平方公里的滨海新区。滨海新区属于长乐平原地貌，位于市境南部，东至滨海大道，西至福北线，南至松下港，北至机场专用道，南北窄约27.3公里、腹部宽3～5公里，海拔高度在5米以下，区外滨海依山，区内拥有天然的淡水湖，城市拓展的空间远远大于现有的城区，可以集聚一个中等城市的人流、物流。只要我们在今后发展中有意识地进行引导，未来的长乐肯定会实现从吴航时代向滨海时代跃进。

（2005年1月14日）

归　韵

想到长乐三年来的工作，深有感触。我曾经用“长天厚土，认识故乡”“长期奋斗，建设故乡”“长奏新曲、美化故乡”三句话来概括长乐的发展历程。事实上，长乐之所以能在短时间内取得令人瞩目的成绩，离不开社会各界的大力支持，更离不开68万长乐人民的努力奋斗。我想，长乐之“归韵”的内涵与外延，可以用“故土梦，故园情，故里兴”三句话加以概括。

梦萦故土——长天厚土，认识故乡。生于斯、长于斯的长乐人对自己的故乡有着特别深厚的感情，特别是离乡创业和出洋谋生的域外乡亲，在这方面表现得尤为突出。“天也长乐，地也长乐”，这是《大爱暖千秋》这首歌中的词，反映了我们长乐人走到哪里，都把故乡装入心中的赤子情怀。古代的长乐是闽越国的一个蛮荒之地、化外之域，是流放犯人的场所。我们的闽越先人以海为家、以舟为家、居无定所。直到“中原之乱，八姓入闽”，中原之地的名门望族为避战乱之灾、赋役之苦举家、举族南迁，长乐才成为东晋缙绅士大夫“衣冠南渡”的承接地之一。纵观长乐的发展历史，从以前阻隔于武夷大山脉之外的南蛮之地、不毛之地，通过先人近千年的开疆辟壤、建设家园，我们体会到长乐渴望发展的梦想。新宁、安昌、长乐，从长乐县治的名称中，我们可以看出，世代居于海边的长乐人对“居于安宁、乐于发展”的一种向往和追求，可是一次次近乎毁灭性的海啸无不沉重打击了他们心中的“海市蜃楼”。但是，在天灾面前，敢于拼搏的长乐人，却有着生生不息的精神，对追求发展的信心有增无减。今天，福州市制定出打造一流空港工业集中区的重大举措，如一声春雷炸响在我们每一个长乐人的心田，这是一个重要的发展机遇，承接机场带来“地质之光”，辅以环海大通道的启动建设，届时长乐人民将喜看故乡巨变，历史赋予长乐人民的伟大使命将在今年内实现。这是值得关注和祝贺的喜事，不仅应该成为此次两会的主题内容，也是我们今年工作重心和主线，只有很好地抓住此次重要的发展战略机遇期，举全市之力，合众人之智，众志成城，不懈努力，一座现代化滨海新城才能迅速崛起。

情系故园——长期奋斗，建设家乡。情系故园，难舍难分。长乐永远是我们要守望和呵护的美丽的家园。“故园山水梦中诗”，在南山植物园的石刻上写道：“首石凝云，南山含笑；吴航有意，溢满关爱。”这是一种深怀家乡情意的赤子情怀，长乐人无论走到哪，根都系在家乡的土地上，情都系着家乡的发展建设。在去年庆祝建市十周年活动期间，长乐出版了《守望文化家园》《追寻精神高地》和《大爱暖千秋》这三本书，把长乐的故园情都融入其中，有此情怀则万事无坚不摧、无往不胜。长乐一点一滴的成就离不开社会各界人士的共同关心、关注和奋斗。虽然农耕文明曾在相当长的时间内占据长乐发展的主流阶段，但这并不是实现长乐真正发展的动力，在改革开放以后，“能拼会赢”的长乐人善于把握住市场经济带来的机遇，创造出令全国为之瞩目的“草根工业”文明，并不断引领着长乐成熟、成长、成就。长乐的“草根工业”是最纯净的原始工业，它给我们带来了浓厚的工商意识，给广大企业家带来了最初的资金积累，并形成了长乐全民办工业的良好发展格局。继而，在举全市之力打造空港工业集中区中，长乐将继续保持艰苦奋斗、开拓创业的精神，实现从“草根工业”走向“民本经济”的跃升，无愧于历史赋予的使命和职责。

举兴故里——长奏新曲，美化故乡。长乐通过近几年的发展，三个文明建设都取得了较好的成就。一个曾经出过955位进士的“海滨邹鲁”，不仅是具有深厚文化内涵的大爱故里，更是创造回归经济神话的故里。追寻千年的希望和梦想，在“金鸡报春”的时刻，我们将继续奏响“和谐社会、平安长乐”的新曲。和谐社会，体现了“平安、文明、绿色”等多种含义，这是我们做工作的出发点与落脚点，是执政者的目的所在，长乐人追求的道德价值也在于此。从唐武德治县起，长乐这座滨海新市不断奏响新的乐章，一代一代地传承下去。而且，68 万长乐人民将抓住此次建设空港工业集中区的重要战略机遇期，为进一步美化我们的故乡，为建设海峡西岸省会窗口城市而不断奋斗。我想，这就是海内外吴航儿女的共同心声、梦想、情怀，祝福长乐的明天更加辉煌！

（2005 年 1 月 25 日）

机　韵

福州市空港工业集中区的规划建设，对长乐来说无疑是千载难逢的发展机遇，能够在较短的时期内帮助长乐实现借势腾飞、借机跨越的梦想。如何利用好当前的重大机遇，实现长乐经济社会的再次腾飞，关键是要把握好“认识机遇、把握机遇、实现机遇”的“机韵”。

认识机遇是把握机遇、实现机遇的前提条件。只有知道、了解机遇孕育产生的背景，搞清、弄懂其来龙去脉，才能更好地把握、实现机遇。之所以选在长乐国际机场周边建设空港工业集中区，主要在于有三大背景作为机遇垂青长乐的支撑点。一是改革开放二十多年来，国家以“和平与发展”为时代主题，为推动经济建设创造了安定、稳定、和谐的发展环境。这是个大前提、大背景。离开国家为和平发展提供的这一“温床”，我们的经济建设将停滞不前。二是福建省委、省政府提出“海峡西岸经济区”的重大决策部署，使长乐机场成为加快实现“三通”的前沿阵地。这是建设空港工业集中区的主要原因。以前，有些人不理解为什么把机场建在长乐，也看不到机场为长乐带来的长远利益。现在，随着建设“海峡西岸经济区”进程的推进，种种疑问不攻自破。长乐机场建设曾被喻为“地质之光”，随着空港工业集中区的启动建设，“地质之光”不仅将光耀吴航，也将光耀福州、光耀海峡西岸。三是福州市委、市政府为积极响应省委、省政府建设“海峡西岸经济区”的重大决策部署，做出了“做大做强省会中心城市”的重大举措；长乐作为省会窗口城市，积极响应号召，成为福州发展工业的承接载体。这是建设空港工业集中区的直接原因。另外，从微观和现实角度出发，在国家实施土地宏观调控政策后，各乡镇（街道）的土地资源日益匮乏，工业发展步伐受到牵制，空港工业集中区建设已成必然。综观空港工业集中区建设的背景，我们不难看出，抓紧建设空港工业集中区的紧迫性和重要性，我们要从大小背景相连接、宏观与微观相结合的高度去认识。

把握机遇是认识机遇、实现机遇承上启下的关键环节。机遇往往稍纵即逝，如果不抢占先机、抓住机遇为我所用，那么我们在认识上所做的一切只能是徒劳无功。俗话说“机遇只垂青有准备的人”，同样，我们若要把握住空港工业区建设这个发展机遇，需要多方面的运筹准备，要千方百计招商引资、千言万语动员推介、千山万水吸纳外资、千锤百炼克服困难，从求实效、办实事的政治高度，求发展、办成事的经济角度，从长乐“能拼又会赢”的人文精神和“大爱暖千秋”的文化特质去全面把握这次机遇。方方面面的工作都做到位了，我们就不怕机遇从指缝间溜走。

实现机遇是认识机遇、把握机遇的最终目的。吴航大地曾是武夷山脉之外的蛮荒之地、化外之域，历经千年发展，几经周折、拼搏，终于迎来了实现历史性突破的大好时机，我们决不能光说不练、错失良机。空港工业集中区从规划到动工到建成历时不到一年，时间紧、任务重。当前，我们要实现机遇，一要加强宣传，造大声势。要充分利用各种宣传媒介，从空港工业集中区建设的深远意义、巧妙构思和美好前景等多个角度进行多渠道、全方位的宣传推介，做大声势，消除投资者顾虑，增强其投资信心，激发其投资热情。二要拓宽渠道，多方引资。要积极主动与异地商会、行业协会和海外同乡会联系，大力推介引荐，吸引他们的目光，调动他们的积极性，齐心协力谋发展，共同推进空港工业集中区资金、技术的软着陆。同时，要鼓励乡镇（街道）积极投资建设，充分利用闲置的民间资本，壮大空港工业集中区建设的物质基础。三要高瞻远瞩，不断突破。要站在统筹全局、兼顾局部的高度，坚持用发展的、辩证的办法，正确处理空港工业集中区建设过程中出现的问题与矛盾，切实把困难解决在萌芽状态，在逆境中寻求突破，为空港工业集中区建设的顺利进行赢取一切可能的机会，在机遇面前笑到最后。

（2005 年 1 月 27 日）

丝　韵

纺织产业是长乐的主要支柱产业之一，它的发展壮大和所蕴含的“丝韵”有其历史的必然性和现实性。从“前世今生”的角度对长乐纺织做个全面而细微的剖析，将有助于做大做强新形势下的纺织产业。

长乐纺织业发端于明代以来的海内外交流。长乐纺织业的历史渊源，有文字记载的最早可以追溯到明代。明永乐年间郑和七下西洋，把大量的丝绸与瓷器带往海外，畅通了“海上丝瓷之路”。由于舟师在长乐伺风开洋，货物中部分丝绸制品就购置于长乐，足见当时长乐纺织技术已经达到相当高的程度。明万历年间，琉球人蔡夫人擅长刺绣，曾因织龙袍入贡，受到皇帝赞赏，后来居住在长乐梅花，把刺绣技术广授给乡人。清代中叶，长乐乡村妇女就把织夏布作为家庭副业，并组织队伍，到苏州一带推销产品。民国初期，长乐百姓积极抵制日货，在县城自发创办起毛巾厂。1915 年，长乐天主堂法国传教士组织修女生产抽绣，并带往德国销售。到 1929 年，县城已有织布专业作坊 26 户，拥有织布机 75 架；全县纺织从业人员 1100 多人。1946 年至新中国成立初期，长乐纺织业已从单纯的织布业发展到纺纱业、染布业以及抽绣、刺绣业。正是因为拥有如此深厚的历史渊源，改革开放以后，长乐的纺织经济迅速发展成为长乐经济的一支生力军，纺织产业也成为长乐的传统支柱产业。

长乐纺织业发轫于改革开放初期。党的十一届三中全会以后，商品经济开始萌芽，素以善经商、敢创业而著称的金峰农民成了长乐勇于“吃螃蟹”的“第一人”。他们以同村或同族人为主体，以解决劳动力出路为目的，进行集资办厂。1979 年初，全市首家纺织企业——金峰凤港针织厂就是在这种情况下诞生。之后，金峰华阳、凤洋等村的农民也纷纷兴办起类似的纺织企业，不到两年时间，金峰镇就涌现出3000多台的织布机，成为长乐乃至全省民营经济率先起步的地区。至1983年，纺织企业发展到45家，总产值689万元。在这个阶段，由于农民的商品意识和市场的自发引导催生了纺织产业集群的萌芽。

长乐纺织业发挥于“草根工业”时期。进入20世纪80年代中后期，短缺经济、买方市场所蕴藏的巨大商机进一步拓展了纺织业的利润空间，特别是金峰纺织民营企业的迅速发展产生了极大的示范效应，周边乡镇开始群起效仿，依靠“三缘”（地缘、人缘、亲缘）关系，以“三闲”（闲人、闲资、闲房）、“三家”（家庭式作坊、家长式管理、家族式经营）起步，大办纺织企业，在潭头、湖南、松下一带呈现出“处处在筹资，村村在办厂”的热闹场面。1984年，全国著名经济学家费孝通教授来长乐考察时，将这种“村村点火，户户冒烟”的纺织企业发展现象称为“草根工业”。“草根工业”的发展唤醒了长乐人沉寂的工商意识，使大家接受了办工业的锤炼，同时也使纺织企业完成了原始资金的积累。至1988年，长乐纺织企业达到410家；总产值2.14亿元，比1983年增长约30倍，平均年递增98%。在这个阶段，由于技术、设备、原料、人才等各种纺织生产要素开始从全国各地向长乐流入，并在金峰华阳、凤洋、松下垄下、潭头等镇村集聚、整合、加工，纺织专业镇和专业村等纺织产业集群的雏形开始出现，为纺织产业集群发展奠定了坚实的基础。

长乐纺织业发展于改革调整期间。进入20世纪90年代，长乐纺织业充分利用前期完成的资本原始积累，摆脱姓“社”姓“资”的束缚，抓住国家“压锭”的政策调整空间，大胆探索股份合作制等有效的融资形式，形成了长乐纺织业发展的又一黄金时期。这个时期，长乐每年至少有3亿元的资金投入发展纺织企业。同时，许多纺织民营企业经过原始积累后，具有了向外投资的扩张需求和能力，开始跳出本乡本土的局限，寻求更大的发展空间。通过资本、技术和管理输出向外发展，域内外、省内外联营迅速兴起。比如，长乐第一家集团公司——福建经纬集团，就是以原六林棉纺厂为基地，通过股份合作，以设立子公司的方式不断向外拓展。目前，福建经纬集团已在航城、鹤上、两港工业区等地设立了6家子公司。2004年，福建经纬集团实现总产值20亿元，成为长乐乃至福州地区最具规模实力的集团公司之一。1995年，时任全国人大常委会副委员长的费孝通教授再次莅临长乐，看到纺织业规模不断壮大，称赞“草根已长成大树”。至1996年，长乐纺织企业达到696家，其中产值超千万企业达到7家，超亿元企业1家；纺织总产值达15.93亿元，比1991年增长5倍，年均增长40%。

长乐纺织业发掘于“回归经济”的创造和创新。2002年以来，随着“回归工程”“阳光工程”“暖人心工程”的实施和生态型硬环境、亲商型软环境、平安型美环境和文化型好环境的营造，长乐纺织产业的发展环境得到明显改善。一大批在外创业有成的长乐籍企业家在家乡环境和政策的感召下，开始回乡投资创办纺织上下游项目。原有的纺织企业也抓住市场回暖和环境改善的双重机遇，实施大规模技术改造，仅2002年的技改投资量就超过了前三年的总和。企业规模得到明显壮大，长乐纺织业又迎来新一轮的快速发展期。同时，在优化整合工业园区资源过程中，一批传统纺织专业镇、专业村的基础、人才、技术优势开始发挥，吸引一大批同类或配套项目向其聚拢，促进了纺织产业链条的延伸，增强了相关联企业间的配套需求和产业联系。至2004年，规模以上纺织企业达到138家，产值超亿元企业达到32家。在这个阶段，由于得到了适应其发展的土壤和气候，同时企业经营者素质也得到明显提升，长乐纺织业呈现出投资规模大、技术装备强、产业关联度高等新特点，真正意义上的纺织产业集群开始成形。

长乐纺织业发扬于企业文化的再造与国际接轨。经过几十年的发展，如今长乐的纺织企业，呈现在大家面前的是一座座现代化的花园式厂房，这是企业经营和管理文化的最直观的表露。在企业文化的建立和再造过程中，有着深厚“纺织情结”的长乐人勇立潮头、开拓进取，大胆引进先进的经营和管理理念，通过在企业内部建立党支部、工会、妇联、计生协会等组织，形成了独具特色的企业文化。正是有了这种用文化涵养发展的企业竞争力，长乐才拥有了一大批在企业经营、管理方面与国际接轨的现代纺织企业。这些企业使长乐成为福建省名副其实的“纺织之乡”和“草根之源”，开辟了新时期的“丝绸之路”，并以强劲的发展势头，使长乐成为全国纺织产业的“希望之城”。

（2005年3月4日）

农 韵

从历史与现实结合的角度回顾和展望新时期的农业农村工作，要跳出以农业抓农村的传统视点，拓宽用工业化带动农业的视角，拓展以城市化办法带动农村的新视野，这不仅对于开创“三农”工作新局面具有重要的指导意义，而且对把握长乐“农韵”的内涵与外延具有现实意义。

把握农之韵，前提在判断。准确判断长乐“三农”工作的形势，对于我们做好当前及今后一段时间的农业农村工作至关重要。从宏观上看，长乐农业、农村、农民问题历经千年发展，大体可以归结为以下三个阶段。千年渔耕——逼出农耕文明。我们常说的“大爱暖千秋”这五个字，从地域文化角度看，它首先表现的就是长乐传统的生产、生活方式，即农耕文化，以及由此衍生出的“一日不作，一日不食”的农禅文化。这是由长乐“鱼米之乡”的地域特征所决定的。但随着时代的发展和历史的推进，从大吴越时代到新宁时代、吴航时代，再向滨海时代迈进，长乐人民对土地的认识、开发和利用产生了深刻的变化。“日出而作、日落而息”和“一亩三分地过穷日子”的农耕社会正在市场经济的潮流中逐渐隐褪。廿年草根——逼出工业文明。在长乐工业文明的形成和发展过程中，发挥关键性作用的，正是被逼出“一口田”的农民。从1979年初，第一家蚊帐厂创办开始，这些自觉不自觉地从农耕文明中走出来的农民精英们，以第一个“吃螃蟹”的勇气，创办了遍布长乐城乡的乡镇企业。这些企业的发展不仅成就了著名经济学家费孝通先生眼里的“草根工业”，而且为长乐工业文明的发展奠定了基础。经过二十余年的“星火燎原”“大浪淘沙”，从“草根”发展起来的长乐民营企业在带领农民致富、提升农业档次、改变农村面貌的同时，也推动着长乐工业文明的车轮不断向前迈进。十年城市——逼出现代文明。1994年

2 月，经国务院批准，长乐撤县设市。在长乐市区面积不断拓展、城市建设日新月异的同时，城镇化进程也在不断加快，涌现出了金峰、漳港、鹤上等一批初具规模和实力的经济强镇，吸引了许多农村富余劳动力向非农产业和城镇转移，顺应了工业化、城市化发展的时代趋势，实现了从农民到居民再到市民的转变。城市化之路在打破城乡壁垒、统筹城乡发展、提高农民素质等方面发挥了巨大的催化作用，逼出了长乐人的现代素质，也逼出了长乐城市的现代文明。它不仅缩小了长乐的城乡差距，也为“三农”问题的解决开辟了更为广阔的天地。

把握农之韵，重点在把握。科学把握新阶段下“三农”工作的时代内涵和发展要求，必须努力推进农村农业工业化、产业化、市场化、城市化、和谐化发展进程。要大力推进农业产业化进程。这是推进“三农”工作的重要突破口。要认真实施产业优先发展战略，根据资源优势和区域特色，进一步培植壮大五大优势产业（水产、畜牧、果蔬、花卉、食用菌），不断夯实农业产业化经营的基础。要加强农产品的深度开发，大力发展农产品加工业，拉长农业产业链，提升农产品附加值。要继续从资金、技术、政策、市场准入等方面重点扶持一批示范能力强、上规模、上档次的农业产业化龙头企业，提高其市场竞争和辐射带动能力。要大力发展农民合作组织和行业协会等中介组织，继续在重要农产品的主产地或集散地建立、巩固和发展一批农产品专业批发市场和流通中介服务机构，促进小农户和大市场的有效对接。要以工业化带动农业产业化发展。用工业化带动农业产业化发展，就是要确立“跳出农业抓农业，跳出农业抓农村”的工作思路，大力发展民营经济，靠二、三产业增加农民收入。要继续倡导工业化带动农业化的发展理念，适应市场需求变化，调整发展战略，把农副产品加工业和第三产业作为今后发展的重要内容，发展农副产品加工、储藏、保鲜、运输、信息、服务业等，带动整个农村经济的全面发展。对现有企业要加大改革力度，进行制度创新和机制创新，明晰产权关系，激发内部活力，以适应市场经济发展的需要。要进一步抓好企业内部管理和技术改造，逐步建立科技和资金双向投入机制，用高新技术改造、提升传统产业，提高产品科技含量和企业的整体素质，增强市场竞争能力。积极鼓励发展农村个体私营企业，多种经济成分共同发展，吸纳剩余劳动力，扩大农民收入来源。要加快农村市场化进程。加强农村社会化服务体系，深化农业生产的纵向分工。抓好优良品种的引进、培育和推广，加快品种更新换代。建立多渠道、多层次、多形式的农民技术教育培训体系。加快建设以农业生产发展及农产品运销、加工企业为主要服务对象的投融资服务体系。要引导农民成立合作经济组织，为农户提供产前、产中、产后服务。要建立各种民间行业协会、商会等中介组织，发挥其在协调价格、调解利益纠纷等方面的自我管理作用，切实维护和保障行业内农民和企业的合法利益。要积极发展民间营销协会，壮大社会营销队伍。要加快农村城市化步伐。随着越来越多的农民从土地的束缚中解放出来，目前的城镇化水平已不能满足和适应社会发展的需要，为此，要加大体制改革的力度，进一步解除城镇发展的体制束缚。要构建和谐化农村。各级各部门要以维护农民切身利益为切入点，着力解决农村存在的突出问题，不断促进农村社会全面进步。要加强农村党支部建设，提高基层党组织的执政能力，发挥党在农村的坚强战斗堡垒作用。要加快农村教育事业发展，增强农村自身发展能力。不断增加教育投入，改善教学条件，提高教师的整体素质，同时要充分利用城市优质教育资源支援农村教育。要畅通沟通协调渠道，维护和促进农村社会稳定。抓住农村工作中热点、难点问题，立足于早发现、抓苗头，把各类矛盾和纠纷解决在当地，解决在基层，解决在萌芽状态。坚持打防结合、预防为主，依靠群众，加强和完善社会治安综合治理工作机制，依法打击农村各种犯罪活动，保障农民生命财产安全，切实为农村的全面发展创造安定和谐的社会环境。

把握农之韵，关键在扶持。扶持农业和农村发展，要做到“有的放矢、精确投放”，在确保市场取向的前提下，努力消除制约农村发展体制性机制弊端。要创新投资机制。要切实发挥财政支农资金的导向作用，多渠道增加农业开发投入。要推进农村金融体制创新，增加对农户和农村中小企业的贷款，继续开展“回归工程”，鼓励和引导民间资金投资农业基础项目和农业综合开发重点项目，扩大农业投资的规模。要积极深化“阳光工程”建设，拓宽“阳光工程”建设的领域，积极推进农村集体资源经营使用权公开招标拍卖、国有经营性土地使用权出让、建设工程公开竞价招投标等工作，健全按市场机制运行的经济管理体系。要深化实施“暖人心工程”，营造各类投资主体公平竞争的环境，调动投资者的积极性。要创新服务机制。要整合现有乡镇（街道）农业服务中心，选派科技人员进驻乡镇（街道）、村，开展科技服务。鼓励长乐籍应届优秀本科毕业生到乡镇（街道）工作，鼓励农村专业技术人员到农村基层工作，促进科技与生产的紧密结合，推动农业和农村经济发展，增加农民收入。要引导建立规模化农产品生产基地，积极发展各种形式的农民专业合作经济组织，组织创办农产品行业协会。要完善农业产业化经营机制，加快发展现代农业企业。要进一步做好社会服务联动网络的整合，搞好农业信息联动服务，创新农产品市场营销机制，大力发展订单农业。要建立和完善农村富余劳动力培训、转移、就业、服务机制，改善农村劳动力就业环境，积极引导农村富余劳动力向二、三产业转移，加强劳动用工合同管理和劳动监察执法工作，解决农民工工资拖欠问题。要创新保障机制。建立和完善农村居民最低生活保障制度，改革保障方式，将政府的低保金通过专业银行提供发展生产、经营性劳动的小额贷款，刺激其生产积极性与创造性，通过扶持生产，增加收益，来提高农民自身的生活保障能力。要研究建立失地农民的失地生活保障基金，主要承担养老、医疗、最低生活保障、义务教育的配套投资等可支配性支出的来源。

把握农之韵，持续在强化。强化对农村工作的领导，切实提高农村基层干部的五种能力，是实现“三农”工作持续发展的重要保障。提高贯彻执行各项农村政策的能力。党的农村政策是农民利益的集中体现，是团结群众、凝聚人心的有力武器。因此，做好农业、农民和农村工作，关键要提高贯彻执行各项农村政策的能力。广大农村基层干部要增强政策观念，结合各乡镇（街道）、村实际，认真学深吃透政策，把政策原原本本地落实到基层、落实到农户，让政策更好地服务于群众，使农民真正从政策中得到实惠。按照支农措施不拖、政策执行不变、优惠条件不减的要求，不折不扣地把各级支农强农政策宣传到位、落实到位，保持政策的连续性。提高民主管理、依法办事的能力。新形势下，贯彻落实党在农村的各项方针政策，离不开基层干部民主管理、依法办事的觉悟和能力。应当看到，扩大农村基层民主，保证农民当家作主，是党执政为民的本质要求，是推进农村社会管理体制创新，发展社会主义民主政治的根本途径。这就要求广大基层干部在贯彻落实各项民主制度的过程中，切实提高自身的民主管理能力，搞好村务公开、民主监督工作，让村民广泛参与村级事务的民主决策，真正办好与农民群众切身利益相关、农民迫切想办的事。就要求广大基层干部带头学法守法用法，坚持依法办事，善于用法律手段管理基层各项事务，解决和化解各种矛盾，特别要带头廉洁自律、干净干事。要善于把坚持党的领导、充分发扬民主和严格依法办事有机统一起来，使农村各项事务的管理纳入健康规范的轨道，逐步实现参与有秩序、决策有程序、理事有章法、监督有成效。提高带领群众发展经济、增收致富的能力。农民增收是当前“三农”工作最重要的任务，也是与农民最直接相关的一个大问题。这就迫切需要有一大批善谋发展、善带民富的基层带头人。要成为带领群众发展经济、增收致富的带头人，就要求基层干部牢固树立“不能带头富，不能当村干部；只顾自己富，不配当村干部；带领大家富，才是好干部”的意识，把握“发展”这个主旋律，通过加强学习、深入实践，促进思想观念大解放、工作思路大调整、工作重点大转移、工作方式大改变，不断提高自身适应市场经济的能力，提高领导发展和服务发展的能力，实现从村务管理型向致富能手型转变。提高做好群众工作、建设和谐社会的能力。广大基层干部要清醒地认识到，以群众工作来协调关系、凝聚人心，是维护当前改革发展稳定大局，建设和谐社会的重要途径。每个基层干部在想问题、做决策、办事情的过程中，都要认真研究和掌握新形势下群众工作的特点和规律，探索新途径、新方法。要学会妥善协调和处理好各方面的利益关系，坚决纠正损害群众利益的行为，特别是在土地征用、房屋拆迁等涉及群众利益的问题上，要善于多同群众协商，慎重考虑、慎重决策、慎重实施，关心和解决好农民群众的生产生活。要学会尊重人、理解人、关心人，善于把广大群众凝聚在党和政府周围，共同为促进经济社会发展、为建立和谐社会而奋斗。提高“两手抓”、推进精神文明建设的能力。在加快发展、保持稳定的过程中，要始终坚持“两手抓，两手都要硬”的方针，通过深入开展创建文明村镇、文明户等活动，努力培养有理想、有道德、有文化、有纪律的新型农民。广大基层干部要在推进先进文化“进农村、进祠堂、进农户”的过程中，充分发挥模范表率作用，不断增强自己抓好农村精神文明建设的能力。要带头提倡科学文明健康的生活方式，促进新型婚育文化、殡葬文化等先进文化在农村的传播。要善于借助文化、科技、卫生“三下乡”这个平台，推动农村思想道德建设和广大群众文明行为规范的自觉养成，充分发挥好科技文化的社会教育功能，用健康有益和丰富多彩的精神生活占领农村思想文化阵地，促进农村社会的和谐发展。

（2005 年 3 月 4 日）

气　韵

一座城市是否使人印象深刻，能否令人耳目一新，取决于这座城市的规划理念、建设品位与管理机制。近年来，长乐按照建设现代港口工业和滨海旅游城市的目标定位和“大福州、新长乐”的战略构想，在城市规划、建设和管理方面取得了较大的进展。从长乐的建市时间看，至今不过10年，还存在不成熟、不规范、不到位的问题，面对在规划、建设与管理方面存在的诸多落差与反差，我们必须从培育和融合城市之气入手，进而从整体上拉升长乐城市的规划、建设和管理水平。

城市之“气韵”来自规划。城市规划是一个纯理性过程，因而在规划过程中排斥人的主观因素和非理性活动，强调科学性、严肃性和整体性。着眼于今后一段时期的发展，长乐在编制和完善城市总体规划的时候，必须十分注重体现大气，以适应长乐加速城市化、工业化和小康社会建设进程的发展需求。要体现中等城市框架下的“大福州、新长乐”。鉴于长乐市区域空间的限制，以及与福州市之间的梯次格局，长乐城市发展的终极目标是建成海峡西岸一个重要的中等城市。换句话说，就是要确立充分接受福州市辐射，同时又为福州市提供功能补充、与周边城市互为支撑的基本框架。因而，编制和完善未来长乐的城市总体规划，首要的就是树立“城市规划超越城市”的全局与前瞻意识，将“大福州、新长乐”作为规划思想的主线，树立区域一体化的规划理念，避免局限于一城一地的发展而忽视城市的跨区域规划，真正从城市群或城市圈的高度统筹规划城市在未来发展中的空间格局和目标定位。只有这样，才能更好地呼应福州市的城市发展目标，即呼应“大福州”的建设；只有这样，才能更好地适应长乐市工业化和城市化的发展，即引领“新长乐”的发展。要体现中期阶段下的工业化进程。城市的总体规划必须十分注重突出该城市的产业特色。在长乐的三大产业构成中，第二产业比重远远超过第一产业与第三产业的总和，说明长乐的工业化特色明显、工业化程度较高。从当前长乐的工业化进程来看，长乐的工业化状态正处于从粗放型工业化向新型工业化过渡的中期阶段，这一阶段的特点主要表现为：园区工业初步形成，园区经济成为城市经济的重要载体；产业集群初现端倪，工业经济综合竞争力明显增强。因此，可以说，当前长乐工业化正处过渡阶段的敏感期。这一时间的工业化急需诸多因素的支持和助推，以便更好地实现跃升，其中科学的城市总体规划就是一个极其重要的因素。有了科学的规划，工业化进程可以少走很多弯路，可以实现低成本产业扩张，可以实现要素的整合与资源的共享。因而，在编制和完善城市总体规划过程中，必须着眼当前及今后一段时期长乐工业化的发展特点，为工业化提供宏观指引和足够的生存与发展空间。要体现中间形态下的小康社会建设特色。小康社会是一个动态的概念，当前我们追求的是更高层面上的全面小康社会，包括：社会主义物质文明、政治文明、精神文明“三个文明”协调发展；社会主义经济建设、政治建设、文化建设、社会建设“四位一体”全面推进。而长乐当前所处的仍然是从总体小康向全面小康过渡的中间形态，这种形态的一个显著特征就是，人们对生存质量，包括公众安全、精神生活、人居环境等有了更高的要求。因而，在编制和完善城市总体规划时，必须与时俱进，充分考虑市民生产、生活、生存、生态发展的需要，做到适度超前、留有余地，使城市始终以从容的步伐不断向前发展。同时，要十分注重构建相对稳定的、具有长乐特色的“橄榄型”社会，尽最大可能夯实全面小康社会的基础。只有这样，才能让生活在这里的人们对自己的家园有深切的认同感和归属感，才能不断赢得外来人员赞叹和倾慕的目光。

城市之“气韵”来自活力。城市发展的核心，在于生产力的发展；城市竞争力的提升，必须有强有力的产业作为支撑。城市规划应当深入研究城市发展定位，为城市经济结构调整服务，为提高城市竞争力提供根本保障。要合理布局。在城市规划中，要注意工业园、产业群和服务区的合理布局，力求做到“三位一体”全盘谋划。合理布局工业园。园区经济是城市经济的重要载体。在城市化进程中，滨海、金峰、闽江口三大工业集中区及兴建中的空港工业集中区正成为推动城市经济发展的强大力量。布局工作的着力点，要着眼于园区经济发展方向，做出科学合理的规划，加快园区规模化、集约化开发与建设。在工业园区布点上，要在城市总体规划的框架内，与城市功能定位、资源环境、产业基础相协调。在园区企业布局上，要做到各具特色、适度集中、疏密相间、错落有致。合理布局产业群。产业集群是城市经济的增长点，是城市经济的核心支柱，是城市经济的重要组成部分。在制定城市发展规划中，应当采取产业集群的基本战略，培育和推动纺织、冶金、电子等产业集群发展。合理布局服务区。现代服务业在第三产业中所占比重的大小，直接反映着城市的现代化水平和未来城市的价值取向。在城市规划中，要优先布局中央商务区、金融服务区、现代物流区等现代服务区，以此提升城市竞争力。要完善功能。中心城区是城市形成的原生地，是城市发展的基础。规划中，在确保长乐中心城区的发展方向与福建省、福州市等上级区域发展概念纳入“一篮子”考虑的同时，要集中体现中心城区对发展长乐总体经济的辐射带动的主导功能。在把长乐建设成为并不断做大做强省会窗口城市过程中，中心城区的规划要“浓墨重彩”地来描绘。要充分考虑到今后城区在城市发展中的承受力，明确其作为长乐行政、文化、教育、金融、商贸、科研等方面的中心地位，突出建立稳定可靠的能源保障体系、高效完善的交通运输体系、快捷方便的邮电通信体系、协调优美的城市公共设施体系、坚固有效的自然灾害防御体系等，重点勾画出中心城区朝功能齐全、综合配套迈进的发展方向。要畅通人流。城市灵魂的形成，需要多元文化的兼容并蓄，需要来自各地各类人士的流进流出。正是有了人的流动，才能创造出集智慧大成的城市灵魂。长乐作为省会窗口城市，市区人口规模远景为20万人左右。根据这一情况，长乐要大力实施“北扩、西拓、南移、东引”的发展战略，将城区的一部分功能向郊区转移，包括生产功能、公共配套功能。

要大力发展城乡区域经济，区域经济发展好了，将会分解长乐市区的功能，逐渐对城市中心区的人口进行疏散。只要产业结构合理调整，就业结构随之变动，富余劳动力问题就可迎刃而解，所以，城乡间能否真正协调发展是问题的关键。

城市之“气韵”来自魅力。文化是城市的灵魂、山水是城市的灵气、色彩是城市的精神。在城市规划建设过程中，要传承长乐特有的文脉、山脉、水脉，进而让每个走进长乐的人都能感受沿江滨海风光、领略海滨邹鲁神韵。要追求凝固的建筑与涌动的文化相结合。有人把游览城市说成阅读城市，把看建筑说成读建筑。建筑是展示城市的第一窗口，它给城市特色的形成定下了基调。具有丰富的人文内涵的环境艺术构件不仅能使零散的城市古迹形成网络，而且可对城市特色起到良好的传载和链接的作用。在长乐的历史发展过程中，流传着“首石鸣、状元出”等许多美丽的神话，也涌现出悬壶济世的董奉、富有爱心的冰心、春华秋实的郑振铎、舍己救人的郑忠华等许多英雄和名人。在城市建设过程中，应灵活运用这些鲜活的人文内涵，通过雕塑、标志物、纪念碑等形式，把无形的文化内涵转化为有形的物质实体，从而使城市环境更有情趣、城市形象更具魅力。要追求空间的布局与自然的山水相结合。城市的灵气在乎山水，有山有水才显现出一个城市的姿韵。在城市空间布局时，要注意建筑与环境的融合，注重城镇的空间感和层次感。在此基础上迎山接水、显山露水、借山用水，进而依山亲水，引山水之景入城，依山傍水建城，达到人与山水相近相亲，实现“城在山水中”的格局。重点要适应滨海旅游城市建设的需要，依据自然景观和地势地貌的特点，将南山公园、城市森林公园、滨海绿色大道、长山湖纳入城市布局，借势造形，形成多维立体景观，充分展示“长山乐水”的城市特征，完美地构筑“三山六水一分田”的绚丽家园。在加强园林景点建设的同时，进一步实施内河整治工程，还市民碧波秀水，使水环境真正成为长乐的新品牌。同时，要注重将长乐的历史文化精髓、名胜古迹同山水树木等自然景观结合一起，有机地组织到城市布局之中，使长乐既能保持良好的生态环境，又能保持深厚的文化底蕴。要追求明丽的色彩与城市的个性相结合。城市是一个非常复杂的系统工程，而城市的颜色在这系统工程中绝不是可有可无的。城市的色彩诉说着城市的历史和今天的文化意味，让市民直接体会到城市的精神。城市的色彩是历史积淀的过程，不能强行规定在短时间内满城涂上一种颜色，弄得整个街道像劣质的布景，缺乏历史的真实性，而应与长乐独具特色的“滨海生态城市”的个性相结合。在城市色彩的构绘上，城市主体颜色要与建筑、绿化、道路、桥梁、店面、各种公共设施等相对静止的色彩相融合，与公交车、出租车及车灯等流动的色彩相匹配，加上合理利用照明技术，如泛光灯、激光灯等形成的绚丽夜景，使城市的个性更加凸显。

城市之“气韵”来自建设。城市建设是加快城市发展、推进城市化进程不可或缺的关键环节。把建设工作办实、办好、办优，既是对城市规划的最佳体现，又能为构建科学、规范的城市管理体系埋下很好的伏笔。为此，强化城市建设工作，我想用“剑胆琴心”来概括。这个词我们经常在武侠小说中见到，形容一个人既有壮志豪情，又有侠骨柔情。所谓“剑胆”，就是要用大眼光、大手笔、大气魄推进城市总体建设，激发建设美好家园的自豪感；所谓“琴心”，就是要在小处着手，在细微处见功夫，树立处理具体细节事务的责任感。总的来讲，结合长乐实际，在推进城市建设过程中，要努力处理好以下三种关系。要处理大思维组团与小空间布局的关系。区域联盟成组团式发展是不可逆转的国际潮流，大到城市圈的汇聚，小到城镇圈的并拢，都不外乎如此。在长乐迈向中等城市发展过程中，缘于地理特性、风俗人情、产业定位等诸多因素结合形成的市区组团、金峰组团、滨海组团等三大组团已端倪初露，并不断发挥出城市发展强大的带动和拉升作用。这是长乐的战略发展趋向，也是城市建设工作的总体目标。比如，对于滨海组团，在规划建设中，要极力显示出滨海新城在全市的独特战略地位，从“不求最全，但求最特”的角度出发，围绕滨海特色，统筹科学地加以整体规划、全面推进。同时，在滨海组团内部空间布局上，要充分考虑港口、岸线、生活区、生态面等建设保护，具体到旅游、度假、会展中心、海滨浴场等等，每个项目建设都要科学衔接、通盘考虑，力求做到既体现特色，又不失和谐。要处理大手笔建设与小范围保护的关系。建设绝不是简单意义上对旧事物的破坏，也就是所谓“一切推倒重建”的概念，从某种意义上讲，应该是保护性的开发和建设。对于具有1300多年历史的古县新市，长乐具有深厚的历史文化底蕴。沐浴在习习海风中的海滨邹鲁城市，不经意间，一座桥、一块石碑、一口井都能勾起人们对历史的回忆，都能让每一个到过长乐的人留下深刻的印象，这些都是不可再生的历史文化资源。如何更好地处理建设与保护的关系，已成为城市建设工作者肩负的重要任务。在这一方面，许多历史名城，如丽江、罗马、巴黎、威尼斯等都为长乐提供了很好的借鉴与参考。历史文明需要传承，城市建设需要推动，但这绝不是简单的对立矛盾，而是需要长乐以对历史负责的态度认真对待、协调解决，从而做到在建设中完善保护、在保护中推动建设。要处理好大气魄拓展与小区域改造的关系。城市功能的完善，区域空间的拓展，需要有非凡的气魄与眼光。但是，做任何事都要经得起时间考验，经得起历史检验。为此，在全力推进城市发展建设中，如要做到在大范围内拓展的成功，就必须在小区域改造上下足功夫，决不能因为盲目的扩展而导致城市功能的退化和丧失。著名的美国城市史学家刘易斯·芒德福说过，一个城市盲目扩展，形成拥塞的结果，使其逐渐丧失吸引与聚合各种活力因素的特有功能，完全变成一群乌合之众，看起来活跃热闹，实际上日益松懈解体。有感于此，长乐在实施城市总体规划和建设工作中，要切实把握好每一块旧区域改造，做到“稳扎稳打”“步步为营”，充分巩固每块旧区域改造的成果，使其在城市总体规划范围内“蝶化”成城市功能的主阵地，而不是阻碍发展的“烂摊子”。特别是位于城乡接合部的旧区域地块，更是要充分考虑各种文化、地域的差异性，认真做好改造改善工作。

城市之“气韵”来自管理。城市管理是一项十分复杂、长期而繁重的工作，绝非一朝一夕之功。只有树立正气，做到廉洁规划、廉洁建设、廉洁管理，才能使长乐朝着我们所描绘的“蓝图”方向发展。要廉洁规划。城市规划是一项全局性、综合性、战略性很强的工作，涉及政治、经济、文化、社会生活等各个领域。只有廉洁奉公，加强和改进城市规划工作，促进城市健康发展，才能为人民群众创造良好的工作和生活环境。一方面，制定城市规划要广泛听取社会各界的意见，特别是要听取专家的意见，多方比较、反复论证，经过法定程序审批；规划一经批准，任何人都必须严格执行，不得随意更改。另一方面，要全面推进规划审批制度的公开；实施“阳光规划”，把已经审定的全市各类规划编制成“图”，把规划设计和规划管理的法规、技术标准、工作流程和办事程序编成“书”，制成印刷品发给各建设单位，方便建设单位报建以及社会监督。要廉洁建设。城市建设不按规划进行，随意变更规划，将危害城市公共安全、市容市貌和人居环境，不但破坏城市建设的整体性，而且大大增加了建设成本。因此，在规划搞好后，要树立“建设一盘棋”的意识，切实做到廉洁建设。一方面，对于市政公共设施建设项目要进行公开招投标，降低建设成本、节约开支，加强监理，确保工程质量，并且要坚持杜绝在建设过程中“吃、拿、卡、要”的行为，防止索贿、受贿现象的发生。另一方面，要加强对种种建筑项目的监督管理。对已审批建设用地许可证的项目，要严格检查，加大监督力度，发现问题要暂停建设，进行清理和纠正；工程竣工后，要及时组织环保、消防、园林、防疫等部门及规划监察人员按批准内容进行验收。对违章建筑物要依法处置，坚决予以拆除，做到廉洁建设、严格执法、依法行政，不渎职、不越权、不推诿、不徇私舞弊。要廉洁管理。“三分规划、七分管理。”规范的城市管理，是确保城市规划全面实施、城市建设有序推进、城市各项工作顺利开展的关键。一方面，要建立健全职责明确的领导机制、管理机制和落实机制，大力推行依法管理，出台管理规定，严格督查、严格执法、严格奖罚，把城市管理纳入法治化、制度化轨道，确保城市规划建设管理工作的连续性和持久性。另一方面，要对现有的城市基层管理体制进行改革，按照城市管理重心下移和属地管理的原则，把公益性、群众性、社会性的职能下放给社区，并赋予一定的综合协调权和行政处罚权，形成“统一领导、分级负责、以块为主、条作保证、社会监督”的管理格局，以丰富管理内涵，提高城市管理水准。

城市之“气韵”来自人才。人才是各种资源的开发者和利用者，是一个国家和地区最重要的战略资源。只有使用好、培养好、引进好城市规划建设管理人才，才能使长乐的城市规划建设管理工作更上一层楼。要用好现有人才。城市规划建设管理工作不仅是一项单纯的理论性与技术性结合的工作，它也是一项由城市各类居民共同参与的社会实践。一个合格的规划建设管理工作者不仅要具备丰富的专业理论知识，也应具备深厚的社会、历史、文化素养。长乐现有的城市规划建设管理部门的干部职工，以及从事建筑业的非公有制经济组织与其他社会组织，汇集了大量的城市规划建设管理人才，他们对长乐的实际情况比较熟悉，这正是长乐做好规划建设管理工作的巨大财富。因此，我们要予以充分重视，整合好人才资源，抓好现有人才的再教育和培训工作，使其成为长乐城市规划建设管理工作的主力军。要培养后备人才。世界万事都存有新陈代谢现象，只有培养足够多的后备人才，才不致使长乐的规划建设管理工作再现断代和青黄不接现象，才能使长乐城市规划建设管理水平不断提高。因此，我们要加强本土人才的培养。一方面，要通过自下而上的选拔，挑选一些具有潜力的优秀规划建设管理骨干，送到各类高等院校或设计院进行专业学习培训，以此来提高长乐规划建设管理水平。另一方面，要挑选青年优秀人才送到相关部门或重大建筑项目上挂职锻炼，使他们成为具备理论知识和实践经验的多面手，为长乐培养大量的后备力量。要引进外地人才。目前，在长乐的规划建设管理领域，高级管理人才还十分紧缺，这也从客观上导致了长乐规划建设管理工作无法跃升到一个更高的层次。因此，我们可以采取“借用外脑”的方法，从高等院校或知名的规划设计院聘请这一领域的高级人才；也可以结合人才引进工作，采用引进、聘任的方法，以优越的条件把他们吸引到长乐来；甚至可以采取“不求所有，但求所用”的办法，利用外来人才的智慧来提升长乐城市规划建设管理水平。

（2005 年 9 月 1 日）

税　韵

税务工作离不开税源和征税两方面。做好新形势下征税工作、实现“聚财为民满堂红”“执法为民喝好彩”，这既是税务系统工作所要围绕的重心之所在，也是“税韵”的内在要求。

“成”税之韵。税收源于经济、源于发展，税收又必须服务经济、服务发展。税收工作服务经济社会发展的作用发挥得越充分，在全局中的贡献就越突出、地位就越重要。围绕“生成”，发挥税收调节经济发展的职能。税务部门要始终坚持税收经济观，充分发挥税收政策在优化市场资源配置中的作用。积极融入建设海峡西岸经济区的战略构想，主动适应开放型经济快速发展的新形势，依法运用税收调节手段，为长乐开放性经济发展营造一个亲商、安商、富商的良好投资软环境。重点扶持滨海、金峰、闽江口、空港四大工业集中区发展，坚决落实国家支持高新技术产业、企业技术改造等地方税收优惠政策，尤其优先支持技术先进、集中程度高、财税贡献率高的重大项目，加快工业结构调整，推动工业企业上规模、创特色、出效益、增后劲。围绕“养成”，夯实税收作为经济发展的基础。优化纳税环境，加强政策宣传工作，保证税务干部和纳税人都能了解税收政策，掌握税收优惠政策的具体办理程序。建立有效的监督制约机制，保障各项税收政策真正落实到位。在夯实税收作为经济发展的基础地位的过程中，注意防止出现两种极端：一种是只单纯考虑以减免税收扶持企业、推动地方经济发展，不考虑组织收入工作，在放宽地方经济发展小环境的同时，破坏了组织收入工作的严密性和整体性，影响了收入任务的完成；另一种是只考虑完成收入任务，而对落实税收政策打折扣，影响了地方宏观调控和经济社会发展目标的实现。围绕“旺成”，提高税收推动经济发展的能力。实现长乐经济在新的起点上更快更好地发展，必须有充足的税源做保障。因此，要做大做强税收收入蛋糕，不断提高税收收入占 GDP 的比重、地税收入占地方财政收入的比重。正确分析判断长乐收入形势，正确处理地方收入增长与经济发展、加强税收征管与涵养税源的关系，多想挖潜增收之策、多开培植税源之道、多思加强征管之路。通过狠抓科学化、精细化管理，抓住税收征管薄弱环节；大力加强户籍管理，提高管理效能。进一步规范和整顿市场秩序，开展各项专项检查，严厉打击涉税违法行为，拓宽协税护税网络，千方百计把长乐经济社会发展的成果如实反映到税收收入上来，确保税收收入稳定增长。

“诚”税之韵。作为社会信用体系重要组成部分的诚信税收，不仅是涉税道德规范的基础，也是社会经济正常运转的必要机制。只有建立诚信纳税、民主评税、公平税赋的良好信用环境，才能促进经济和各项社会事业的快速健康发展。诚信纳税。对于纳税人来讲，诚信纳税，就是以税法为依据，正确计算应纳税款，及时如实申报缴纳。要做到纳税人诚信缴税，主要依赖于两种手段：一是法律的，二是道德的。法律具有强制力和威慑力，使纳税人不敢不缴税，但是法律起作用的范围较小，纳税人不缴税要达到一定数额，才能受到制裁。相对于法律，道德起作用的范围要广得多。因此，加强诚信纳税的舆论宣传，充分利用长乐有线电视台、《吴航乡情》社等宣传媒体，广泛、持久地开展税收宣传，不断增强人们的税收法制观念和依法诚信纳税意识，使诚信纳税从政府教化转变为人们自觉行为，从而在社会上形成一种利他的价值体系。同时，建立健全诚信纳税的奖惩机制，对于诚信者要给予褒奖；建立健全不诚信纳税的约束机制，使不诚信者所受的处罚，远远大于其冒险违法可能带来的收益。民主评税。民主评税是一个“挡箭牌”，它可以有效地杜绝说情风，从制度上制止人情税、关系税、“暗箱操作”等不廉问题发生。同时，通过开展民主评税，可以进一步理顺征纳关系，消除部分纳税人对税务机关的偏见和错误认识，使纳税人缴税缴得明白、放心，进而，进一步提高大家的纳税积极性。因此，税务部门要定时邀请工商、乡镇（街道）等单位和部门，并根据行业特点适时邀请行业协会、纳税人代表参加民主评税会议，进行税收定额的评定。严格遵循“细调查、重实据、多倾听、少臆断”的工作要求，深入纳税户中去调查摸底，了解生产经营情况，听取纳税人的意见和建议，全面翔实地掌握调查对象的实际经营情况和全行业的经营状况，然后根据调查情况，按照评议程序，做好民主评议各项工作。及时将“民主评税”活动的程序、内容、结果进行公示，并利用电视、报纸、墙报等多形式、多渠道将评定结果向社会公布，加强监督，以此来加强民主评税工作的公正性。公平税赋。公平税赋是指按负税能力平等征税。负税能力相同的人，应当缴纳相同的税款，反之亦然。这是税收政策的基本原则，也是经济发展环境的一个重要反映。只有公平税赋，才能使各种类型的纳税人，处在大体相同的外部条件下，发挥各自优势，开展有益的竞争，从而达到提高效率、优化资源配置的目的。因此，税务部门要在公平税赋上多作研究，使所有的经营者在同一起跑线上开展竞争。对现有企业的生产能力进行一次全面的评估和调研，摸清企业家底，帮助企业健全账册，确定各企业应该负担的税费，使各类企业承担的税费按政策标准落实到位，保证该交的税不少、过头的税不收，从而在承担税赋的纳税人之间做到公正；对偷逃税户，严格按照税法要求征收，情节严重的要严肃查处，从而做到公平。

“程”税之韵。所谓“程”税就是要依照法律所规定和设定的程序，开展纳税、办税、理税等工作。税务行政执法者在具体工作中要不断提高规范执法意识，认识到在执法中应该干什么、怎样干、按什么程序去干才是合法的，才是合乎法定程序的。规范纳税。开展规范纳税服务，可以拉近纳税人与税务机关的距离，增强企业的纳税“认同感”，也可以促进执法严明规范和办税透明公正，实现执法与服务的良性互动，为纳税人创造公平竞争的税收环境，充分保护纳税人的合法权益和依法纳税的积极性，提升各项征管质量指标。因此，税务部门在开展规范纳税服务过程中要抓流程管理，整合资源，力求纳税服务“零缝隙”。建立征收、管理和稽查之间相互协调的快速反应机制，对分散于征管一线的相关业务进行整合，完善征管体系。对各工作环节，提出明确的服务标准及时限，建立科学、完善的征管流程，有效规范纳税服务岗责体系。抓监督管理，完善机制，力求纳税服务“零投诉”。围绕纳税服务制定科学的考核指标和方法，建立以量化为主，包括税务信息反馈与处理、纳税人满意度等指标的考核体系。对服务时限以及工作中的不作为、错误作为等进行人机结合的动态考核，以此来进一步提高税务干部的服务意识和工作效率，不断提升税务部门形象。抓人本管理，提升素质，力求纳税服务“零缺陷”。要大力开展业务培训，增强纳税服务能力。通过税务干部素质的不断提高，进一步规范纳税服务行为，提高服务质量。规矩办税。制度是环境的根本保证。只有依靠制度规范，才能真正体现公平、公正、公开，使纳税人有章可循、诚实守信，也才能进一步提高办事效率和服务水平。一方面，全面推行办税公开制度，将税收法律法规、政策、纳税人权益、办税程序及税收税务处罚的依据、标准、程序、结果全部公开，加大监督力度，开展公开接访活动，并从社会各界聘请特邀监督员和义务监督员，定期召开座谈会议，征求建议和意见，真正将执法置于社会监督之下。另一方面，建立健全包括政策咨询、申报纳税、法律救济等内容的纳税服务体系，完善包括限时服务、首问责任、全程服务以及文明礼貌准则在内的服务规范和服务质量考核评价体系，提高纳税服务水平。全面推行执法责任制，规范执法行为，并在明确执法责任的基础上，加大执法检查和过错追究力度，做到办税服务零距离、办税程序零障碍、办税质量零差错、办税对象零投诉、规定之外零收费。规程理税。只有按照规定的程序进行理税，才能确保足额征收各类税款。因此，要全面推动新型税收管理体系和机制的建立，引入先进的税收管理思想和税收服务理念，加强电子办税建设，推进税收管理流程和执法行为的规范化和标准化。电子办税具有报税缴税、查询缴税情况、咨询税收政策、举报偷税逃税等多种功能。纳税人进入电子办税平台申报纳税，只要将有关数据发送到税务机关，就会由税务机关通知银行在纳税人的账户中划缴当期税款，并直接划入国库，大大简化了申报缴款的烦琐手续，省去了纳税人每月去纳税大厅的麻烦，享受到高效、便捷的办税服务。而且铁面无私的计算机系统，把所有纳税人放到了公平竞争的起跑线上，机器管税让人情税、关系税无处藏身，纳税人再也不会因税负不公而怨气冲天。如以前最容易产生不公的个体户定税和税赋调整，税务部门人员只需将采集到的纳税人有关指标如资金、地段、人员等输入计算机，计算机根据纳税人的行业类别、从业人员、经营规模和成本等资料，特定程序会自动测算应纳税额，给出一个相对公平的“说法”，避免了个人说了算和主观臆断的弊端，从而能全面强化对税收业务的监控力度，保证税收数据的准确性和完整性，提高税收执法的透明度，避免人为扭曲和操控的可能性，堵塞各种可能出现的征管漏洞。

“陈”税之韵。税务工作在政府工作一盘棋中，居于至关重要的地位，是整个经济工作的重要抓手之一。抓好税收工作，顺利完成全年税收任务，务必要大兴求真务实之风，困难面前不退缩、矛盾复杂不回避，真抓实干、扎实苦干、善谋巧干，做到“均衡”收税、应税尽税、杜绝“陈”税。“均衡”收税。“均衡”收税，主要是强调不能收过头税，保持税收的常态、常期，不能让企业感到无法承受税赋之重。税务部门要牢固树立“税收优惠政策落实不到位就是收过头税”的观念，积极落实国家出台的各项税收优惠政策，用好、用足各项地方税收优惠政策，绝不能因为担心减收而对落实工作打折扣；努力把市场机制调节与税收政策调控作用结合起来，实现税收与经济社会发展的良性互动。应税尽税。按照“加强征管、堵塞漏洞、惩治腐败、清缴欠税”的税收工作方针，从维护国家长治久安和社会稳定的大局出发，建立健全严密高效的税收征管机制，最大限度地克制税收执法中的随意性和滥用职权现象，坚持杜绝关系税、人情税，严禁出现买卖税、以税谋私等不良行为，全面推进税收征管法制化进程，坚决捍卫税法的权威性和严肃性。加强对重点税种、重点税源、重点行业的监控和管理，建立健全重点税源的纳税档案和监控机制，及时了解和掌握企业的生产经营和资金运行情况，提高对重点税源的控管能力，确保主体税种收入的稳步增长。

立足于“堵漏增收”和“抓大聚小”，加强对零散税源的控管，确保税收收入足额入库，真正做到应税尽税。杜绝“陈”税。税务部门要统一思想，协调配合，进一步加强税收征管工作，杜绝出现“老账未还、新账又出”的“陈”税问题。重点抓好营业税、所得税等的税种征管，加强对税源的动态监控，建立税源信息库，真正把经济发展的成果及时客观地反映到财政增收上来。加大清欠力度，经常性地深入欠税企业调查摸底、掌握情况，区别对待、限期清缴；要制定出切实可行的清欠措施，确保税款及时足额入库，保证税收的稳定增长。

“澄”税之韵。“澄”即透明、公开、阳光，而不是暗箱操作。“澄”税就是让收税人收得清楚、纳税人纳得明白。建立澄明透彻的纳税环境。积极推行“阳光工程”，真正在税收领域内引入公平、公正、公开的机制，依托多种渠道，坚持做到政务公开，实现税收各项政策的公开、透明，从而更好地维护广大纳税人的利益。努力构建税务机关和企业之间的诚信关系，营造政府和纳税人诚信合作氛围，融洽征纳关系。要积极实施“便民工程”，提供优质便捷服务，大力扶持企业发展，用足用好现行的税收优惠政策，不仅通过多做宣传，把税收优惠政策送到纳税人手中，而且对纳税人应享受的税收优惠，想方设法及时落实，为长乐经济发展服务。大力扶持税收中介组织，在与税务代理机构的行政和经济利益完全脱钩的基础上，积极扶持税收中介组织，为其提供政策辅导和业务培训，方便投资者的生产经营，让投资者不仅把家安在长乐，而且把心安在长乐，从而真正做到“安商”。建设勤政廉政的税务干部队伍。大力实施人才兴税战略，全面加强税务系统人事人才工作。强化理论学习，完善和落实政治学习制度，切实增强税务干部的思想政治素质。在税务系统中继续开展学习型组织建设，提倡在岗自学，广泛开展岗位练兵活动，培养大批业务能手。加强公务员年度考核，加强领导班子建设，调整、充实税务干部梯队，集中补充调整后备干部队伍。认真开展巡视工作，全面实施五年教育培训规划，认真组织初任、任职、专门业务和更新知识培训，加强高层次人才培养。开展多种形式的精神文明创建活动，努力推进党风廉政建设，严格执行党内监督条例和纪律处分条例，认真落实领导干部廉洁自律规定，坚决纠正群众反映强烈的不正之风，严肃查处税务干部违法违纪案件。健全依法治税的治税管理体制。依法治税是依法治国的组成部分，依法纳税是每个公民最基本的义务与责任，依法征税是税务部门的基本职责。搞好依法治税，需要努力建立完善的执法保卫体系，创造并改善执法环境。全体税务干部，特别是领导干部必须深刻认识依法行政、依法治税的重要性，把依法治税贯穿于税收工作的各个环节之中。广大税务干部职工特别是领导干部要带头学法、懂法、守法。各级税务部门要把学习法律知识作为税务干部培训的重点，安排一定时间，进行专门培训，并举行考试。建立和完善内部监督制约机制，按照《税收执法检查规则》，进一步完善各项规章制度，加强税收执法检查，开展日常检查与随时抽查相结合，真正在税务系统逐步建立起较为完整的监督制约机制。建立税收行政执法过错责任追究制，确保征税行为依法、公正、廉洁、高效，切实增强执法人员的责任感，全面带动税收执法水平的提高。认真对待纳税人提出的复议申请，不能“官官相护”；应从复议诉讼案件中吸取教训，举一反三，认真研究，改进工作，提高服务质量和水平。重视税收法制工作，补充法律专业人员进入税务系统，充分发挥他们在税收法制建设中的参谋、助手作用。

（2006 年 1 月 4 日）

民　韵

长乐是“草根工业”的发源地。经过近30年的发展，长乐的民间资金、民营经济形成了有别于其他地区的“民韵”特色。

民间性，就是不同于商业资本、官本资本、借贷资本的资本形态。这种资本形态具有深刻的长乐民间性特点，它主要来自于长乐广大人民群众自有资金的积累、海外乡亲汇回的侨资、长乐籍企业家创办企业和从事商贸活动等所获利润的积累。长乐民间标会等非法集资的方式，经过治理和规范不复存在。在资金向资本的转化过程中，长乐人有了自己的方式和方法。因此，长乐的民间资金、民营资本的积累是合法的，积累过程是艰辛、艰苦的，靠的是全市广大人民群众的辛勤劳动，一分一厘都凝结着长乐人的心血与汗水。

民力性，就是民间的财力、生产力等内在力量的外在表现。民力性主要来自家家户户有侨资，家家参与投资、当股东获取利润而表现出来的民间经济力量，是民间力量转化为生产力量的回报，是长乐企业家历经艰辛、顽强艰苦的历程体现，是经受产业锤炼后生成的力量。因此，长乐民间资金、民间资本所凝聚的力量很强大，它能够在合适的时机迅速转化为生产力，快速实现资金、资本的增值。

民生性，就是民间资金、民营资本用于生产、生活、生存的结余和盈余。民生性主要来自于长乐广大人民群众节俭生活的结余和长乐乡亲在全国各地创办企业过程中节约生产的投资回报。由此可见，长乐的民间资金、民营资本纯粹是长乐广大人民群众创办、经营企业所共生产、共生存、共生发的，是长乐广大人民群众创办实业、从事商贸活动所产生的盈余，而不是靠非法集资、参加赌博、坑蒙拐骗而来的。因此，长乐民间资金、民营资本积累过程是合法的。

民用性，就是民间实现发展的自身生产、生活方式的成本使用。民用性是长乐广大人民群众生产方式、生活方式的选择。他们在生产、生活过程中，不是把自己的资金用于吃喝玩乐的纯粹消费上面，而是让生产、生活的资金、资本实现效益最大化。很早以前，长乐广大人民群众就开始选择节俭生活、创办企业，将兴办产业作为自己生产、生活的主要内容。这种选择是在历史长河中，经过长期选择、甄别而成的。正是因为长乐广大人民群众把自己本应该用于生活消费的资金节省下来用于生产，所以，长乐的纺织产业的产业链不断延伸，实现了集群、集聚发展。其中，长乐的棉纺业在全国有了举足轻重的作用，有资格参与全国棉纺价格的标定。当长乐人解决了自己生存问题后，他们又把自己的资金用于慈善事业。2004 年，长乐市慈善总会刚成立，便在企业家热心参与、慷慨解囊下，筹到 2000 多万元。长乐城区的公园、郑和广场的郑和塑像、吴航书院等各种文化设施，也都是各类企业家无私捐建的，没有任何附加条件。

民智性，就是民间投资创业者智商、情商、财商的回报。一个人要想在投资创业上有所建树，不仅要有智商，还要有情商，更需要财商配合。只有这样才能不断发展、取得成功。财商是一个人生产、生活、生存的方式与选择。长乐的民智主要体现在民间对于自有资金、资本的处理上。长乐广大人民群众在处理自己资金、资本时，充分依靠“大爱文化”，不断创新，淋漓尽致地发挥民智，在投资创业上取得了丰硕的成果。长乐的民智是在民间资本演变过程中生成的。特别是“草根工业”的发展，不仅使长乐人有了浓烈的工商意识，还使长乐人的智商、情商、财商得到有机结合。他们深刻认识到，大爱就是一种资金、资本。也正是依靠“大爱文化”这一资源，长乐大力实施“回归工程”。2002 年至今，全市共引进回归项目 360 多项，总投资 200 多亿元。因此，长乐要继续深刻挖掘“大爱文化”，引导广大人民群众发挥好民智，做大、做强、做久各类产业。

民营性，就是体现民间资金经营转化为民间资本的经营。在市场经济下，民营资本与外国资本、国有资本存在着一个很大的差别，就是民营资本具有灵活性。民营资本转移速度较快，能够与市场需要做到很好的对接。市场需要什么，民营资本投资的企业就能立即生产什么。因此，民营资本能在第一时间内迅速跟上市场需求步伐，获得成功。国外资本、国有资本的决策需要漫长的时间，等到它们对市场需求做出反应时，往往已经滞后于市场需求。长乐的民营资本就是靠灵活性这一优势，在市场经济中，创办企业并获得成功。例如，前些年国家对纺织业进行压锭，给民间资本投资纺织业带来机遇。长乐人就是充分利用这一机遇，发挥自身优势，大力发展纺织这一传统优势产业。现在，德国卡尔迈耶三分之一的纺织机器都是长乐人定购的；2005 年长乐的纺织产业总产值将近 200 亿。由此，我们不难看出，长乐的民营经济发展已初具规模，形成集聚效益。

民本性，就是体现和谐社会以人为本的资本生成形态。长乐的资本生成、退出方式与其他地方有着很大的区别，主要是“以江湖方式进入，以商人方式退出”。当长乐人看好一个产业的发展前景、感觉到了很好的商机，而自身缺乏足够的生产资金时，便偕同几个朋友或几个家庭合作开办企业。以“江湖方式”进入，即几个合伙人各自募集一定资金，共同组建一个公司，形成金字塔型的股份制企业。以“商人方式”退出，即某股东退出合作时，企业将资金进行评估，然后按股份进行分割，其他股东享有优先承受权。用此种方式组成的股份制公司不会因为某个或某几个股东的退出而影响企业的发展，仍可按原先的方式继续经营。这样，企业不会因某些股东的撤股而自毁根基，进而影响企业发展。这种富有长乐特色的产权结构，为解决民营经济发展过程中的公司治理结构和组织结构创造了较为稳定的股份生成和退出机制。

民权性，就是体现在宪法允许范畴内民间资本经营权、产权的界定。这是一种合法合理的界定，它并不游离于宪法、法律之外。正是因为长乐的这种产权结构、治理结构以及资本的生成与退出机制符合宪法、法律要求，且产权制度有十分明晰的界定，长乐人才可以全身心投入生产经营，而不需要把精力花在产权界定这一问题上，也不会害怕在企业做大做强之后引发产权归属纠纷。因此，我们只要培养发展经济的领军人物，选择好项目就可以迅速地投入生产，而不要担心是否有资金、资金的来源及结构如何等问题。正因为如此，长乐企业家才可以把所有的精力都放在生产、经营、管理上，做到身无旁骛、长袖广舞。

（2006 年 2 月 21 日）

村　韵

建设社会主义新农村是党在深刻分析当前国际国内形势，全面把握我国经济社会发展阶段性特征的基础上，从党和国家事业发展的全局出发，确定的一项重大历史任务。作为新农村建设的具体组织者和推动者，要以历史的眼光、战略的思维、改革的精神、务实的作风，深入细致地开展工作，不仅使建设社会主义新农村成为惠及广大农民群众的民心工程，而且真正体现出长乐的“村韵”特色。

制订规划显“村韵”。社会主义新农村建设是一项系统工程，实施新农村建设，制订一个合乎实际、切实可行的总体规划至关重要。新农村建设规划是覆盖县域方方面面发展的规划，是有别于国民经济和社会发展的五年规划，但又与县域总体规划和经济社会发展五年规划紧密相连。由于地域差异和各地发展的程度不同，在制订规划的过程中，必须通盘考虑自身的发展背景、发展水平和发展形势。从长乐的实际情况来看，当前长乐的农村发展存在三对矛盾。一是工业地位强化与农业地位弱化之间的矛盾。最近几年，长乐工业经济迅猛发展，工业体系日趋完善，工业经济无可争议地支撑起了长乐经济的大厦。在工业的强势发展下，广大人民群众开始对“三山六水一分田”的生存空间进行选择性地扬弃。但是，随着时间的推移，工业用地抢占农业用地的矛盾开始激化，工业发展与农业生存的问题开始凸显。二是城市快速发展与农村相对滞后的矛盾。由于经济的快速发展，长乐城乡面貌发生了许多变化。但相比之下，城市面貌发生的变化更大，特别是近几年，我们明显地感受到城市规模不断拓展、城市功能不断完善、城市环境不断优化、城市品位不断提升。但是农村由于规划的缺位和管理的滞后，往往形成“有新房、无新村”的格局，许多村庄建设严重滞后，农民依然不能享受到现代城镇的公共服务，整体环境还处于“脏、乱、差”的状况。三是经济增长强劲与农民增收困难的矛盾。由于历史原因和城乡二元体制的作用，虽然长乐城乡居民收入比例为2 ：1，明显好于福州市、全省、全国的比值，但是2 ：1的收入比例依然表明城乡二元结构的存在，特别是大部分农村财富主要掌握在少数企业主手里，占农村大多数人口的农民收入状况仍然不甚理想，或者不甚稳定。由于上述三对矛盾，长乐城乡之间同样存在三种与全国许多地方共性的差异。一是城乡差异。这几年，在塑造“中国长乐”城市品牌方面下了大量的力气，城市“硬化、绿化、美化、亮化、香化、文化”程度不断提高，城市居民对优化生活环境的要求也与日俱增，可以说，在政府与市民的互动下，城市的规划、建设与管理都朝着高要求的轨道快速发展。相比之下，农村的变化则不甚明显，尤其是公建项目建设由于投入的不足显得更为滞后；工业化初期带来的环境污染也有愈演愈烈之势。二是区域差异。虽然长乐区域发展相对而言比较均衡，但由于经济发展的基础不同、程度不同，区域差异依然存在，不论是组团之间，还是组团内部，先进镇村与后进镇村的整体差异还是一目了然。就是地处城区的吴航、航城两个街道，其所辖各村居的面貌也有不同，特别是其中城中村，仍然是城市光环下的几点“阴影”。三是阶段差异。新农村建设是一个动态的过程，不可能一蹴而就。从长乐的客观实际来看，由于各乡镇（街道）发展的不平衡，在制订新农村建设规划的时候，不能平均用力、千村一律，而要根据阶段差异来分析，充分考虑各地老百姓的承受能力，灵活采取一村一策、一村一式的办法来进行。基于存在上述三对矛盾和由此产生的三种差异，在规划新农村建设中要特别注意以下三个方面的不同。一是背景不同。实施新农村建设，国家有全国的大背景，长乐也有自身特有的小背景。全国的大背景就是我国已进入“工业反哺农业”“城市带动农村”的经济发展阶段，这一阶段，我国人均国内生产总值已经超过1000美元，国家财政能力不断增强，而农业在国内生产总值中的份额逐年下降，非农产业为农民就业提供了较大的空间。就长乐而言，作为工业化程度较高的发展区域，人均国内生产总值已达到3000美元，人均储蓄超过2000美元。在这种发展的小气候下，长乐实施新农村建设的条件无疑更加成熟，不管是社会财力，还是农民意愿，都与全国许多地方不可同日而语。二是要求不同。中央提出建设社会主义新农村的战略，没有超越客观实际。它是新的时代背景下提出的新目标，是经济社会发展新阶段的新要求；它体现的是中央解决“三农”问题的新决策和新举措，凸显的是全面解决“三农”问题的新条件和新机遇。在新农村建设中，中央描绘了“二十字”蓝图。对长乐来说，同样是这“二十字”，由于发展的程度与水平不同，我们开展工作的力度应该更大，眼光应该更超前，要求和标准应该更高、更严。三是内涵不同。“生产发展、生活宽裕、乡风文明、村容整洁、管理民主”，反映出新农村建设是一项系统工程，既有发展农村经济的内容，又有发展农村社会事业的内容；既有农村综合改革的内容，又有农村精神文明建设的内容。由此可见，新农村建设涵盖了物质文明、政治文明、精神文明、生态文明的方方面面，与以往的村容村貌整治及新村建设、旧村改造不同，它是一个系统的概念。因此，在制订新农村规划的时候，不仅要立足长乐实际，着眼长远，力求制订好一个既体现中央精神，又符合实际的长乐推进新农村建设的总体规划，而且要十分注重正确处理好新农村建设与城镇建设的关系，将新农村建设目标与县域经济发展目标相结合。尤其要特别注意将农村区域中心城镇建设、工业园区建设，以及水利、电力、交通、通信、环保等基础设施建设专项内容统筹起来进行规划，使之与城市总体规划、新农村建设总体规划有机衔接，同时又进一步促进城市、农村相关规划的不断完善。在安排好新农村建设总体规划和专项规划编制的基础上，还要本着“因地制宜、厉行节约、便于生产、利于生活”的原则，充分体现以人为本、人与自然和谐并存的理念，重点制订乡镇和村庄基础设施建设规划、村内公益事业发展规划、村内产业发展规划、村民住宅布局规划等具体规划。

树立理念显“村韵”。建设新农村是一个长期的、艰巨的过程，应该科学地制订发展战略。从长乐来讲，在加快县域城市化、工业化、市场化过程中，对新农村建设，要坚持用企业的理念、城市的理念加以推进、推动和推广，从根本上改变农村落后面貌、转变城市的二元结构状态。用企业的理念推进工业化进程。生产发展是新农村建设的物质基础，也是新农村建设的首要任务，就长乐的客观实际而言，发展生产，首要的是发展企业。通过一系列企业的发展尤其是工业企业的发展，促进农村富余劳动力的转移，从而实现增加农民收入这一新农村建设的核心目标。企业的本质，是追求创新、追求创业。企业的理念，就是用“创造事业”的理念去创办、承办企业，进而实现创业的精神成果和物质成果的有机统一。因此，实施新农村建设，用企业的理念推进农村工业化进程，对长乐来讲就是不仅不能放慢工业化进程，反而要用更新的理念加快工业化的发展步伐。继续按照“项目向园区集聚，人口向城镇集聚”的发展思路，采取“集约、集中、集合、集成”的方式，合理高效利用有限的工业用地，引进更多地现代企业，用大企业的发展模式来启发长乐中小企业的发展思维，用大企业的发展理念来推进长乐工业发展进程。在日常工作中，继续大力推进滨海、金峰、闽江口和空港工业集中区建设，继续培植壮大纺织、冶金等两大支柱产业，围绕建设海峡西岸电子、电业基地的目标，努力形成新兴高技术产业集群。以发展农产品加工业和改造提升乡镇企业为切入点，统筹城乡工业布局，培育壮大一批具有地方特色和比较优势、技术含量高的农产品加工产业集群，扶持建设一批现代农产品加工和特色农产品深加工示范项目，不断壮大农村经济实力。进一步落实促进民营经济发展的政策措施，努力为民营企业提供市场、信息、技术、人才、用工、资金、法律等多方面服务，提高服务质量，激发民间投资活力，形成推进民营经济发展的强大合力。用城市的理念推进城镇化进程。把建设新农村与推进城镇化进程有机地统一起来，因地制宜地编制好小城镇总体规划和建设性详规，消除城镇化中的体制性障碍，积极探索土地置换、户籍制度改革等办法，引导工商企业到小城镇发展配套加工产业，建设生产基地，大力支持农民不断拓宽为城市和企业服务的领域和路子，支持金峰、漳港、江田等商贸旺镇的建设，着力培育功能完善、特色明显的小城镇。科学引用北京中心商务区和厦门观音山国际商务营运中心的建设理念，开发首占新区，加快建设功能完善适度超前的城市基础设施体系，推进“硬化、亮化、美化、绿化、文化”工程的开展，使首占新区建设成为市区组团另一道亮丽的风景线，带动市区组团更快更好地发展。立足金峰实际，充分发挥金峰民间资金充裕的优势，积极拓宽城镇建设资金投入渠道，通过制定相关鼓励政策，培植房地产市场，建设一批高级商住区、居民住宅区和休闲服务区，以此带动老镇区改造和新镇区建设。高起点规划滨海新区，针对该区域工业园区高度集中的特点，狠抓工业园区规划建设，力求做到工业园、产业群和服务区“三位一体”的全盘谋划。当前，特别要做好工业园区规划建设，在城市总体规划的框架内，使工业园区规划建设与城市功能定位、资源环境、产业基础相协调，做到各具特色、适度集中、疏密相间、错落有致。以工业园区的规划建设，带动滨海新区基础配套设施和生活服务区的建设，最终把滨海新区建设成既适合人居又适宜创业的滨海新城。

把握关键显“村韵”。社会主义新农村建设与社会主义和谐社会建设的一个共同点，就是要关心民生。古人云：“为政之道，以厚民为本；治国之道，必先富民。”纵观我国几千年的历史，凡百姓安居乐业，则天下太平；凡民不聊生，必社会动荡。因此，作为直接服务于百姓的基层政府，必须从解决民生问题着手，关心农业、关注农村、关爱农民，实现富强农业、富庶农村、富裕农民的美好愿望。关心农业。农业是人类赖以生存的基础产业，也是很有潜力的可持续发展产业。长乐作为工业城市，要发展农业，必须立足长乐市情定位农业。长乐人多地少，资源短缺，农业可持续发展面临严峻挑战。必须更加注重有限资源的永续利用，更加注重单位资源的产出效能，进一步明确农业发展的定位，把发展高效生态农业作为建设现代农业的主攻方向，实现从土地密集型向劳动、技术和资本密集型转变。充分发挥区位特色优势，走人无我有、人有我优、人优我名的路子，做大做强水产、畜牧、果蔬、花卉、食用菌等五大优势产业，增强产业集聚水平和规模效益。必须立足科技进步提升农业。坚持自主创新，进一步提高农业科技的研发能力、转化能力和应用能力。加快农业机械化步伐，大力发展设施农业，提高农业生产的装备水平和劳动生产率。推进农技队伍能力建设，深化基层农技推广体系，完善农业社会化服务组织，造就一支体系完善、运转高效、富有活力的农技服务队伍。完善农民科技教育培训体系，广泛开展农民技能培训和职业教育，塑造一支有文化、懂技术、会经营的新型农民队伍。必须立足设施完善保障农业。通过国家立项农业综合开发、土地整治和标准农田等项目建设，加大农业基础设施建设投入，改善农业生产条件，提高农业综合生产能力。继续实施“六千”水利工程，认真抓好水毁水利工程修复，完善农田灌溉体系。加强水土流失治理，继续推进农田防护林网更新等工程建设，提高防护林对基本农田的保护能力。关注农村。以满足农民基本需求为导向，按照城乡一体、文明共享的要求，促进城市基础设施向农村延伸，城市公共服务向农村覆盖，使农民能与城市居民一样享受现代文明成果。在加大财政扶持、整合部门支农资金、引导社会投资等方面下功夫，推动公共财政向农村倾斜，加快形成有利于引导各类资金向农村汇聚的体制机制和政策环境。完善农村基础设施，继续抓好水、电、路等设施建设，促进城乡基础设施沟通衔接、联网共享，提高农村基础设施的支撑保障能力。强化公共服务，通过实施“农村教育优化工程”，建立健全市、乡、村三级公共卫生服务网络，逐步完善乡村文化中心和文化站（馆）等，着力解决当前农村服务功能缺失、服务层次偏低等问题，促进城乡社会事业均衡发展。关爱农民。完善农民保障制度。逐步加大公共财政对农村社会保障制度建设的投入，加强对农村弱势群体的保护和扶持力度，建立和完善农村居民最低生活保障制度，逐步提高低保标准，做到应保尽保。探索建立与农村经济发展相适应、与其他保障措施相配套的农村社会养老保险制度。逐步建立适合农村实际的社会救助和保障体系，继续完善农村“五保户”和重病、重残人群的供养、救助制度，逐步提高供养、救助标准，完善救助方式。充分动员和组织社会各方面力量，开展多种形式的社会互助解困活动，实现救助解困主体多元化、筹资渠道社会化，形成全社会互助互济的多层次、多方位的新型救助体系。严格落实被征地农民生活保障政策，优先解决被征地农民基本生活保障和社会保险问题，将生活困难的被征地农民纳入城镇或农村最低生活保障，加强失地农民的就业培训，拓宽就业安置渠道，做好失地农民基本生活保障与扶助工作。扎实推进新型农村合作和农村医疗救助试点工作，稳步扩大新型农村合作医疗覆盖面和农民医疗救助受益面，逐步提高财政对全市新型农村合作医疗的补助标准，有效缓解农民看病难、医疗费用高、医疗保障程度低等问题。落实农民减负政策。加强对农民负担的监督管理，建立和完善农民负担监测、信访举报、监督检查、案件查处等工作制度，切实做好新形势下的农民负担监督管理工作，确保农民利益不受侵害。进一步完善涉农收费公示制度，规范农村价格秩序，加强农村价格监督网络建设。

认清变化显“村韵”。当前，长乐正处于工业化、城市化和市场化快速推进的发展阶段。长乐农业农村发展正面临着重大的发展机遇，并产生深刻的变化，主要体现在以下四个方面。农村发展的外部环境正在发生重大变化。就全社会而言，各级各部门更加关心农业、关注农村、关爱农民，“工业反哺农业、城市支持农村”已成为基本共识，统筹城乡发展在许多方面开始得到切实体现。“多予”已有良好开端，“少取”取得历史性突破，“放活”正在积极推进，“反哺”已有较多举措，“支持”机制正在逐步形成。这些都为加快农村发展创造了有利的条件和良好的社会氛围。同时也要看到，影响农村经济社会发展的制约因素还很多，各类资源和要素向城市集中的趋势明显，加快建立“以工促农、以城带乡”的长效机制极为紧迫。农业生产经营方式正在发生重大变化。人均自然资源较少，而且相当长时期内耕地缩减、淡水短缺、人口增加的趋势不可逆转，部分地区生态环境还在继续恶化，农业发展的资源和环境约束日益趋紧，农业物质技术装备水平比较低，相当大程度上仍在靠天吃饭。这是传统的农业生产经营方式产生的条件和原因。在加入世界贸易组织所带来的国内外农产品市场激烈竞争和农业发展的资源、环境和市场压力不断加大的双重压力下，如何提高农业综合生产能力、增强农业的整体素质和竞争力，已成为各级党委、政府必须正视的重大课题。这就需要我们更加依靠科技进步和劳动者素质提高，大力发展高产、优质、高效、生态、安全的农业生产，加快农业区域化布局、专业化生产、标准化管理和产业化经营的进程，积极倡导绿色生产、节约生产和清洁生产，以此推进传统农业生产经营方式向现代农业生产经营方式的转变。农村经济社会结构发生重大变化。当前，针对农村社会管理和公共服务滞后问题，农村经济结构的战略性调整已迈出重大步伐，正向更宽领域、更高层次展开；农村二、三产业从注重外延增长转向注重内涵发展。农村人口在城乡之间、区域之间的流动性增强，人口分布发生重大变化。随着乡镇机构改革的不断深入，机构设置情况有了很大变化；村民自治制度更加健全，村务公开普遍推行，乡村治理方式面临着重大调整。但是，农村基层政权的财权和事权关系尚未理顺，农村行政管理体制、管理层级、管理方式仍需不断完善，农村基础设施和教育、卫生、文化等社会事业亟待加强。农民就业和收入结构发生重大变化。随着农民改善自身经济社会地位和发展环境的要求日趋强烈，现在的农民已不完全是传统意义上的农民，他们的思想观念和就业方式、经营活动和生活方式正在发生深刻变化，独立性、选择性、多样性日益增强。从事农业的比重下降，从事非农产业的比重上升；单一务农的减少，兼业经营的增多；在农村就业的人员减少，外出就业的人员增加。三分之一以上的农村劳动力已转移到非农产业。农民收入构成不断变化，来自非农产业特别是外出务工的收入比重提高，农业收入中来自养殖业的比重提高。随着城乡交流的扩大、信息的沟通，农民的视野得到拓展，民主法制意识、参与意识明显增强，对缩小城乡差距、加快农村发展、改善生产生活条件的愿望更加迫切。他们渴望能像城里人那样，收入不断增加，生活不断改善，享受现代文明，全面提高自身素质。

明确关系显“村韵”。建设社会主义新农村，是方向性的奋斗目标，是一项长期繁重的历史任务。新农村建设涵盖面宽、涉及面广，有许多重大利益关系需要协调。在推进过程中，无论是工作重点、工作思路，还是工作步骤、工作方法等方面，都需要统筹兼顾、科学谋划、精心把握，在实际工作中把握好以下五个方面的主要关系。推进新农村建设与做好“三农”工作的关系。发展农业、繁荣农村、富裕农民，始终是“三农”工作的基本任务。在不同的历史时期，“三农”工作的政策目标、工作重点各有侧重。在农产品短缺时期我们突出抓农业增产，在温饱问题解决后我们突出抓农民增收，这两件大事必须常抓不懈。在新的发展阶段，贯彻落实中央、省委和福州市委建设新农村的一系列决策部署，就必须把建设社会主义新农村和做好“三农”工作有机结合起来，这有利于进一步明确“三农”工作的方向，有利于进一步凝聚各方面的力量，有利于进一步鼓舞基层干部和农民群众的干劲，有利于促进农村经济社会更快更好地发展。推进新农村建设与城市化的关系。建设新农村与推进城市化，是长乐加快建设“海西窗口城市”相辅相成、不可或缺的两个重要组成部分。强调建设新农村，并不是要忽视城市化、放慢城市化，更不是要否定城市化，而是为了更好、更健康、更扎实地推进城市化。解决“三农”问题，一方面，要继续坚定不移地推进城市化，适时适度地转移农村人口，缓解农村的资源压力，提高农业劳动生产率；另一方面，还有相当多的农民依然居住在农村，因此，建设好农民的家园，是一项长期任务。而且，新农村建设搞好了，不仅有利于改变农村自身的落后面貌，也有利于扩大内需，为工业化、城市化顺利推进创造更有利的条件。创新体制机制与增加资金投入的关系。确保社会主义新农村建设取得成效，既需要注重资金投入，又需要注重机制创新；既需要注重项目建设，又需要注重制度建设；既需要在多予少取上进一步下功夫，又需要在放开搞活上着力做文章。推进新农村建设，一方面要继续努力抓政策、增投入、上项目，加快建设，加快发展，打好物质基础；另一方面，也要高度重视农村改革工作，通过体制机制创新，激活农村的各种生产要素，激发农民的创业热情。发挥农民在新农村建设中的主体作用，不能沿用过去的办法和手段，而要采取新机制、新办法。主要是通过进一步完善村民民主议事制度，健全农民自主筹资筹劳的机制和办法，来动员和组织农民开展农村的公益性建设。政府的扶持机制，更多地通过以奖代补、项目补助等渠道来体现，引导和鼓励农民开展新农村建设。搞好试点示范与做好面上推广的关系。搞好试点、树立典型、积累经验、完善政策、以点带面，是一个很重要的工作方法。建设新农村，很多方面也需要规划先行、试点起步、稳步推进。选择试点、树立典型，要充分注意代表性和今后在面上的可推广性。对试点地方加大指导力度、给予一定扶持，是必要的。但千万不能垒大户、把资源过分集中在少数试点上，千万不能将那种“好是好，就是学不了”的典型到处硬性推广。开展试点不仅要尽快出成果、出效益，还要在一些长远的基础建设方面下功夫；不仅要注重经验方面的积累和探索，也要注重教训方面的分析和总结。点上试点和面上推广不是一回事，推广试点经验要充分考虑各地的主客观条件，不能刮风。加强工作指导与突出个性特色的关系。推进新农村建设，应当进行统一规划和部署，加强对基层工作的指导和服务。但必须看到，各地情况千差万别，推进新农村建设必然起点有差距、进程有快慢、水平有高低、特色有不同，不可能是一个模式。乡村规划和建设，要突出乡村特色、地域特色和产业特色，不能把典型的地域特征搞没了，把鲜明的乡村特色改掉了，把优秀的文化传统弄丢了。切忌用一张图纸、一个式样、一种格调来搞村庄建设，切忌用大拆大建、强制拆迁、随意撤村来树新村样板。在新农村建设中要高度重视节约土地、保护耕地，更好地发挥生产要素和公共设施的效能。我们要建设的新农村，应当是类型多样、特征鲜明、风貌各异、多姿多彩，体现中国特色、长乐特点的社会主义新农村。

完善机制显“村韵”。推进社会主义新农村建设，要从长乐实际出发，不断建立健全适合区域发展特点的一系列长效机制，才能更好地激发基层组织和广大农民的积极性，形成新农村建设的强大内在动力和全市上下一心、全民共建新农村的良好氛围。建立支撑新农村建设的投入机制。建设新农村需要大量投入，在积极发挥政府主导作用的同时，要不断建立健全投入机制。要下大决心调整国民收入分配格局，较大幅度地增加对新农村建设的投入，让公共财政的雨露更多地滋润农业，让公共财政的阳光更多地照耀农村，让公共财政的支出更多地惠及农民。对此，要不断增加对农业农村发展的投入，积极发挥城区的辐射带动功能，引导产业向中心城镇集聚，通过完善乡村道路、供水、供电、教育、文化、卫生等基础设施，逐步缩小城乡差距，着力解决好城镇居民子女入学、医疗卫生、文化娱乐等方面的需求，确保能紧紧抓住新农村建设规划的重点项目，集中力量办大事，提高资金使用效率，以此促进城市与乡村的和谐发展。建立有利于新农村建设的发展机制。要加快改革步伐，进一步消除制约城乡协调发展的各种体制性障碍，促进资源要素在城乡间合理流动和优化配置。要围绕建立城乡一体的管理体制和运行机制，重点改革户籍管理制度、劳动就业制度、社会保障制度和公共事业的供给机制。要按照“大福州、新长乐”的发展定位，以户籍改革为切入点，打破城乡二元结构，积极引导农村人口向城镇集聚；取消城区户籍限制，全面放开人口进城，实现城乡人口的自由流动。此外，充分发挥非公企业和第三产业在吸收城镇居民就业上的载体作用，以推动企业的规模扩张和培育商贸、运输、旅游等产业来增加劳动就业数量，大力培育和发展劳动力市场，拓宽城镇居民就业渠道，吸收更多的农村人口到城镇就业，使越来越多的农村人口完成了从农民到市民、从农民到商人、从农民到工人的身份转变。建立促进新农村建设的工作机制。新农村建设涉及多部门、多行业，要在各级党委、政府的统一领导下建立新农村建设的工作协调机制，明确职责分工，搞好配合协作，形成推进新农村建设的合力。要把新农村建设当成一件大事，纳入工作部署中通盘谋划、重点考虑，把资源更多地投向农村。在促进建设过程中要注重强调一个“实”字，要着眼于经济较快发展、社会事业繁荣和社会和谐进步，在不同建设的阶段、不同类型的乡镇（街道），都要确定重点建设的内容和主攻方向，尤其是村一级，一定要把规划搞细做实，在贯彻落实中要认真研究具体的行动方案，坚决防止表象化、简单化、单一化、片面化的倾向，杜绝任何形式的虚招、花招、假招。建立社会各界支持新农村建设的参与机制。中央做出建设新农村的决策后，社会各界反响热烈，这为建设新农村创造了有利的外部环境和坚实的社会基础。要因势利导，广泛发动各行各业、各界人士，特别要通过召开座谈会、张贴宣传广告等形式，以多种有效宣传方式，支持和参与新农村建设。要让广大在外企业家和众多海内外乡亲能知晓、了解此事，通过顺势而为，充分把握长乐民间资金充裕的优势，调动一切积极的力量，拓宽社会参与途径，引导人才、智力和资金等资源流向农村、支持农业、服务农民，创造社会各个方面参与社会主义新农村建设的生动局面。建立新农村建设文化设施运行管理机制。要统筹文化、教育、科技、体育等场所和青少年、老年活动专场的规划建设和综合利用，努力做到相关设施能够共建共享，着力解决农村文化设施分散、使用效率不高的问题。通过扎实有效地开展“文化、科技、卫生”三下乡活动，积极探索农村先进文化传播途径，通过图书、棋牌、文体活动设施等引入祠堂（礼堂），使祠堂成为传播先进文化、树立文明新风的有效载体，有效提升农村文化品位。要加大对镇文化站和村文化室等农村文化设施建设的投入，长乐 18 个乡镇（街道）全部建有设施独立、设备齐全的文化站，80% 以上的城镇社区和村建有文化活动阵地，农民和市民都一样享受着丰富的文化精神食粮。健全促进农村基层民主政府建设的治理机制。在社会主义新农村建设过程中，要充分发挥农村基层党组织的领导核心作用，加强农村基层民主政治建设，完善村民自治，健全村党组织领导的充满活力的村民自治机制，让农民群众真正享有知情权、参与权、管理权、监督权。基层干部要适应农民民主意识增强、法制建设不断完善的新形势，通过“一事一议”等民主议事方式，动员和组织农民积极投身农村公共事业建设。要深入开展农村普法教育，引导农民牢固树立法制观念，增强农民依法维护权益的能力和履行义务的自觉性。妥善处理农村各种矛盾，加强社会治安综合治理，创造农村安定祥和、农民安居乐业的社会环境。

（2006 年 8 月 3 日）

联 韵

加快社会主义新农村建设，必须坚持从实际出发，因地制宜，分步实施，通过政策导动、投入驱动、反哺助动、创新推动，实现工业反哺农业，城市带动农村。长乐在探索建设模式的过程中显现出其特有的“联韵”。

工业企业联动型。这是以当地基础条件为出发点，以发展工业企业为契机，通过工业企业的发展壮大带动农村政治、经济、教育、文化、卫生等事业的综合发展，同时乡村在土地、劳动力等资源整合的基础上又进一步促进工业企业的发展，使得工业企业与乡村融为一体、和谐发展的一种新农村建设模式。被誉为“福建经编工业第一村”的松下镇垄下村和中国“草根工业”发源地之一的金峰镇华阳村就是这样的典型。这两个村通过发展工业经济，促进土地等生产要素向种田能手集中，引导农民进厂房务工，实现了生产发展、农民增收。

城乡一体联动型。这是按照统筹城乡发展的要求，坚持以城带乡、以乡促城，引导农民向城镇集聚，加速资本和产业转移，加快建设城镇型新农村，以城市化带动农村人居环境的发展，促进农民职业和空间转移，形成新型的城乡产业结构和城镇体系的一种新农村建设模式。航城街道龙门村、吴航街道十洋村是这一模式的典型。在推进城市化进程中，随着城区面积不断拓展，这两个村主动接受城区辐射，大力发展商贸、建材、酒店等第三产业，变农民为市民、变农村为新村，收到了良好的效果。

特色农业联动型。这是在一个乡（镇）或村的范围内，依据所在地区独特的优势，围绕一个特色产品或产业链，实行专业化生产经营，一村一业发展壮大来带动乡村综合发展的一种新农村建设模式。文岭镇石壁村历史上就是福州地区重要的蔬菜基地。由于该村耕地全部为沙质旱地，水源无污染，蔬菜品种又好，因此这里种植的蔬菜备受消费者青睐。特别是该村近年来成了“石壁蔬菜协会”，通过引进新品种，聘请专家、技术人员为菜农提供管理和技术服务，联系市场，组织营销队伍，目前已成为全国最大的蔬菜集散地之一，不仅有力促进了当地经济发展，也带动了社会公益事业的协调推进。

海洋经济联动型。这是以大力发展近海养殖、远洋捕捞、水产加工等相关产业，推进水产品规模化、工厂化养殖带动农村发展、农民增收的一种新农村建设模式。其主要针对既缺乏资源，又缺少土地等生产要素的渔村而言。有“海上明珠”美誉的营前街道海星村和潭头镇福星村以及梅花、文岭等乡镇的部分村庄就属于这种类型。以海星村为例，通过引进新技术，上冷冻厂项目，海星村有效增加水产品附加值，使产品供不应求。同时，村造船厂依靠先进科技，从原来只能修造木质船提升到现在能维修、制造百吨钢质船，推动了该村经济的稳定发展，确保了渔民收入逐步提高，也带动了渔民新村建设质的提高。

商贸流通联动型。这是以发展现代农村商贸流通服务业和市场网络，进而形成以当地农村为中心的市场，从而以市场促产业、以产业带乡村、最终形成商贸发达、乡村繁荣的一种新农村建设模式。比如，地处城郊的航城街道联村村，按照“依托城市、服务城市、致富农民”的发展思路，以城区拓展为依托，充分利用城郊的区位优势，独创了“合作形式、租赁性质、独资管理”的新模式，建成了专业的建材市场。现在，联村村已形成商住区和高档住宅小区为主，集商贸、文化娱乐、居住为一体的景色秀丽的商住发展区。

旅游产业联动型。这是以农村地区为特色，以农民为经营主体，以旅游资源为依托，以旅游活动为内容，通过农村旅游促进新农村建设的一种模式。以长乐漳港街道仙岐村为例，该村以出土的显应宫遗址为主要旅游景点，每年都吸引众多的域内外信众前来进香朝拜，年游客量达 30 多万人次。配套完成的长乐“海蚌公园”和海洋馆，以及显应宫周边的 7 公里长的滨海观光大道，一入夏，就吸引了许多邻近县市的人们来这里品尝海味和观光旅游，有力地提高了仙岐村旅游服务等第三产业的经济创收。

侨资为主联动型。这是立足于海外乡亲亲情、乡情、友情的情感纽带的基础上，引导在外游子热爱家乡、反哺故土、回报社会，动员组织他们通过不同形式以自愿、公益、互助的原则，致力于家乡侨村建设的一种新农村建设模式。获得“全国文明村”“全省敬老模范村”“省级园林式村庄”殊荣的航城街道洋屿村，荣获省级精神文明“精品”村的首占镇岱边村和潭头镇大宏村，以及猴屿乡的一些村庄，都是通过海外华侨的鼎力支持来建设新农村的典范。洋屿村是长乐著名的侨村，村两委在带领全村村民努力创业的同时，通过积极引进侨资，促进村容村貌不断更新，打造出了适宜人居的和谐环境。

第三产业带动型。这是依托城市新区拓展为契机，结合旧城改造，加大第三产业招商引资力度，积极引进国内外著名连锁店、大型超市、购物中心等项目入驻，吸引人流、物流向新区集聚，改变以餐饮、批发为主的传统产业，开拓新兴服务业的一种新农村建设模式。比如，吴航街道西关村位于市区西北部，是典型的“城中村”。近年来，该村充分利用地处市区、交通便利、经济繁荣、村民经商意识强等优势，加大投资，积极招商引资，大力发展第二、第三产业，成为长乐有名的富裕村。

（2006 年 8 月 3 日）

科　韵

按照“科学技术是第一生产力”和“人才是第一资源”的科学论断，长乐深入实施“科教兴市”“人才立市”战略，在促进科学技术发展和应用、建设创新型城市方面不断发展和积淀成“五个三”的“科韵”特色。

把握“三大意义”、增强创新意识的“科韵”。要增强创新意识，就必须深刻认识到以下三个方面。深刻认识加快科技创新是实现科学发展的内在要求。当前，从长乐实际情况看，大部分产业发展层次还比较低，企业创新能力还不强，自主知识产权品牌较少，资源消耗量大而产品附加值不高，这一基本市情决定了长乐必须推动增长方式从数量扩张向质量提升转变、从外延增长向内涵发展转变、从要素驱动向创新驱动转变，依靠自主创新和高新技术来克服资源环境的约束，不断提高资源能源的利用效率和生态环境的承载能力。就外部环境而言，近年来中央采取了一系列宏观调控政策，控制信贷规模，严格土地管理，提高资源价格，已经对投资拉动型的经济增长模式提出了严峻的挑战。在这样的客观形势下，必须充分认识到，增强自主创新能力，加快建设创新型城市，是落实科学发展观的内在要求和必然选择，唯有坚持依靠科技创新，才能解决前进道路上的种种问题，推进经济社会全面协调快速发展。深刻认识加快科技创新是主导区域竞争的关键因素。自主创新是国家和地区综合竞争力的核心和决定性因素，是第一竞争力。应当看到，发达国家及先进地区凭借强大的技术优势垄断高端市场，市场竞争占得先机。发展中地区受技术制约，即使制造业规模搞得再大，充其量也只是一个加工基地，赚取的是廉价劳动力的辛苦钱，永远处在市场的末梢。同时也要看到，科技成果大量涌现会使得转化率越来越高、产业化周期越来越短，不断造就新的追赶和超越机会。现在，全国各地正以前所未有的力度，研究科技创新，推动自主创新。省内发展较快的城市也相继制定政策，强势推进自主创新。这些城市的率先作为和务实举措，值得我们学习，也促使我们警醒。长乐要在新一轮区域竞争中占据一席之地，就必须把增强自主创新能力作为提升综合竞争力的核心，加快产业和产品升级，依靠拥有自主知识产权的技术和品牌，实现由产业链低端向中高端的转变，由“长乐制造”向“长乐创造”转变，进而在区域竞争中占据战略制高点，牢牢把握经济发展主动权。做到这一点，长乐就能争取更多政策资源、获得更多科技项目、赢得更大发展空间，否则就会在科技创新大潮中丧失机遇、掉队落伍。深刻认识加快科技创新是支撑未来崛起的重要力量。现在，人类社会步入了一个科技创新不断涌现的重要时期，也步入了一个经济结构加快调整的重要时期。在世界新科技革命的推动下，知识在经济社会发展中的作用日益突出，国民财富的增长和人类生活的改善，越来越有赖于知识的积累和科技的创新。谁在知识和科技创新方面占有优势，谁就能够在发展上掌握主动。“十五”以来，长乐走过的依靠增加资本、资源、劳动力等要素投入来驱动发展的道路，尽管在特定历史时期、特定发展阶段发挥了巨大作用，但其局限性和落后性也日益显现。今天，站在新的起点上的我们，如果仍然固守传统的发展观念，延续过去的发展模式，一旦受到资源要素紧缺、环境压力加大、市场竞争激烈等外部因素的影响，发展中的矛盾冲撞将会更加尖锐，制约发展的瓶颈因素将会增多，发展的压力就随之增大、后劲也会随之削弱，发展的路子必将越走越窄。长乐作为“福建的形象、海西的窗口”，要实现新的发展、新的跨越，就必须坚持把科技创新作为推动发展的基本战略，作为支撑长乐未来崛起的重要力量。

推动“三项建设”、营造创新环境的“科韵”。一个区域创新能力的形成，表面上看，是来自于各类创新主体的活力，实质上是来自于迸发这种活力的新体系构造。推动政策建设。注重用足、用活、用好上级扶持政策，完善鼓励创新的政策机制。特别是围绕国家、省、市重点扶持领域，搞好项目的筛选、论证，争取更多的科技项目进入扶持计划。进一步调整和优化投入结构，切实加大财政对科技的投入力度，增强政府投入调动全社会科技资源配置的能力。进一步加大政策扶持力度。对建设工程技术研发中心、公共科技平台、重点领域高新技术产业项目等重大科技项目建设给予资金支持；对科技产业化、高新技术产业化、科技成果转化项目等给予优惠贷款和贴息支持；对发展民营科技企业、高新技术企业、符合条件的农业产业化龙头企业等在提供土地、行政事业性收费减免方面给予优惠；对在科技研发和成果转化中做出重大贡献的人员给予奖励。推动体制建设。推进自主创新，核心要解决好体制问题。当务之急是要继续深化科技体制改革，着力建设以企业为主体、市场为导向、产学研相结合的自主创新体系。进一步完善适应市场经济发展要求的科技管理体制，促进科技创新要素和其他社会要素有机结合，形成科技促进经济社会发展、社会不断增加科技投入的良好机制。深化项目、计划、成果等方面的科技管理体制改革，建立健全科技评审与评估制度。加强政府宏观调控和协调，培育和健全科技服务体系，大力发展科技型中小型企业，为自主创新活动提供社会化、市场化服务，使政府的主导作用、市场的基础作用、企业的主体作用、科研机构的骨干作用、职专院校的生力军作用都能得以充分发挥，真正形成自主创新的合力。推动载体建设。高度重视抓好科技基础条件和平台建设，按照培育重点产业基地、培养重点科研团队的要求，逐步建立布局合理、特色鲜明、运转高效的科技创业载体。提升现有各类科技平台质量，特别突出纺织、冶金等产业特色，建立健全拥有先进科研设施和设备的“纺织技术创新中心”和“冶金技术创新中心”，努力实现科技研究开发手段现代化。充分发挥园区在聚集科技资源方面的优势和作用，把三大工业园区及空港工业集中区建设成为高新技术产业的集中区、科技创新投入的密集区、科技成果产业化的转化区和循环经济的示范区。进一步发挥科技中介服务组织的纽带作用，大力发展科技企业孵化器、生产力促进中心、技术咨询和成果转让中介等服务机构，促进科技资源有序流动和合理配置，搭建科技成果及时、有效转化的平台。

突出“三个重点”、构建创新高地的“科韵”。自主创新就是自己主导的创新，其实质是掌握发展的主导权、主动权，增强未来发展的选择空间。从长乐实际出发，提高自主创新能力、建设创新型长乐，要坚持突出重点，从解决最关键、最现实的问题入手，整合创新要素，完善创新机制，增强创新动力。突出企业主体这个立足点。企业是市场的主体，也是技术创新的主体和科技成果的受益主体。进一步强化企业自主创新的主体地位，积极创造条件、优化环境、深化改革，切实增强企业开展自主创新活动的紧迫感和集聚创新要素、吸纳创新成果的主动意识，努力提高企业的核心竞争力。积极采取措施，引导企业加大投入力度，按照国家和福建省、福州市有关加强企业投入的规定，用足用好政策，使企业真正成为研究开发投入的主体。加强企业研究开发机构建设，使企业真正成为技术创新活动的主体。高度重视科技型中小企业的作用，加大对中小企业技术创新的支持力度，积极引导中小企业创造、吸纳、承接和转化科技成果，形成科技型中小企业蓬勃发展的新局面。重视和发挥民营科技企业在自主创新、发展高新技术产业中的生力军作用，创造公平竞争的环境，支持其做大做强、做特做优。突出科技主导这个牵引点。推进经济转型是今后很长一段时期长乐的主要任务，转型的基本途径就是一手抓改造提升传统产业、一手抓培育发展接续产业，逐步形成多元支柱产业格局。发展多元支柱产业，必须立足培植自己的优势产业和产业优势，使资源开发和产业发展与先进科技成果相对接，依靠科技创新，做大做强传统产业，不断延伸产业链条，衍生培育新产品、高科技产品和品牌产品，促进产业深度开发，形成新的接续产业。长乐筛选确定的纺织、冶金两大支柱产业和电子、机械、生物医药等新兴产业，每一个产业都是一组项目，每一组项目都是一系列技术创新课题。可借鉴温州市的经验，在全国范围内优选科研院所和大专院校作为依托，筛选确定与企业发展方向一致的研究院所、研究人员、研究课题，建立虚拟研究院，设立专项资金，支持其与有关企业联合开展有针对性的转化开发和储备开发研究，努力为培育多元支柱产业寻求强有力的科技支撑。突出时代主流这个归宿点。构建和谐社会，建设社会主义新农村是当今时代主流，科技创新必须适应主流、服务主流。在构建和谐社会方面，必须依靠科技进步和技术创新，不断优化产业结构，不断降低各类物耗能耗，尽最大努力减少污染，走资源节约型、环境友好型的发展路子，全面提高经济效益，在真正意义上实现速度、结构、质量和效益的统筹提高，实现经济与社会、人与自然的和谐发展。在建设社会主义新农村方面，必须用科学来武装农民的头脑，加大对农民的培训力度，提高农民的科技素质，使农民真正成为有知识、懂科技、善经营、会管理的新型农民。加快各类农业先进实用技术的推广步伐，有效提升农业产业开发的水平，提高农产品的科技含量和附加值，促进农村生产的有效发展，稳定增加农民收入，使农民成为勇于改变生产生活方式、推进新农村建设的主体。

开辟“三条道路”、激发创新活力的“科韵”。科技创新涉及社会经济的各个领域，也是复杂庞大的社会系统工程，只有把握着力点，选准突破口，才能最大限度地调动和集聚创新资源，实行重点突破。其中，关键在于开辟产学研联合之路、产业链延伸拓展之路和信息化带动之路，从而不断激发创新活力，推动科技进步，提高科技生产力。走产学研联合之路。当前国家把建立以企业为主体、产学研联合的技术创新体系提高到战略位置，这为我们创造了良好的体制环境。为此，要立足于长乐实际，进一步完善政府、企业和大专院校、科研院所合作开发机制，通过“政府搭台、科企联姻、企业唱戏”，更好地把长乐的企业市场优势与科研院所、大专院校的人才智力优势结合起来，在更广领域、更高层次、更大范围开展联合，与科技巨人携手同行，更好地实现科技兴企、科技兴农、科技兴市。比如，就企业而言，作为长乐传统产业的纺织产业和冶金产业，合作范围要从以技术改造、新产品开发为主，进一步扩展到依托重点骨干产业。加快筹建“纺织技术创新中心”和“冶金技术创新中心”，在冶金、纺织类型企业建立研发机构、成果转化基地、研究生实训基地和相关学科。尤其是把引资和引智结合起来，促成一批重大产业化项目，力求在重点产业领域实现战略性突破。走产业链延伸之路。现代产业技术通常是以技术关联的形态存在的，技术关联的密集度也在很大程度上决定了产业发展的实力与方向。当前，长乐已经形成了一批重点产业和骨干企业，诸多企业和产品，只有通过应用先进科学技术，才能够不断形成巨大的产业链与产业群。对此，要始终坚持以产业链延伸为主脉，促进产业协作，依托冶金与纺织重点骨干企业，以高新技术为支撑开展集成创新，大力采用集约生产、循环生产技术，大力发展循环经济，开发高附加值的纺织类服装、冶金类不锈钢等下游产品，促进资源综合利用，把长乐宝贵的产业资源更多更好地转化为现实的经济优势和竞争优势。同时，大力提高闽江口工业集中区、金峰工业集中区、滨海工业集中区、空港工业集中区及电子园区、服装园区等专业园区产业基地的核心发展能力，促进产业基地、企业间的联合协作，为工业反哺农业、城市支持农村构筑强大载体。此外，充分发挥各类农业科技示范园在先进农业科技引进推广、消化吸收、系统集成中的龙头示范作用，发展专业化、特色化、规模化、标准化农业，着力培育农业产业化龙头企业，促进农业增产、农民增收。走信息化带动之路。当前，信息技术正在以日新月异的发展速度与空前的影响力、渗透力，改变着人类经济发展形态、生活方式、社会结构、学习和认知形式。这是时代追求和历史的呼唤，要进一步加快“数字长乐”工程建设步伐，朝着强化全面普及信息技术应用、深度开发信息资源和大力发展信息服务业三个重点方向；进一步提升信息基础设施、信息安全和信息产业三大支撑能力，推进政务信息化、企业信息化、城市管理信息化、农业信息化和电子商务发展，不断提高信息技术向经济社会发展各领域渗透融合的广度和深度。利用信息技术对传统工艺流程、工艺装备和生产条件进行改进，不断推动传统产业结构调整和技术升级。继续引导企业运用互联网等高科技手段开展电子商务活动，加快企业科研、经营管理信息化进程，使传统制造技术与现代信息技术有机融合，全面提高企业的创新能力，以信息化带动工业化，以“数字长乐”建设促进“创新型长乐”建设。

提供“三种保障”、凝聚创新合力的“科韵”。建设创新型长乐，服务是关键，人才是根本，文化是支撑。提供服务保障。牢固树立科学技术是第一生产力、自主创新是第一竞争力、人才资源是第一资源的观念，从贯彻落实科学发展观、建设海峡西岸省会窗口城市的全局出发，重持续、重长远、重服务，把科技工作摆在更加突出的位置，把提高自主创新能力作为重要战略任务抓紧抓好。各级党委、政府应切实当好科技工作和科技工作者的“后勤部长”，做到保障有力、保障有效，积极推动有利于自主创新工作，坚决破除不利于自主创新的障碍。各有关部门加强协作配合，充分发挥职能作用，大力支持科技攻关和自主创新，形成推动科技发展的整体合力。发挥工会、共青团、妇联和科协、侨联、文联等各类群众团体、社会组织的积极作用，引导更多的力量参与和推动创新活动。提供人才保障。自主创新，人才为本。创新型科技人才是新知识的创造者、新技术的发明者、新学科的创建者，是科技新突破、发展新途径的引领者和开拓者，是经济社会发展的宝贵战略资源。必须坚持人才资源是第一资源的战略思想，把培养造就创新型科技人才作为建设“创新型长乐”的战略举措，通过依托重点产业和重点领域，面向国内外，采取特殊政策和措施，积极做好引才、育才、聚才和用才工作。在引进人才工作中，遵循市场经济规律，尊重人才自身的愿望、要求和生活习惯，采取咨询、兼职、短期聘用、技术承包、技术入股、人才租赁等多种方式，不拘一格，重在实效。坚持“送”“请”并举，强化高素质人才培养。进一步完善“党政主导、企业主体、社会支撑”的育才培训体系，实施人才分类培养计划，送出去学、请进来教，重视“领军人物”培训，培养造就专业人才。积极创造条件创办高等教育，提高职业教育办学层次，加快本土化企业家队伍、科技人才、经营管理人才和高技能实用人才队伍建设。坚持“用”“奖”并重，放胆、放手、放开使用人才，最大限度地改善各类人才工作、学习和生活环境，使重奖科技功臣形成制度，做到事业留人、感情留人、待遇留人，激发人才队伍活力，使各类人才充分发挥聪明才智。提供文化保障。创新文化孕育创新事业，这是推进“创新型长乐”的不竭动力。进一步弘扬传统文化培育时代精神，特别要使传统文化中“创新”的精神得到进一步发扬光大，形成激励全社会创新创造的创新文化。在全社会积极倡导创新的价值观，尊重知识、尊重人才、尊重创造，使勇于创新者荣，使善于创新者富。加强科学普及工作，深入开展以“八荣八耻”为主要内容的社会主义荣辱观教育，在全社会广为传播科学知识、科学精神、科学思想、科学方法，进一步形成讲科学、爱科学、学科学、用科学的社会风尚。高度重视培养儿童和青少年的创新意识和实践能力，大力推进素质教育，把创新意识、创新兴趣和创新精神的培养贯穿于教育的全过程。引导和鼓励广大企业经营者树立办大企业、干大事业、求大发展的创业激情和勇气，通过各种形式，宣传一批拥有自主知识产权、知名品牌和核心技术的企业，为建设创新型城市贡献聪明才智。全面深化文化体制改革，解放和发展文化生产力，全力打造长乐创新文化，使一切有利于社会进步的创新愿望得到尊重、创新活动得到鼓励、创新才能得到发挥、创新成果得到肯定，让自主创新的源泉充分涌流。

（2006 年 11 月 16 日）

流　韵

中国是一个拥有几千年农耕文明的国度。我们不仅要充分认识到“三农”的重要地位不可替代、不可动摇和不可超越，切实提高对“三农”工作长期性、艰巨性、复杂性的认识，真正把“三农”工作摆在重中之重位置，而且要科学把握一地一城不同农耕文明的“流韵”特征。

流传之韵。长乐自古就有耕读传家的优良传统。在千年农耕的长乐历史时代，以“耕读文化”为核心的主流文化，在长乐历史文化传统的延续性与连续性方面起到了不可替代的凝聚与保障作用。在恶劣的自然条件下，长乐学子辛勤耕耘、勤勉求学，就在半耕半读、边耕边读中，造就了“十洋成市状元来”的辉煌成就，为长乐赢得了“海滨邹鲁、文献名邦”的盛大美誉。其中，“一粒海蚌、一颗龙眼和一个番薯”的典故在长乐农业发展史上扮演了重要的角色。当年，在南洋经商的长乐人陈振龙不顾殖民当局的禁令，冒着生命危险巧妙地从吕宋引进番薯种苗，并在长乐试种推广成功，为千百万家乡父老缓解了生存危机，做出了卓越贡献，其功绩正如郭沫若所说：“可与神农相比。”更值得称道的是，陈家子孙不辞辛苦、不计得失，在全国大面积推广番薯种植方法，为亿万饥民救灾济困，创造了“一颗番薯救半个中国”的神话。辉煌的过去主要是让我们更好地解决认识问题，而长乐市各级各部门在积极实施“工业强市”战略过程中，要始终不忘推进“农业稳市”战略，在思想上高度关注农业的发展，不断加大对农村的扶持力度，推动政府公共产品向农业倾斜，并通过发展现代农业减少闲置耕地和抛荒地。在这个过程中，特别是江田、古槐、文武砂、鹤上、玉田、首占等具有悠久农业耕种传统的乡镇，更要很好地传承农耕文化、统筹农业发展。

流向之韵。农业的流向即农业产业结构调整的方向，这是事关农业发展大局的命脉。在实现农业流向过程中，长乐市各级各相关部门要多做引导与服务工作，特别是在春耕备耕时期，要认真具体地做好产前指导服务，提供充裕的农业资金保障，引导农民科学调整种植结构。一方面，长乐市各级各有关部门一定要集中精力、集中人力、集中时间，深入一线搞好调查，面对基层抓指导，努力提高春耕备耕工作的组织程度。要采取有力的措施，切实杜绝抛荒田，特别是对地处交通要道和水利、土地条件好的地块，决不允许抛荒，要确保土地资源的充分利用。同时，工商、商贸、供销等部门要深入扎实有效地开展打假护农专项整治，确保农民用上放心种、放心药、放心肥；农林部门对示范、推广应用的新技术要认真指导、全程服务；物价部门要严格规范农资价格，维护好农户权益；农机部门要确保农机具性能安全；水利部门要积极配合抓好田间基础设施建设。另一方面，由于土地流转、产业结构调整必然对农业生产资金的流畅提出要求，因此长乐要制定出资金反哺农村的政策，比如：提供对支农贷款适当进行财政贴息；引导信用社和农业银行加大农业投入，降低农民的贷款成本；等等。通过建立农村资金回流机制，引导资金流向农村，缓解农村信贷资金缺口问题，实现农民贷款、农业资金流的畅通无阻。

流转之韵。要积极鼓励田地向种粮大户集中，向种植经济作物能手集聚。为实现这一目标，我们要主动作为、积极引导，努力创造实现土地有序流转的内外部条件。第一，要有效发挥乡镇政府和村集体职能。目前，不少地方对土地法规、土地政策的理解还存在片面性。有些基层干部认为，农村土地所有权属于集体所有，集体对土地有全权支配权，在实际工作过程中往往强化了集体土地的所有权，而侵犯了农户的土地承包权。因此，要准确定位政府在推进土地流转中的角色，监控土地供需总量的动态平衡，而不是运用行政手段去调整土地资源、与民争利。要坚持“依法、自愿、有偿”原则，促进农村土地机制创新，健全土地流转信息库。要加强宣传力度，增加农民对有关法规和政策的了解，使土地流转由自发逐步转向自觉。第二，要充分满足农村土地流转的内在需求。目前，我国正处于经济结构调整的关键时期，城市服务业和民营企业吸纳的农业富余劳动力相对有限。而且，随着市场竞争日益激烈，企业经营环境不稳定，兼业农民非农产业收入不稳定性使他们难以彻底离开土地，导致土地使用权流转难以实行。因此，应切实加快乡镇城市化进程，依靠科技进步，积极主动地以市场需求为导向，促进产业结构调整，使农民的非农收入足以养家糊口，并有可能不断改善生活质量。这样，土地流转就会成为富余劳动力的自身需求，从而促使农业剩余劳动力得以合理转移。第三，要积极创造土地流转外部环境。目前，我国广大农民仍然把土地作为安身立命的基本生活保障，作为获取收入的主要来源，作为生老病死的保障。没有健全的社会保障制度，就不可能从根本上增强农民离开土地的安全感和适应市场风险的能力，农村土地市场发育的进程也将严重受阻。因此，必须建立多层次的农村保障体系，包括农村社会风险、社会救济、社会福利、优抚安置、社会互助，以及发展和完善农村合作医疗制度等，逐步弱化土地的福利和社会保险功能，为土地转出者解决后顾之忧。

流动之韵。流动主要是指务农人员的流动性。当前，长乐很多务农人员都跳出长乐去更宽广的天地谋求发展，或经商，或投资办厂。而许多外来人口随着经济大潮的涌动，也纷纷到长乐寻找发展机遇。在这个问题上，有许多工作可以去推动落实。比如，对于田地闲置、抛荒问题，我们要立足长乐的实际情况，牢固树立农村富余劳动力转移的新观念，不断引导长乐农村劳动力和外来务工人员的合理有序流动、转移，确保农业发展、农民增收、农村稳定。现在，有很多外来务工人员在长乐直接从事农业生产，种植西瓜、土豆、蔬菜等，从中获得了相当可观的经济效益。这就给我们创新了一个思路：外来务工人员不仅能充当产业工人，而且可以从事农业生产。当然，其中有个引导的问题。有关镇、村要给外来人员搭建这方面的平台，并在资金、环境等方面创造有利于外来务工人员从事农业生产的良好条件，鼓励、支持原本就是在自己家乡从事农业的外来务工人员，在长乐实现农业耕作的规模化和效益化，进而更好地解决长乐土地闲置、抛荒的问题。

流通之韵。从目前来讲，长乐的农业经营普遍存在着重生产、轻流通的现象，农业小生产与流通大市场之间缺乏有效衔接。要解决农产品流通滞后于生产的问题，就必须抓好三个“培育”，以此建立起农产品生产、加工、销售、对外贸易一体化的市场流通体系。第一，要培育市场意识。市场意识是农民在面临流通领域激烈的竞争中化险为夷的关键。我们常说，长乐人的工商意识自古有之，但如何把这种自古有之的工商意识嫁接到广大农民身上，进而培育广大农民的市场意识？这是值得广大农村基层干部在带领农民致富过程中思考的问题。要唤醒农民身上的市场意识，使他们的目光不仅仅盯着眼前的“一亩三分地”，而且能盯紧外面广阔的大市场。要帮助农民通过信息的获取和分析，强化对国内外市场信息的及时了解和掌握，进而增强自身对生产、销售等流通环节的决策能力，减少“高价惜售，低价抛售”的现象，真正树立起以市场为导向的农产品生产和销售模式。第二，要培育市场体系。需进一步加快农产品流通的基础设施建设，当前重点是搞好农产品批发市场的建设。根据农产品的流向、仓储设施、交通条件合理布局，逐步形成以批发市场为龙头，加工、贮藏、运输等配套设施建设完善的流通市场网络。要通过加大政府的宏观调控与扶持力度，加快引进和建立以配送连锁、电子商务、网上交易等现代市场流通业态为先导，以批发市场为中心，以集贸市场、零售经营门店和超市为基础，统一、开放、竞争、有序的农产品市场体系。第三，要培育市场主体。以往大家比较侧重于发展农产品流通领域的社会中介组织，也取得了一些经验，但总体来看成效不大。从长乐的实际出发，可以借鉴成立企业协会的方法，大力培育农民的合作组织，参与流通。在培育农民合作组织方面，日本、韩国，以及我国台湾都具有先进的经验。这些国家和地区的农业也是小规模的家庭经营，但在农产品市场流通中，以农协、农会为代表的农民合作组织的作用十分明显；农协、农会、流通能手等通过集中采购、供应、加工和运销，解决了一家一户农民办不好的事情，在市场与农户之间，起着桥梁和纽带作用。长乐也完全有条件，通过政府的政策引导和资金扶持帮助农民建立自己的合作组织，进而增强搞活流通的组织能力。

（2007 年 4 月 18 日）

品　韵

企业经营者想要办成企业，首先要有战略眼光，要做好长久发展的准备。长乐的企业主们想要把各自的企业做成百年企业，就要深刻认识品牌对企业生命、生存的重要性，树立牢固的品牌意识。企业通过上市融资与品牌战略实施壮大自身，实际上就是走用成本创新推动发展的道路。如果把一个企业比作一个人的话，那么“上市”和“品牌”无疑就是企业的两条腿，“上市”就是资本创新，“品牌”就是营销创新，只有让这“两条腿”刚健有力，企业的发展之路、壮大之路才能走得更稳健、更持久。就认识层面而言，品牌不同于产品或者名牌，它是产品的品质、名称、包装、价值、服务、文化等诸多方面在消费者中的综合感知和认同，是一个由企业培育、经市场缔造出来的商品优秀品质的具体存在形态，是提升经济发展水平的重要驱动力，更是区域经济综合实力和国际竞争力的集中体现。

显品牌战略之韵。在经济全球化和信息化迅猛发展的今天，品牌已不再是纯粹的标识，而是先进生产力和竞争力的重要体现。一个地区要在激烈的市场竞争中获得主动，做大做强主导产业，避免低水平扩张，必须把品牌作为一种战略加以实施，加快品牌建设。我们必须清醒地意识到，一个品牌的培育是一个从设计到生产、从销售到服务的长期努力过程；形成和提升一个产品的品牌竞争力，更是一个持之以恒的全方位努力过程。所以说，实施品牌战略，既是一个企业、一个城市发展的重要任务，更是我们大家为之共同奋斗的永恒追求。现如今，不论是区域间的竞争、城市间的竞争，还是企业间的竞争都已归结到发展的竞争，而核心竞争力的标志就是品牌。因此，想不想做品牌、会不会做品牌，不仅是对一个成熟企业家战略眼光的考验，更是对一个地方执政者战略抉择的检验。

显品牌精神之韵。一滴水能够折射阳光，一片树叶可以看见春天。一座城市、一个企业用什么样的心态做品牌，背后折射出的是城市的精神、企业的精神。之所以这么说，我们可以从“品牌”这个词的字面去理解。先说“品”，三个“口”字组成了一个“品”字，意指众人、大多数人共同认为、认可的意思。再说“牌”，它由“片”与“卑”两部分组成。“片”的本意是木头锯开的一半或泛指扁而薄的东西。“卑”有卑微、低下、渺小的意思，体现了中国人作为礼仪之邦的谦虚。一个“片”字寓其形——指东西的外在形象，一个“卑”字寓其神——表示谦虚的内在气质。所以说，“品”和“牌”就是物质与精神的完美结合，是精神作用于物质层面的升华，由这两个字组成的“品牌”，折射出的就是商家以消费者为中心的人文关怀和自我完善的经营精神。现在，我们要打造具有长乐特色、世界影响的城市品牌，在这个漫长而艰辛的过程中，如果没有精神的支撑，许多工作很容易半途夭折，这就需要我们弘扬“大爱开明、能拼会赢”的城市精神。同样，对于一个企业家而言，创立品牌更需要一种精神的坚持。如果企业能做到一百年，企业家就需要用一百年坚持挖一口井的“挖井精神”去做企业的品牌，从这层意义上讲，品牌是企业家生命与精神的延续。就像红塔企业把“山高人为峰”的企业精神，透过自身品牌让消费者时时感受到企业“海到尽头天是岸，山到高处人为峰”的胸襟和毅力。

显品牌文化之韵。正如生命有其自身的基因一样，企业也有其影响生命周期的遗传基因，这个基因就是文化，它像包围着地球的大气层一样，影响、作用于每一个人的思维方式和行为特征。那么什么是品牌文化？对于企业来说，这个企业给消费者的心理感受和心理认同，就是品牌文化或者叫品牌内涵，它是联系消费者心理需求与企业的平台，是品牌建设的最高阶段，目的是使消费者在消费产品和服务时，能够产生一种心理和情感上的归属感，并形成品牌忠诚度。比如，我们提到麦当劳，就会想到那个和蔼可亲的麦当劳叔叔，就会记起那句充满个性的“我就喜欢”广告语，这些都是麦当劳品牌企业文化的具体体现。由此可见，著名的品牌就像优良的种子，要想让种子发芽、开花、结果，就离不开文化的土壤。看看微软、通用、松下、索尼等位于世界百强之列的国际知名企业，我们就会发现这些企业有着一个共同之处，就是这些企业都有着独具特色的企业文化。可见，品牌之间是有文化差异的，这是因为企业各自独有的企业文化涵养了独有的品牌文化，文化造成了品牌的差异性，是无法强行复制的，生搬硬套只会是“画虎不成”“东施效颦”。因此，我们在推进企业战略和品牌战略时要注意这种差异，坚持自己的特色、保持自己的特点、发扬自己的特质，塑造符合自身发展的企业文化和品牌文化。

显品牌财富之韵。品牌的价值是一种超越企业实体和产品以外的价值，是与品牌的知名度、认同度、美誉度、忠诚度等消费者对品牌的印象紧密相关的，能给企业和消费者带来效用的价值。品牌价值的大小，取决于它给企业和消费者两方面带来的效用的总和。对企业来说，创立品牌、培育核心竞争力就是创造财富。企业有品牌支撑，产品才能增加附加值。通俗地理解，就是你拥有了品牌，就拥有了产品价格优势。所以，著名的品牌不仅是企业无形的资产，能给企业带来直接的和长远的经济效益，而且是社会的宝贵精神文化财富，对社会大众的思想意识和生活观念产生重要影响。同样的一件商品、同样的质量，只要加上知名的品牌，价值就成倍增长，究其原因就是品牌所带来的价值。可口可乐公司的一位老板说过：“即使工厂一夜之间烧光，只要品牌还在，我马上就能恢复生产。”据最新权威报告显示，2007 年可口可乐品牌价值 441 亿美元，尽管有所下降，但同样意味着，即使可口可乐公司立即停产，光卖这个品牌所得就相当于一个小国全年国内生产总值，其品牌价值由此可见一斑。

显品牌优势之韵。品牌对于我们来讲，可大可小，大到一个城市、一个地区要有自身的品牌；小到一个企业、一家商店也都要有品牌。一个城市是否拥有强势品牌，直接影响到有多少外来投资、游客和消费者；一个企业是否拥有强势品牌，则决定着这个企业在市场上的地位。对于企业来讲，品牌是用来识别一个或一群卖主的商品或劳务的标志，它可以是一个名称、术语，也可以是一种符号、图案。品牌对市场占有率的影响作用，用“长尾理论”来解释，就是品牌会在市场物质过于丰富的情况下体现出市场优势。如今，在买方市场经济的情况下，随着当前企业发展逐步由“以总量扩张为主”向“以质量提高为主”转变，品牌越来越成为企业家和众多投资商的主要关注点，拥有好的品牌，才能拥有市场竞争优势。权威数据表明，强势品牌垄断着市场，全球 3% 的强势品牌占领着 40% 以上的市场份额。

显品牌形象之韵。什么是品牌形象？人们一提到小商品市场就会想到浙江义乌，一提到胶卷就会想到柯达，一提到碳酸饮料就会想到可口可乐，这就是品牌的形象。从这层意义上讲，品牌的多寡、好坏不仅凸显着城市的形象，也塑造着企业的形象。现实中，像“海尔”“长虹”“联想”等知名品牌，不仅树立了企业在消费者心目中积极健康的形象，也让大家记住了企业所在城市的名字。所以说，品牌是一座城市和一个企业形象的缩影，是一个企业产品的质量、性能、设计、价格等要素在公众当中的整体表现。当前，我们正努力实现从“中国制造”向“中国创造”、从“长乐制造”向“长乐创造”的转变，在这个过程中，打造和拥有自主品牌，不仅有助于长乐企业走出国门、走向世界，更有助于“中国长乐”城市形象在更大范围、更广领域的树立与提升。当然，我们在全力树立品牌形象的过程中还要注意保持忧患意识，要充分认识到品牌如果没有得到有效保护和支持，一旦出现损害与不利，就会产生强烈的负面效应，爬得越高，摔得越惨，在这个过程中，我们一定要谨慎推进、悉心培育。

显品牌境界之韵。企业家是企业的核心资源，企业家的素质高低决定了民营企业发展的快慢和品牌工作的推进力度。要加快民营经济发展，加快造就一批有一定境界的品牌企业家，就必须重点提升现有企业家群体的三种境界。提升志存高远、争创一流的境界。长乐的民营经济不可谓不发达，创造的业绩不可谓不辉煌。这是我们的优势和实力所在，但是同其他更发达的地区相比，我们还是显得相对落后。我们既然创造出了一定成绩，取得了一定进步，就要敢于彰显、敢于张扬、敢于倒逼、敢于持续。在推动长乐实现又好又快发展的伟大征程中，广大企业家要注重克服“小富即安、小富即满”的小农意识，继续弘扬不服输、不退步的精神，树立起不甘落后的志气、迎头赶上的勇气、争创一流的锐气，激情燃烧、跃马扬鞭；要敢做“出头鸟”、敢当“领头雁”，敢向高的攀、敢同强的争、敢与快的赛，冲破平衡、打破格局；要进一步坚定加快发展、争创一流的信心，确立高远的创业目标和永不满足、永无止境的理念，把不断做大做强企业作为人生目标和价值追求，瞄准国内、世界一流企业，一步一个脚印，勇于攀升。提升与时俱进、勇于创新的境界。创新是民族进步的灵魂，是区域发展的不竭动力，也是促进企业跨越式发展的根本举措。在围绕建设创新型城市过程中，企业要加快科技进步和自主创新，推动“投资驱动”向“创新驱动”、“长乐制造”向“长乐创造”转变。要在以企业为主体、以市场为导向、产学研相结合的开放型区域创新体系建设过程中，充分调动企业自身的创新积极性，通过整合各类创新资源，加速创新成果产业化，迅速发展成为科技创新型企业。要积极融入品牌战略实施，不断提升长乐产品在国内外市场上的知名度和竞争力。同时，随着企业规模的不断扩大，要不断创新管理理念与方式，改革传统的管理模式，完善法人治理结构，促进企业规范发展、不断做大做强。提升终身学习、超越自我的境界。学习是超越自我的根本途径，选择学习就是选择进步，善于学习就能提升素质。在学习的基础上超越自我，就是使自己和企业每天都比昨天有新进步、新发展。为此，全市民营企业家要树立终身学习的观念，既要及时学习时事政治、法律法规、国家政策，又要学习市场营销理念、企业管理技能，通过全面系统地学习，不断更新观念，并善于从国家宏观政策导向中捕捉发展的契机，善于运用先进的管理理念和方法规范企业行为，提高企业效率。同时，要主动向优秀企业家学习，善于与优秀企业家交朋友，学习其创业经验和先进的管理方式，开阔眼界，取长补短，推进自我发展。

（2007 年 5 月 31 日）

规　韵

中国有句古话，叫“没有规矩，不成方圆”。城乡规划作为指导城乡建设和发展的蓝图，是建设和管理城市的基本依据，也是一个城市在一定的发展阶段所必须遵循的“规矩”。一个城市的大小、特色和品位，在很大程度上取决于城市规划与建设的质量和水平，取决于规划引导和调控作用的发挥。哪个城市规划得好，哪个城市建设水平就高，聚集力、吸引力、辐射力就强，综合竞争优势就明显。当前，长乐经济社会已经进入一个快速发展的新阶段，城市发展也正经历着城市化起飞阶段最有作为的有利时期。处在这样的发展阶段，编制一个好的城市规划并严格执行，比以往任何一个时期都显得重要和紧迫。“制订城乡规划就像带孩子一样，必须倾注满腔的热情；规划没有最好的，但我们一定要有追求最好的激情。”长乐要发展，规划必须先行。

显以战略规划来指导概念规划之“规韵”。城市的战略规划决定了一个城市发展方向、整体空间框架（结构）的战略部署和过程控制。长乐在城乡规划中要以“大福州、新长乐”的整体概念迎接福州市委、市政府提出的“建设海峡西岸经济区，做大做强省会中心城市”这一战略决策。唯有如此才能使整个长乐完整地保留下来，提升区域地位，充分发挥出长乐的区域优势，提高长乐在福州地区乃至整个福建省的竞争力。整合规划要以战略规划为指导。每件事物的运动、发展、变化过程总有一定的规律可循，有一个发展方向。同样，我们在整合规划过程中也需要确定一个方向，才能避免规划是规划、建设归建设，两者不相干的现象出现。因此要以战略规划为指导，根据战略部署的需要来整合我们的各种新旧规划，包括区域总体规划、市域总体规划、组团区域规划、专项规划、详细规划、控制性规划等等。首先，要提升总体规划。总体规划在规划中起到

"牵一发而动全身"的作用，只有提升了总体规划，才能使其他各种规划修编有一个明确的方向。在对接福州市委、市政府提出的"建设海峡西岸经济区、做大做强省会中心城市"这一目标不变的情况下，我们要根据长乐现在与未来发展的客观需要，以"大福州、新长乐"这个战略规划为指导，做好对接工作，才能使整合起来的资源更具有连续性，更好地指导长乐现在与未来的实际需求，更好地促进长乐的城市建设、经济发展。其次，要完善专项规划。专项规划是总体规划这一"肌体"的"器官"，根据"肌体"的变化，"器官"也将做出相应的变化，只有不断完善各个专项规划，才能实现提升总体规划的目标，才能更好地适应新时期的发展。再次，要深化详细规划。详细规划是总体规划中最基本的规划，具有"细胞"的功能，只有最基本的东西发生了变化，才能体现出其他的变化。所以我们要深化详细规划，才能使各项规划的目标落到实处。主动承接大福州发展。福州市委、市政府与时俱进地提出从沿江型城市向沿海型城市发展。长乐作为福州发展的一个重要环节，要主动地承接这一发展需要，才能承接得更好，不至于被甩掉。做好主动承接，需要从与福州乃至全国"血脉相连"的路网开始对接。这样，长乐才能得到更多的"营养"和"氧气"，才能更好地接受大福州的辐射，聚集更多的人流、物流、资金流，提升竞争力，才能让长乐辖区内各个乡镇（街道）相互借势，相辅相成，共同发展。对外大通道的对接。长乐与福州、福清、马尾、闽侯、琅岐等区域相接壤。只有通过与这些区域路网对接，才能向外吸收到更多的人流、物流、资金流。因此，我们要做好对外三条大通道的对接。一条是环江海大通道。通过这条路网，从西泽线开始，穿越猴屿、潭头、金峰、文岭、梅花、湖南、漳港后到达松下，实现沿江沿海镇乡全面贯通，使它们接受福州、福清、马尾、琅岐等区域经济辐射。另外一条是机场快速道。通过这条路网，无论与福州在三环路或是四环路接上，长乐都能快速接受到来自福州的经济辐射。还有一条是京福路，通过它贯通长乐东西连线，从闽侯青口到玉田、罗联山脉，接向滨海新城，从而使长乐的西部接受闽侯青口汽车城的辐射。与此同时，我们还要做好对内贯通道的对接，使整个长乐贯通起来，这对长乐各个镇乡（街）相互借势、相互影响，通过经济强镇带动周边乡镇（街道）发展，具有举足轻重的作用。一是机场快速道东关开口。通过这条路网，使原峡漳公路的功能向市内交通道转变，有利于工业走廊建设和城市扩张。二是福北线。通过这条路网，使鹤上、古槐、江田、松下等镇连接到福清，主动接受福清经济的辐射以及沿线乡镇各自间的影响，促进各个乡镇健康有序和协调发展。三是金福、金湖线。通过这条路网，促使金峰片区发挥拓展工业腹地、成片发展、规模发展的重要作用。三大组团联动发展。分为三个组团来加以发展，是长乐加快城市化进展的客观需要，也是整合资源、协调十八个乡镇（街道）发展的战略布局。只有坚持三个组团联动发展才能把长乐的相对优势充分发挥出来。因此，我们在规划过程中要根据客观实际发展需要，在坚持三个组团的同时，不断调整三大组团的核心功能，使三大组团更好地发挥作用，促使长乐经济协调、健康、可持续发展。市区组团：不求最大，但求最佳。通过加快市政公用设施建设和不断完善市区功能配套，促进城区功能完善，具备承载城市文明建设所必需的基本设施，使市区成为长乐的文化、经济、金融中心，也是长乐最聚集人气的区域。滨海新城：不求最全，但求最“特”。在建设滨海新城时，我们不要求面面俱到，但要通过一系列载体的作用，把滨海新城打造成最具特色的“海湾型”城市。以外文武湖为中心，将其打造成为生态城市，以奥林匹克城为主将其打造成为体育城，以会展业为主将其打造成为旅游城市，从而实现从“港口型”城市向“海湾型”城市发展。金峰组团：不求最新，但求最活。以金峰为核心，形成包括梅花、湖南、文岭、漳港、潭头在内的，积极发展以轻加工、出口加工业、临空型工业和物流业为主的综合开发区，使之成为长乐区域内最充满活力因素、活跃因子的组团和长乐经济发展最主要的支撑点。

显以城市发展站位来指导规划之“规韵”。城市发展站位是一个城市以全局和长远的发展目光，对未来城市发展战略取向做出前瞻性的审视和判断。规划的目的在于更好地推动和规范发展，为此，在进行城乡规划过程中，必须把城市发展站位摆在突出的位置，切实做到两者有机衔接，融为一体。只有这样，才能最大程度上为长乐将来发展打造全新、科学的发展空间。从宏观发展层面上讲，长乐是省会城市福州对外开放的通道与对外联系的窗口，要让“窗口”的连接和沟通功能日益凸显，达到“落地有形、掷地有声”的效果，让外地、外省、外国人一落地长乐立即就有“这就是福州、这就是福建”的感觉；在实现“三通”后，让台湾同胞来到福建，第一眼就有“大福州、新长乐”的感觉。福州将来要跨入“滨海时代”，长乐必然是一个重要“节点”，这次规划一定要立足于此，突出窗口城市的“前庭院”美学功能和实用功能。从中观发展层面上讲，长乐要全力打造港口工业和滨海旅游城市，建成海峡西岸“绿色明珠”。通过产业定位来推动经济发展，增添人气，从而促进人流、物流、资金流的流通，进而支撑起整个城市的发展。因此，制订规划要体现海峡西岸“绿色明珠”的生态特征，并充分考虑港口工业和滨海旅游城市的发展空间。从微观发展层面上讲，从我们长乐所处的区位来看，一定要在福州这个区域范围内起带头表率作用，这就要求我们的规划要与发展紧密融合，为发展提供足够的空间。同时，还要根据中心城区、组团板块、工业区“三层联动”的要求，努力以规划引导建设，实现三个层次之间路、水、电、通信、排污等各项基础设施建设的有机衔接。

显以城市“簇群”发展来指导规划之“规韵”。区域发展要处理的一个极其重要的关系就是分工与协作的关系。对任何一座城市而言，孤立发展的前途和空间都是有限的。从长乐的区域站位来看，关系最为密切的地区是福清、闽侯与马尾，长乐若想长远发展，必须把上述地区列为区域性的联盟城市“族群”，主动与三个地区结成“簇群”关系。这就要求长乐的城乡规划充分考虑到城市联盟关系，并以此作为主导思想之一。具体来说，在规划当中要注重体现跨江、越港、翻山的思路，为长乐的长远发展拓展足够的空间。跨江，就是要跨过闽江，与马尾包括琅岐等对接；越港，就是要越过元洪港区，与福清对接；翻山，就是要翻过首占、玉田、罗联山脉，与闽侯青口（汽车城）对接。说得更清楚一点，就是要在与三个地区的联结部留有足够的区域空间，促进与三个城市与区域的人、财、物各要素的充分流动，冲破行政区划的樊篱，使这几个联盟城市与区域优势互补、资源共享，成为区域发展的重要板块。

显以做强城市中心区来指导规划之“规韵”。一个区域的形象很大程度上取决于城市中心区的形象。目前，长乐的城市中心区总体规划 22.5 平方公里已获审批，但现在的建设、发展程度离这个目标还比较远。因此，做强城市中心区应该是长乐城乡规划的一个重要指导思想。大家现在很关心的一个问题是长乐今后会不会成为福州的一个区，我们的看法是：不管将来怎么样，做强城市中心区都是长乐发展的一个迫切需要。现在已经有专家提出这个观点，认为解决“三农”问题的根本出路在于城市化。但从规划的角度出发，如何做强长乐的城市中心区，我们还需注意以下四点。一是激活一条江。这条江就是洞江，延伸到城区就是我们的内河。城区的形象如何，内河起着十分重要的作用，因此，在规划中，要把长乐内河治理提升到一个突出的位置。明年的城建项目中，就有“吴航西湖”这个项目。整治内河，就必须要有建设西湖那样的气魄、那样的手段、那样的规划与设计。唯此，我们的城区才会因为内河的美丽而灵动起来。二是做旺两片区。这里指的是里仁工业片区与海峡发展区。我们建设这两个工业区的目的就在于为城区的拓展提供载体与平台。城区要做强就要集聚人气，要集聚人气就要为生活在这里的人找到生活出路，有了这两个片区，就可以很好地解决这个问题。三是扮靓三座山。三座山指的是南山、六平山（及其周边的首石山）、首占岱边村后的“大岩石山”。为什么要扮靓这三座山？一是因为这三座山都是大城区范围内的低山，二是因为这三座山的生态基础都比较好，略加修整，就是城区的生态公园。长乐的可持续发展，包括要建设文明城市、卫生城市、旅游城市、园林城市、文化先进市、环保模范市等内容，没有一个规模可观的生态载体，这些城市建设的目标将很难实现。四是打开四道门。这就是我们在城区建设方面长期坚持的“北扩、西进、南移、东引”发展战略。通过“北扩”，打开北大门，以西泽线为轴心向闽江口旅游区方位拓展。通过“西进”，打开西大门，将营前纳入城区规划。通过“南移”，打开南大门，开发首占、玉田、罗联这片处女地，为城区拓展提供广阔空间。通过“东引”，打开东大门，凭借机场高速路在东关开口这个机遇，实现长乐与鹤上平原广阔地域的联结。这样一来，实现长乐城区 22.5 平方公里的建设规模就不是什么遥不可及的远期目标。

显以做出特色来指导规划之“规韵”。外来者对一座城市最为深刻的印象是其旅游时的感受。例如，我们说起大连、青岛、厦门等城市时，总会想起“蓝天、碧波、金沙滩”。滨海新城的地理位置和自然条件，将促使其成为长乐的形象代表。因此，我们在规划过程中，要通过规划建设滨海新城文化广场、绿化公园、医院、学校等一系列配套设施，充分利用自然山型水体，科学布局金融、宾馆、商贸等公建服务项目，使其成为生态环境十分优越的，集娱乐休闲、观光旅游、体育比赛、会展中心等为一体的，代表长乐 21 世纪形象的生态城核心区，并以此来提升长乐在全省乃至全国的影响力。在规划建设滨海新城的过程中，要注意以下五点。一是以“两港”为资源。通过加快码头建设，提升长乐在闽江流域航运枢纽地位，通过构建机场物流、信息中心，实施货运主导型战略，形成以闽江口经济圈为主体的华东地区航空货运中心，提升长乐竞争力。二是以工业区为支撑。通过建设两港工业区、景美工业区、海峡高科技园区、外文武滨海区等工业园区，使工业园区内功能设施配套完善，吸引更多的企业家前来投资兴业，带动项目集聚，提高区域竞争力，进而聚集更多的人流、物流、资金流。三是以滨海大道为支持。通过滨海大道建设，形成一个以滨海大道为中心的环海风光旅游观光带，提升滨海新城对外形象；并通过滨海大道实现滨海新城与其他区域的人流、物流、资金流相互流通，经济相互辐射，实现“多赢”局面。四是以东湖为亮点。利用外文武湖区建设滨海休闲主题公园，使之与福州西湖公园遥相呼应、相映生辉，提高长乐在福州地区的影响力，吸引更多的人员前来度假、观光、消费。五是以奥林匹克城为节点。承接福州承办的大型体育项目比赛，提高整个福州乃至长乐在国内外的知名度。通过这几个手段，形成一个面向大海、背靠董奉山的“海湾型”滨海新城。

显以崭新概念来指导规划之“规韵”。要把握好实效性原则。城市现代化建设是一项长期而艰巨的任务，规划工作一定要立足实际，讲求实效，逐步推进。把握规划工作的实效性，首先要量力而行。要按照因地制宜、统一规划、合理布局、配套建设的思路，充分考虑财力、物力的可能，分清轻重缓急，不急于求成，不急功近利。既要避免不切实际地乱上项目、盲目攀比，追求所谓的“政绩工程”，又要充分考虑土地、能源、基础设施和生态环境的承载能力，避免低水平的重复建设。要在量力而行的基础上，切实做好城乡规划与小城镇建设、新农村建设、“城中村”改造、旧城区改建和建设省会窗口城市的“五结合”。其次要重在实施。实施规划是制订规划的延续，是城乡规划能否得以实现的关键。编制一个好的规划固然重要，但实施不到位，规划再好也只能束之高阁、付之东流。城乡规划一经批准即具有法律效力，任何单位和个人都必须严格遵守和执行，自觉维护规划的严肃性和权威性，决不能因领导人的更替或个人意愿而随意改变。这样才能保证规划从蓝图变成现实。要把握好可持续发展原则。城市的发展是一个动态的渐进过程，搞城乡规划必须要有可持续发展的意识，要充分预测城市的长远发展，在规划中留有足够的余地。目前，随着长乐城市化进程的不断加快，影响城市发展的因素也在不断变化。在城乡建设和发展过程中，会不断产生新情况，出现新问题，提出新要求。这就要求我们要积极运用科学的发展观来指导规划工作，从满足可持续发展的角度来思考规划工作，本着对历史负责、对人民负责、对子孙负责的态度，根据实践的发展和外部因素变化，适时对规划加以调整和完善，使制定的城乡规划适应长乐城市未来发展的需要，更为全面、正确地反映长乐城乡发展的客观要求。要处理好城乡规划与区域发展的关系。城市是区域的中心，区域是城市发展的基础。长乐作为省会窗口城市，我们在制订规划时，一定要站在全局高度去思索、谋划，自觉做好与福建省、福州市整体战略规划的衔接工作。当前，就全省而言，省委、省政府从福建北承长三角，东临台湾省，南接珠三角这一独特的地理区位出发，就福建的发展，提出了承“珠”接“长”的战略发展规划，力图打破行政区域界限，使福建成为长三角、珠三角实现对接的战略要地，最终形成以福建为主体并包括周边地区的，地域分工明显、经济联系密切、中心城市支撑、市场体系统一、要素流动集聚，具有自身特点和独特优势的区域经济板块。就福州而言，福州市委、市政府正在加快做大省会中心城市的步伐，通过调整城市发展规划，将原有的一城三组团（中心城区和马尾、长安、琅岐组团）变成一城七组团（中心城区和马尾快安、长安琯头、大学城、甘蔗荆溪、青口、长乐组团），引导福州市区沿江、面海拓展，以实现福州城市发展从“闽江时代”到“乌龙江时代”再到“滨海时代”的三级跨越。从实际情况看，长乐不仅拥有长达120公里的海岸线，而且地势平坦、腹地开阔，完全具备了作为福州迈向“滨海时代”承接点的发展空间。尤其是长乐的滨海地区，是按照福州市的规划，作为福州市的生活新城来进行规划布局的。所以说，我们在制订长乐城乡规划的过程中，要始终站在“全局一盘棋”的角度来审视规划，扎实有效地做好与福建省、福州市规划的有机融合与衔接。要处理好城乡规划和历史传承的关系。城市是一个不断发展、更新的有机整体，城市的建设和发展是建立在城市历史发展的基础之上的。这就要求我们在制订城乡规划时要充分考虑规划与历史传承的关系。所谓历史传承，大而言之，就是指在规划时，必须高度重视和切实保护长乐这座千年古邑所特有的自然和文化遗产，这是我们拥有的极其宝贵的财富，一旦受到破坏，就不可能复得。每位从事规划工作的同志，都要清醒地认识到，制订城乡规划和继承城市的历史文化传统之间，不是相互割裂，更不是相互对立的，而是有机关联、相得益彰的，继承和保护城市的自然文化遗产，使之流传后世、永续利用，本身就是规划工作的一项重要内容，也是城市现代文明进步的重要标志。只有处理好这个关系，才能使规划与传承浑然一体，交相辉映。具体言之，就是要做好新旧规划的合理衔接和互为补充。在此之前，我们已经制订修编并拥有了许多方方面面的各种规划，它们凝聚了许多专家、领导和设计人员的智慧和心血，对我们而言，这同样是一笔巨大的财富。虽然随着城市的发展，社会的进步，这些规划的思想、内容显得滞后了、陈旧了，但是，其中仍有许多有益的东西值得我们今天学习和借鉴，我们要善于从中汲取制订今天规划的灵感和养分。只有这样，才能保持新旧规划的连续性和系统性。我们要时刻坚持新规划以旧规划为基础，不同时期的规划相互补充和完善，最终形成一个层次分明、相互衔接、相融互补的较为科学、完整的城乡规划体系。要强化城市中心区集聚辐射功能。中心城区是城市形成的原生地，是城市发展的基础。在规划中，确保长乐中心城区的发展方向与福建省、福州市等上级区域发展概念纳入“一篮子”考虑的同时，要集中体现中心城区对发展长乐总体经济的辐射带动的主导功能。在把长乐建设成为并不断做大做强省会窗口城市过程中，中心城区的规划要“浓墨重彩”地来做，要充分考虑到今后城区在城市发展中的承受力，明确其作为长乐行政、文化、教育、金融、商贸、科研等方面的中心地位，突出建立稳定可靠的能源保障体系、高效完善的交通运输体系、快捷方便的邮电通信体系、协调优美的城市公共设施体系和坚固有效的自然灾害防御体系等，重点勾画出中心城区朝功能齐全、综合配套迈进的发展方向。要强化组团中心区板块带动功能。组团式发展是当今城市最先进的发展模式，根据长乐区域布局和区域社会经济发展特征，长乐形成三个相关联的组团，即“城区组团”“金峰组团”和“滨海组团”。规划中，要根据区域组团的经济社会发展的现状和今后发展的方向，合理为其确定建设规模和发展速度，一方面形成中心城区发展的充分保障，另一方面又要确保本区域组团自身发展特色，以此不断推动区域组团经济与中心城区发展遥相呼应，相得益彰。例如，对于“金峰组团”，要突出其次中心城区的发展概念，充分考虑人流、物流、资金流等方面的规划；对于“滨海组团”，要突出其生态城概念，注重环境整体安排，形成以山为背景，以水为轴线，以公园绿地为对景的，具有现代城市景观风貌的新城区。要通过规划，加快区域组团集群协调发展，变个体优势为群体优势，从而不断提升长乐总体水平与档次。要突出滨海特色。长乐位于福建省东南部沿海、闽江口南岸，三面临海、临江，一方倚山，拥有120公里的黄金海岸线和绵长的闽江岸线。当年，郑和七下西洋无一例外地选择长乐作为其庞大舰队的驻泊基地和给养供应基地，从中就可以看出长乐的自然条件十分优越，区域优势非常明显。因此，我们在修编总体规划的过程中，首先要突出地理区位和自然环境在城乡规划建设中的位置，充分利用滨海、滨江地带进行布局，依托“两港”优势向海滨推进，逐步从“滨海型”向“海湾型”城市转变；其次，要借鉴地理条件相似的发达国家和我国发达城市规划成功先例，立足“蓝天、碧海、金沙滩”的独特优势及积聚山、海、港、岛、礁等自然景观和建筑、园林等为主的人文景观的城市自然生态系统，按照“把海露出来、把地绿起来、把景美起来”的思路，合理处理“城”和“海”的关系，依山面海进行多面积、多层次的滨海造林绿化，形成融城、海、林于一体的生态圈，把长乐建设成环境基础设施完善、环境保护措施得力、自然资源永续利用、生态系统良性循环、人与自然和谐的生态环境和优美舒适的人居城市。要突出历史文化特色。城市特色的形成发展是一个长期的历史过程，在现代城市建设中，应该让后来者看到一些前人的遗存和历史烙印，这是一个城市不能割裂的文化文脉，也是一个城市发展的文化底气，保护好城市历史遗产，也就保护了城市自己。一个轻易忘记过去的城市，就无法让生于斯、长于斯的人们对其有一种归属感和认同感。因此，我们在认真搞好城乡规划时，要准确把握城市的特色和风格，通过科学规划，进一步挖掘、体现和张扬长乐的历史文化特色，使这座城市所具有的独特个性和魅力充分彰显出来。首先，古迹是一个城市的精髓。长乐不少地方还留有城墙、古河道、古桥梁、古园林、古碑、古井、古树和古代传说及记载。我们在城乡规划总体布局中要充分考虑把它们完整地保留下来，并组织到城乡总体规划中去，使它们成为长乐历史文脉的见证，以此来形成独具一格的城市文化，让人们透过历史的尘埃，去发现许多令人回味的往事，穿越世俗的记忆，去探索城市发展的轨迹，真正体味属于这个城市的文化和生活。其次，一个城市的城市精神，源于城市建设和历史发展的实践，是这个城市人民群众的精神支柱和心灵家园。长乐具有十分深厚的文化沉淀，不但是现代著名作家郑振铎、冰心的故乡，而且还诞生了董奉、百丈禅师、珠算家柯尚迁、名医陈修园、名导演陈怀皑、天文学家高鲁等一大批杰出人士，形成了“大爱暖千秋”的精神。

（2007 年 8 月）

域　韵

区域不仅应有自身的发展特色，更应该成为世界的一部分，才能与时俱进、跟进发展。面对经济全球化的机遇和挑战，长乐正以国际化带动、区域化推动、组团化互动的发展模式，促进“三个长乐”协调发展，展示出其在发展中的“域韵”风采。

显国际化带动之“域韵”。长乐作为全国著名侨乡，现有“三胞”40多万人。许多海外侨胞在异国他乡依靠自己的胆识和勇气、勤劳和智慧，创造了财富，成就了事业，掌握了先进技术，积累了大量的资产和经营管理经验。为把侨乡优势转化为投资发展与区域竞争的优势，走国际化发展之路，长乐确立了“以侨引侨、以侨引资、以侨引技、以侨引智”工作思路，积极拓展引资渠道，放宽侨胞投资领域，赋予侨胞企业同等“国民待遇”，充分利用侨胞、侨属的资本、信息和人缘优势，发挥好“侨字号”孵化器的作用，把老华侨的口袋、海外科技人才的脑袋、国内的创业平台有机结合，形成互补发展的引侨新模式，让侨资名副其实地成为投资长乐经济建设的一支强大生力军。比如，长乐滨海工业集中区金纶石化项目投资十个亿，一年建成投产，就是利用侨资内资联合投资促进发展的最好体现。

显区域化推动之“域韵”。现在经济发展越来越呈现出区域化的趋势。在发展过程中，长乐不仅积极融入海峡西岸经济区建设中，而且积极拓展更大的发展空间，充分利用长乐人的资本与外地资源，进行优势互补，实现互惠互利。据不完全统计，长乐现有近6万名企业家在全国30多个省（自治区、直辖市）创办了5000多家企业，年产值逾1500亿元，是长乐自身一年工业总产值的近4倍。这就是所谓的域外长乐的强大实力。为此，长乐因势利导，积极打造生态型硬环境、亲商型软环境、文化型好环境、平安型美环境，促使这座“爱与温暖”的城市成为既适合创业又适合人居的区域；在此基础上，大力实施“回归工程”，不断发展壮大区域经济。2002 年至今，长乐共引进回归项目近 400 项，总投资 260 多亿元，充分发挥了“域外长乐”在项目、资金、技术和人才上的优势，为区域经济社会的快速发展注入了强大的动力，将这一区域经济的潜在价值充分挖掘出来。

显组团化互动之“域韵”。近年来，长乐按照区域经济发展特点，结合现有的各个乡镇（街道）业已形成的地域功能布局，提出了“三大组团”协调发展战略布局，即将全市 18 个乡镇（街道）整合为市区组团、金峰组团和滨海组团。并通过遵循产业生态化、利益推动化、政策引导化、协调合作化原则，统筹优化产业布局，进一步优化城乡结构，逐步形成以市区为核心，各个乡镇为纽带，滨海、金峰、闽江口三大工业片区为支撑，中心村（居）为基础，依托交通干线集聚发展的点轴型放射状市域布局体系。在发展过程中，长乐根据现在与未来发展的客观需要，通过城市对内贯通道的建设，将整个区域贯通起来，使各个乡镇（街道）相互借势、相互影响；特别是通过经济强镇、工业区带动周边乡镇（街道）的发展，促进生产要素在三大组团之间的自由流动，从而带动了彼此之间的分工与合作，促进了三大组团的整体协调发展。

（2007 年 10 月 20 日）

经　韵

改革开放20多年来，长乐县域经济经历了从小到大、由弱到强的嬗变。在这个过程中，长乐人民依靠自己的聪明才智，紧紧把握时代的脉搏，在探索与发展、创业与壮大中，坚持自我革命、自我完善，克服了诸多发展过程中的路径障碍，形成了具有长乐特点、特色的县域经济发展之路和“经韵”特色。

始于草根。长乐县域经济的发展，最早可以溯源于1979年。当时，金峰镇华阳村农民率先办起了第一家乡镇企业性质的蚊帐厂，并由此激发了长乐人集资创业的热情。一时之间，吴航大地呈现出“村村点火，户户冒烟”的繁荣景象。著名经济学家费孝通先生曾用“草根工业”对此做出精辟的论述：长乐乡镇企业如雨后春笋般拔地而起，像草根一样，漫山遍野，繁衍不息，生机勃勃。从某种意义上讲，“草根工业”不仅唤醒了长乐人的工商意识，培养了一支能拼会赢的民营企业家队伍，而且完成了长乐县域经济发展的最初资本积累。可以说，没有“草根工业”的萌芽，就没有长乐县域经济的发展。

源于民资。长乐作为全国著名的侨乡和福建省“草根工业”的发源地，充裕的民间资本为县域经济的持续发展与壮大提供了不竭的源头活水。从“草根工业”的“第一桶金”开始，长乐的民间资本随着民营企业的不断壮大而日益雄厚。遍及世界100多个国家和地区的40多万长乐侨亲，还为长乐带来了每天180万到200万美元的侨汇收入。这些如同“滚雪球”般不断壮大的资金链条，不仅为长乐民营企业的快速发展提供了源源不断的资金支持，而且使民营企业无可争议地成为长乐县域经济的主体，推动和支撑着长乐县域经济不断向前发展。

成于商道。自“十洋成市”以来，长乐人的心中就有了工商意识的萌动。改革开放的春风，引发了长乐人深藏在骨子里的工商意识，长乐人几乎在一夜之间，就完成了从农民到商人的角色转换。这种工商意识的觉醒，不仅让一部分长乐人在“草根工业”时期尝到了第一次“吃螃蟹”的甜头，而且引领着越来越多的长乐人从家庭小作坊业主成长为工商企业家，并形成了一个庞大的社会群体。走近这个群体，了解他们的成长历程，我们就会发现，长乐商人既有北方商人的豪放大气、不拘小节的气度，又有南方商人精明干练、精打细算的本领。在他们中，有集胆量、胆识、胆略于一身，该出手时就出手的“胆商”；有秉持“有钱大家赚”理念抱团打拼的“情商”；有不畏吃苦、在挫折和磨难中走向成功的“逆商”；有头脑清醒、善于在风云变幻中捕捉商机的“灵商”；有大爱开明、极富社会责任感的“德商”。我们将这些商业品质或商人本质概括为“长乐商道”。可以说，正是有了这些极具时代特征的长乐商人群体的存在，才有了长乐民营企业的成功和长乐县域经济的成就。

兴于多元。长乐县域经济有今天的发展规模，关键一点在于，始终坚持多元发展的战略思路。在“草根工业”初期，长乐工业产业主要以纺织为主，这种“所有的鸡蛋放在一个篮子里”的做法，蕴含着极大的产业风险。在不断适应市场经济的过程中，长乐企业不断调整自身的发展方向。如今，长乐已建立起一个门类较为齐全、产业多向多元的工业体系。其中，纺织、冶金“一白一黑”两大支柱产业不仅双双实现产值过百亿元，而且创造了“无棉之乡有纺城、无矿之地铸钢城”的发展奇迹。进入新的发展阶段，电力、电子、医药、建材、港口等新兴产业得到迅猛发展，续写了“无煤之乡建电业城、无芯之地造电子城”的发展佳话，共同支撑起了长乐县域经济的大厦。

优于服务。作为一个自然资源相对匮乏的城市，长乐在发展县域经济的过程中，始终把着眼点放在为域内外、海内外客商提供“规范、统一、高效、透明”的服务上。近年来，秉持“诚实、守信、大爱、开明”的承诺，长乐相继开展了“暖人心工程”“绿卡工程”“阳光工程”等一系列活动，着力整治“小鬼闹事”现象，全面简化办事程序，推行首问责任制、限时包办制、项目审批包办制等各项制度，为广大客商来航投资创业提供了“一条龙”“一站式”服务的便捷，“零距离”“零等待”服务的高效，“全天候”“全方位”服务的温馨，让所有的投资者在长乐都能真切感受到这座城市给予的爱与温暖。

长于创新。长乐县域经济从“草根”长成“大树”的成长历程，是一个不断创新的过程。体现在企业管理上，长乐民营企业已成功实现从创业初期的“三家制”管理方式向结构合理、产权清晰、权责明确的现代企业管理模式的转变，有124家企业通过了ISO9000国际质量体系认证，12家企业通过了ISO14000国际管理体系认证。体现在技术创新上，自“回归工程”实施以来，全市民营企业共实施投资百万元以上技术改造项目215项，总投资47.12亿元，走出了一条依靠技术进步实现大提高、促进大发展的企业发展之路。体现在观念创新上，为突破投融资瓶颈，长乐企业打破家庭式融资模式，形成并完善了“江湖方式进入、商人方式退出”的股份生成机制，实现了民营企业投融资渠道的良性循环。

乐于奉献。长乐县域经济的发展，在不断壮大长乐综合经济实力的同时，也造就了一个成功企业家的群体。他们不仅有能力把企业做大做强，而且具有强烈的社会责任感。近年来，他们积极参与社会公益事业，以产业回报社会，以财富回馈民众，成为长乐各项事业发展的最有力的支持者、拥护者与参与者。2006年，长乐成立慈善总会时，筹到的2000多万元善款，都是由长乐企业家积极捐献的。此外，这些年长乐建设的一大批公园、场馆和各种文体设施，大部分也都是由民营企业家以多种形式出资捐建。可以说，这是一个洋溢着长乐“大爱”文化与时代流行风尚的光荣群体，在他们身上，真实再现了长乐人“大爱开明”的博大胸襟。

融于海西。长乐县域经济的成功之路，一大优势就在于作为省会福州的窗口生态城市，长乐有着优越的区位和地理优势，能够便捷地接受福州发展的带动和辐射。为此，在制订规划、谋划发展的过程中，长乐始终坚持“站在海西看长乐、融入海西建长乐”的发展思路，宏观上，围绕“建设海峡西岸经济区”的战略构想，明确了“建设海峡西岸经济区，做大做强省会窗口生态城市”的发展战略，侧重于长乐城市规划布局的完善，凸显长乐作为省会“窗口”的连接和沟通功能；中观上，自觉衔接福州从“滨江”向“滨海”拓展的趋势，主动发挥“节点”功能，提出建设“大福州、新长乐”的发展概念，着力增强长乐作为新兴滨海城市的活力与魅力；微观上，围绕“现代化港口工业和滨海旅游城市”的发展目标，面壁十年图破壁，坚持不懈地做大做强港口工业、做新做活滨海旅游，取得了初步成效，为做大做强做久县域经济注入了强大的动力。

（2007 年 11 月 18 日）

岸　韵

长乐原称新宁，之所以更名，就是取“长久安乐”之意。在新的时期，“长乐”又有了新的属意，“长”是长长久久，“乐”是越来越好，这正迎合了又好又快可持续发展的口号。选择在长乐这块“福山宝地”创业发展，对广大台商而言，是顺应时代潮流之举。因此，希望广大台商能够在这“三岸”的建设中，拉长心灵的岸线，更好地联结起海峡两岸的文化认同和经贸交流，让事业长久、同胞长乐。

把握立足经济西岸之“岸韵”。海峡西岸经济区是以福建为主体，囊括浙南、粤北、赣东等地区，面对台湾，邻近港澳，北承长江三角洲，南接珠江三角洲，西连内陆的一个具有自身特点、独特优势，能够辐射集聚且客观存在的经济区域。由此可见，海峡西岸不仅指福建，而是一个横跨海峡两岸、涵盖两个区域的大概念。在中国共产党第十七次全国代表大会报告中，首次明确了“海峡西岸”这个概念，并提出支持海峡西岸和其他台商投资相对集中地区经济发展。不久前，凤凰网报道，2007 年广东全省生产总值达到 30606 亿元，首次超过了台湾。众所周知，广东的经济是在珠三角经济圈的带动下发展的，实践证明，这种“圈型”的、区域型的经济发展模式是正确的、可取的、适合中国具体国情的。建设海峡西岸经济区就是为了贯彻党中央倡导的对台政策“新思维”，在服务祖国的统一大业中发挥“更大作用”；就是为了促进两岸文化的交流、交汇、交融；就是为了将来与台湾共同构建共兴、共荣、共赢的“环海峡经济圈”创造条件。海峡西岸是当今台湾的文化之根、血缘之源、语言之母，甚至许多台胞的亲戚都在这里。因此，建设海西，先要从文化认同做起。对于广大台商来说，文化的认同至关重要，这是两岸合作和事业发展的前提与基础。广大台商从海峡东岸来到西岸发展事业，带来了他们的资金、技术、学识、理念，同时也带来了他们的观念和文化。对一个地区来讲，文化影响着地方的经济发展；对一个企业来讲，文化关系着企业的生死存亡。台商要在海西、要在福建、要在长乐这片沃土上谋创业、求发展，就要在注入这些物质资本的同时，主动地融入当地文化中，重新去寻找、去审视、去认同大陆的文化、海西的文化、长乐的文化。只有在心里真正形成了对这些文化的理解和认同，才能将之注入企业和经营的文化中，让企业又好又快地发展壮大。建设海西，努力促进两岸交流，共同发展经济是主要平台。回想过去，台湾企业来大陆发展的寥寥无几，派往大陆的员工更是要许之以高薪。而如今，许多台湾企业家都已经落足长乐十几年了，依然选择长乐、留在长乐、守在长乐，这就反映出台商对海西经济区建设的认同、对长乐整体投资环境的认同。

把握立足开放口岸之“岸韵”。长乐是座江海城市，也是座口岸城市，自古就是海上丝瓷之路的重要节点之一。历史上，长乐曾作为吴王造船的基地、郑和七下西洋的驻泊港等。长乐的梅花镇早在明朝时期就是福州市舶司专通琉球的朝贡贸易出海码头。鸦片战争后，清政府被迫开放五口通商，英国人在长乐营前建立码头、设立海关，这些传统极大地奠定了长乐作为海路口岸的地位。如今的长乐拥有众多以外贸为主的企业，出口总量大，外向型经济特征明显，更坐拥以闽江口码头、松下码头、福州（长乐）国际机场为代表的江、海、空“三港”，这让长乐这座口岸之城拥有了立体多元的走向世界的桥梁。为此，近年来，为了改变长乐口岸管理分别隶属于福州海关、马尾海关、福清海关和机场海关，管理归属关系不明晰、职权重叠混乱的状况，政府部门正在着力整合四关职能，大力推动设立长乐机场海关，积极促成“四关合一”，努力为包括台商在内的广大企业创造良好的生存环境和发展环境，使之能够健康持续地发展。长乐口岸功能的日益完善，必将有助于台资企业和外向型经济的发展，有助于长乐作为海西窗口城市、口岸城市地位的确立。

把握文化“左岸”之“岸韵”。“左岸”一词，通常指的是法国巴黎塞纳河左岸，一个集中了咖啡馆、书店、画廊、美术馆、博物馆的文化圣地，一个知识分子的领地，体现的是一种浪漫、韵味、气质。现在，“世界是平的”趋势越来越明显。要在经济全球化的形势下建好吴航“左岸”，保持长乐原生态文化，保证长乐的城市品位、品质、品格不变，就要在各方的共同努力下，通过整治交通、改善环境、涵养文化等手段，在空间上进行提升，让城市更有文化、让社会更加文明、让市民更加文雅，从而把长乐打造成一个和谐宜居的城市、有文化品位的城市、有丰富内涵的城市。近年来，为了建设好属于长乐人民自己的吴航“左岸”，长乐大力推进首占新区建设，引进“浦东”概念，一片片推动，一个区域一个区域开发，同时积极筹备创建国家级的优秀旅游城市、文化城市、环保城市、卫生城市和园林城市等，取得了一定的成效。

（2008 年 2 月 26 日）

创　韵

做好文明城市创建工作，把长乐建设得更加文明和谐，是广大市民的共同愿望，也是全体干部应担当的“创韵”责任。我们不仅仅要创建文明城市，更要通过创建，更好地体现以人为本的执政理念，优化城市人居环境和创业环境，提高城市的文明程度和综合竞争力；以创建为新的平台和动力，加快城市的建设和发展。

用“文明创建”传导科学发展理念之韵。回顾文明城市的创建历程，我们感受最深的一点，就是必须把转变人的思想观念放在首位。只有这样，文明创建才能成为有源之水、有本之木，才能获得不竭的创建动力。为此，我们始终坚持把文明城市创建活动作为增强城市“软实力”的重要抓手，通过开展建设“学习型组织”“生态型环境”“服务型政府”“文化型社会”“和谐型城市”等活动，自觉把文明城市创建的各项内容融入“四位一体”的建设中，融入海峡西岸省会窗口生态城市的建设中，融入经济社会又好又快发展的建设中，以此引导全市各级各部门，尤其是领导干部牢固树立“抓创建，就是为发展；抓文明，就是促发展”的理念，既把创建省级文明城市作为加快发展的主要内容，又把创建省级文明城市作为服务发展的重要手段，主动纳入党委、政府的议事日程、摆上更加突出的位置，实现同规划、同部署、同检查、同落实，真正做到思想上高度重视、认识上高度一致、措施上高度统一、行动上高度协调，确保文明城市创建的各项思路、措施在第一时间落到实处、收到实效。实践证明，由于长乐坚持用文明创建来传导发展理念，使得文明城市的创建价值和示范作用在加快发展、服务发展的大格局、大背景下得到了充分体现，营造出了风正气顺、人和业兴的发展氛围。

用“文明创建”完善长期长效机制之韵。创建文明城市如果局限于一时一地，就容易流于形式、进入误区。为此，在文明城市创建过程中，我们十分注重在保持长期长效上下功夫，努力把创建活动作为一项常态工作来推动。每年长乐都定期召开市委文明委全体会议，研究部署全市文明创建工作。市委常委会、市政府常务会经常听取文明城市创建工作的阶段性情况汇报，及时解决存在的困难和问题，使文明城市创建工作真正成为各级党委、政府的“一把手”工程。长乐在制订全市“十五”和“十一五”规划过程中，同步制订了精神文明建设规划，明确提出了创建文明城市的目标、任务和步骤，并将落实、执行情况作为考核、任用干部的重要依据，在全市形成了一条“纵向到底、横向到边、环环相扣”的责任链和一条“相互衔接、相互监督、相互制约”的约束链。在具体工作过程中，长乐还不断健全完善财政投入制度，逐年加大精神文明建设的投入，积极探索建立多元投入机制，引导发动企业家、华侨、社会公众参与群众文化建设。几年来，长乐先后筹资近3亿元建成金源科技大厦、图书文献中心、吴航书院等40多个富有特色的文化设施。各乡镇（街道）也积极按照“政府规范引导、社会化运作、市场化筹资”的思路，兴建了一批如猴屿文化中心、大宏华侨广场、泽里文化中心、鳌潭休闲文化公园、集仙公园、云门寺广场等农村基础文化设施，为推进文明城市创建奠定了坚实的基础。

用“文明创建”增强政府服务意识之韵。文明城市创建活动作为一项系统工程，既是对行业服务的一次检阅，更是对政府服务的一次检验。只有政府走在前头、做在前头，才能有效提升整个社会的服务水准，进而擦亮城市的每一扇窗口。为此，长乐以创建文明城市为契机，围绕建设服务型政府，全力提升政府部门和各行各业的服务水平。全面推进政务公开和村务公开，进一步强化公共服务职能。全面落实重大项目无偿代办和全程跟踪服务制度，积极推行首问责任、一次性告知、限时办结、否定报备、并联审批等制度。在建立“市长公开电话”“市领导接待日”制度的基础上，全面实施绩效评估行政问责制度，市民咨询投诉办结率达97%，政府工作透明率大大增强。同时，以“满意在长乐”活动为载体，在全市28个窗口行业单位开展“创文明行业，建满意窗口”活动，倡导推行导办服务、限时服务、延时服务、预约服务、承诺服务等措施，极大提高了办事效率；在全市行业窗口“千人行风满意服务”测评及群众满意率抽样调查中，窗口单位满意率均在95%以上。在通信、银行、供电、供水、广电、工商、税务等公共服务类行业中，以“优质规范服务”为重点，大力改造改进服务窗口的软硬件建设，营造了规范、高效、诚信、和谐、文明的服务环境。

用“文明创建”优化和谐宜居环境之韵。打造精致、温馨、适合创业和居住的宜居城市，是加快建设海峡西岸省会窗口生态城市的内在必然要求。近年来，长乐始终坚持以省级文明城市创建为契机，按照“舒适、健康、绿色、生态”的标准，力争把城乡环境建设得更加优美，让市民的生活质量显著提升。为此，长乐充分利用城市空间，把培育绿色环境、构建生态人居作为城市魅力生成的价值取向。市区绿化按照“绿环围绕、绿线穿插、绿点均布”的布局要求，坚持以优化人居环境、增强城市功能、提升文化品位、打造精品亮点为主要内容。长乐不断加大城区绿化力度，先后建设了南山公园、中国长乐城市森林公园、长山湖公园、仁德公园等绿地场所，让城区环境变得越来越漂亮，为城区广大群众创造了一个生活舒适、生态环保的人居环境。与此同时，大力改善农村村容村貌和人居环境，使广大农村呈现出新气象、新家园、新环境。抓好村庄内道路和路面的整修工作，推动村内路网的硬化工程，实现路面“清通”；深入开展“洁我家园、共创文明”和“家园清洁行动”，全面治理农村环境卫生“脏、乱、差”现象，推动村容村貌的净化工程；大力推进绿色文明家园建设，结合“生态村镇”建设和“青山挂白”整治，大力实施农村绿化工程，建成了龙角峰公园、芦际潭森林公园等诸多公园景点，并启动规划建设闽江口湿地生态公园；本着“统一规划、量力而行、美观实用”的原则，在有条件的路网统一安装路灯，全面推进亮化工程。

用“文明创建”规范城市制度管理之韵。提升城市文明程度的难点在于城市管理，重点也在于城市管理。随着当前长乐城市化进程的不断加快，我们深刻意识到，要使城市设施发挥效益，促进城市经济发展，必须结合创建文明城市工作的开展，在加大城市建设力度的同时，通过依法规范、从严管理、创新机制，标本兼治，实现由突击整治向综合治理、依法管理转变，把管理工作引入经常化、制度化、法治化的轨道。目前，长乐结合实际，制定出台了城市建设、环境保护、园林绿化、市容环境卫生管理等诸多方面的规章制度，逐步形成了较为完善的城市管理制度体系。同时，不断创新管理制度，通过在城区中小学生中开展公共意识教育，从小培养青少年的公共意识，并以此带动其家庭成员养成公共意识，从而形成一个管理城市的长效机制。在具体实践中，长乐持续强化环境卫生、交通秩序、集贸市场、建筑工地、社会治安、娱乐场所、大众传媒等方面的管理工作，在拓展城市功能、净化城市环境的同时，实现了城市管理的规范化、人性化和科学化。比如，进一步深化“平安长乐”建设，加大法制宣传教育的力度，深入开展“文明行车、文明乘车、文明行走”系列宣传活动，使市民受到生动形象的交通文明法规教育，市区主干道的机动车、非机动车、行人交通遵章率明显提高。

用“文明创建”缩小城乡文化差异之韵。在文明城市创建中，共建是我们采取的手段，共享是我们追求的目标。长乐每一个文化设施的建设，都坚持立足长乐实际，调动全市上下的积极性；长乐每一个文化设施的建成，都力求方便人民群众的文化生活，让群众充分享受文明创建的成果。秉持这种共建与共享的理念，长乐在文明城市创建中，以完善农村宣传文化阵地作为缩小城乡差别的切入点，充分发挥城市的示范、辐射和带动作用，坚持以城带乡、以城促乡、以城旺乡。通过引导，全市 18 个乡镇（街道）目前正自愿、自费、自主、自发地掀起一股文化设施建设热潮。如启动姚广孝纪念堂、朱熹街、郑振铎故居等名人故居修复改造工程；新建天文馆、民俗馆等展馆；兴建、扩建仁德公园、新宁广场、御国广场、丹湖等 20 多个主题广场、公园；修复再现原“吴航十二景”；等等。同时，还有效利用农村闲置校舍、厂房、祠堂等现有场所资源，将其改造建设成镇村文化活动场所。全市 18 个乡镇（街道）基本建成有独立设施、设备齐全的文化站，80% 以上的城镇社区和村建有文化活动阵地，为村民提供服务。还立足乡村对宣传文化设施的需求，把革命史馆、航海馆、吴航书院等场馆规划和建设在农村，在全市范围内初步形成便捷的“半小时文化圈”格局。

用“文明创建”检验队伍执政能力之韵。建设和发展城市文明是推动城市发展的内在要求，是满足城市居民精神文化生活的必要手段，也是推动城市经济社会和谐发展的精神动力。近些年来，长乐始终把创建省级文明城市当作各级领导执政责任、执政能力的一次集中检阅和实战考核，将文明城市创建任务分解落实到各级领导身上，要求全市各级各相关部门、单位按照文明创建工作的任务要求，进一步细化、量化文明创建工作，把目标任务逐项分解到部门、到岗位、到人员，并作为干部年度考核内容，确保做到“谁主管、谁负责，谁丢分、谁负责”，从而真正形成人人尽责的创建氛围。创建省级文明城市以来，各部门、单位都能站在全局的高度，不断增强大局意识和责任意识，积极主动地为全局勇挑重担、全力以赴、狠抓落实，不推诿、不扯皮。全市各级各部门党政主要领导都能做到亲自过问、亲自指挥、亲自检查，把工作压力传递到位；各分管领导都自觉自愿扮好具体责任人角色，集中精力、全力以赴，狠抓任务落实；各责任人都充分发挥了主力军的作用，及时保质保量地完成了自己所担负的工作任务。在各级领导干部的示范带动下，一支“干净、干劲、干事，公开、公平、公正，开明、开放、开拓，规范、规矩、规程，严格、严密、严谨”的干部队伍也在创建文明城市的过程中得到锻炼和打造。

用“文明创建”内化与提升市民素质之韵。一个城市的面貌，说到底是市民素质的具体表现。创建文明城市需要每个人都行动起来，从我做起，从日常生活的每一个细节做起。市民的文明素质提高了，才是长乐创建文明城市的真正目的。正基于此，长乐在创建文明城市过程中，始终坚持以人为本，以提高市民素质为目标，加强对市民的培育和塑造。为切实提高广大干部群众的文明素质，长乐坚持用中国特色社会主义理论武装党员和教育群众，紧扣学习、宣传、贯彻党的十七大精神这条主线，持续打造“吴航书院国学讲堂”这一载体，通过组织观看《功德碑》等文艺演出、月学一书、专题会、交流会、知识竞赛等多种形式，举办“书香吴航”读书节系列活动，评选首届“书香人家”和“读书之星”，促进和带动全市广大干部群众形成“全民学习、终身学习”的理念。同时，长乐牢牢抓住内化文明修养这个关键，以构建学习型社会为龙头，以创建学习型单位、学习型机关、学习型家庭、学习型社区为抓手，动员和鼓励广大市民确立终身学习理念，弘扬求知、求新、求进、求美、求乐的学习风尚，极大地促进了长乐人自身素质的提升和超越，有效激活了组成城市文明的每个“城市细胞”。

用“文明创建”倡导和弘扬时代新风之韵。文明城市正处于实践的前沿、现代化的前沿、创建的前沿，体现了强烈的时代要求。长乐在创建文明城市、推进城市化进程中，围绕《公民道德建设实施纲要》的贯彻落实，坚持与时俱进、把握创建趋势。在创新上做文章，以“迎奥运、讲文明、树新风”主题活动为契机，组织开展“道德新风进万家”、社会主义荣辱观宣传“进百村、入万户”、“全国道德模范”推荐评选活动等等，有力推动了公民道德宣传教育的深入开展，在全社会进一步弘扬了高尚的道德情操；在内涵上求拓展，以“婚育新风进万家”活动和“关爱女孩行动”为载体打造婚育文化精品，通过建设巾帼馆和关爱女孩公园、设立巾帼长廊、开辟婚育文化活动阵地等渠道，努力营造与社会和谐相适应的宣传氛围，以新型的婚育文化引导群众逐步破除重男轻女、男尊女卑的旧观念，营造良好的婚育新风；在倡廉上下功夫，积极发挥先进文化在反腐倡廉中的教育作用，先后创建了全省第一条用现代传媒建设的“廉政文化街”、开辟了首批四个“廉政文化教育基地”、开展了“廉内助”评比和党员干部廉政主题实践活动，从传统的“一日不作，一日不食”的农禅思想和“成由勤俭败由奢”的八旗文化中挖掘和提取廉政警示，进一步增强了廉政文化的吸引力和感染力，使党风廉政建设和反腐败斗争有了“源头活水”。

用“文明创建”打造和擦亮城市品牌之韵。一个城市的文明程度，是城市综合实力和竞争力的重要组成部分，也是城市形象、品牌和发展水平的集中体现。基于这种认识，长乐坚持把创建省级文明城市当作打造和擦亮“中国长乐”城市品牌的重要平台和载体来运用。在创建过程中，长乐结合特有的历史文化底蕴，把“大爱暖千秋”的城市精神通过城市的每个细节和市民的每个举止加以充分展示和体现，让每个走进长乐的人都能感受到这座城市焕发出的“爱与温暖”。同时，长乐还以创建文明城市为切入点，进一步加强城市规划、建设和管理，不断优化政务环境、法制环境、市场环境、人文环境、生活环境、生态环境，积极构建人与人、人与社会、人与自然的和谐关系，切实增强了城市的吸引力、亲和力和凝聚力，为经济社会发展注入了生机和活力。实践证明，开展创建省级文明城市活动，不仅有力提升了长乐作为省会窗口的城市形象，而且有效传播了长乐的城市品牌，让越来越多的人了解和认识了长乐。立足当前，着眼长远，长乐将继续以创建文明城市为动力，进一步完善城市基础设施，不断增强城市综合服务的功能，精心打造文明的品牌，全力塑造崭新的形象，以此增强全体市民作为长乐人的荣誉感和自豪感，自觉自愿地投入到创建和维护城市品牌的行动中。

（2008 年 3 月 15 日）

思　韵

解放思想的真理引领着中国的改革开放走过了跌宕起伏却又波澜壮阔的三十年。三十年的沧桑巨变，无不是思想解放的结果。面对未来，基层政府在发展过程中依然存在许多迷惘、困惑，这需要进一步总结经验教训，捋顺工作思路，在发展进程中摒弃"满""旧""僵""浮""难"，不断加强执政能力建设、增强政府公信力、强化服务意识、提升发展意识，进一步解放思想，千方百计地寻求破解之法。

把握思想是行动先导之韵。先进思想是发展的动力，落后思想是发展的阻力。在更新观念的过程中，我们不能仅仅停留在笼统地批判旧观念、抽象地宣传新观念上，要使广大干部群众不仅懂得为什么要解放思想、更新观念，更要明白如何解放思想、更新观念。注重引导广大干部群众在实践中确立新思想、新观念，使解放思想、更新观念的精神成果转化为解放生产力、促进发展的物质成果，与广大干部群众的切身利益和发展的长远利益紧紧联系起来，成为干部群众发自内心的需求。这样，我们的解放思想、更新观念才不会停留在口头上，成为表面文章，而是变成干部群众的自觉行动。这些年来，很多地方都在坚定不移地实施工业强市战略，以新型工业化为方向，重点抓项目、突出抓园区，在做大做强传统产业的基础上，着力提升产业结构、培植新兴产业，推动工业经济更大规模、更高层次地发展，不断跨上了新型工业化的新台阶。但是在当前宏观经济调控力度不断加大，非农建设用地日益减少的形势下，工业化、城镇化发展面临着更为严峻的考验，唯有解放思想、突破禁锢，才能摆脱求稳怕冒的思想束缚，理出一条适合发展的新路子。广大党员干部特别是领导干部，要通过"解放思想、提升发展"大讨论活动，在发展思路上突破各种陈规陋习，勇于成为长乐解放思想的先行者、改革开放的试验者、创新破难的开拓者、走在前列的冲锋者。

把握创新是改革动力之韵。改革创新是推进经济社会发展的不竭动力。实践证明，因循守旧实现不了突破，求稳怕乱成就不了大业。只有勇于改革、善于创新，才能迈出发展的大步子，闯出发展的新路子。因此，要简政放权、简化审批，放权于基层、让利于企业、施惠于群众。在推进改革、创新体制机制上，只要符合科学发展、有利社会民生的，就允许大胆地闯、大胆地干；要倡导先干不争论、先试不议论、先做不评论，允许在改革中出现失误，允许在发展中出现偏差的风气，从而营造一个“支持改革、鼓励创新、追求成功、宽容失败”的良好环境。要积极推进企业体制创新，激发市场主体活力，指导企业建立现代企业制度，帮助企业参与金融市场竞争，积极上市融资。要进一步消除发展非公经济的思想性、政策性、体制性障碍，解决市场准入门槛高、融资难、负担重等问题，改善对企业的服务，促进非公经济总量上规模、结构上档次、质量上水平。解放思想就是党的建设的一大法宝。随着改革开放不断向纵深发展，党的建设面临着许多新情况、新问题，特别是随着时代的进步、政治文明的提高，人民群众对公平正义的追求及对美好生活的期盼，对党的建设也提出了更高的要求。因此，我们要从党的建设新的实际出发，着眼于党的建设的改革创新，联系实际，深入研究探索如何以改革创新的精神，扎实有效地全面推进党的思想建设、组织建设、作风建设、制度建设和反腐倡廉建设。

把握和谐是发展根本之韵。当前，构建社会主义和谐社会任务很重、压力很大、问题很多。解决的办法与思路同样需要解放思想。只有我们不断解放思想，进一步消除制约社会和谐的思想障碍和体制障碍，才能营造政通人和、大局安定的良好社会环境。因此，在构建和谐社会过程中，要牢记党的根本宗旨，坚持万物人为本、万事人为先，坚决摒弃那种把经济增长指标作为唯一衡量标尺，忽视人文、资源、环境指标的政绩观念，坚持把人民群众的拥护度、赞成度、满意度作为衡量和谐程度和政绩大小的重要标尺。要强化发展经济与发展社会事业、改善民生并重的思想，在致力加快经济发展的同时，进一步加强科技、教育、文化、卫生、体育、计生、生态环境保护等各项社会事业，努力做到在经济发展中注重改善民生，在改善民生中促进经济发展。要创新社会管理，树立“在服务中实施管理，在管理中体现服务”的理念，综合运用政策、法律、经济、行政等手段和民主的、法治的、协调的方法来加强社会管理，最大限度激发社会创造活力，最大限度增加和谐因素，最大限度减少不和谐因素，保持社会大局安定祥和。

把握统筹是破局关键之韵。解放思想能不能收到实效，关键要看领导干部。“一把手”既是组织主体，也是参与主体，要率先垂范抓落实、深入一线搞调研、亲力亲为解难题，认真查找本地区、本部门影响“科学发展、跨越发展”的思想障碍，形成“一个人”带动“一班人”、推动“一层人”、影响“一群人”的生动局面，带动面上工作高效开展。要围绕办事效率提速、服务质量提升、工作作风改进、竞争实力提高等重点，动真碰硬地查问题，科学理性地找不足，实事求是地比差距，努力以务实的整改措施、到位的解决办法，真正让群众看到变化、得到实惠。要积极主动地创新活动载体、创优工作方式、创造典型经验，努力以各项“规定动作”的坚决完成和“自选动作”的探索实施，提高活动的灵活性、实效性。解放思想的最终目的是推动工作落实、提升科学发展。要正确处理“解放思想、提升发展”大讨论活动与当前工作的关系，统筹兼顾，合理安排，既要深入调研、查找问题，又要解决问题、服务发展。要坚决克服“以干代学”或“以学代干”的不良倾向，既不能脱离当前工作孤立地搞，也不能因为工作忙而不认真抓。在实践工作中，我们要把“解放思想、提升发展”大讨论活动作为建设海峡西岸省会窗口生态城市的原动力，把自己放在区域竞争、城市发展和经济全球化的视野中，进一步搞清定位、找准差距，以新境界谋划新发展。要用新思维来看待当前形势，全面地、历史地、辩证地分析成绩和不足、优势和劣势、机遇和挑战，准确地认识形势、把握全局、推动发展。解放思想是对传统思想观念与行为方式的突破，无先例可循、无现成模式，需要面对更多的困难和风险。要以发展的眼光倍加珍爱改革人才，要以宣传教育营造改革氛围，努力形成“敢想、敢干、敢闯、敢负责”的社会氛围，为改革发展创造条件；要鼓励创业者，使之底气十足。要坚决支持、保护、鼓励一心干事业、真心为群众的干部，旗帜鲜明地为想干事、敢干事、能干事的干部撑腰壮胆，使不干事、干不成事的人没有市场。对改革创新中出现的问题，科学合理妥善处理，以保护党员干部改革创新干事创业的积极性。推进干部人事制度改革，完善绩效评估和奖惩激励机制，让能干事、干成事、不出事的干部得到奖励和重用；要宽容失误者，使之蓄势再发。改革创新和干事创业难免会走弯路，难免会出现失误。谅解失误、宽容失误是解放思想的重要条件，要为改革者营造“海阔凭鱼跃，天高任鸟飞”的发展环境。

（2008 年 3 月 28 日）

城　韵

“人因业而聚，城因人而生。”城市，凝聚着人类文明的精华，也承载着人民对美好生活的向往。长乐是一座城区面积相对偏小的城市，在撤县建市之初城区面积只有 3.5 平方公里，而这一弹丸之地却花费长乐先辈千年的时间与精力来造就，建设成果来之不易。而如今，在现代工业化、城市化的大力推动下，长乐城区面积也不过才发展至 12.8 平方公里。时代催人奋进，长乐城市的发展要求迫切需要我们勇敢地接过先贤的事业，富有创意地掀起新一轮“造城”运动。一幅经济快速发展、社会和谐稳定、人事繁荣兴旺、环境优美亮丽的新区蓝图正在徐徐展开，呈现出振奋人心的磅礴气象和“独特”的“城韵”品质。

建一座勇立潮头、展望未来的特色“城韵”之城。首占新区是国务院和福建省政府批准规划的长乐城区法定区域，拟开发建设面积达 6.8 平方公里。建设首占新区是全市广大干部群众多年苦心追求的目标，也是我们在福州乃至福建范围内率先引进城市设计理念的尝试。综合考虑区域文化背景、空间格局、辐射能力等情况，首占新区城市设计、五凤兰亭规划设计要体现六个“大”：大背景、大格局、大空间、大造化、大设计、大带动。长乐作为福州“沿江向海”的重要节点，对于福州而言，是一个窗口、一种形象。就长乐而言，首占新区就是一个端口、一个节点，代表城市的最新形态。这就要求我们在对首占新区进行规划设计定位时，要充分考虑到与大福州实现有机对接这一大背景，把握好“建设海西窗口”这个概念。“大福州、新长乐”是长乐城市未来发展的趋势。在不久的将来，福州的行政、文化、会展等中心将移到三江口，朝着“沿江向海”的格局发展，而长乐首占新区在福州沿江发展规划战略中占有重要的一席之地。因此，在发展规划中要紧紧抓住福州“沿江向海”发展机遇，凸显临江靠海的优势，通过统一规划建设确保今后首占新区的功能符合要求，促使长乐更好地融入大福州的建设，承接起福州“沿江向海”发展的重任。当前长乐空间格局按照市区组团、滨海组团、金峰组团等三个组团来划分，首占新区是市区组团的一个组成部分。现在的峡漳线连接起老城区和首占新区，首占新区再向南延伸是玉田区域。考虑到未来城区空间的进一步拓展需要，我们为未来福州铁路南站扩大到玉田预留了5平方公里的核心区域和12平方公里的覆盖区域，而玉田就是今后长乐市区发展的潜力空间。为此，我们必须未雨绸缪，从现在开始保护好玉田的青山绿水，并在《首占新区城市设计方案》中预留好衔接通道与接点，以最充分的准备来争取和迎接市区空间的拓展。一个地方的造化与该地的人文、地理等要素紧密联系在一起。只有顺应其历史文脉，才能使其后期发展与前期发展一脉相承，有机地联系衔接。在首占新区城市设计过程中，我们要做到眼界宽、站位高、视野广，使规划有超前意识，能应对建设过程出现的水，电、路、气等需求不断增长的新问题。要本着尊重自然、尊重历史的原则，科学规划、合理设计、精心塑造出建筑别致、街景独特、环境优美的城市形象。要按照“总体设计、分段实施”的要求，做好首占新区各个区域、各个项目的规划设计，促使各个项目都能按照实际需求，及时开工建设，并能很好地实现无缝衔接。要立足长乐实际，依靠城市理念、城市带动、城市提升、城市节点来带动区域发展，利用城市自我发展的创造力、区域联动的辐射力和变革乡村的影响力，不断提高长乐城市化进度。

建一座文脉赓续、弦歌铮鸣的特色“城韵”之城。城市是一段凝固的历史，文化是一座城市的“名片”。长乐以悠久璀璨的历史底蕴为灵魂，以延续城市发展空间脉络为基础，以秀美山川景致为增色，着力挖掘城市特色亮点，统筹推进历史传承与城市发展同频共振。当前，长乐老城区已基本具备了宜居城市所必需的基本元素，明年城区建设的重点将放在长乐城区扩建上，“四面出击”，不断拓展。向南，通过“山水营城、人文筑城、赤子兴城”等方式，全力推动首占新区建设。向东，以“五凤美墅”为节点，充分体现民居文化打造、“十洋成市”元素再造、特色山水构造、商旅人气锻造、“五凤美墅”制造、边缘地带改造等“六造”风格，把长乐特色的民居文化与发展规划相融合，延续城市记忆，树立城市形象。向北，近些年来，我们采用“港城联动、工贸带动”等形式大力发展闽江口工业片区（里仁工业小区）以及周边相关的村落，取得了一定的进展。今后，我们根据该区域实际情况对其进行修缮、维护，成为吴航主城区的有机部分。向西，将营前作为一个相对独立的区域加以规划设计和开发建设，并通过打通长限岭两边除尖峰山外的小山包，使市区在前往福州方向的这一方位上，以更加宽广的“胸怀”迎接各路宾客。

建一座宜居宜业、和谐幸福的特色“城韵”之城。深化认识提高政治站位。各级各部门必须站在一个新的高度认识到，首占新区城市建设是长乐城市化发展的必然趋势，是历史的责任担当，是人民群众的迫切愿望。必须举全市之力，埋头苦干、加快开发，努力把首占新区精心打造为现代服务业的集聚地、和谐共处的人居地、综合行政的服务地，使之成为长乐中心城区的功能组团、大福州空间拓展的关键节点、海外投资创业的重要平台。一是加强领导。指挥部各成员单位、各相关部门、建设单位要在指挥部的统一领导下，按照各自职责，树立超常规、快建设的新观念，特事特办、急事急办，通力协作，为首占新区建设提供高效率的服务。各有关职能部门在建设过程中，要根据职责分工，充分发挥部门优势，认真履行好各自的职责，相互协调，密切配合，努力形成推进首占新区建设的强大合力。二是加大宣传。要在全社会大力宣传以首占新区建设为荣、破坏首占新区建设为耻的荣辱观，引导全社会以对长乐历史和人民负责的态度参与首占新区开发建设，积极营造出“全市上下一条心、规划建设一条龙”的建设局面。同时，要大力宣传首占新区建设和投资前景，努力把长乐雄厚的民间资金有序引导到首占新区开发中，为首占新区建设提供雄厚的资金保障。三是加倍用心。当前，建设首占新区的号角已经吹响，全市广大领导干部要集中全部智慧和力量，昂扬干事创业的奋斗热情，身先士卒，奔赴一线，全力以赴做好首占新区建设工作。所有部门、单位都要围绕中心，服务大局，狠抓机关作风和行风建设，提高工作效率，改进服务质量，保障首占新区建设顺利进行。在项目建设过程中，要实行“一个项目、一名领导、一个机构、一套方案、一抓到底”的工作机制，全过程、全方位地督办落实、跟踪服务，促使每个项目都能按进度及时完成或提前完成。各部门要强化“百年大计，质量第一”的观念，严格按照建设施工程序办事，严格工程招投标、项目法人、质量监管制度，切实加强各个环节的监督管理，确保工程优质、干部优秀。配套建设提升城市品质。当前规划设计立项已确定，当务之急是加快配套设施建设，并以此为切入点，搭好框架，打好基础，优化各类资源的配置，为下一步全面开发建设打下坚实的基础。只有这样，才能提高新区的综合承载能力，进而增强对外部区域的吸引力，并不断扩大对周边区域辐射力，吸引更多的人口到首占新区定居，为新区带来繁荣发展所需的人流、物流和信息流，使首占新区真正成为大福州空间拓展的关键节点、海外乡亲回乡投资创业的重要平台。为此，我们必须坚持新区建设，道路先行，加快完善首占新区道路交通网络建设，使其与外部连接畅通无阻，更好地实现与外界的资源、要素的交流与交换。项目是加快首占新区建设发展的突破口和着力点，是推动首占新区实现跨越式发展的必然选择。只有通过加快一个又一个具体项目的落地生成和推进，才能让广大人民群众以及各界人士看见长乐建设首占新区的决心与行动，从而自觉自愿地加入建设首占新区的热潮中来。

（2008 年 8 月 21 日）

冶　韵

如今，在全球金融危机不断蔓延，企业发展面临经济寒冬的严峻形势下，冶金行业要想顺利渡过难关，战胜危机，就必须充分发挥“能拼会赢、敢打必胜”的精神和勇气。对冶金行业来说，物质形态的“钢铁”怎样炼成是再熟悉不过的事。但是，精神形态的“钢铁”要怎样炼成？所谓“百炼成钢”，只有把物质层面的钢铁属性引申和拓展到精神层面，这样的“钢铁”才能真正达到无坚不摧的境界，将长乐的“冶韵”精神更加发扬光大。

要磨炼钢铁意志之“冶韵”。《钢铁是怎样炼成的》这本书中的主人公保尔那“生命不息，奋斗不止”的强者形象，曾经激励了一代又一代人。为什么那么多人热衷于以保尔为榜样？就是因为人们在他身上看到了钢铁般的意志和乐观积极的态度，以及由此而生的对生活的信心。面对金融危机时，我们并不缺少战胜它的措施和方法，缺少的恰恰就是一份信心——对产业的信心、对政策的信心、对形势的信心；缺乏的就是一种意志——在困难面前愈挫愈奋、愈挫愈勇，战胜困难、从不言弃的钢铁意志。其实，只要我们对世界经济的发展历程有所了解和分析，就会发现每一场金融和经济危机的爆发都呈现出周期性的特点，这是市场经济的发展规律和内在必然。说到底，市场经济就是一种信心经济。20 世纪 30 年代经济大萧条时期，美国总统罗斯福说：“我们唯一要害怕的就是害怕本身。”对任何国家、企业和个人而言，丧失信心都比困难本身更加可怕。因此，企业家们在暂时的困难面前，应当能够始终保持乐观的心态，正确看待和分析企业发展的前景与策略，以钢铁般的意志去战胜一切困难，真正发挥好、体现好长乐企业家“能拼会赢”的钢铁本质。

要锤炼钢铁脊梁之“冶韵”。冶金与纺织两大产业一直以来都是长乐经济发展的支柱，是支撑长乐经济大厦的重要脊梁。但从目前的情况看，受国际金融危机和国内宏观经济的双重影响，这根“脊梁”给人以不堪重负之感。年前，我们刚刚召开了“两会”，通过了《政府工作报告》，应该说，今年全市的发展任务并没有因为宏观环境的变化而减轻，相反由于环境更加恶劣，任务更显艰巨。在这种压力下，要实现既定的“保增长、扩内需、调结构、重民生”四大任务，推动全市经济平稳较快发展，就需要冶金、纺织两大产业挺起“脊梁”，特别是冶金行业更要以自身钢铁般的“脊梁”挑重担、走前头、做贡献。因此，就需要冶金企业家们共同努力把这根“脊梁”做大做强。就像一枚硬币总有正反两面一样，风险与危机的另一面往往是契机，作为企业家就要善于在危机面前拨云去雾，看到“危”中所蕴含的“机”。比如，扩大内需政策带来的市场机遇，原材料降价带来的成本机遇，企业倒闭带来的扩张机遇，等等。只要我们把握住了这些机遇，就能够化险为夷、转危为机，把产业不断做大做强，不断增强企业抵御市场风险和经济风浪的能力，锤炼出一副压不垮的钢铁脊梁。

要提炼钢铁品质之“冶韵”。钢铁在冶炼过程中，一道很重要的工序就是要去除矿石中的杂质以提高纯度，进而保证产品的品质。产品要讲品质，生产经营产品的人更要讲品质，对于企业家而言，诚信就是最大的品质。在座的企业家都是从长乐这座充满“爱与温暖”的城市里走出去的，诚信作为长乐“大爱”精神的重要组成部分，更应该成为大家经营和管理企业的手段与准则。纵观改革开放三十年的发展历程，长乐企业之所以愈做愈强，企业家们之所以愈挫愈勇，固然有各种因素在内，但不可否认，每一个成功的企业家都坚守了“诚信为企业经营之本”的理念。当前，大家在经营生产上面临着暂时的困难、遇到了巨大的挑战，但是长乐的冶金企业和企业家坚持了“不停产、不减员、不降薪、不造假、不少税”的诚信本质，为当地党委、政府分了忧，为社会稳定、员工安心出了力，树立了长乐企业家的良好形象。在此，希望大家一如既往地保持好诚信本色，不论生存有多么艰难，都不要冲破诚信这条基本的底线。要目光放远，珍惜好、维护好来之不易的企业形象，始终严格按照国家政策和经济法规，合法经营、诚信经营，不断加强企业诚信建设，努力培育良好的企业形象，促进企业健康永续发展。

要熔炼钢铁力量之“冶韵”。团结产生力量，所以张开手伸出五个手指头打人，远不如握紧手指形成拳头来得有力、有劲。当前，我们所面对的压力之大、困难之多、任务之艰，都是前所未有、前所未见的。这就需要我们大家团结起来、毕力同心，形成一股钢铁般的力量去与危机抗衡，去与困难搏斗。从小范围讲，作为一个企业的灵魂，在发展遇到困难时，企业家要做带领全体职工冲锋陷阵的先锋，靠自身临危不惧、应势而变的领导艺术，切实把企业带出困境，走上顺利发展的轨道。如果说缔造一个百年企业、千年基业、万家产业，是每一个企业家的梦想，那么这场金融危机，就是企业家施展才华、力求生存与发展的最好舞台。从大范围讲，冶金协会要充分发挥组织、协调和引导作用，对行业内的各种资源进行有效整合，引导广大冶金企业信息互享、链条互补、技术互助、市场互闯，打造一支特别讲团结、特别能拼搏、特别善创新的冶金企业家团队，为全市其他行业协会树立一个榜样，进而提升长乐企业家的整体形象。

要陶炼钢铁情怀之“冶韵”。铁骨铮铮，儿女情长。尽管冶金企业家终年与钢铁打交道，但同样是有血有肉、有情有爱的普通人，不能把自己等同于普通人。这是因为，企业家之所以称为“家”，就意味着他不同于商人或者是生意人的称呼，企业家的精神内涵应该更丰富、更深刻、更与时俱进，时代和民众也要求企业家承担更多的社会责任。这几年，长乐企业家特别是冶金行业的企业家不论是支持家乡建设，还是热心慈善公益，都贡献了很大的力量，赢得了社会的广泛赞誉。在当前这个特别时期，对于企业家而言，最大的社会责任就是稳定就业，要尽量做好企业的稳定生产工作。生产稳定了工人就稳定了，工人稳定了家庭就稳定了，家庭稳定了社会就稳定了，社会稳定了国家就稳定了。同时，作为高污染、高能耗、高风险行业，广大冶金企业还要切实按照“资源节约、环境友好”的要求，严格执行国家各项政策，抓好节能减排和安全生产工作，强化投入、完善管理，努力形成企业效益和社会效益双赢的格局。

（2009 年 1 月 31 日）

旅　韵

长乐“前挹平原，后负崇岗，沧海环其左，双江拱其右”，是一个旅游资源极为丰富的滨海新城，有着发展旅游产业十分优越的自然条件和文化积淀。如何在方兴未艾的旅游经济中不仅能分享旅游业利润“蛋糕”，而且为长乐旅游业发展厚植“旅韵”特色，是长乐今后发展面临的一个重大课题。

树立旅游产业理念之韵。旅游产业是以旅游资源为基础、旅游设施为条件，为游客提供全方位服务的资源型、带动型、开放型的产业。通过发展旅游业，可以带动吃、住、行、游、购、娱等相关产业的发展，带来信息、观念、项目、资金，带来就业机会乃至带动城市整体水平的提高。因此，长乐旅游业的发展，要跳出就旅游抓旅游的传统发展观念，以大产业、大旅游、大市场的理念来包装、经营旅游产业。要制定正确、合理的旅游产业发展规划和政策，包括产业结构、产业布局、产业技术、产业组织等方面，以指导旅游产业协调发展。要按照地方支柱产业形成的规律性，提高旅游集聚效益，形成规模，并在此基础上利用旅游“增长点”的扩散和关联效应，带动整个长乐旅游景区、景点开发及旅游产业的全面发展，推进长乐经济社会的发展。要讲求投入产出效率，不断提高旅游业的生产率水平，使旅游业不仅具有高于其他产业的生产率水平，而且具有快于其他产业的增长率，以及对相关产业较强的关联带动效应。

树立旅游市场理念之韵。所谓在旅游产业发展中树立市场理念，就是要求旅游开发必须从过去的以资源为导向转换到以市场为导向，确定旅游产业开发的主体和客体，明确旅游产业开发和建设的针对性，减少和避免无谓的浪费，提高旅游产业的经济效益，促进旅游产业可持续发展。旅游产品的生产过程，实际上就是建设城市、美化环境、资源重组的过程，也可以说，旅游产业是城市经营业、环境促销业。按照专家的观点，旅游业发展要经历高投入低产出、高投入高产出、低投入高产出三个阶段。现在的发达国家，如世界旅游第一大国——法国，经历了几百年的建设，旅游的基础设施已基本适应旅游业发展的需要，每年不需要更大投入就可以有可观的收入，真正到了低投入高产出的阶段。但目前，长乐的旅游产业开发仍处在高投入低产出阶段，单靠“吃饭型”财政来投入开发，政府财政难以承受。因此，必须充分发挥政府在旅游开发的组织协调、营造环境的引导作用，建立多元化投入、市场化运作的机制，加大招商引资力度，大力推进旅游景区、景点、饭店经营权的“拍卖”，积极吸引国际资金、社会资本、民营资本进入旅游行业，参与旅游产业开发、建设和经营。

树立旅游品牌理念之韵。旅游业是以旅游资源为核心的产业，游客必须觉得旅游产品有吸引力才会去旅行游览。旅游资源的不可移动性和不可分割性，决定了旅游产品不是购物商品，无法到市场上直接交易出售，决定了旅游促销卖的是“项链”而不是“珍珠”，必须整体促销，打响品牌。因此，开发旅游产品，发展旅游产业，必须树立牢固的品牌理念，以品牌来丰富旅游产品的想象力，吸引游客。长乐是一座文化积淀十分深厚的古县新市，拥有郑振铎、谢冰心、董奉以及陈怀皑、陈凯歌父子等一大批世界级名人；拥有吴王在此屯兵造船、郑和七下西洋在此避风休整等史实记载；拥有秀丽多彩的滨海自然风光及下沙海滨度假村、海峡奥林匹克城等旅游度假胜地；拥有 40 多万旅外（特别是旅美）乡亲；等等。这一系列宝贵的自然、人文、社会资源构成了长乐这座城市的独特内涵和品质。从另外一个角度来说，这些也都是长乐开发旅游产业的品牌，是做大旅游产业的重要载体。要通过邀请专家来研究长乐的旅游，策划长乐旅游形象广告语，走出去推销长乐，举办节庆活动展示长乐，开辟特色旅游线路介绍长乐，组织新闻专题报道宣传长乐，把旅游产业开发融入经济发展的每一个环节，把长乐的旅游精品和亮点凝聚起来，形成综合魅力吸引游客，使长乐的旅游知名度迅速提升，促进旅游产业快速做大、做强，成为长乐经济结构的重要组成部分。

树立旅游文化理念之韵。文化是旅游的灵魂，旅游是文化的载体。文化是提升旅游素质、提高旅游档次的重要内容，也是新世纪旅游竞争的新的手段，挖掘当地文化遗产、开发新的文化旅游产品是当今旅游产业发展的潮流之一。长乐是一个文化积淀十分深厚的地方，而且这种文化首先体现在长乐沿江面海的地域特征上，也就是说，不管在哪一个历史时期，在长乐的总体文化结构中，广博的海洋文化都居主导地位。长乐最早可以载入史册的历史事件是春秋时期吴王夫差屯兵造船，它直接产生了长乐的别称——吴航，而明代郑和七下西洋也同样为长乐留下了光辉的海洋文化遗产。同时，三溪龙舟夜渡、琴江满族文化等多彩的民俗文化，显应宫、龙泉寺等神秘的宗教文化及长乐本土的历史文化，也都深深地烙印在长乐发展的历史轨迹上，为长乐地域注入深厚的文化内涵。因此，发展长乐旅游产业，必须要牢固树立文化理念，充分挖掘充满地域特色的文化内涵，使静态文化和动态文化、历史文化和现代开放的城市文化相结合，全面提升旅游产业的竞争力。

树立旅游生态理念之韵。旅游业的快速发展离不开一个良好的生态环境，特别是随着人们环保意识的进一步增强，生态环境游将会成为今后的一个重要旅游方式。而生态环境游作为一种全新的旅游概念，它提倡旅游不以牺牲环境为代价，而应与自然和谐统一，并且必须使当代人享受旅游的自然景观与人文景观的机会与后代人相等，使旅游区所处的自然生态环境不受破坏。但长期以来，人们受到旅游业是“无烟产业”“永远的朝阳产业”观念的影响，认为旅游资源是可再生资源，却没有看到旅游业对经济发展的正效应的背面就是严重的环境污染的负效应。事实上，旅游产业的开发、建设、经营的过程也同样会有大气污染、垃圾污染、水体污染、视觉污染、噪声污染等，并且由于旅游产业更直接地依赖于环境因素，因而它对环境的破坏也更为直接，其开发、建设、经营中产生的污染甚至比工业“有烟”污染更厉害，即使今后对它进行修复，但其自身原有的价值也将荡然无存。因此，在旅游景区景点的开发建设中，必须多引入绿色概念，牢固树立生态理念，否则竭泽而渔、饮鸩止渴的开发方式必将导致恶性循环的严重后果。

树立旅游需求引导之韵。潜心打造旅游品牌。在客源市场竞争日益激烈的今天，“好酒不怕巷子深”的时代已成为遥远的回忆，而今“好酒”不仅要“勤”吆喝，更要“会”吆喝。旅游产品作为一种特殊商品，其不可移动性和异地性决定了要想提高知名度、吸引游客视线，就必须进行科学有效的包装与宣传促销，做到人文与自然并茂，商业与休闲同盛，联合打造长乐旅游品牌。把握市场定位，适应现代旅游市场多元化需求。正确的市场营销战略来自于准确科学的市场定位。只有正确分析各种条件和外部环境，客观把握旅游市场需求和趋势，才能依据市场细分，确定目标市场，优选出新的业务方向和经营目标，推出多层次、多品种的旅游产品，从而充分利用适合自身发展的市场机会，避开不利于自身发展的市场威胁。具体来讲，可以从以下几个方面出发。其一，从旅游者的大众性出发，定位无差异市场，采用规模经营、整体开发的战略。长乐特殊的区位和悠久的历史，造就了丰富的旅游资源、深厚的人文积淀和便捷的交通网络，这是长乐发展旅游产业的天然财富。因此，要抓住游客回归自然、亲近山水的心态，推出山海风光游、生态游、休闲游、古迹游等短期线路，吸引周边地区的游客来长乐作短线旅游。应该看到，随着社会的发展，人的工作和生活节奏越来越快，以生态、休闲为主题的短途旅游也必将日益受到消费者的青睐，有着广阔的市场空间。其二，从旅游需求的多样化出发，定位差异性市场，采用特色经营、重点开发的战略。长乐是郑和七下西洋的必经口岸，发展长乐旅游业要做足郑和这篇文章，但并非每个人对郑和史迹都感兴趣。因此，要抓住“郑和是历史上伟大的航海家”这个关键卖点，吸引全世界航海爱好者和海洋史学家的眼光，不断推出新的“发现”和线路，把他们的心都拴在长乐的“郑和史迹”上，吸引他们时常光顾长乐开展考证、研究郑和史迹等旅游活动。其三，从旅游地理性和季节性出发，定位密集性市场，采用集中地区和集中时间经营、突击开发的战略。滨海旅游必然会受季节变迁的影响，春夏季节游客相对多一些，秋冬季则进入了旅游淡季，因此，要充分利用暮春、初秋和整个夏季旅游旺季及节假日，突击营销，集中力量大引导、大宣传，广泛组织会议、学术、商贸、考察团体，最大限度地利用有限的资源和时间，吸引最大量的游客，获得最大化的效益。同时，要根据淡季和资源的特点，在旺季多推出消遣型旅游，而在淡季多开发业务型公务型旅游，推出以“上山”和文化古迹游为主的线路，不仅能增加产品品种，拓展旅游市场，而且能提高各种旅游设施的利用率。创新营销策略，再展海滨城市旅游新魅力。旅游市场营销对策必须围绕旅游行业的产业化、游客的大众化、经营的规模化、手段的现代化以及增长的广泛性、地理的集中性、服务的连续性等特点，依据旅游市场形势和走向，有效利用各种促销手段，创造营销特色。其一，更新营销理念。要重视服务质量的营销，以服务营销质量为中心，使服务成为行之有效的营销战略。特别要杜绝短视行为，决不能以旅游业的长期发展为代价获取眼前的利益，要说到做到，宣传上怎么说实际工作就得怎么做，以取信于游客。要重视对旅游地整体形象的宣传促销，改变过去只注重景点宣传，忽视城市整体旅游功能宣传的弊端，提高旅游者对旅游地历史印象、现实感和未来信息的捕捉力，促进客源市场的形成与发展。其二，完善旅游营销网络。立足长远建设稳定高效的营销网络，在空间布局上，要把国际旅游同国内旅游结合起来，在手段运用上，要把现代科技和传统形式结合起来；在方式选择上，要把主动出击同阵地宣传结合起来。通过建立纵横交错的营销网络，加强对周边地区旅游市场的宣传促销，提高市场覆盖率，加强对国外旅游市场的宣传促销，提高长乐的美誉度、知名度和吸引力。其三，策划新奇实用的促销方式。要开展旅游节庆活动，积极申办组织各种全国性、国际性会议、展览、文化、体育、经贸等大型活动，借势造势，“以节促旅”，形成良好的旅游效应。要积极组团参加国内外各种旅游展销会、博览会，开展多种形式的宣传促销活动，有计划地邀请国际国内旅游组织、企业、专家、学者和新闻记者等来长乐观光考察、举办论坛，展示长乐国际化、现代化旅游城市形象，提高长乐在国内外旅游市场的知名度。要积极实施“金旅工程”，加快建设旅游商务信息网络，开展网上宣传促销、咨询和预订服务，完善旅游统计和信息发布工作，以信息化促进旅游业的发展。要在机场、汽车站、码头、宾馆等游客聚集地设立旅游服务咨询设施，方便游客查询，带动新的客源。要充分利用广告宣传促销，通过报纸、书刊、电视、电影、明信片等大众传播媒体或特制牌幅、传单、纪念章、纪念卡等形式，向海内外广泛传递信息。在宣传主体上，不但要组织旅行社联合对外宣传促销，而且要借助民航、轮船公司发达的网络宣传推销，招徕海内外游客。促进产业联动，形成长乐旅游经济的组合优势。发展旅游业不单单是建设旅游景点，单靠景点来推动旅游经济的发展显得有些势单力薄，孤掌难鸣，重要的是要完善“食、住、行、游、购、娱”的旅游六要素，使之成为旅游业的配套产业，形成旅游业发展的合力。因此，必须坚持“大旅游、大市场、大产业”的指导思想，拓宽旅游产业的相关领域，加快旅游经济相关产业发展。其一，发展旅游配套产业。要统一规划和包装长乐美食旅游，形成规模大、档次高、环境优美的旅游餐饮中心区，打造长乐的“餐饮文化”，使游客玩在长乐、住在长乐、吃在长乐。要提高餐饮水平，突出长乐特色，规范管理旅游景点附近的饭店、商店，要求整洁、卫生，杜绝“宰客”现象。要加快城区四星级宾馆引资建设步伐，同时培育特色饭店和度假型宾馆，适应不同游客的消费需要。要逐步建立完善娱乐场所，在宾馆、饭店、景区增设一批形式多样的文化娱乐活动和设施，重点丰富和活跃长乐的夜间旅游文化休闲活动，以延长游客在长乐的逗留时间。娱乐场所要合理布局、科学管理，不能一管就死、一放就乱。要迅速提高长乐商贸业的档次，建立完善旅游购物市场，带动购物旅游的发展，增加游客在长乐的消费。其二，开发有地方特色的旅游商品。开发旅游商品除了能带来丰厚的利润，更重要的是容易让游客记住旅游地。这就是所谓的“睹物生情”“触景生情”的心理。比如，一看到雨花石，我们自然就会想到南京。因此，长乐在发展旅游业时，也要做足旅游商品文章，花大力气推出具有地方特色的旅游商品。要开展旅游商品设计大赛、旅游商品展销会和“旅游者最喜爱商品”评选活动，挖掘和推出一批既有地方特色和文化内涵，又有便携性、实用性和纪念性的旅游商品。要结合长乐重振工艺品行业的工作，扶持长乐传统工艺品发展，加快具有长乐特色的旅游纪念品的开发与生产，制作如郑和宝船、显应宫等模型。要突出长乐滨海城市的特点，生产鲜活海产品和各类袋装海产品，开发“海洋天然食品”，拉动游客的购买欲望。

旅游市场的不断成熟和发展，进一步推动着旅游产业的全面发展，推动着社会进步和人民群众生活质量的提高。我们应该抓住这一机遇，顺应这一趋势，积极研究旅游产业的发展与变化，规划制定旅游业的发展蓝图，并付诸行动，使旅游业真正为长乐经济和社会的发展做出应有的贡献。

（2009 年 4 月 3 日）

文释之韵

教　韵

加速推动长乐教育事业的发展，要求我们既要很好地认识到长乐教育事业存在不强、不优、不大、不新的不足之处，也要看到长乐教育事业发展历史悠久、脉络清晰、特点鲜明的“教韵”优势，去经历一次共识上的“寻根”。只有这样，这种共识才能扎根在我们的思想深处，成为一种坚定的意志。

南蛮之地觉悟之韵。历史上常把居于东海之滨的古代闽地称为“蛮荒之地”，这是相对于长江以北、黄河以南的中原地区而言的。中原地区，早在夏、商、周三代，就已经创造了辉煌灿烂的中华文明，出现了大教育家孔子。继而，诸子百家争先亮相，把中华文明推向人类文明史的风口浪尖。此时江、浙、闽地区，虽然存在着两个日渐壮大的诸侯国——吴国和越国，但是这里的原住民仍然断发文身，以渔猎采集和简单垦殖为生。在吴、越两个诸侯国壮大到足以与中原地区的诸侯国一争高下的时候，吴越战火北进，中原文化却日渐南侵，融入吴越社会的主流意识形态，形成了吴越文化。到吴越争锋和楚越争锋时期，以浙江为中心的越国几度南迁到闽地，后来越王无诸定都冶城（位于今福州），这时候，以吴越文化为母体的闽越文化开始兴起。闽越文化虽然融入了鲜明的地域特征，比如海洋特征，但其根源可以从吴越文化一直上溯到中原的商周文化。此后，与福州咫尺之遥的长乐开始走上漫长的文明之路，从未开化状态跃升到开教状态，教育意识也开始逐渐脱离蛮荒而慢慢觉悟。

衣冠南渡传承之韵。西晋末年，为避八王之乱和永嘉之乱，中原名门望族纷纷率属或率族南渡入闽，开启了衣冠南渡的先河。之后，历经安史之乱、广明之乱、靖康之乱，一批又一批的中原衣冠名流蜂拥而至，长乐因滨海临江的地理优势自然成了这些缙绅士大夫心目中的世外桃源。他们的到来，不仅带来了中原地区先进的文化理念，促成了八闽文化的雏形；而且通过中原文化的传播，使长乐先民从混沌走向开化，一定程度上改变了长乐先民以海为家、以舟为家、居无定所的传统生存生产生活方式，推动了长乐文化教育事业的繁荣昌盛。可以说，没有衣冠南渡的推动和传承，就没有后来书院文化和精英教育在长乐的孕育和发展，就没有韩愈笔下“闽越有长才，秀民通文书”的教育盛况。正是有了历代衣冠南渡的传承，长乐才以其南北交融的文化特性享誉东南，并逐渐形成了自己的文化内涵、教育积淀和代表人物。

书院文化影响之韵。随着衣冠南渡拉开长乐教育的帷幕，自宋以后，尤其到了明朝，长乐文风更盛，涌现出了陈烈、陈洵仁等著名的思想家和教育家。在他们的倡文导学下，长乐书院、精舍、书室林立，著名的有兰田、东溪、龙峰、吴航等书院。这些书院自成一脉，在传授知识、教化乡民等方面发挥了独特而重要的作用。今天，我们透过解读宋代诗人吕祖谦“路逢十客九衿青，半是同窗旧弟兄。最忆市桥灯火静，巷南巷北读书声”的诗句，足以“窥一斑而知全豹”，想象出当时书院文化的影响之大。正是在这种浓厚的书院文化氛围中，一批批乡野子弟茁壮成长起来，成为社会的才俊。比如，我们比较熟悉的江田陈洵仁，他于明洪武三十年（1397 年）应知县王遵道礼聘到六平山讲学，改“六平书院”为“东溪精舍”，数年间，先后培养出了马铎、李骐等一大批新宁俊彦，惊动朝野。由此可见，在长乐教育发展进程中，书院文化所发挥的催化作用不可低估。

精英教育熏陶之韵。一个时代和社会的进步与发展，离不开精英人物的带动。可以说，长乐书院文化盛行的直接作用，就是推动了精英教育的发展。我们知道，自宋太祖赵匡胤“杯酒释兵权”之后数百年间，封建统治阶级建立和推行的科举制度，极大地激发了士子们“读书求功名”的意识。这种功名意识随着衣冠南渡也影响和熏陶了长乐的青年才俊。再往后，随着著名理学家朱熹流寓入闽，在长乐潭头晦翁岩授徒传学，把长乐的精英教育推向了巅峰。这一时期，精英教育的最大成就就是培养出了黄勉斋、刘砥、刘砺、郑性之等一大批鸿儒硕士，在社会上产生了巨大的影响。在这些精英的带动下，寻常人家子弟纷纷入书院求学，以期有朝一日光宗耀祖，这才创造出了“五子登科”“父子两尚书”“一门三学士”“叔侄七进士”“一街两状元”的教育神话。直到今天，依然被我们所津津乐道，足见当时长乐鼎甲之盛。

海滨邹鲁牵引之韵。邹鲁是当时周王朝的两个封地，分别是邹国和鲁国。孔子生长在鲁国、孟子生长在邹国，而孔孟是中国几千年学术文化的代名词，是中国民众心目中的圣人。长乐被誉为“海滨邹鲁”，说明长乐是个人文鼎盛、颇具学术影响力的地方。长乐文化在唐宋元明时期得到快速发展，涌现出大批在朝野有影响力的学者、儒官，比如朱熹传人黄勉斋、刘砥、刘砺以及明洪武年间以高棅为代表的“闽中十才子”。正是一大批学者、儒官在学术文化上的突出贡献，长乐才赢得了“海滨邹鲁”的美誉。长乐在“海滨邹鲁”这一环境和氛围影响之下，任何一个时期都不乏文化名人，直至现当代，还涌现了以郑振铎、冰心为代表的文化界名人和以众院士为代表的教育科技名人。

现代院士榜样之韵。拥有五位中国科学院和工程院院士，这是长乐的骄傲与自豪。沿着悠长的文化脉络一路追寻，我们就会发现这种“院士现象”的产生绝非偶然。它是长乐亘古文风的衣钵传承，是长乐千年教育的厚积薄发。所以说，透过“院士现象”的背后，折射出的是长乐教育往日的辉煌和荣光。我们追溯“院士现象”产生的根源，目的不在于怀旧，而在于思考如何更好地利用院士这种独特的社会资源。一个院士的价值，不仅仅体现在他所取得的科学成就或创造的经济财富上，更重要的是他所表现出的勇于求知、奋发上进的人生坐标和事业取向，成了无数有志青年学习和效仿的对象，由此产生的社会效益远大于他取得的经济效益。长乐作为培养了五位院士的故乡，如果只停留在聘请他们出任“政府发展顾问”、为长乐经济社会发展出谋划策上，显然没有发挥出院士应有的作用。在今天这个对科学和知识推崇备至的时代，我们必须充分发挥特有的院士效应，激励我们的莘莘学子以现代院士为榜样，从小树立远大的人生志向，以此延续长乐悠久的文风和深厚的文脉，推动长乐教育事业大步向前。

滨海新城呼唤之韵。纵观人类的发展历程，我们知道，每一次城市的变迁、社会的进步、文明的升华，起决定作用的都是人。就长乐而言，从“十洋成市”起，这里就培养和荟萃了涉及诸多领域的精英人才，这种状况在随后出现的“书院文化”推动下达到了鼎盛。我想，正是在这些精英人物的推动和影响下，长乐这座千年古邑，才能从大吴越时代、新宁时代、吴航时代，一步步迈向滨海时代。今天，我们身处一个科技高度发达、知识瞬息万变的时代。我们靠什么提升城市的竞争力？靠什么建设海湾型的滨海新城？只有靠教育，靠教育培养出来的成千上万的各类人才。这是发展的需要、时代的呼唤。所以，每个教育工作者都要意识到肩上的重任，从某种意义上讲，他们身上维系着长乐这座滨海新城的明天和希望。只有把长乐教育这块园地浇灌得百花齐放，才能实现从吴航时代迈向滨海时代的梦想，才能迎来长乐城市发展崭新的春天。

（2004 年 4 月 8 日）

文 韵

我们常用“海滨邹鲁、文献名邦”来形容长乐深厚的文化底蕴。如果我们沿着历史发展的轨迹去寻求今天长乐文化的脉络，我们会发现，不论是形成于春秋战国时期的大吴越文化，还是之后形成的闽越文化，都在长乐得到了很好的保存和继承。所以说，“文化长乐”的形成不是一朝一夕之功，是“自然长乐”长期发展、不断磨合、日积月累所至，这就是我们一直致力于推动“文化长乐”建设的根本原因。归结起来，长乐文化积淀中最有特色的方面，可以用“独具理念、满怀大爱、携手发展、尽显风采”的“文韵”特征来概括。

“理念”是大文化内核之韵。思路决定出路，理念引领发展。近年来，长乐为走出发展低谷、化解发展压力、应对发展挑战，紧紧抓住“发展”这个执政兴市的第一要务，坚持以理念的创新带动观念的更新、以理念的先行推动经济的前行，取得了一个又一个令人瞩目的发展成果。在区域发展上，我们率先提出建设“海湾型”城市和打造海峡西岸经济区“前庭院”等发展理念；在城市发展中，我们逐步确立了从“经营城市”到“营销城市”的管理理念；在工业发展上，我们不断灌输着“木桶理论”“汽车悖论”等生产理念。正是这些极具地域性、创造性、前瞻性的理念，引领着我们从深层次、广领域上去推动自我革命，在高站位、宽视野上去谋划长乐发展，于文化层面推动对自然长乐的认识、适应和建设，一步一步推动着长乐经济社会各项事业协调、健康、快速地向前发展。

“大爱”是大文化升华之韵。作为长乐人，大家对“大爱暖千秋”这一概念已有深刻而全面的认识。从某种意义上讲，“大爱”是流淌在每个长乐人血脉里的与生俱来的秉性特质。从长乐有文字记载的历史开始，“大爱”精神就深深烙印在长乐这块热土上，从董奉悬壶济世、博爱众人，到陈振龙引种番薯、普救苍生；从郑和七下西洋、爱播域外，到冰心橘灯璀璨、爱化春水。他们身上闪烁的爱祖国、爱家乡、爱人民的伟大情怀，熏陶和教育了一代又一代的长乐人。近年来，我们之所以能创造出“无棉之乡筑纺城、无矿之乡铸钢城、无煤之乡建电城”的工业神话，靠的就是我们身上所蕴含的“爱”的力量和对“大爱”文化的大力弘扬、提倡和推动。这从一个侧面验证了“用文化涵养发展”的重要性，如果没有爱，就没有“回归工程”“暖人心工程”的实施；如果没有爱，就没有慈善总会的成立和关爱女孩行动的开展；如果没有爱，就没有推动长乐发展的强大动力和不竭源泉。

“携手”是大文化境界之韵。今天，我们回望长乐的发展之路，不能不提到一个关键词——“回归”。正是有了在外长乐籍企业家和企业的回归，才演绎出了最具大爱精神的“凤巢恋歌”，才迎来了长乐经济发展的崭新春天，才创造了风正气顺、人和业兴的新气象。据不完全统计，自“回归工程”实施以来，已有500余位长乐籍在外企业家积极响应市委、市政府的倡导，在家乡独资、合资创办了120多家回归企业，仅2004年就创造产值100多亿元。可以说，这是我们推动“域内长乐”与“域外长乐”携手合作的成果和结晶。我们之所以能在两三年内形成“域内”“域外”两个长乐双赢发展的良性格局，完全得益于长乐形成的生态型、亲商型、平安型和文化型的发展环境，借助于良好的环境平台，我们党政齐心、政企携手、干群合力，在吴航大地上唱响了一曲“凤归巢、巢暖凤，凤旺巢、巢壮凤”的发展劲歌。

“风采”是大文化外化之韵。风采靠形象去展示，形象靠建设去打造，形象靠文化去塑造。近年来，我们紧紧围绕打造“中国长乐”城市形象这一终极目标，下大力气打造生态型硬环境、亲商型软环境、平安型美环境、文化型好环境，使城市面貌日新月异，一个魅力无限的新长乐正崛起于闽海之滨。在“硬环境”方面，我们在推进“园林城市”创建过程中，重点实施了“引森林入城工程”和“夜景工程”，启动了“中国长乐”城市森林公园建设和机场快速道绿化工程；同时，大力完善城市文化基础设施建设，先后完成了人民会堂、博物馆、科技大厦、图书文献中心、广电大楼、工青妇活动中心等十大基础工程，形成了“白天看活力，晚上看魅力”的城市形象。在“软环境”方面，通过开展“长乐精神”大讨论，进一步营造风正、气顺、人和、业兴的发展氛围，加快了政府工作的“提质、提速、提效”。在“美环境”方面，以创建“平安长乐”为平台，全面落实社会治安综合治理的各项措施，不断提高人民群众的满意率，真正形成了既适合人居，又适合创业的城市环境。在“好环境”方面，大力推动培育和弘扬廉政文化、婚育文化、旅游文化、市民文化和商业文化，真正把文化作为一种生产力和竞争力来抓，使长乐悠久的传统文化与现代文明得到了有机的结合和统一。

（2005 年 3 月 8 日）

海　韵

海是长乐的特色与优势，海为长乐带来了更为广阔的生存空间和更为鲜明的文化特性。可以说，海对长乐的影响至深至广，也由此产生了长乐工商文化独特的“海韵”特色。

海滨邹鲁——以文化涵养儒商之韵。长乐自古就被誉为“海滨邹鲁”。一千三百多年来，在“海滨邹鲁”的牵引下，长乐这座古邑新市积淀了深厚的文化土壤，既有衣冠南渡的传承，也有书院文化的影响，更有精英教育的熏陶。这些都是长乐以文化涵养儒商的源头活水。所谓“儒商”，就是把“商家”的职业与“儒家”的伦理合二为一的商人。从孔子时代的子贡，明清之际的晋商、徽商直到当代中国经济界的一大批精英分子，可以说，儒商是中国五千年传统文化的产物，由此形成的儒商群体对不同历史时期的社会经济发展发挥了不可估量的推动作用。正是基于这种认识，我们希望借助文化的力量来涵养和打造一批现代儒商，使之成为长乐经济社会向前发展的中坚力量。当然，要达到以文化涵养儒商的目标，首先，要提倡一种学习。在知识经济方兴未艾的社会里，白热化的竞争和全球化的挑战，对现代企业家的自身素质提出了越来越高的要求。在这样的背景下，加强学习无疑是工商界有为之士和广大长乐企业家的首要任务。要让越来越多的企业家加入到学习的行列中，在继承传统儒商做人与经营之道的同时，汲取现代科技的知识与养分，真正使学习成为每个企业家迈向成功之路的必然选择。其次，要培育一种精神。这种精神就是“儒商精神”，其核心就是“以义取利”。“儒商”与一般商人的最本质区别就是对“利”与“义”的取舍。“儒商精神”，从小处说，就是提倡要有所为、有所不为，即“利”的追求要以“义”作为取舍的准绳，利己从利人始，进而达到“双赢”“多赢”；从大处说，“利”要“得之于社会、用之于社会”，这既是“儒商精神”对儒家“经世致用”哲学的延续，也是对现代企业经营活动的规范。所以说，要通过“儒商精神”的培育，使得每个企业家都具有义利兼得的儒商风骨。最后，要形成一种文化。如果说，培育“儒商精神”是针对个体而言，那么形成“儒商文化”则是针对一个群体、一个“儒商”的群体。在构建和谐社会、实现全面小康的过程中，“儒商文化”无疑是凝聚域内外、海内外长乐企业家的“磁石”。应该承认，不论出于何种目的出外打拼或创业，长乐企业家的故园情、游子心从未泯灭。在这种情感基础上，通过现代“儒商精神”与长乐“大爱文化”的结合，提炼出具有长乐鲜明地域特色的“儒商文化”，必将在全体长乐企业家群体中产生强烈的共识，引领他们完成从一般商人向“现代儒商”的转变，汇聚成一支不断壮大的儒商群体。这是我们赢得发展的有力保障。

海纳百川——以大爱涵养爱商之韵。“海纳百川、有容乃大”。这是长乐“大爱”文化的精髓，体现了长乐人如大海般无比宽广的胸怀。从“吴航有爱”到“大爱永恒”，我们懂得了，爱不仅需要歌颂，更需要传承。根植于长乐这块爱的沃土，新一代的长乐企业家有责任、有义务秉承“大爱”精神，以大海般透明、宽广、清澈的坦荡胸怀，使自己成为“爱的使者”“爱的化身”。首先，要有“仁爱”之心。“仁者爱人”既是孔孟哲学思想的核心，也是“儒商精神”的本质。在长乐历史上，“建安三神医”之一的董奉虽然信奉道家思想，但他以“杏林春暖”的实际行动，诠释了儒家“经世致用”的哲理，圆了无数人“人伦之爱”的梦想。文坛祖母冰心先生以文育人、爱化春水；一盏“小橘灯”照亮了大半个世纪的中国，成为激励我们前行的精神指南。希望全体长乐工商界人士能以先贤为榜样，常怀“仁爱”之心，要做“大爱”精神的继承者，更要做“大爱”精神的实践者。其次，要有“慈爱”之举。“仁爱”发展到一定的阶段，当有了坚实的物质支撑，自然而然就发展为“慈爱”。“慈爱”更强调用实际行动，以物质为手段，对弱者施以援手。我们讲慈爱，突出的是发自内心、付之行动。长乐慈善总会的成立和发展，就说明“慈爱”之根已经深植在吴航大地。长乐要充分发挥自身优势，引导和组织好广大工商界人士的“慈爱”之举，使“慈爱”的涓涓细流汇集成“爱”的海洋。最后，要有“大爱”之境。作为一名成功的企业家，纵横商海不仅要靠雄厚的经济实力，还要靠非凡的人格魅力。这种人格的力量就是我们说的“大爱”品格，它具有无比的穿透力与感染力，能使我们自然之中产生一股凝聚和吸引他人的亲和力。这是因为“大爱”精神包含了儒家的思想、道家的精神、佛家的禅意，可以说是儒、道、释三家精髓的融会贯通。这种“大爱”精神一旦在人的身上生根发芽，与“儒商精神”相结合，必将在潜移默化中对人的品德、情操产生“润物无声”的影响，最终使我们在人格品质上实现“人性”与“人文”的统一，达到“大爱无痕”的人生境界。

海角天涯——以回归涵养情商之韵。“海上生明月，天涯共此时。”当前，无论是在海拔上千的川藏之巅，还是在茂林密布的西南边陲，总会闪现长乐人孜孜不倦的创业身影，所以说，用“海角天涯”来形容长乐企业家的分布之广毫不为过。是他们用辛勤的汗水和人格魅力创造了域外欣欣向荣的经济，树立了长乐在外的良好形象，成为广大长乐人引以为豪的骄傲。但是，一个人无论到哪里，都不能忘本，也不要忘根。一个挚爱故乡、谙熟故乡的人，才是一个聪明的人、一个充分理解人生的人。近几年，长乐通过大力实施“回归工程”，实现了域外域内的互动共荣，创造了经济发展的奇迹，在其间，饱含着你们这些“情商”的不懈努力和无限激情。当前，长乐要在继续打造“回归工程”中实现三个方面的愿景。一要在回归中实现人心合一。就长乐域外经济的实力而言，目前“回归工程”的成效只是“牛刀初试”，还远远没有发挥到极致。广大企业家一定要充分发挥能动性和积极性，当好政策的“宣传员”和“解说员”，用自己的亲身体会进行动员、解释，从而收到更好的成效。长乐也将一如既往地把已经回归的企业、项目进一步服务好，让广大的回乡企业家感到温馨和舒心。二是在回归中实现资才兼蓄。项目引进是促进发展的关键，作为项目配套的资金、人才更是关键中的关键。为此，长乐要积极发挥在外乡亲的群体作用，让每一个在外乡亲在回乡创业的同时，在更大的范围内和更深的层面上，把大量外地的资金、人才带回长乐。只有这样，长乐的“回归工程”才能扩大到五湖四海，而不是个别地方、个别人；只有这样，长乐“回归工程”的实施，才能走出胡同，走进一个广阔的天地。三要在回归中实现深广并济。长乐的侨亲经过多年打拼，已经在所在国建立起自己的人脉、商脉。他们不仅有数量可观的外资，还与国外大财团建立起程度不同的合作关系。因此，做好侨亲的回归工作，不仅可以利用他们拥有的资金，还可以通过他们的桥梁纽带作用，增加与国外财团的合作机会。从广义的“回归工程”来讲，只有把海外的侨亲与侨资纳入长乐的视野，为长乐所用，才算是做到了回归的最高境界。为此，长乐要进一步把“侨资回归”作为实施“回归工程”的重要内容。

海阔天空——以创新涵养拼商之韵。“海阔凭鱼跃，天高任鸟飞。”改革开放的良好机遇为企业家提供了广阔的创业空间，广大企业家靠自己的胆识和勇气创造了财富，成就了事业，实现了辉煌。可以说，这是“能拼会赢”的大爱精神在实践中的成功体现，需要企业家在今后的实践中继续很好地发扬和继承。但是，随着科技高速发展、知识广泛普及，单凭一时的勇气和胆识在复杂的发展形势中是难以生存和壮大的。企业要做深做久，打造“百年老店”，需要一套科学的经营管理理念贯穿其中，就企业家而言，要迅速完成从“胆商”到“智商”的转变，要实现从“独勇”到“勇谋并济”发展策略的过渡。深圳的华为、北京的联想集团就是企业家很好的学习范例。只有不断在发展过程中求新求变，不断提高企业家这个“引航员”的全面素质，才能引领企业不断发展壮大。只有这样，长乐的商人才是新一代的“拼商”，才是有勇有谋的“拼商”，才是成功的“拼商”。当前，要做好三个方面的创新。一是思维创新。在当代经济全球化、信息化、网络化、一体化趋势下，科学技术日新月异，经济生活瞬息万变，企业和企业家，都应当放眼世界，随时发现自己的弱点和缺点，以创新的思维和观念，不断改革和创新，不断追求卓越，否则随时都有被淘汰的可能。“不破则不立”，企业家要有

“海尔”砸冰箱的精神，不断打破长期禁锢在人们思想观念中的层层枷锁，做到勇于创新、善于创新，只有这样，才能在残酷的市场竞争中站稳脚跟。二是制度创新。制度创新仍是企业创新的一个瓶颈。可以说，制度创新是企业振兴之本。要强化企业制度创新，通过创新构建一套完全由市场效率和效益所决定的发展机制，才能充分调动、激发、发挥广大员工的积极性、主动性和创造性，使企业能够主动融人世界经济一体化大潮中，在市场竞争中拥有一席之地。三是方法创新。拿破仑曾说过，他的军队之所以常胜不败，就因为在与敌人抢占制高点时，总是早到5分钟。同样，作为企业家必须具备“早到5分钟”“先行一步”“先发制人”“捷足先登”的思想和行动。因为它们不仅是战争克敌制胜的法宝，也是企业之间竞争不可少的战略和策略选择。现在市场流行规律是：手快打手慢。你有新的构想、新的方案，你就必须赶快付诸实施。或许你认为还有许多不完善的地方，但如果你还在犹豫，或许你就会永远地失去机会。因此，要在瞬息万变的市场竞争中赢得先机，就必须在创新中学会善于决策、果断决策的能力。

海晏河清——以诚信涵养谐商之韵。大海波平、黄河水清是海晏河清的真实含义，人们也以此来比喻太平盛世。当前的太平盛世是和谐社会。构建和谐社会是全社会各界人士共同目标，也需要全社会各界人士共同努力。其中，诚信是和谐社会的重要组成部分，作为社会精英的企业家要成为诚信的引领者、追随者和实践者，在构建和谐社会中做出自己应有的贡献。第一，要在企业经营活动上体现诚信。“业无信，则行而不远。”各类企业在生产经营过程中，只有严格遵守各类法律法规，坚持质量第一、诚信第一，不生产伪劣假冒产品，不卖假货不赖账，才能赢得广大消费者的信任，才能提升产品和企业的知名度和美誉度，从而在激烈的市场竞争中得以生存发展，进而提高“长乐制造”这一品牌竞争力。因此，各类企业在生产销售过程中，一定要体现诚信，在培植企业对外扩张力的同时，为构筑“诚信长乐”出一份力。第二，要在履行社会职责上体现诚信。企业是社会的重要组成部分，讲诚信是社会提倡的行为规范准则。因此，建立诚信制度，营造诚信环境是每个企业和每个企业家不可推卸的责任和义务。企业要自觉、模范遵守国家的各种规章制度，建立企业诚信体系，打造企业诚信形象，依法纳税，遵守安全生产的各种规章制度，并保护好周边环境，成为“守合同重信用”的企业。同时，要积极配合有关部门做好计生工作，履行好所担负的各种社会职责，积极主动从事社会公益事业，使企业诚信美誉为企业参与市场竞争保驾护航。第三，要在建设企业文化上体现诚信。企业家要根据各自企业特点，制定企业的诚信准则，并强化以诚信为主要内容的员工培训，使员工感觉到诚信是自身所追求的信仰。企业家要提高自身和企业管理者的诚信素养，通过价值观整合、行为规范约束，把诚信转化为员工共有的价值观念，形成共识。要建立健全企业诚信奖惩的组织领导体制，坚持公平、公正的原则，做到责任明确，保证对企业诚信行为的奖惩落到实处，真正起到激励员工诚信行为的作用。

海滨新城——以发展涵养赢商之韵。走进滨海时代、构建海滨新城是长乐实现历史性跨越的重要一步。当前，随着福州市在长乐规划建设空港工业集中区，海滨新城的图景已经呼之欲出，海滨新城的构建也是指日可待。岁月更替，生活变迁，社会发展，即将横空出世的海滨新城给长乐孕育了新机、点燃了希望、带来了朝气。但机遇从来都是垂青于那些有准备的人，等待观望、畏首畏尾、被动应付、行动迟缓，是不可能抓住机遇发展自己的。只有进一步增强紧迫感、使命感和忧患意识，以只争朝夕的精神，不放过其中出现的每一次机遇，才能牢牢抓住这个重要战略机遇期，把它提供的种种可能、创造的种种机会转化为企业发展的现实。今后一段时期，加快发展的条件将更加成熟，加快发展的机遇千载难逢，我们必须要保持蓬勃朝气、昂扬锐气，创造新机、抢抓新机、赢得新机。要识别机遇。机遇是发展的先机，机遇是发展的潜力，机遇也是发展的动力。以空港工业集中区崛起为标志，长乐进入了新一轮经济增长期，我们必须清醒地判断形势，把握发展大势。在大势面前，科学地识别机遇，做明白人、干明白事。在识别机遇中，赢得发展自我的先机。要抢抓机遇。机遇非常难得，稍纵即逝；机遇更不会唾手可得、信手拈来。机遇来了，要去抢、要去争、要去夺，抢到了机遇，就抢到了发展的主动权。面对新的发展形势，面对新的发展机遇，要想成为一个赢商，必须树立强烈的竞争意识和机遇意识。抢抓机遇，靠的是创新的观念，在思路上要高人一筹；靠的是进取的精神，在行动上要领先一步；靠的是拼搏的劲头，在举措上要先人一着，抢占加快发展的新高地。要用好机遇。识别机遇是前提，抢抓机遇是关键，用好机遇是目的。只有把抢到的机遇以最快的速度变成社会发展进步的成果，才算真正用好了机遇。在实际工作中，就要把抢来的项目尽快动起来，把争来的资金尽快流起来，把引进的人才尽快用起来。以最快的效率，让抢抓住的机遇发挥出最好的效应，发挥出最高的效益，发挥出最大的效能。只有这样，大家才能在滨海时代到来时，随着长乐发展而成为“赢商”。

（2005 年 5 月 15 日）

大　韵

“行有余力，则以学文。”孔子倡导的这个观点，至今对我们仍有现实意义。因此，我们要在长乐经济实力不断增强的同时，抢抓机遇，发展教育，创造更好的育人平台，培养更多德才兼备的长乐新一代。“大学、大爱、大为”之“大韵”应成为所有考入大学的长乐青年学子共勉的方向。

认识“大学”之韵。《大学》是《礼记》中的一篇，被与长乐有很深渊源的朱熹列为“四书”之首。朱熹认为《大学》是儒家思想的精髓，“大学”之义为“大人之学也”，是治国安邦的高深道理。《大学》的核心思想是“仁政”，围绕“仁政”阐述了“治国平天下”的道理。《大学》开篇就提出：“大学之道，在明明德，在亲民，在止于至善。”实现这个根本目标，要经过八个方面的努力：格物、致知、诚意、正心、修身、齐家、治国、平天下。这八个步骤环环相扣、层层递进，不能有所遗弃，也不能有所跨越。修身是实现齐家、治国、平天下的基础，格物、致知、诚意、正心是修身的方法，体现了儒家关于道德修养与政治之间的逻辑顺序。两千多年来，一代又一代中国知识分子“穷则独善其身，达则兼济天下”，把生命的历程铺设在“格、致、诚、正、修、齐、治、平”这一阶梯之上。所以，这个实质上具有浓厚实践色彩的人生追求阶梯，铸造了一代又一代中国知识分子的人格心理。时至今日，在这个知识爆炸的年代，大学生不仅要努力学习书本知识，掌握科技本领，更要学习中国文化中的《大学》，秉承人性中光明正大的品德，塑造一个完美的自我。

传播“大爱”之韵。长乐的“大爱”精神不是虚无缥缈抓不到、看不见，它是一种实实在在的文化积淀。从长乐有文字记载的历史开始，“大爱”就深深地烙印在长乐这块热土上。在新宁时代，“建安三神医”之一的董奉悬壶济世、博爱众人，以其精湛的医术解除世人的肉体苦痛，更以其高尚的医德感化后人，留下了“杏林春暖”的千古美谈；明朝时期，爱的使者、和平的使者郑和，其庞大舟师七次从长乐出海，以大海般的宽阔胸襟，所到之处留下的是爱、和平和友谊；“有了爱就有了一切”的冰心，她以爱化人的品格深深地影响着一代又一代中国人，净化着人们的心灵；怀海大师深居佛门、精研佛学，“一日不作，一日不食”，他的农禅思想闪烁着对生活与生命的爱的思索；郑振铎以其春华秋实的学识、严谨缜密的治学态度，向人们展示出一代文豪爱岗奉献的风采。这些“大爱”资源、“大爱”代表都植根于长乐的历史、长乐的传统中，成为我们文化的基因。现在，青年学子即将远离家乡到大学深造，求学的道路必定漫长而曲折。在面临困难、逆境的时候，青年学子应该用“大爱”去开拓人生道路、去战胜困难挑战。同时，青年学子也要作为“大爱”的传播者，无论走到哪里，都要把中国长乐的“大爱”精神带到哪里，培育好、呵护好、传承好、演绎好。

实践“大为”之韵。大为必先从小为、先为、早为、多为做起。希望长乐的青年学子带着家乡“大学”“大爱”的精神，积极融入大学生活，在知识的海洋中不断汲取营养，掌握专业本领，增加社会阅历，为祖国做贡献，为家乡做奉献，力争有所大为，让自己的人生焕发出绚丽的光彩。一要充实自我。非学无以广才，非学无以明智。充实自我，就是加强学习，从人类创造的文明成果中汲取营养，不断丰富和完善自己。21世纪的大学生塑造美的自我，就要切实提高学习的自觉性、增强学习的紧迫感，不断用新的知识充实自己，不断提高运用科技的水平，勇于肩负起党和人民的重托。二要升华自我。乐民之乐者，民亦乐其乐；忧民之忧者，民亦忧其忧。大学生是社会的精英、祖国的希望，必须追求崇高的人生境界。塑造一个美的自我，离不开不断升华自我、树立崇高的理想和坚定的信念。人生的价值在于奋斗拼搏之中，在于创造贡献之中。崇高的理想是升华自我的发动机，一个人越具有理想追求，他的奋斗精神就越强，他的才智就发挥得越充分，他对社会做出的贡献就越多。大学生应当高扬起理想的风帆，在为远大理想而奋斗的过程中锤炼自己、升华自己、完善自己。三要超越自我。塑造美的自我的最高境界，就是不断超越自我。超越自我包括两层含义：一是具有高尚的道德情操，深信人生因奉献而美丽、因忘我而发光，像焦裕禄那样“心中装着全体人民，唯独没有他自己”，像雷锋那样“活着就是为了使别人过得更美好”，努力成为一个纯粹的人、一个有道德的人、一个脱离了低级趣味的人、一个有益于人民的人；二是勇于挑战自我、否定自我，把已经取得的成绩作为不断前进的新起点，奋力攀登，锐意进取，在不断以“新我”取代“旧我”的过程中达到新的境界。

（2005 年 8 月 12 日）

邮　韵

集邮是一项全球性的社会文化活动，属于文化范畴。集邮文化就是通过人们的集邮活动而创造出来的一种独特文化。只有我们认真仔细地去感受、体会、领悟集邮所包含的文化因子，欣赏集邮艺术，并通过集邮宣传长乐，让更多的人认识长乐、了解长乐、关注长乐，由此看好长乐、热爱长乐、投身长乐，不仅使集邮成为一个城市文化涵养城市发展的重要因素，而且通过品邮水平的提升，不断涵养每个人的“邮韵”水准。

邮韵涵品格。品格综合体现了人的思想、态度、兴趣、气质、潜能、人生哲学、体格、生理等各个方面。实践证明：高尚的人格、美好的情操、坚定的信念以及凛然的正气，都不是天生的，而是靠长期的教育、学习和实践培养而成的。集邮这项文化活动内涵丰富、博大精深，每一枚邮票都是一件小型的艺术品或宣传品。可以说一枚邮票、一部邮集，以至一项集邮活动，都能让人从中得到美的熏陶，受到“真、善、美”的教育，对于培养我们的“高尚品格、高远志向、高雅情趣”具有潜移默化的教育功能。一方面，我们要当品格高尚的集邮者。通过对邮集的精心编排，通过开展丰富多彩的集邮活动，我们不仅让自己的灵魂得到净化、心智得到启迪、道德素质得到提高，而且向人们展示了一个美好而又高尚的艺术境界，使人们在情感和精神上体验到更为丰富、深刻、崇高的美。由此可见，先进的集邮文化不仅可以满足人们丰富精神生活的需要，而且可以影响人们的思想、观念和情操，在培养集邮爱好者完善的人格和品德素养等领域起到积极的影响。另一方面，我们要通过集邮熏陶自己高尚的品格。作为对广大集邮爱好者进行品格塑造和道德养成的重要载体，邮票又被称作“静止的音乐、华彩的诗篇”。为此，要充分发挥邮票怡情养性的教育功能，引导广大集邮爱好者通过对邮品、邮集的审美实践，自觉地追求“真、善、美”的高尚境界，激发起人们对祖国的热爱、对社会的责任、对理想的追求、对幸福的渴望、对未来的憧憬，始终保持乐观向上的心态，从而全面提升集邮队伍的整体素质。

邮韵显品位。中国诗人臧克家说过：“凡有生活的地方，就有快乐和宝藏。”集邮中就有快乐和宝藏。集邮具有“增知、怡情、交友”等功能，能增进知识、陶冶情操、寓教于乐，在潜移默化中提升集邮者的文化、生活品位。集邮能提升文化品位。邮票，已成为一个国家或地区的政治、经济、文化、科学、历史、地理和人文的小型的、浓缩的、形象的百科全书，是很好的学习载体、学习途径。在欣赏、研究邮票的过程中，人们首先接受的是其艺术美所带来的感官冲击，久而久之，便渐生爱意，从而读书、考据、创作，直至悟其真趣。通过对邮票的钻研，人们不仅接受邮票画面所要传达的文化、知识、信息，更重要的是通过个人的探索追求，人们的知识面将会更加广阔，人们将以更新鲜、更开阔的视野去认识世界，去汲取人类文化发展的优秀成果，从而不断提升个人的文化品位。近些年，根据长乐区位及工业特色，开拓思路、大胆创新，主打纺织、冶金、航海三大专题系列邮票，使之达到用邮票文化涵养发展的目的。集邮能提升生活品位。在纷繁多彩的生活圈里，集邮对于提升人的生活品位，其作用是不言而喻的。集邮是具有丰富文化内涵和高度知识性的娱乐活动，它不仅为人们提供了度过休闲时光的方式，也为人们结交良师益友创造了途径。通过交换邮品，互补所缺，交流邮识，互相观摩，相互补充，朋友之间这种相互关心、相互服务的真挚友谊，将成为集邮爱好生活中的一种幸福，将给生活带来一种快乐和满足。有了这种高尚生活品位的长期熏染，人们也将远离世俗的纷扰，怡然自得。

邮韵如品茗。茗者，茶也，从中国古代文化史来看，茶与酒是古代名士彰显个性的必需品，但茶大多是文人雅士的最爱，这也正是名士（如竹林七贤）与雅士（如陶渊明、陆明）的最大区别。之所以引用品茗这个概念，就是想表达品邮如品茗这样一层意思，而要达到这层境界，也需要集邮者具有雅士的操守与风范。邮票历来被看作方寸天地，当我们的眼光独守方寸之时，我们或许能品出其间包含的无限风光。关键的问题是我们当以何种心态来品邮。品赏邮票，当与品尝茗茶一样，慢斟浅酌，用心品味，在绵长的思考中，达到神清气爽的境界。这时候，以一个绝对清醒者的眼、心、神来解读一枚邮票的构图，则能读懂创作者的神来之笔；领悟一枚邮票的寓意，则能直达创作者的独运匠心。实际上，邮票是一种社会反映、一段历史的浓缩，它往往包含很大的信息量。比如台湾诗人余光中读邮票，就能读出一段历史、一抹乡愁，因而，邮票在文化上是属于细腻者的、属于有心人的。宋词有豪放派和婉约派之分，苏东坡的“大江东去浪淘尽”式的豪迈让人想起“竹林七贤”的纵酒，秦少游的“纤云弄巧，飞星传恨”则非以品茗的心态感悟不出其间的婉约。品邮也一样，只有闲情雅致，才能进入堂奥。长乐在建设和谐社会的文化构架中，所缺少的不是大浪淘沙、激流勇进，而是雅士式的文化、动中取静的文化。从这个意义上说，通过品邮增添邮韵同样任重而道远。

邮韵资品鉴。集邮是一种艺术。只要把集邮当作艺术看待，通过收集、鉴赏邮品，人们就可以从中得到精神上的收获。品鉴是对集邮艺术内涵的发掘和理解，只要用艺术的慧眼对邮票加以品鉴，像欣赏一幅幅绘画一样，去欣赏一枚枚印刷精致的邮票，我们就能发现邮票凝聚着古今大千世界的万般变化，“上下五千年，纵横十万里”，花鸟虫鱼、湖光山色、历史文物、名人风采，无不涉及。邮票不但表现为艺术的美，还集中表现了集邮者的思想美、情操美、精神美和行为美。作为邮资凭证和艺术品的邮票，不仅使人们通过这个小小的窗口认识了大千世界，还使人们通过品鉴邮票，激发喜悦欢乐的情绪，激发热爱祖国、热爱社会、热爱工作的情感，激励积极向上奋发进取的热情。让人们在小小方寸中，领悟到华夏灿烂辉煌的文化传统，传承积淀丰富的文化遗产。

邮韵富品史。邮票上的艺术是物化了的艺术，除了具有极高的审美性和可观性外，邮票还具有重要的史料积累功能和历史性。读懂邮票，就能让我们清晰地看到历史的某个时代、某个地区的人们的生活方式，某个历史瞬间发生的伟大事件，人类的某种创举，等等。为此，一方面，要读懂邮票历史。这是作为集邮人首先要熟知的基本知识。集邮文化是伴随着邮票的产生而开始的，它自诞生起，就吸收了其他文化的一切积极成果，以自己独有的魅力迅速形成了世界性的大众文化。就世界范围而言，1840 年 5 月 6 日诞生了世界上第一枚邮票“黑便士”。就我国而言，清朝发行了中国第一套邮票——大龙邮票。可以说，邮票本身就是一个历史的镜头，它飞扬着优美的旋律，连续地播映着世界各地的风光和特色。另一方面，要从邮票读懂历史。一枚枚邮票就是一页页历史，它们记录着古今中外的重大事件，上至皇室下至百姓，联系着战争，携带着科学。收集邮票就是收集历史，了解邮票，亦是了解历史。以史为镜可以知兴衰，集邮人只要深入研究邮品的历史内涵，就可以高屋建瓴、开阔境界，通过自己的邮集表达自己对历史的认识，并给人以启迪。

（2006 年 2 月 5 日）

师　韵

教育是中华民族在数千年历史长河中所创造的文化的一个重要组成部分。中国的教育自孔子提出儒家教育理论体系开始，诸子百家也都对教育问题发表过富有哲理的论述，在这之后，西汉的董仲舒，南北朝的颜子推，唐朝的韩愈、柳宗元，南宋的朱熹，明代的王守仁和清代的王夫之等人都是具有历史影响的教育家。在近代中国教育史上，蔡元培、杨贤江、黄炎培、陶行知、陈鹤琴等都是很有影响的教育家，他们在寻求教育之路的过程中，形成了丰富多彩的教育理论，并付诸实践，锻造出中国教育之魂。教育的核心在于塑造人文精神，在于完善人格修养，在于丰富人的知识储量。儒家教育的目的就是造就“君子”或“君子儒”，只有君子之道大行于世，才能有效地堵住“乱源”，永保天下太平。而君子之道、君子之风就是我们津津乐道的人文精神。因此，无论何时何地，无论社会的价值观点如何变化，真正的教育都必须秉持人文精神，做好净化人的心灵的工作。说得更直接一点，就是要“一切为了孩子，为了一切孩子，为了孩子的一切”。只有持有这种价值观念，才能成就教育之魂。

确立有教无类、人人得学的“师韵”。坚持统筹推进、均衡发展、平等参与，是教育事业健康可持续发展的重要保证。在现代社会中，教育是每个公民参与社会生活的基础，是社会下层参与竞争并向上流动的动力。为了寻求和落实每一个社会成员平等的发展权，促进最终的社会平等，就必须最大限度地维护教育的公平性，有效保障受教育者的机会平等。这既是对中国传统“有教无类”教育思想的传承，也是促进教育公平、构建和谐社会的现实需要。如果背弃了这一原则，则不仅小康社会的目标难以实现，就连维持社会稳定都会成为问题。为此，必须关心农村教育。要把发展农村义务教育作为建设社会主义新农村的一项重要内容，坚持农村教育“重中之重”的地位不动摇，进一步巩固和完善农村义务教育管理体制，积极构建农村义务教育经费保障新机制，这是落实科学发展观、统筹推进教育发展的根本措施。农村教育底子薄、基础弱，只有长期坚持加强农村教育，切实加大对薄弱地区的扶持力度，努力在城市化进程中，把城市和农村教育的发展规划、学校建设、教师配置统筹起来，以城市带动农村，进一步优化教育资源配置，抓好农村学校的布局调整和危房改造，才能不断缩小地区教育差距，实现城乡教育的协调发展。当前，主要是落实好全市7万多名农村中小学生义务教育阶段学杂费免除工作，加大对农村教育乱收费的治理力度，全面提高农村义务教育阶段中小学公用经费的保障水平。必须关注校际差别。城市学校与农村学校在办学条件、师资水平、教育质量等方面的差距，是影响教育均衡发展的主要因素。各级党委、政府和教育主管部门要继续加大对农村薄弱学校的政策扶持和物质保障力度，在经费投入上积极向农村学校倾斜，帮助农村学校开展师资培训、校舍维护改造和改善办学条件。要积极开展城乡学校对口帮教工作，加强市区重点校、骨干校、优质校对农村薄弱校在师资培训、教科研等方面的支持力度，要借助开展“名学校、名校长、名教师”活动这个平台，加大农村示范、优质、重点校的创建力度，用改革的思路整合教育资源，不断提高优质教育资源在农村各类学校中的比重，努力缩小校际差距，充分满足人民群众对优质教育资源的需求。必须关爱弱势群体。在构建和谐社会、推动社会文明进步的过程中，我们要把有效保障贫困学生、农村留守儿童、残疾儿童和外来务工人员子女等弱势群体的受教育权益作为深化教育改革、推动教育发展的一项重要内容来抓，通过开展“关爱行动”，使农村留守儿童、残疾儿童时刻感受到社会大家庭的温暖；通过开展“蓝天行动”，使外来务工人员子女和长乐孩子一样“同在蓝天下，共享教育权”；通过开展“一对一”结对帮扶活动，畅通“绿色通道”，以慈善总会为平台，加大帮困助学力度，拓宽贫困学生救助渠道，积极争取社会、企业、个人多方面的资助和捐赠，进一步做到资金来源多元化、资助形式多样化，保障好每个适龄儿童平等接受教育的权利和机会，确保不让一个学生因贫困而失学。

确立乐教无悔、源于大爱的“师韵”。人们常以“人梯”“红烛”“春蚕”来歌颂和赞美教师，这是因为良好的师德，不仅是一种活跃的教育因素，更是一种积极的人生坐标，它规范着教师自身的言行，影响着学生成长的轨迹。一名合格的教师，只有自觉以探索规律、教书育人为责任，以为人师表、诲人不倦为品格，以忠诚事业、无私奉献为信念，以勇于进取、完善自我为追求，才能在教师这一平凡而神圣的岗位上，守得住清贫、耐得住寂寞、干得出业绩、做得出奉献。乐教无悔的师德源于大爱。教育是爱的流露、爱的共鸣。教师对事业之爱、对学生之爱是推动教育发展的内在动力。教育家蔡元培先生说过：“教育者，非为以往，非为现在，而专为将来。”要热爱事业，就要意识到自己所从事的是“太阳底下最光辉的职业”，自觉自愿地把自己的全部心血奉献给自己所从事的教育事业，以三尺讲台为人生的舞台，始终坚守、无怨无悔。要热爱学生，就要“爱化春水，润物无声”，既当严师，又当“慈母”，对学生视如己出，把教育的功用最大限度地发挥出来。俗话说“言传不如身教”，作为教师不仅要以广博的知识来传授学生，而且要以高尚的人格来感召学生。长乐是大爱的故乡，传承和弘扬大爱精神，需要每个教师的身体力行和言传身教。乐教无悔的师德源于责任。从管理学的角度讲，强烈的事业心和责任感是促使一个人积极工作的最佳方式和巨大动力，尤其当这种责任发自于内心时，更能产生“不用扬鞭自奋蹄”的巨大能动性，促使每个人把本职工作做得最好。“百年大计，教育为本”，这是历史赋予教师的责任；“十年树木，百年树人”，这是社会赋予教师的责任。换言之，当社会把发展进步的重担、家长把“望之成龙”的希望寄托在教师身上时，每个教师都要以对人民对社会高度负责的责任感教好书育好人，这是一名教师最基本的职业操守。乐教无悔的师德源于平常。福建省委曾将广大教育工作者在市场经济条件下，长期自觉自愿默默无闻、无私奉献的高尚品德概括为“三平”（平静之中的伟大追求、平凡之中的满腔热血、平常之中的极强烈责任感）精神，这是对教师崇高师德的高度评价和赞许。难以想象，面临各种经济利益的诱惑以及理想与现实之间的巨大反差，如果不能淡定心志，以“捧着一颗心来，不带半根草去”的平常心正确对待个人的荣辱得失，要做到痴心不改、矢志不渝是何等艰难。长期以来，我们的教师正是因为抱有一颗无私无欲的平常心，全身心投入教育事业中，才能在平凡的工作中孕育了伟大、体现了伟大。由此可见，只有我们始终坚持以“三平”精神来激励和鞭策自己，坚持以德修身、以德治教、以德育人，继承和弘扬好“三平”精神，就能实践好自己的人生价值，最终到达事业成功的彼岸。

确立助教无涯、事关长远的“师韵”。振兴教育，人人有责。全市各级各部门要从教育事业可持续发展和全面建设和谐社会的战略高度出发，大力发扬尊师重教的光荣传统，把教育事业作为事关全局、事关长远的大计，切实加强对教育工作的领导，充分调动社会力量、集聚社会资源，努力形成“党以重教为先、政以兴教为本、企以助教为荣、民以支教为乐”的强大合力，共同开创长乐教育工作的新局面。为此，必须铸造教育优先的战略地位。邓小平同志讲，不重视教育的领导是不称职的领导，是领导不了现代化建设的。在知识经济飞速发展的时代，各级领导只有真正把教育作为一项先导性、全局性、基础性的工作，切实摆在优先发展的战略地位，像抓经济工作那样抓好教育工作，才能实现经济与教育的良性互动。这就要求我们必须建立健全教育工作联席议事制度、教育工作督查督办制度等各项制度，切实把教育优先的战略地位落实到各级各部门的实际工作中去，定期研究教育改革与发展中的新情况和新问题，对事关教育全局的重要问题、重点工作，及时制定有效对策和措施，帮助教育部门和学校搞好协调，促进问题更快解决、工作更快开展，为教育事业持续健康发展创造有利条件。今年要着眼于改善学校办学条件，千方百计增加教育经费投入，重点解决农村中小学校现有危房的改造和侨中新址配套设施的建设。在加大政府投入的同时，要大力提倡社会力量办学，努力形成“办学主体多样化、投资渠道多样化、办学形式多样化”的教育投入新格局。必须营造尊师重教的社会氛围。“国将兴，必贵师而重傅”，尊师重教是中华民族的传统美德。长期以来，全市广大教师恪尽职守、默默耕耘、无私奉献，为繁荣长乐教育事业做出了积极的贡献，可以说，我们每个人的成长与事业的成功无不凝结着教师的心血和汗水。因此，理应在政治上关注、事业上关爱、生活上关心教师，坚持用事业留人、用感情留人、用待遇留人，为他们干事创业提供良好的条件、创造宽松的环境。各级领导都要树立尊重知识、尊重教育、尊重教师的意识，严格执行《中华人民共和国教育法》《中华人民共和国教师法》等各项教育法律法规，认真履行法律规定的各项职责，切实维护广大教育工作者的合法权益，使教师成为最受人尊敬、最受人羡慕的光荣职业。新闻媒体要坚持正确的舆论导向，认真宣传和落实，加大对教育优先战略地位和尊师重教优良传统的宣传力度，宣传优秀教师的先进事迹和尊师重教的典型事例，进一步强化全社会发展教育的责任感和使命感，要鼓励、尊重社会有识之士为教育办实事、为教师送温暖，提高他们的政治和社会地位，形成崇尚教育、关心教育、支持教育的社会氛围。

确立优教有为、与时俱进的“师韵”。面对当前教育发展的新形势和新任务，我们必须树立和落实科学的发展观、教育观和人才观，全面深化教育体制改革，夯实教育发展的基础，增强教育发展的后劲，做到与时俱进、优教有为。要努力推进方向创新。坚持以人为本，尊重学生的人格和个性特长，从每一个学生的实际出发，抓好不同层次、不同类型学生的培养，按照“人人有才、人无全才、因材施教、人人成才”的理念，把培养“四有”新人和德智体全面发展的创新型人才作为教育工作的主要方向，全面实现从应试教育向素质教育的转变。要在实践中切实纠正重智育、轻德育的倾向，加快构建从幼儿园到中学纵向衔接、从学校到家庭横向沟通的德育体系，在发挥学校思想道德教育主渠道、主阵地作用的同时，整合利用各种教育资源、活动场所和实践基地，动员社会各界和学生家长广泛参与，把社会主义荣辱观教育适时引入教材、引进课堂，让学生从小知荣辱、明是非、辨美丑、识善恶，自觉养成良好的道德品质和行为规范，使树立和弘扬社会主义荣辱观的客观要求真正内化为学生的自觉行动，进而增强未成人德育工作的针对性、时代性和实效性。要努力推进办法创新。以教育信息化建设为龙头，切实抓好多媒体教学的普及运用，充分发挥教育信息化对教育现代化的促进作用。大力推进区域教育信息化建设，实现中小学校的信息联网和资源共享，积极探索农村中小学信息技术建设与应用的新途径。加快建立教育全面评价体系，完善学校发展性教育督导评估体系，构建学生综合素质评价体系，优化学校综合质量评估方案，强化学校过程性和阶段性评价，把实现学生的全面发展作为衡量学校和教师教育质量的根本标准，建立全面、客观、公正的教育质量评估体系和监控机制，纠正单纯以分数或升学率衡量教育质量的倾向，引导学校从办学条件的竞争转向办学综合水平的竞争，促进素质教育不断深化，促进不同平台上所有学校的发展。

确立执教有源、教师为本的“师韵”。百年大计，教育为本；教育大计，教师为本。教育质量的高低以及整个教育事业的成败，归根到底，取决于教师队伍的素质。要以观念大更新确保执教有源。以什么样的教育观念指导教学和育人实践，这是一个学校最具灵魂性的问题。不同类型学校、不同水平教师之间的差异，从根本上说是办学理念、教育思想上的差异。广大教师是教育任务的主要承担者、教育产品的主要塑造者，教师的观念直接决定着教育的质量和结果。开展教育思想大学习和大讨论，就是希望广大教师不断更新自身的教育理念、知识结构、教学方法和思维能力，搞清楚究竟什么是真正的素质教育，哪些是阻碍教学发展的因素，怎样缩小工作差距等，最终形成指导教育教学实践的先进理念，确保始终顺应教育发展的趋势，走在教育改革的前沿，成为一名符合时代发展要求的合格的人民教师。要以技能大练兵确保执教有源。要根据素质教育和新课程改革的要求，通过开展教学技能大练兵活动，为教师学习交流与展示提供载体，积极营造教师爱岗敬业、钻研业务、提高技能的浓厚氛围，引导和鼓励教师立足岗位，不断优化思维模式、优化教学结构、优化教学方法，练就一套过硬的教育教学基本功，形成教师自我提高、自我激励、比学赶帮的热潮，为优秀教师脱颖而出构筑平台、创造机会，以此促进教师队伍整体素质的提升，实现课堂效益的最大化。要以知识大比武确保执教有源。教学的源头是生活，博览群书、增长阅历也是一名现代教师应该具备的教学素养。开展专业知识大比武，就是要求广大教师通过学科内、教研组内、学校内以及区域内不同层次的竞赛，切实掀起学习新知识、理解新知识、运用新知识的新热潮，增强教师对新理论、新教法的理解与运用，不断深化本学科的专业知识，不断丰富教育教学方面的理论知识，不断增加人文和科技发展方面的最新知识，更好地胜任教书育人的本职工作。

（2006 年 4 月 11 日）

剧 韵

大型情景歌舞剧《长山乐水》是对长乐自古以来历史人文、自然禀赋的一次钩沉、整理、盘点、挖掘，进而再现、展示特定地域和特定文化氛围中的“一方水土一方人”。创作这一类型的歌舞剧，必须具有穿透时空的慧眼、融汇古今的博识以及虚实相生的技巧。进而展现出具有长乐文化特色的“剧韵”之美。

展现长天厚土的文化底蕴之韵。文化应当被理解为人的精神家园。创作《长山乐水》的要义，就是要通过艺术的表现手法，展现出长乐主流文化、民间文化、学术文化的底蕴，使长乐历史积淀的各种文化表现形式体现出更大的艺术价值，释放出更大的内在活力，为长乐人民构筑丰富多彩的精神家园。展现主流文化。以“耕读文化”为核心的主流文化在长乐历史文化传统的延续性与连续性方面起到了不可替代的凝聚与保障作用。长乐的历史很长一段时期处于农耕时代，在这个漫长的农业经济时代，长乐的发展随着历史的车轮缓慢行进。但是，长乐人有着浓烈的“耕读传家”的文化意识，他们在当时恶劣的自然条件下辛勤耕耘，并在艰难的状况下勤勉求学，在半耕半读、边耕边读中，演绎了“十洋成市状元来”的传奇，造就了近千名进士、十名状元的人文盛况。一个边陲小邑创造了如此辉煌的文化盛况，在当时全国范围内的文化领域都引起了极大的轰动。长乐也正因如此，才名正言顺地赢得了“海滨邹鲁、文献名邦”的盛大美誉。强调主流文化，对于培育市民对城市文化的认同、提升市民的城市意识、打造城市的文化品牌，有着非常重要的意义。因此，《长山乐水》的创作必须以大胆的想象和细腻的手法去捕捉长乐主流文化的精髓和灵气，将主流文化以不同的风格和形式展现在观众面前，让观众对具有历史传承性的“耕读文化”有个全面、深刻的认识，并在潜移默化之中，与主流文化融合为一体。展现民间文化。长乐民间文化作为长乐历史的文化之源，形式多样、影响深远。它不仅包含舞龙、舞狮、跑旱船、踩高跷、台阁戏等民间舞蹈和剪纸等民间艺术，还包含人们因精神需求而孕育出来的话剧、评话、伬唱等民间文艺。民间文化在人文生态中自然而生、自然而歌、自然而舞、自然书写，得于自然，共享于民间社会，它的产生与存在是对主流传统文化的补充，主流文化只有依存于民间文化的沃土，才不至于泯灭。因而，民间文化实质上并非简单地指我们普通人所理解的那些民间艺术形式，而恰恰是由表及里的，更多应指浸润于那些艺术形式中的人文精神。我们这次创作《长山乐水》时，就是要紧紧把握住民间文化的人文精神，将渐渐淡出我们生活舞台的古老悠远的民间文化予以还原和再现，让民间文化的因子成为人们精神的一种宝贵的营养。展现学术文化。长乐钟灵毓秀、人文荟萃，历代科学泰斗、学术流派、鸿生巨儒、翰墨精英更是照耀史册、灿若繁星，涌现出了有“兰桂同芳”美誉的唐代著名思想家林慎思父子，晚清著名学者兼藏书家谢章铤，现代著名作家郑振铎、冰心，当代电影艺术家陈怀皑，著名金石书画家潘主兰等一大批文人学士，以及珠算宗师柯尚迁、天文学家高鲁、中医大师陈修园、水利专家陈文龙、造船专家谢汉甫等一大批影响深远的科技精英。在历经了千百年的科技熏陶与厚积薄发之后，现在，长乐又一次迎来了科技的春天。郑作新、王任享、陈俊武、石玉林、张文海等从长乐走出去的中国科学院和工程院院士，成为长乐科技实力与科技进步的象征与骄傲。璀璨的学术文化，为长乐赢得了“院士之乡”“书画之乡”“金薯之乡”“影视之乡”“楹联之乡”“闽剧之乡”“体育之乡”“华侨之乡”“摄影之乡”“影视之乡”“纺织之乡”等美誉。长乐学术文化的繁荣昌盛，得益于长乐经济的持续健康发展。如何通过艺术创作和加工，使观众从缤纷绚丽的学术文化缩影中提升对长乐这座城市的认同感和自豪感，激发他们的爱乡情怀，是《长山乐水》创作中必须考虑的问题。

体现长袖“广”舞的艺术内涵之韵。在创作大型情景歌舞剧《长山乐水》过程中，要充分展示长乐各个时期、各个阶段所蕴含的艺术特性，并做到长袖“广”舞，挥洒自如，达到让人叹为观止的境界。体现原生态。原生态，简单地说就是生命之态、原始之态，是生产、生活、生存中最基础的艺术，展现的是自然、生命、原始，是人民群众在日常生活和劳动中创作出的表达对生活和劳动热爱的最纯朴的、不加修饰的情感艺术，展示的是朴素、纯粹、不事雕琢的生命本色。正是因为原生态是不事雕琢的本色，是一种文化的保存状态，所以它才是真正有艺术生命力的东西。独有的地域特色成就了长乐原生态艺术的自然、纯粹和不受世俗侵扰。因此，我们在创作过程中要十分注重“原生态”，在《长山乐水》情景剧中要再现长乐先民春稼秋穑、冬狩夏猎、生息于斯、繁衍于世的情景，让观看《长山乐水》的观众仿若身临其境，梦回远古蛮荒时代，触摸到长乐先人在恶劣的自然环境下奋斗拼搏的脉搏。体现全方位。通过一台原生态的情景歌舞剧来浓缩长乐的天地自然、人文情怀和历史变迁，需要我们紧紧把握历史与现实的最佳结合点，还原和再现出长乐整体的历史脉络，进而让观众走进历史、记住历史、把握历史、拓展历史，并从中找出其发展的脉络、内在的逻辑以及与外部的紧密联系。因此，我们要利用艺术的手法向观众全方位展示长乐的经济建设和社会发展取得的成果及历史文化特色。一方面，要从历史原生的细节角度去深挖历史，借助于与众不同的细节去“以小见大”，让历史变得生动和跳跃起来，为人们所了解、感知和熟悉。另一方面，要用艺术的手法展示我们身边一些实实在在的改变，见微知著地将长乐巨变逐一呈现在人们面前，让人们认识到一个真实变化中的长乐是一个“长山乐水”的地方。体现新手法。要充分利用各种艺术手法，让观众通过《长山乐水》感受长乐、解读长乐。一方面，要创新原有的表现手法，体现长乐浓郁的地方特色。比如出于对超自然力量的崇拜而出现的舞龙、舞狮等祭神活动；比如对自然生态再加工后形成的金刚腿、龙泉寺、董奉草堂等表现载体；比如因精神生活需求而孕育出来的闽剧、评话、伬唱等民间文艺，等等，展示长乐原生历史人文。另一方面，要借助现代艺术表现手法，展示长乐发展成就。要以诗情画意般的场面设计，采用大舞台、大空间的方式，使《长山乐水》歌舞剧有一个生动的载体，并运用浪漫主义的写意手法，借用神话、民间故事、民间歌谣的表现方式，随着场景、灯光、造型的转变，将一个《长山乐水》情景歌舞剧演绎成一台融长乐民间音乐、舞蹈、戏曲、服饰和现代声、光、电为一体的大型舞台剧目。

再现长山乐水的特色境界之韵。长乐自古就是一个地灵人杰的好地方，我们在《长山乐水》歌舞剧中，要突出再现“长山乐水”的特色境界。再现江海特色。从地理构造上看，长乐背靠闽江、面向大海，是个准半岛地形，加之作为大武夷山脉分支的董奉山脉绵延境内，呈现出典型的“三山六水一分田”的地理特征，秀峰、奇石、湖泊、海滩、岛礁和江海岸线等景观要素共同构成了长乐江海一色、山水相连的自然风光。尤为重要的是，海水长期冲积留下的大量泥沙，在长乐腹地形成了一片广袤的平原。据史料记载，这里自古“限以高山，人迹所绝，车道不通……”，是古代八闽“蛮荒之地”的缩影，是长乐当时所处区域位置的客观反映。但大自然的天工造化、江海山水的共同滋养却赋予了长乐“福山宝地”和“鱼米之乡”的美誉，形成了具有长乐特色的江海文化。长乐的江海文化既有闽江流域文化的源远流长，又有沿海岸线文化的博大精深，构成了源自江海文化的浸润、南北文化的影响、移民文化的交流、船政文化的积淀。因此，在《长山乐水》歌舞剧中，要通过展示长乐先民以海为家、以舟为家、居无定所的传统生存、生产、生活方式，解读那一页页尘封已久的岁月记忆，诠释那一圈圈壮怀激烈的世纪年轮；通过展示长乐的江海特色，领略几千年来吴航儿女艰苦奋斗所取得的伟大成就。再现山水情怀。吴航大地由北向南次第罗列着首石、六平、五马、石巴、东阳、岱峰等山岭，最后脉贯福山（即董奉山）。滨海临江、群山环绕的地理优势，使得长乐自然成了古人休养生息的世外桃源和“福山宝地”。独特的山水和气候条件培养了长乐人“善舟楫、精耕作”的生产、生活和生存方式，以海蚌和龙眼为代表的数千种海产品及果蔬资源，为人们提供了基本的物质保证。可以说，长乐“三山六水一分田”的地理特点和长乐人仰赖大海、大江、大山“三位一体”的生产、生活和生存方式，集中体现了古代闽地的自然和社会特征，它不仅代表了长乐，还代表了福州甚至福建。因此，我们创作《长山乐水》，眼光就不能局限于长乐，而必须透过长乐的地域和自然特征，来映现古时闽地的山山水水，演绎出八闽大地山相连、水相通的自然地缘、人缘、物缘、文缘和情缘。再现古今辉映。曾是春秋战国时期吴王夫差和三国时期东吴孙皓屯兵造船地的长乐，因天然的海港、便利的交通和悠久的航运传统，成为海上丝瓷之路必经之道，更因明朝伟大的航海家郑和七下西洋均在长乐伺风开洋，并携带最能代表中国特色且最受青睐的丝绸和瓷器赠予亚非各国，进一步发展与繁荣了海上丝瓷之路。前段时间，在长乐海域及其周边发现了大量运载瓷器的沉船遗址，就为长乐是古代丝瓷之路必经之地提供了极有价值的佐证。同时，由于郑和七下西洋为长乐工商经济的发展带来难得的契机，带动了当时长乐商贸业的空前繁荣，促就了“十洋成市”的繁荣景象。跟随郑和船队漂洋过海谋生的长乐人，不断向西洋拓展自身的生存空间。经过一代代长乐人的努力拼搏，长乐这座千年古邑，逐步迈向今天的滨海时代，经济实力在不断地加强，逐一实现着无棉之乡筑双百亿纺织城、无矿之地铸百亿钢铁城、无煤之城建百亿电业城、无芯之城创百亿电子城的发展蓝图。在建设经济强市的同时，长乐不断完善各类基础配套设施，努力打造生态型硬环境、亲商型软环境、平安型美环境、文化型好环境。现在，长乐越来越成为适合投资创业、人居的城市，成为“吉祥长乐”，侨居海内外和港澳的长乐乡亲，为之感到无比骄傲和自豪。因此，我们在创作《长山乐水》时，要以古今辉映的独特视角，展现“古吴航”的“丝瓷路、拓西洋”的绚烂历史和“今长乐”滨海新城的鲜活魅力，在舞台上通过时空互换，展现“今长乐、古吴航，丝瓷路、拓西洋”这种古今辉映的景象。

显现长演不衰的美学张力之韵。要充分显现情景歌舞剧《长山乐水》长演不衰的美学张力，必须以其内涵之美、形式之美、创意之美，构造出一朵艺术奇葩、一幅赏心悦目的画、一首知人知心的诗、一曲人间豪情的交响曲，使听众观看之后受到感染、引起共鸣以致产生震撼心灵的深层美感，这是我们追求的最佳演出效果。显现内涵之美。一场出色的文艺演出，总是能凭借着形象、情节、结构，将作品所要表达的隽永意境层层散发和呈现出来，让观众在艺术欣赏中领会到作品的深刻内涵，得到心灵的启迪和美的陶冶。最近，山西省话剧院推出大型作品《立秋》，在全国巡演100多场，广受各界人士好评。作品《立秋》的成功，首先是厚重的剧本题材和丰富的文化内涵震撼了观众。晋商文化无论是它的辉煌鼎盛，还是它的盛极而衰，在山西乃至全国各地都有着很强的影响力和感染力。《立秋》正是因讴歌了晋商自强不息、永不低头、拼搏向前的豪迈气概和民族精神而备受关注。此次大型情景歌舞《长山乐水》要将具有长乐浓郁地域特色的、贴近百姓生活的、近乎原生态的民间民俗文化，通过物态的描绘、形象的塑造、情节的发展来表现长乐这个千年古邑深厚的历史文化和丰富的人文景观，并成功地将长乐“大爱暖千秋”的文化内涵和长乐人“大爱开明、能拼会赢”的精神品质含蓄地蕴藏于优美的演出之中，让观众在欣赏艺术创作的同时感受到长乐深厚而文化底蕴。显现形式之美。对观众而言，一场文艺演出即使有再深刻的意蕴、再丰富的艺术内涵，演员对作品的体验再准确、艺术思考和追求再独到，如果没有外化于作品的艺术表达形式，它也实现不了自己的艺术价值。因为完备的艺术不能停留在思想状态，而要把思想所得即开掘出的意蕴通过一个恰切的外部形式展现出来。因此，要使观众对《长山乐水》所展示的艺术意蕴产生共鸣，需要艺术家们借助“歌、咏、颂、舞、演”等诸多艺术元素和艺术创作形式，在长乐极具民间传统特色的表现形式如闽剧、评书、舞龙、舞狮等的基础上，注入现代艺术的元素，包括声、光、电等多维立体的现代艺术表现手法和具有空间灵性的水景等独具特色的艺术载体与舞台，通过兼容传统与时尚的精华，使作品产生大气之处令人拍案叫绝、细微之处妙笔生花的艺术效果，从而让观众在陶醉于艺术带来的视觉冲击的同时，去重新发现长乐文化的价值、重新解读长乐文化的内涵、重新升华长乐文化的特质。显现创意之美。创意是艺术的生命和动力所在。京剧源于安徽怀宁的徽剧，徽剧二百年前是地方小戏，经过进京演出并融进各地唱腔表演形式而最终形成中国国粹艺术代表作；《好一朵茉莉花》也是江苏民间小调，通过改编传唱成为脍炙人口的经典之作。这都充分说明了创意之于艺术的不可或缺性。一方水土养一方人，一方人养一方特有的民间文化，这种文化氛围像空气与水一样滋育着人们的日常生活，影响着大众的社会心态，一个人无论走到哪都不会忘记故乡的传说、故乡的山水情怀。但是这种民间文化一般是俗文化，由于不够精致精美而没有上升到主流文化之中得以流传。因此，如何在继承中发扬、在发扬中挖掘出长乐文化特色，是我们在创作《长山乐水》时所必须思考和甄别的。这就要求我们在充分借鉴其他地方相类似创作经验，比如《云南映象》等成功创作先例的基础上，通过取长补短，不断丰富、完善《长山乐水》的艺术表现形式，让观众听到、看到人类遥远的真实，感受到久远的美，唤起观众与作品相应的甚至更浓烈的情绪，这也是《长山乐水》作品所要达到的艺术境界。

呈现长期长远的历史记忆之韵。创作大型情景歌舞剧《长山乐水》，目的是通过艺术的形式，深刻提炼挖掘吴航儿女千年来所创造出的历史文明成果，从而再现当年的豪迈激情，不断增强我们建设新生活的信心，激发我们在更广阔的空间创造出新的辉煌。呈现自豪感。长乐自古钟灵毓秀、人文荟萃，在与大自然的抗争中，逐渐发展成为一方适合生存发展的福山宝地，在每一个历史时期都创造出了属于长乐人民自身、令世人引以为豪的文明成果，这些都是我们不可多得的历史财富。无论是对经济、文化的发展，还是对算术、天文、医学、水利等科学领域的发展，长乐人民都有着突出的贡献。“十洋成市状元来”的盛况、郑和七次下西洋的繁荣、海上丝瓷之路的鼎盛……每一个伟大的历史画面都是大型情景歌舞剧《长山乐水》的创作源泉，都能带给我们强烈的视觉和听觉的震撼。这是历史记忆通过艺术形式所给予我们的最直接的感官刺激，不断激发着我们内心丰富的情感世界，从而令我们从心底生发出对先人的无限景仰和对家乡的满腔自豪。呈现自信心。在长乐历史上，由吴航儿女在不同时代演绎出来的一场场“大爱开明、能拼会赢”的历史画面，都在不断诠释着长乐的发展历程，并且每一次都以先知先觉催生出一幕幕、一场场文明萌发的壮举，以敢为人先的姿态和成就奋斗在中华大地，紧跟中华大地铿锵有力的发展步伐。作为后人，每当我们追溯历史人文，回望那些创造文明、文化的先人时，都会有一种感动之情在我们心中油然而生。为此，我们希望历史的记忆能够通过舞台情景剧的回放，使生活在海边的长乐人更能真正领会到大海博大胸襟的内涵，在潜移默化中学会开明，在发展拼搏中更加自信，使长乐人勇于开拓、外争内敛的性格特征更加鲜明，使长乐人积极进取、不折不挠、勇往直前、永立潮头、“能拼会赢”的开拓精神更加坚定。呈现新辉煌。经过一代代长乐人努力拼搏，长乐这座千年古邑，从大吴越时代、新宁时代、吴航时代一步步走来，迈向今天滨海时代，经济实力在不断地加强。近十年来，长乐一直保持“全国百强”“福建十强”的地位，近年更是凭借综合发展质量，跃居“福建十佳”之首，不断实现着宏伟的发展蓝图。大型情景歌舞剧《长山乐水》的首映，将不断激发着我们创建美好家园的决心和信心，促进着文化的崛起、教育的崛起、经济的崛起和城市的崛起，宣告着拥有1382年县制历史的长乐，将从此突破自然条件束缚，以前所未有的冲劲，实现发展腾飞的梦想。

（2006 年 9 月 5 日）

鸟　韵

郑作新院士不仅是世界著名的鸟类学家、鸟类地理学家，中国现代鸟类学、动物地理学的奠基人之一，而且是长乐人民的杰出代表和学习楷模。他为我国科学事业的发展，特别是鸟类学的建立和研究做出了重大贡献，也为家乡长乐赢得了无上的光荣与骄傲。在他百年诞辰之际，我们深情缅怀和回顾他充满传奇色彩、波澜壮阔的一生，不仅要深切感受和追忆他留给我们、留给长乐的巨大的精神和物质财富，而且要将由此形成的“鸟韵”文化融入长乐的文化建设，使之焕发出更大的活力与魅力。

要弘扬他心系祖国、无私奉献的爱国精神。1930 年，年仅 24 岁的郑作新在美国密歇根大学博士毕业，他毅然谢绝各方挽留，回到母校福建协和大学生物系任教。之后，他于 1945 年应邀赴美短期任教，面对美国政府的高薪挽留，他表示“不应在美国长久待下去”，怀着一颗拳拳赤子之心，如期回到了苦难中的祖国。在他身上体现出了的老一辈科学家留学报国、无私奉献的爱国情怀，时至今日，依然是我们大力提倡和弘扬的社会主流与时代强音。

要弘扬他求真务实、坚持真理的科学精神。在郑作新院士的鸟类研究生涯中，最具传奇色彩的就是他顶着“犯上”的风险和同行的指责，为麻雀平反“冤案”。麻雀曾经在中国被“打”成四害之一，在轰轰烈烈的一片灭雀声中，郑作新通过研究麻雀的食性写出了多份报告，以翔实的科学数据提出了“该消灭的不是麻雀，而是雀害”。进而使麻雀免除了灭顶之灾。在他身上体现出来的老一辈科学家不唯上、不唯心、只唯实的科学态度，时至今日，依然是推动我们各项事业不断取得新的发展和进步的精神财富与行为准则。

要弘扬他执着钻研、勇攀高峰的探索精神。从求学时期开始，郑作新院士就专注于动物学的研究，年仅 24 岁就被推选为美国科学院荣誉协会会员，并获科学金钥匙奖。回国以后，他长期致力于鸟类亚种的分类工作和中国动物地理区划的研究，撰写了大量的论文和专著，在国际上享有盛誉。其中1947年撰写的《中国鸟类名录》，是中国学者首次自行研究撰编的全国性鸟类名录，标志着中国鸟类学研究达到新的水平。他用英文编写的《中国鸟类区系纲要》，提供了有关中国鸟类的完整资料，被美国国家野生动物协会评选为“1988年度国际自然保护特殊成就奖”，成为第一位获此殊荣的中国学者。在他身上体现出来的老一辈科学家不畏艰辛、敢于拓荒的探索精神，时至今日，依然激励和鼓舞着我们不断去勇攀新的科学高峰、探索新的未知领域。

要弘扬他解放思想、大胆开拓的创新精神。郑作新院士除了在鸟类学研究上取得突出成果外，在中国动物地理区划上还大胆创新，根据自己多年的研究，提出了以秦岭为分界的观点，即秦岭以南为东洋界，秦岭以北为古北界。他的这种划分不仅在鸟、兽区划中有充分的根据，而且与土壤、植被、气候等区划相一致。他首创性地把东洋界和古北界进一步划分为7个一级区和19个二级区，并为国内外学者所认同和使用。在他身上体现出来的老一辈科学家突破成规、勇开先河的创新精神，时至今日，依然为我们建设“创新型”城市传送着源源不断的创新血液与精神营养。

要弘扬他热爱自然、关爱生命的和谐精神。郑作新院士从小热爱自然，爱好收藏动植物标本。在密歇根大学学习期间，他经常去系里的标本馆参观。在这里一只中国的红腹锦鸡标本让他受到了很大的触动。这只红腹锦鸡就像一种情结，坚定着他回国开创中国鸟类学研究的决心。在此后的几十年研究生涯中，他把自己毕生的精力都献给了大自然、献给了祖国的鸟类研究事业，以自己的实际行动，奏响了一曲人与动物、人与自然和谐共处的美好乐章。在他身上体现出来的老一辈科学家向往人与自然、人与社会和谐发展的精神，时至今日，依然是我们落实科学发展观、构建和谐社会的美好愿景和不懈追求。

要弘扬他情系故土、回报桑梓的大爱精神。作为长乐的优秀儿女和杰出代表，郑作新院士从小就是在长乐传统“大爱”文化的熏陶下成长、成熟起来的。尽管少小离乡、身居异地，但他始终不忘吴航这块生他养他的热土，始终眷恋着家乡的一草一木，始终关心、关注着长乐科教事业的发展。家乡的每一个变化、每一点进步、每一条讯息都牵动着他思乡的情愫、爱乡的情怀。在他生命的最后一刻，他依然牵挂着家乡，多次叮嘱家人在适当时机把他的生平收藏捐献给家乡长乐。他的家人遵照他生前愿望，将他平生收集的科技藏书、实验仪器、鸟类标本和学术手稿等一大批具有极高研究和收藏价值的遗物全部无偿捐献给了中国长乐院士馆，让更多的乡亲可以睹物思人，更好地感受他的爱乡情怀、领略他的大爱风采。在他身上体现出来的老一辈科学家情牵故里、梦萦家园的爱乡精神，时至今日，依然是澎湃在千千万万吴航儿女血脉里爱的共鸣和情的呼唤。

（2006 年 11 月 16 日）

史　韵

长乐是一个文化多元化特征比较明显的城市。历史上多次较大规模的中原移民带来了深厚的中原文化。这种外来移民文化一经与长乐的海洋文化碰撞交融，就产生了强大的生命力与影响力，使历代长乐人有了属于自己的文化支撑与文明滋养，并形成了长乐精神的胚胎与雏形。在一千多年的历史长河中，不仅长乐精神熠熠生辉，而且长乐“史韵”异彩纷呈。

海滨邹鲁，美誉天下。邹鲁是当时周王朝的两个封地，分别是邹国和鲁国。孔子生长在鲁国、孟子生长在邹国，而孔孟是中国几千年学术文化的代名词，是中国民众心目中的圣人。长乐被誉为“海滨邹鲁”，说明长乐是个人文鼎盛、颇具学术影响力的地方。这种美誉的保留与延续，靠的是从古到今一代代文人的培育与传承。跟随历史发展的足迹，我们可以分三个阶段去慢慢寻思“海滨邹鲁”地位的来之不易。一是发轫于农耕文明。在历史长河中，长乐的大部分地域浸漫在茫茫海水中，那时的长乐人生存空间极其有限。在以农为本的自然经济社会形态下，这种地域特征促使部分长乐人走上了求取功名的道路，唐、宋、明、清时期，长乐共产生了 10 名状元、900 多名进士。尤其是唐宋元明时期，长乐文化得到快速发展，涌现出大批在朝野有影响力的学者、儒官，比如朱熹传人黄勉斋、刘砥、刘砺以及明洪武年间以高棅为代表的“闽中十才子”。正是一大批学者、儒官在学术文化上的突出贡献，长乐才赢得了“海滨邹鲁”的美誉。二是升华于群体效应。郑和七下西洋，长达 28 年的航海历史中，其庞大船队“累驻于斯，伺风开洋”。物资的补给、船员的招聘成就了吴航“十洋成市”，大大促进了长乐工商经济的发展。因此，出现了“十洋成市状元来”的历史佳话。教育事业的发展壮大，催生了一批批影响深远的文化名人。这些文化名人的作用和价值并不局限于他们个人的功成名就，更关键的还在于他们在当时创造和丰富了长乐文化，牵动了一代甚至几代人的文化向往，引领社会群体进行文化探索与追求，促进求知上进教育文风的空前盛行。三是成就于现代文明。长乐在“海滨邹鲁”这一环境和氛围影响之下，任何一个时期都不乏文化名人，直至现当代，还涌现了以郑振铎、冰心为代表的文化界名人和以五院士为代表的教育科技名人。

文献名邦，乡贤争光。中国古代的边疆之地，包括地处东南沿海的闽地，都是开化较晚的地方。封建时代，这些地方或称“夷”或称“蛮”，与中原地区相比，明显处于文化劣势。但长乐却是个例外的地方。与闽地其他古邑相比，长乐文明发育得较早，文化普及得较广，这主要得益于中原八姓的衣冠南渡。长乐是承接中原“八姓入闽”和历代中原望族南迁的主要地域，因而相对闽地其他地方，长乐地域文化与中原文化对接、交融得比较完美。正因为这样，长乐很早就赢得了“海滨邹鲁、文献名邦”的美誉。我们可以从三个方面去了解体会“文献名邦”的称号并非自我标榜。一有典籍佐证。从“二十五史”、《四库全书》等权威的官方刊行的文库中，我们可以发现为数众多的长乐先贤的文章著作。二有代表人物。众多长乐古代人物都留下了对当时及后世颇有影响的文献巨著。文化艺术方面，从唐朝的林慎思，宋朝的黄勉斋、郑性之，明代的王恭敬、高棅、郑世威、谢肇淛，到清代的梁章钜、梁上国，以这些古代先贤为代表的长乐文人群体留下的文化遗产，可以用汗牛充栋来形容，其中不乏鸿篇巨制。此外，在其他领域，长乐先贤也多有涉及，比如：明代谢杰著有《使琉球录》，就对明清到近代的中国航海提供重要的文献资料；清代陈世元（引进番薯第一人陈振龙五世孙）编著《金薯传习录》《除蝗传习录》，对番薯的种植、防虫、贮存技术的推广起到了重要的作用；清代的陈修园著有《伤寒论浅注》《神农本草经读》《医学三字经》《金匮要略浅注》等30多种医学著作，为医家所重，对后世中医发展做出了突出的贡献。三有一脉相承。过去“文献名邦”的辉煌更需要将来的传承与巩固。为了不断提升“文献名邦”的地位与名气，长乐在挖掘、利用资源上下足了功夫，如在长山湖湖畔镌刻50首长乐历史上最有代表性的诗、词、曲，并用现代思想、手法去重新解读历史，以此形成新的文献典籍，让更多的人能够读懂历史、记住历史、延续历史。

科技重光，时代佼者。一个时代和社会的进步与发展，离不开科技力量的推动。作为“海滨邹鲁、文献名邦”，长乐先民很早就有崇尚科技的传统，并在多个领域取得了骄人的成绩，主要有三个方面的表现。一是涵盖广。在书院文化和精英教育的直接推动下，一批批乡野子弟茁壮成长起来，成为社会的才俊，推动长乐科技文明的发展。长乐在算术、天文、医学、水利等多个学科领域百花齐放，先后涌现出珠算宗师柯尚迁、天文学家高鲁、中医大师陈修园、水利专家陈文龙、造船专家谢汉甫等一大批影响深远的科技精英，他们的事迹直到今天，依然被我们所津津乐道。二是成就高。长乐科技取得的丰功伟绩不仅在长乐被高歌传颂，放眼全国，这些科技成果当时在全国也是处于遥遥领先的地位。如珠算宗师柯尚迁、天文学家高鲁等在当时的科学领域属于泰斗级的人物，他们的研究成果开创了算术、天文科学研究领域的先河，为推动中国科技研究做出了重要的贡献。正是这些举世瞩目的伟大创举，让更多的人了解到长乐，记住了长乐。三是影响远。在经历了千百年的科技熏陶与厚积薄发，现在，长乐又一次迎来了科技的春天。郑作新、王任享、陈俊武、石玉林、张文海等从长乐走出去的中国科学院和工程院院士，成为长乐科技实力与科技进步的象征与骄傲。长乐这个只有60多万人口的县级市之所以会产生这种“院士现象”绝非偶然，沿着悠长的科技发展脉络一路追寻，我们就会发现它是长乐亘古文风的传承，是长乐千年教育的积淀。这种“院士现象”，折射出的是长乐科技往日的辉煌和今日的荣光，它代表着长乐所拥有的一支英才辈出的科技人才队伍。据不完全统计，目前，已有955名长乐籍高级职能人士分布在全国的各行各业，其中院士5名、研究员29名、教授128名。在科学技术作为第一生产力的知识经济时代，长乐市委、市政府在推动新一轮发展的过程，紧紧依托厚实的科技底蕴，不断拓宽“引智、引才”的渠道，使科学技术对经济社会的贡献率得到了逐步提升。

长乐商道，能拼会赢。20多年改革开放的实践一再证明，长乐人天生就是商人。长乐商人既有中国北方商人豪放大气、不拘小节的气度，又有南方商人精明干练、精打细算的本领。正是这种多元的商业特征，使长乐形成了融传统文化与现代文明于一体的“长乐商道”。一是“赢商”特征。这是集胆量、胆识、胆略于一身的长乐商人十分明显的一个特征。当前，随着工商业的发展，长乐人赢的特征品质更加明显，真正做到了“方向更明、人口更多、日积月累、资本积累、不凡经历”，历久弥新、稳操胜券、更加成熟。二是“情商”特征。长乐商人是一批善于处理复杂关系的交际高手，对外，强调人脉因素在商业活动中的作用，因而广交五湖四海的朋友；对内，在追求商业利益最大化的同时，又兼顾商业伙伴的扩大化，秉持“有钱大家赚”的“多赢”理念，抱团打拼。正是有了这种“情商”特征，长乐众多的在外企业家才能在全国许多地方站稳脚跟，并在各种工商活动中左右逢源，创造了骄人的业绩。三是“拼商”特征。就是把事业、财富当作一座座高山，在高山面前具有拼搏的勇气和气魄，把攀登事业、财富的高山当成挑战，把每一次挑战当成一次机遇，最后傲立巅峰。四是“智商”特征。就是对商机具有一种直觉思维能力，善于在商业活动或社会活动中捕捉若隐若现的商机，并在较短的时间内做出判断，付诸行动。五是“德商”特征。就是具有良好的道德品质、诚信意识和社会责任感，对朋友忠诚，对部下宽容，对社会负责，往往在行有余力的时候，关注社会民生。六是“财商”特征。就是善于理财，注重把赚来的钱用来扩大再生产或技术改造，确保企业与时俱进地发展下去，长久地保持竞争的实力。七是“韧商”特征。长乐人的“韧商”特征表现为穷且弥坚，他们不会因为一时的失败和挫折而一蹶不振，总是在逆境中寻找东山再起的机遇。正是有了长乐商道的指引，长乐商人才能在错综复杂、变幻莫测的商业活动中“把握方略、瞄准方位、创新方式、选对方法、当好方家”。

城市品牌，已然打响。近几年，长乐着力通过创新城市建设理念、拓展城市建设内容来打造城市品牌。在城市形象塑造方面，大力实施“东扩、西拓、南进、北引”的城市发展战略，加快旧城改造和新区建设步伐，建成区面积达到12.8平方公里。通过经营城市、营销城市，供水、供电、路网、污水处理、垃圾处理等配套已经实现了从基本适应型到适应超前型转变。通过用文化涵养城市，人民会堂、博物馆、图书文献中心、广电中心、工青妇活动中心、科技大厦等一大批文化设施已经投入使用，城市服务功能和文化品位得到了全面提升。建成了中国长乐城市森林公园、郑和广场等数十个公园、广场，使城区绿化面积达到330公顷，城市绿化覆盖率达36.2%，人均绿地面积12.5平方米，城市环境综合整治定量考核名列全省前列，人居环境得到显著改善。在城市文明创建方面，以“大爱”文化为核心来涵养市民素质，深入开展文明城市、园林城市、卫生城市、环保城市、文化城市、平安城市、双拥模范城市等“七城同建”活动，顺利通过了省级文明城市、卫生城市的考评验收，使长乐成为一座“远者来、近者悦、离者归、居者安”的品牌城市。

（2007年1月5日）

雅 韵

有一首歌叫《小城故事》，长乐这座闽东南小城同样拥有许多古老而年轻的故事。近年来，长乐在挖掘、整理和弘扬传统文化上做了大量工作，刚出版的《长乐进士》和《长乐历代诗词赏析》两本书，就是所做努力之一。这些努力不仅推动和推进了长乐文化事业的发展，而且丰富和积淀了长乐的“雅韵”事业，涵养了一方百姓。

着力弘扬传统文化之“雅韵”。长乐素有“海滨邹鲁、文献名邦”之誉，具有深厚的人文积淀和文化底蕴，拥有以“大爱开明”为核心的“吴航风骨”和以“能拼会赢”为核心的“长乐气度”。近年来，我们通过挖掘和整理传统文化，取其精华，弃其糟粕，提炼和升华成了以“大爱暖千秋”为代表的文化品牌。透过杏林感知大爱文化。大爱是一种“大我”之爱，是对人类的一种人文关怀。“江海无垠，吴航有爱”，长乐的大爱文化不是看不见、摸不到的虚幻之物，而是植根于长乐历史与传统之中的一种实实在在的文化积淀。相传，“建安三神医”之一的董奉，在悬壶济世的过程中，对求医的穷苦百姓从不收取任何费用，只要他们病愈后在医舍附近种植几株杏树。久而久之，蔚然成林。待杏子成熟后，董奉又以杏子换米，用来救济百姓。这一段千古流传的“杏林春暖”的佳话，让我们感受到了董奉作为医者的博爱胸怀和仁爱之心。这种爱感动着时人，也感动着后人，千百年来，经过一代又一代长乐人的传承，这种爱已成为流淌在百万吴航儿女血液中生生不息的基因，孕育出了郑振铎、冰心、郑忠华、董斌等一大批以爱示人、为爱献身的长乐人。因此，我们通过筹集民间资金在董奉山下建设董奉草堂，大力弘扬和提倡“杏林春暖”所蕴含的大爱文化，让越来越多的长乐人在爱的熏陶下，不断升华自己的品德与情操。可以说，近年来，长乐的经济、社会、政治、文化之所以能得到长足的发展，靠的就是我们对“大爱”资源的挖掘与利用。如果没有爱，就没有“回归工程”“暖人心工程”的实施；如果没有爱，就没有慈善总会的成立和关爱女孩行动的开展；如果没有爱，就没有推动长乐发展的强大动力和不竭源泉。透过丛林感悟人生智慧。在长乐沙京有一座远近闻名的千年古刹——龙泉寺，是唐朝高僧百丈怀海禅师的出家与圆寂之地。在这里，百丈禅师创立了一套极有系统的丛林戒律——《百丈清规》，所谓“马祖创丛林，百丈立清规”，即是此意。一部《百丈清规》，不仅规范了丛林沙弥礼佛参禅、衣食住行的举止，而且体现了百丈禅师“一日不作，一日不食”的农禅思想和人生智慧。相传，在他住持期间，每日除了领众修行外，必亲执劳役，勤苦工作，对生活中的自食其力极其认真，对于平常的琐碎事务尤不肯假手他人。对于弟子们的劝阻，他说：“我无德劳人，人生在世，若不亲自劳动，岂不成废人？”从中，我们感受到了玄妙深奥的禅理。其实，佛家所谓的“禅”，是一种体现自然的生活，是人的精神世界，是宇宙与人生的总体。禅无所不是、无所不在，它是一种直接认识事物本体、超越物我的精神世界，是一种大彻大悟、物我平等的至高境界。而百丈禅师所倡导的“一日不作，一日不食”的农禅思想，同样是对生活乃至生命的一种感悟。今天，随着科学技术的发展和市场经济的转变，人们的物质生活得到了极大的提高，但随之而来的各种“社会文明病”也给人们带来了巨大灾难，这已经是不可否认的社会事实。由于精神文明的滞后，在现实社会中，普遍存在伦理道德缺失和社会风气日下的严重倾向，由此导致的“精神危机”和“价值观念颠倒”现象，严重影响了人们的正常生活和社会的良好发展。这个时候，通过挖掘百丈禅师“一日不作，一日不食”的农禅思想，教育和引导人们在平凡的生活中、在平实的工作里离苦得乐，进而感受“生命不息，劳作不已”的快乐，体会“一粥一饭，当思来处不易”的艰辛。对于激励现代人自强不息、奋发向上，在现实生活中去实现自己的人生价值，无疑具有积极的作用。就长乐而言，每个长乐人事业成功的“第一桶金”都是靠人生智慧和辛勤劳动挖掘来的，因此，长乐企业和长乐经济的生命力特别强。透过儒林感受精英风采。长乐虽然地处“南蛮之地”，但受“八姓入闽”“衣冠南渡”的影响，儒家所倡导的“读书求功名”的思想却深植人心。自宋以后，尤其到了明朝，先后涌现出了“海滨四先生”之一的陈烈和陈洵仁等著名的思想家和教育家，在他们的倡文导学下，长乐书院、精舍、书室林立，著名的有兰田、东溪、龙峰、吴航等书院，这些书院在传授知识、教化乡民等方面发挥了独特而重要的作用，先后培养出了马铎、李骐等一大批新宁俊彦，惊动朝野。再往后，随着著名理学家朱熹流寓入闽，在长乐潭头晦翁岩授徒传学，把长乐的“精英教育”推向了巅峰，培养出了黄勉斋、刘砥、刘砺、郑性之等一大批鸿儒硕士。在长乐，至今流传着“十洋成市状元来”的佳话，这是因为在长乐历史上先后出现过955名进士、10名状元。可以说，没有儒家思想的浸染和教化，这种教育盛况是难以呈现的。如今，《长乐进士》和《长乐历代诗词赏析》这两本书之所以能够编撰出版，也正得益于这种“耕读传家”和“诗书传世”的积淀。我们编撰这两本书的目的，就在于通过展示长乐先人的风采，进一步增强作为长乐人的荣誉感和自豪感，更好地推动长乐文化事业和教育事业的发展。

着手打造现代文化之“雅韵”。近年来，我们以开展创建省级文化先进市活动为载体，通过大力提升未成年人的素质教育、推动文化艺术创作及生态家园建设，使长乐悠久的历史和深厚的文化底蕴与现实的文化建设相结合，努力打造强大的现代文化体系，并最终实现以文化涵养城市发展的目的。追求学林的朝气蓬勃。面对当前教育发展的新形势和新任务，我们始终坚持树立和落实科学的发展观、教育观和人才观，全面深化教育体制改革，夯实教育发展的基础，增强教育发展的后劲，做到与时俱进、优教有为，努力推动全市教育事业的蓬勃发展。在具体实践中，我们坚持以人为本，尊重学生的人格和个性特长，从每一个学生的实际出发，抓好不同层次、不同类型学生的培养，按照“人人有才、人无全才，因材施教、人人成才”的理念，把培养“四有”新人和德智体全面发展的创新型人才作为教育工作的主要方向，全面实现从应试教育向素质教育的转变。切实纠正重智育、轻德育的倾向，加快构建从幼儿园到中学纵向衔接、从学校到家庭横向沟通的德育教育体系，在发挥学校思想道德教育主渠道、主阵地作用的同时，整合利用全市各种教育资源、活动场所和实践基地，动员社会各界和学生家长广泛参与，把社会主义荣辱观教育适时引入教材、引进课堂，让学生从小知荣辱、明是非、辨美丑、识善恶，自觉养成良好的道德品质和行为规范，使树立和弘扬社会主义荣辱观的客观要求真正内化为学生的自觉行动，进而增强未成年人德育工作的针对性、时代性和实效性。比如，近年来，我们相继建成了博物馆、图书馆、文化馆、美术馆和工青妇活动中心等一批未成年人思想道德教育基地，现在还在着手建设天文馆、民俗馆、进士馆等文化设施。通过组织学生看长乐、逛城市、游历史与文化系列主题公园、参观爱国主义教育基地等系列活动，开展革命传统基地游和博爱之旅、郑和航海之旅等各种参观瞻仰活动，满足未成年人日益增长的精神文化需求。追求艺林的百花齐放。近些年来，我们坚持“二为”方向和“双百”方针，十分重视抓好各类文艺人才培养和群众文化队伍建设，发展和培养各类业余和常设文艺团队。在推动民间文化艺术方面，充分发挥市文化艺术中心的功能作用，加大培训群众文艺队伍力度。自2003年以来，共举办包括美术、音乐、舞蹈、戏曲、摄影在内的各类培训班30多班次，培训各类文艺骨干360多人。通过举办文艺会演、闽剧艺术节、选送参加上级比赛等形式，积极扶持民间职业剧团等各类业余和常设的群众文艺团队建设。市里成立了少儿艺术委员会，加强对全市少儿艺术工作的指导。全市现有海韵歌舞团、小荷少儿艺术团等各类业余文艺团队以及民间职业剧团26个，经文化部门考核认定的民间乐队85队以及其他各类健身、舞狮、舞龙、腰鼓、戏曲等群众文体队伍200多支。同时，我们十分重视富有乡土特色的文艺精品创作，如精心组织本市文艺人才自编、自导、自演了大型诗歌舞乐《大爱暖千秋》，邀请福州市歌舞团创作演出了大型情景歌舞剧《长山乐水》，将丰厚的人文底蕴和多彩的艺术形式相融合，充分展示长乐群众文化的崭新风貌，受到有关领导与社会各界的广泛好评。近几年来，长乐文学、音乐、摄影、美术、书法、影评、戏曲等艺术创作也屡获佳绩，共有500多件作品在福州市级以上发表、展出或获奖。此外，我们依托日益完善的基础设施，以培育和弘扬具有鲜明时代特征和长乐地方特色的“大爱”文化为主线，采取集中与分散相结合、高雅与大众化并举，通过歌舞、戏曲、歌咏、书法、摄影、展览、电影等多种文艺形式，组织开展群众喜闻乐见的文化活动，达到以文化催生文雅、以文化促进文明的目的，推动校园文化、企业文化、军民文化、社区文化、老年文化、少儿文化繁荣发展。追求园林的生机盎然。长乐属于典型的“三山六水一分田”结构，土地总面积658平方公里，其中林地面积占了近40%，全市森林覆盖率30.5%、绿化率76.3%。鉴于特殊的地理位置和曾经饱受风沙侵害的历史，我们高度重视生态环境建设，通过在全市传导生态文化的理念，努力促进人与自然和谐，打造生机盎然的园林城市，为推动省会窗口城市建设提供强大的环境支撑。自2002年起，我们开展了大规模的全市林业现状调查，在全市大力倡导“内学延国和，外学谷文昌”活动，树立强烈的忧患意识，积极推动“绿色家园”行动，把筑牢“绿色屏障”、打造“绿色通道”和构建“绿色人居”作为重要载体来抓，努力把长乐建设成为一座既适合人居，又适宜创业的滨海生态城市。在具体实践中，我们对境内拥有的福州长乐国际机场高速公路这条我省重要门户通道之一及峡漳线、福北线、两港线、西泽线等重要的区域交通主干线，进行高起点、高标准、高质量地绿化美化，积极鼓励社会团体、民营企业、机关学校、驻地部队等参与到公路两侧的义务植树造林活动中，不断提高境内主干道的绿化率，使“绿色通道”建设收到了良好的成效。同时，我们针对改革开放以来，长乐城市化和工业化进程的快速推进给生态环境带来的“青山挂白”、内河污染、垃圾成堆等生态问题，因地制宜、多方探讨、集思广益，把治理“青山挂白”、内河水系和垃圾堆场等问题与改善人居环境结合起来，探索出了“变废为宝”的可行之路。比如，近年来，我们按照“政府牵头、社会化运作、市场化筹资”等运作模式，积极采取“谁投资、谁受益”的办法，多方筹集资金4300多万元，建设了长12.5公里、占地面积5600多亩的闽江口南岸江滨公园景观走廊；发动华侨、企业家捐资建设了占地面积1300多亩的南山公园，等等。同时，我们还提出了再现“吴航十二景”的目标，通过出让冠名权、市场化运作等方式，广泛发动华侨、民间组织和企业捐资建设旅游景点、森林公园、乡村公园等，力争经过几年努力，一年打造一个森林公园，最终把长乐建设成海峡西岸的一颗绿色明珠。

着眼构建未来文化之“雅韵”。实践证明，长乐的“大爱”文化已经在引领现实发展中发挥了自身蕴藏的强大的软实力。但是，任何文化都是一种发展的概念，不但需要挖掘其丰富的内涵，而且要赋予其新鲜的元素，让这种文化在与时俱进的发展中变得愈益强大。这就是长乐构建未来文化的主要任务和重要作用。展现高雅文林。就是要增强展示长乐文明形象的文化力。文化力被喻为推动发展的软实力，一个地方具有什么样的文化力，决定了这个地方具有什么样的生产力、发展力。这几年，长乐的文化事业发展异常迅猛，这是文化强市战略鼓舞的结果，今后，我们要倍加珍惜历史文化遗产，在经济快速发展的同时，把传统文化传承好，把三个文明建设好。在实践过程中，我们抓住了“爱与温暖”的文化精神，并把这种精神用于涵养发展，在更高层面抓住发展的要旨，为长乐的永续发展引来了源头活水。譬如，我们不断挖掘和培育“大爱”文化，于是就有了强大的“回归”经济，她将在长乐今后若干年经济和社会发展中充当主力军和生力军的重要角色。但是，要使长乐始终朝着又好又快的轨道不断向前发展，我们不可能只靠“回归”经济，我们还需要更多的发展动力。也就是说，这种多元化的发展动力，需要多元化的文化力来催生。因此，我们必须在全社会营造文化、文明、文雅的良好氛围，必须在多领域培育各具特色的文化力，必须把文化往深处建设、往高处建设，真正把长乐建成一个当之无愧的“海滨邹鲁”。比如在企业领域，我们就要培育企业文化，让企业通过文化的引领，对外树立强大的形象力、对内增强竞争的核心力，只有这样，长乐的企业才能在激烈的市场竞争中永立不败之地。比如在商业领域，我们要大力倡导以诚信为核心的商道文化，大力宣扬

“小胜靠智、大胜在德”的儒商精神。比如在干部队伍当中，我们要积极推动廉政文化的发展，通过文化的潜移默化，让长乐的干部队伍自然生成拒腐防变的免疫力。比如在计生工作中，我们也要用比根植在老百姓中的落后婚育文化更为强大的先进婚育文化来进行全民教育，以期达到去其糟粕、取其精华的效果，只有这样，计生老大难的问题才能从根本上得到解决。总之，我们要在多领域培育强大的文化力，并在多种文化的碰撞与交融中聚合形成足以推动长乐恒久发展的文化力，使长乐的永续发展始终都有一种精神指引，始终都有一股内在的动力。力求“层林尽染”。就是要增强提升全民素质的学习力。提升学习力是造就文化力的重要环节，推动社会前进的主体是人民群众，而不是某个精英阶层，因此，提升学习力的核心是整体提升全社会的学习力。在倡导学习过程中，我们必须注重“层林尽染”，让全社会各阶层、各界别的人都来感染学习的氛围，感受学习的乐趣。因此，在提升学习力方面，我们今后将把学习型市民、学习型组织、学习型城市的建设作为一条工作主线，把让学习成为全民生活的重要内容作为一个工作的目标，真正把长乐建设成为“始于文、长于文、乐于文”的文化城市。在市民当中，我们要积极倡导“书香工程”建设，让富裕起来的群体在书中寻找解决“富不过三代”的传统定律的办法与途径，使之“为富而仁”，以一颗“仁爱”之心回报社会，在集聚物质财富的同时，集聚精神财富；让弱势群体在书中坚定自己的志向，不为贫穷所困扰，穷且益坚，努力改变自己的命运。在机关内部，我们要把学习型组织建设作为提高执政为民能力的重要途径，通过创新学习形式、丰富学习内容，让公务员队伍明确自己的使命和责任，从而摆正自己的位置，解决好自身在长乐这一历史阶段中的角色定位问题。在领导班子当中，我们要以打造一个足以承担推动长乐发展的领导班子为目标，不断丰富中心组学习的内容，提高中心组学习的质量，把学习的成果转化为决策的智慧，使长乐的发展始终在科学发展观的指引下不断跃升。总之，我们将以强大的学习力来凝聚人心、聚合人群，让全市人民在学习活动中接受教育、感受快乐、享受文明，在求知、求乐、求美的过程中逐步养成健康的价值取向、向上的精神状态、高尚的道德情操、文雅的言谈举止、积极的事业追求。培育人才森林。就是要增强支撑长乐永续发展的人才力。马克思说过，人是生产力中最活跃的因素。同样，人才是社会发展中最关键的因素，人才聚则事业兴。俗话说“独木难支，众木成林”，长乐今后的发展需要的是大量的人才，需要“人才林”的强力支撑，只有人才如森林一样郁郁葱葱，我们的事业才能如旭日一样冉冉东升。因此，构建长乐未来文化，很重要的一个目的就是要培育强大的人才阵容。要从以事业留人、以待遇留人的高度出发，建立高效的文化人才激励机制，给文化人才充分的尊重，体现强烈的人文关怀。要从物质和精神两个方面给予激励，充分体现人才、知识的市场价值，对那些工作表现出色、为文化事业做出突出贡献的文化人才给予重奖，让他们有一种实现自身价值的自豪感、贡献社会的成就感，得到社会承认和尊重的荣誉感。要为文化人才营造心情舒畅的工作氛围和良好的事业发展机会，从而激发文化人才的创作热情。同时，要从构建大文化的高度出发，大力加强文化行政人才、文化经营管理人才、文化艺术专业人才为主体的文化人才队伍建设，对文化行政人才队伍，要强化理论武装和实践锻炼，做好文化行政人才的教育培训工作，鼓励文化行政人才积极参加在职教育。对文化艺术专门人才队伍，要以培养高层次文艺人才为抓手，加大优秀青年人才培养力度，加强文化馆（站）馆长、图书馆馆长、博物馆馆长、艺术表演团体等各类人才的培训，在坚持德才兼备的原则下，把品德、知识、能力和业绩作为衡量人才的主要标准，不唯学历、不唯职称、不唯资历、不唯身份，不拘一格选人才、用人才，激励每一个文化工作者奋发进取、努力成才、多做贡献。

（2007 年 6 月 22 日）

墨　韵

书法，是在洁白的纸上，靠毛笔运动的灵活多变和水墨的丰富性，留下斑斑迹象，在纸面上形成有意味的黑白构成，所以，书法是构成艺术。书家的笔是其手指的延伸，笔的疾厉、徐缓、飞动、顿挫，都受书家主观的驱使，成为其情感、情绪的发泄，所以，书法也是一种表现性的艺术。书法能够通过作品，把书家个人的生活感受、学识、修养、个性等悄悄地折射出来，所以，通常有“字如其人”“书为心画”的说法。书法还可以用于题词、书写牌匾，因此，也是一种实用性的艺术。总之，书法，是综合性艺术，是更倾向于表现主观精神的艺术。书法比较集中地体现了中国艺术的基本特征。正像在西方美术中建筑和雕塑统领着其他门类造型艺术一样，书法和绘画统领着中国美术的其他门类。当把书法与绘画并提时，又将书法摆在绘画前面，如“书画同源”“琴棋书画”“书画缘”“能书会画”等等。书法与传统中国画的关系是十分密切的。特别是在宋元文人画出现以后，绘画用笔讲究从书法中来，水墨写意与书法的行草意趣相通。中国古代雕塑中也蕴含着书法的特征。中国古代雕塑的纹理即是线的组合，造型的装饰性与书法中的篆隶保持着内在联系。中国古代建筑从布局到主体的梁柱结构，都遵循对称、均衡、主从关系等法则，园林建筑中的含蓄、借景，以及亭、台、楼、榭追求的空灵、飞动等都与书法的结体、章法和节奏、气韵密切相关。至于工艺美术和民间美术，也不同程度地受到书法的影响。书法可以视为中国美术之魂。中国书法历史悠久，艺术青春常在。“赋苑”的创意就是用我们自己的书法作品来布展有长乐自身特色的文化场馆，这是以往场馆建设中不多见的，也是比较难的。建设赋苑的目的不仅仅在于多一个文化场馆，更重要的是依托这个载体，把赋的神韵通过优美的书法作品予以充分展示，以此培育建设长乐本土的书法人才队伍，增强富有长乐特色的“墨韵”亮色。

把赋苑当作新的平台来建设。目前，长乐共有40多个风采异呈、各具风格的场馆。这是各个领域文化系统化和长乐深厚历史文化底蕴挖掘、传扬的结果，是文化建设提升的有力载体。比如集邮馆，面积虽小，但小中见大，袖里乾坤。集邮在长乐民间有一定基础，通过这个平台，我们不断把集邮文化做大做强，今年我们将建议省邮协在长乐召开换届会议，这样将更有利于丰富长乐的文化形态。再比如我们打算把“梁章钜奖”争取下来，作为楹联大师的故里来承办中国楹联最高奖，必将更好地宣传长乐的城市品牌。因此，可以说，长乐每个场馆的建设都有其自身的需要和用途，都是长乐做大做强文化事业的最佳平台和载体。此次赋苑的建设必将对长乐的文化建设起到推波助澜的作用，必将对长乐打造中国优秀旅游城市起到有效的补充。此外，赋苑的布展与人的成长一样，是个积累的过程，是由小到大的过程，这次布馆主要是先上一批，今后可以再慢慢补充、完善，对好的作品进行轮换展示。

把赋苑当作佳的创意来推出。此次赋苑的建设有个与众不同的创意，就是体现出长乐的两个本土特色：一个是立足长乐实际的场馆建设，一个是长乐本土书法界作品的布展。这样的结合最大可能地实现了“阳春白雪”与“下里巴人”的和谐结合，实现了传统文赋知识与现代文化场馆的有机融合。可以说，这次书法作品的创作是既有传统，又有现代，希望广大书法界朋友在完成第一轮创作的时候，要有“弱水三千，只取一瓢”的最佳体会，用最具艺术的创意，把最有激情的篇章完美地展示出来，切切实实把赋苑这个创意予以充分表现，为长乐留下宝贵的艺术财富。

把赋苑当作好的作品来创作。书法创作是美的创作过程，也是美的艺术享受。此次赋苑布展，我们集长乐的书法人于一堂，集大家的作品于一厅，我想，这本身就是一种创意。整体取决于个体，因此，广大书法界朋友在展开创作时，一定要把最有代表性的赋予以节选。在体现书法水平和创作灵感的基础上，要把赋应有的神采与韵味激情展示出来。同时，还要强调创作的多样性，要尽可能地发挥书家的优势和个性，做到取材丰富、用料讲究、颜色多样，不能太单调、太素面，毕竟一幅好的书法作品是由多方面的元素组成的。

把赋苑当作美的方式来展示。赋苑的布展一定要有创意，不能与以往的场馆布展有雷同重复，这是很严格的限定。同时，还要讲究亲和力，要夺人眼球。我去过很多地方的博物馆，应该说，全国很多地方的博物馆在布置上太阴沉、装饰颜色太暗，人一进去就非常压抑，感觉很不舒服，久而久之，博物馆就门可罗雀、无人问津，这在布展上是很忌讳的。在建设文化艺术场馆时，要形成我们自身的特色，这样一来，久而久之，我们建设的文化艺术场馆就会成为广大老百姓生活中不可或缺的一部分，成为一种积极的生活态度、取向与乐趣，这也正是我们打造“半小时文化圈”所真正需要的内在要求。

把赋苑当作雅的境界来提升。做文化是一种境界，文人创作、打造精神家园更是一种优美的境界。一个城市的文化发展必然经历由继承到创新、由吸收到辐射、由普及到提高、由渐进到飞跃的过程。今天，说长乐人没钱，每个长乐人都会满不在乎，一笑而过，但要说长乐人没文化，每个长乐人都不服气，极力反驳。可以说，文化已根植于长乐人心中，成为长乐人的精神支撑和动力。比如，我们做鸟语林，不仅仅是为了观赏，更多的是追求生态文明，是追求人与自然的和谐。同样，走进赋苑感受的也是精彩与华美，让前来赏析的人心情舒畅，在不知不觉中得到文艺熏陶，提升精神境界。我经常讲，做文化要考量做什么、怎么做、为什么而做，一旦在思想上解决了这些问题，我们留给后人的就会是取之不尽、用之不竭的宝贵文化财富，就能在最大程度上激发大家的热情，共同把我们的家园建设得更加美好、和谐。

（2007 年 12 月 4 日）

书　韵

长乐先人先祖为我们选择和打造的文化涵养之路，是一条书香飘扬的路，一条通往和谐的路。走好“书香吴航”这条路，力求在实践上达到“五个香”的“书韵”境界。

“书香吴航”的境界之一应是“书香悠久”。“书香”最早是指一种名叫芸草的植物，把它夹在书中能发出馥郁的香气，进而避免蠹虫。据说，宁波天一阁藏书楼的书之所以享有“无蛀书”的美誉，就是因为每本书中都夹有芸草之故。因此，芸草深受古代读书人的钟爱，“书香”遂逐渐从芸草之香延伸到纸墨之香，成为一种美丽的代称。由此，可以印证出中国人对书的认识与理解是多么地博大精深，对书的钟爱与情节是多么地根深蒂固。长乐能够当之无愧地被称为“海滨邹鲁、文献名邦”，其发展轨迹和历史演进与书籍、与文化同样有着紧密的关联。自“衣冠南渡”带来了中原文化，长乐的先人们就自觉地选择了读书这一生存生活方式，把“书香门第”“诗礼传家”“耕读世家”作为立身之本、持家之纲，“一缕书香”是所有青年士子的共同追求。在浓浓书香的熏陶下，长乐这块“福山宝地”在历史上共走出了10名状元、955名进士，成就了“进士之乡”的美名。所以，我们说长乐有着悠久的“书香”传统，这里的“书香”已不仅仅指高雅的典籍和读书人的书卷气，而更多地象征着一种文化符号与文化氛围，长乐人喜好读书、崇尚文化的精神尽在其中。

“书香吴航”的境界之二应是“暗香悠远”。古代文人有“暗香浮动”之说，指的是梅花散发出来的怡人香气，即使在没有月光的晚上，也能让经过的人闻香而知梅。这种意境让我想起了曾经读过的一篇文章，叫作《逆风的香》。作者在这篇文章中讲述了这样一个故事，传说佛陀十大弟子之一阿难在花园中散步，从扑鼻的花香中悟出一个道理：如果我们的内心是一个花园，人生的哪一天不是最美的花季？如果我们的内心春风洋溢，人生的哪一处不是最美的春天？如果我们有着怜爱、珍惜、欣赏的心，即使在无寸草处行走，也会遇见那美丽神奇的一瞥。从花香到书香，二者在启人心智、予人思考上有着异曲同工之妙。人们爱书、知书、惜书，并乐此不疲、世代相传，看重的正是书籍给予人们的增知益智之功与怡情养性之效。有人说："一个人的精神发育史，实质就是一个人的阅读史。"其实对于书、对于读书，自古以来，都是仁者见仁、智者见智，但是万流归宗，只要我们别把读书当作可有可无的事、当作附庸风雅的事，就能在"暗香浮动"的潜移默化和润物无声中，多一份对生活的感动，多一种对生命的感悟。除去凡尘名利事，一缕暗香入梦来。能否真正达到"暗香悠远"的意境，归根到底取决于我们每个人的态度。只要我们真诚地走进书的世界，我们的内心将永远荡漾着幸福与快乐。

"书香吴航"的境界之三应是"心香悠静"。清朝诗人张朝曾以"月亮"妙喻读书，他说：少年读书如隙中窥月，中年读书如庭中望月，老年读书如台上玩月。这是因为少年人读书心态浮躁，中年人读书心态沉稳，老年人读书气定神闲。书是一样的书，之所以会读出不同的月色和境界，关键在于读书人的心态不同，所以收获也就不同。有的人读书仅仅是为了得到一块敲开功名利禄大门的砖；有的人读书仅仅是为了给自己脸上贴金作炫耀的资本；有的人读书是为了给自己筑起一道不断提升心灵内涵的台阶，胸怀天下登高望远；有的人读书是为了给自己的生活增添一些色彩，让心灵不断趋于丰富。而我一直以为，读书必须讲究一个"静"字。宁静致远、淡泊明志是一种人生况味；怀拥书香睡去，头枕智慧醒来，同样不失为一种享受。一卷在手，唯有静，才能真正摆脱"居庙堂之高"的牵绊和"处江湖之远"的纷扰，以"静"求"境"，进而提升自己的人生境界和品位。正所谓"眼前直下三千字，胸次全无一点尘"，这种

“心香悠静”的感受非读书不能获得。

“书香吴航”的境界之四应是“沉香悠然”。自然界的“沉香”是沉香木树干被真菌侵入寄生，经多年沉积变化形成的香脂，是一种不可多得的香料。在这里，我将之引申为人的底蕴。这底蕴就像《红灯记》中李玉和赴宴斗鸠山前喝下的那杯壮行酒，有它垫底和没它垫底大不相同。换言之，有没有底蕴、底蕴的深浅直接决定一个人的素质与形象。在增强底蕴方面，阅读作为人生命的载体，是让有价值的生命走向高尚和永恒的最好工具。古人说：“腹有诗书气自华。”这就是说，通过阅读能让人更有内涵、更具底蕴，进而使人的气质与风度显现出来。《三国志·吴书·吕蒙传》载，一天，孙权召吕蒙议事，发觉他才识欠佳，于是劝他读书。吕蒙却说：“在军中常苦多务，恐不容复读书。”孙权说：“你们事多，若不好学，岂不更难胜任？”吕蒙听了孙权的劝告，发奋苦读、笃志不倦，终成文武全才将领。细细想来，孙权讲的“越忙越应学”“唯学才能胜任”的道理，不啻是一番寓意深邃的良言。古人说：“书犹药也，善读之，可以医愚。”面对知识日新月异的知识经济时代，不读书、不学习，不更新知识和观念，工作中就必然疲于应付，难有建树，甚至落伍。因此，一个人要想像“沉香”那样做到“香气”悠然、底蕴深厚，读书是最好的选择。

“书香吴航”的境界之五应是“芳香悠扬”。长山伴乐水，书香暖吴航。当前，我们正在举全市之力建设和谐城市，而读书，则是打造和谐城市的必要条件。可以想象，一座弥漫书香之气的城市，一座散发芳香之味的城市，一座打造心香之境的城市，将更具创新力和竞争力，也必然是一座和谐的城市、温暖的城市。这就需要我们牢固树立把文化作为城市发展内在质素的观念，建立一种文化原我、文化生态的意识。所谓“文化原我意识”，是指自觉推进我们所在的文化本原，在与各种文化对话与沟通中，获得对自身文化特质及其现代价值的自省和认定。文化原我意识是一个人走向文化自觉的最初起点，也是一座城市文化生态的具体表现。从某种角度上看，没有一个充满文化自觉的高素质的市民群体，一座城市即使建得再漂亮，也不过是一具没有灵魂的漂亮外壳。因此，要使长乐成为一座“芳香悠扬”的城市，就必须大力倡导和推动读书运动，通过读书提高广大市民的文化素质和文化修养，只有这样，长乐才能成为一座文化之城，并进而成为一座和谐之城。

（2008 年 1 月 6 日）

乡 韵

乡土文化本身具有一种强大的精神力量。《长乐乡土文化丛书》与《长乐文献丛书》《长乐历史文化名人丛书》《中国长乐城市图文细节丛书》有机衔接在一起，是反映长乐历史文化的最具代表性的四套丛书，是长乐城市文化的重要组成部分。当乡土文化经过挖掘、整合、归纳、成型，被群众所认可进而深入人心之后，它就会成为一种黏合剂，凝聚一种精神、产生一分力量、鼓舞一方人心，从而为本地区的社会经济发展提供强大的精神动力，时时刻刻发生影响和作用。乡土是什么？冰心说过“爱祖国是从爱家乡开始的”，而且中国人历来就有“重土不重迁”的传统乡土观念。作为乡土概念，它至少由六个方面的内涵组成。其一，乡土是根脉。只要你生在这块土地上，你的命运就与这块土地系在一起。俗话说得好“树高千尺，叶落归根”，那是一种对乡土最深的依恋。其二，乡土是情缘。每个人都有乡土情缘。这种尊崇故土的观念和偏爱家乡的乡土情缘，这种地理空间归属感，是人类最基本最久远的情愫之一。中国有句古话：“老乡见老乡，两眼泪汪汪”，就充分体现了乡土情缘的感染力。其三，乡土是印记。乡土是历史变迁的见证者，她如同一本记录历史的长卷，浓缩了长乐乡村的变迁和人民生活的变化。乡土以她特殊的语言，无言地向人们诉说着历史的沧桑。其四，乡土是足迹。人生旅途崎岖修远，起点是乡土。乡土赋予我们生命，养育了我们，给了我们行走的力量，人生的每一步都深深地烙印在家乡的这片乡土上。其五，乡土是悠思。“十载故乡心，一夜邮亭月”，对故乡山水的眷恋，无论是空间的辽阔，还是时间的悠邈，都不能使乡土之情褪色。它将化为珍贵的记忆，深藏于胸际，只要一经触动，便如浪潮般不可遏制地喷涌而出，让人产生无限的遐想。其六，乡土是家园。乡土是人类精神的家园、文化的家园、生存的家园，酝酿着灼热和甜蜜。人们闻到乡土就会感到厚实，就会情不自禁地产生安全感和幸福感。乡土文化是什么？乡土文化是人类在历史发展过程中所创造的物质文明与精神文明的总和，通常包括区域特色、自然景观、文物古迹、历史变迁、社会发展、名人逸事等基本方面。所谓区域特色，就是指不同社会结构和发展水平的地域自然环境、民俗风情习惯、政治经济情况所孕育出的不同特质、各具特色的地域文化。所谓自然景观，就是指区域内的自然风光，可以认为是那些很少受到人类破坏，基本保持其原生状态的景观，包括山水、奇石、古树等。所谓文物古迹，就是文明的载体、历史的见证，是一定历史时期人类社会生活的产物。它能从某个角度客观真实地反映那个时代的政治、经济、军事、文化、艺术、科学等的水平。所谓历史变迁，就是指随着时间的推移与社会的进步，历史像波浪一样向前推进、螺旋一样向上发展。所谓社会发展，就是指经济基础和上层建筑之间的相互作用，推动着人类社会从简单向复杂、由低级向高级不断发展。所谓名人逸事，就是历史上出现的具有影响力、代表性的人与事。乡土文化就是诸如这些要素、元素的整合、折射、提升和概括、弘扬。为什么编撰《长乐乡土文化丛书》？一个国家，其创造力的开拓，离不开文化；一个民族，其凝聚力的增强，依赖于文化；一个地区，其知名度的提升、经济的发展，也离不开文化。组织开展乡土文化丛书的编撰，不仅有利于我们更好地认识历史、了解文化，有利于维系本土乡亲的精神与情感，更有利于凝聚干部群众科学发展、构建和谐的信心与合力，为此，做好编撰工作是一项造福历史、造福子孙、造福发展的大事、实事和好事。从最基本的意义来讲，乡土文化丛书编撰工作的意义和作用概括起来就是为了积淀和形成“六个为了”的“乡韵”文化特色。

为了传承历史。一方水土孕育一方文化，一方文化造就一方社会。乡土文化是一个地区历史的产物，它能客观地反映一个地域的历史和现状发展的轨迹，是地域文化发展的缩影与积淀。从古至今，在长乐这片土地上流传着许多民间故事、传说、谚语、歌谣、民风民俗、传统艺术表演，留下了描写特定景物的诗词曲赋和具有历史价值的美术、书法、摄影作品，产生了一些具有历史代表性的人物，所有这些都值得我们挖掘与传承。但是，由于当今社会正处于计划经济向市场经济、传统农业社会向现代化社会的转型时期，人们对历史与文化传统责任的淡化，导致了文化的人文含量的流失，一些传统文化遗产受到自觉保护不足、传承渠道不畅、民俗流变冲击等因素的影响，正面临着“无可奈何花落去”的窘境，这将会使先进的乡土文化在有意无意中被历史的长河所吞没。当前，我们在全市开展乡土文化丛书编撰工作，就是要将反映各地区人文风情的历史文化挖掘出来，收集整理、编辑成书，留给子孙后代。将珍贵的文物遗迹保护好起来，留给后人，让他们抚今追昔，激发斗志；将体现地域特色的文化包装起来，通过各种形式对外宣传，扩大知名度。为此，大家要本着对长乐历史负责、对长乐人民尽责的态度，积极挖掘文化积淀、保护文化遗产，做好乡土文化丛书的编撰工作。

为了弘扬文化。在经济全球化浪潮的席卷下，我们行进在现代化发展的道路上，既需要人类先进文化的照耀，也需要乡土情怀的烛照。创建文明的城市，实际上是造就文明的市民；创造有文化的城市，实际上就是乡土文化与人类先进文化的融合。一个有文化的城市必定是不回避历史、不拒绝乡土，同时向世界开放的城市。只有这样的城市，才能在走向未来的路途中，保留并挥洒着自己的风格特色，一路高歌。知历史而达未来，识故土而至千里。我们不能因走向未来而遗忘历史，不能因接轨世界而与乡土脱轨。弘扬乡土文化，是建设社会主义先进文化的具体展现。乡土文化是先进文化多样化发展的重要载体和具体展现，也是先进文化不断发展、不断创新、不断交融、不断升华的根基所在和力量源泉。弘扬乡土文化，是培育城市精神的重要支撑。重视乡土文化、研究乡土文化，挖掘各种乡土文化的深层内涵和丰富内容，实际上就是对城市精神内在积淀的全面继承。可以说，乡土文化是培育城市精神的历史素材和现实养料。要培育具有地域特色的城市精神，乡土文化的弘扬既是切入点，也是出发点。大家要立足各地域文化的实际现状和个性特色，扬长避短，积极推进乡土文化的发展，使其在多样化和多层次发展的基础上既百花齐放又不断融入主流文化当中，成为当代先进文化的导向、城市精神的支撑。

为了教育后代。千百年的乡土文化有其独特的风格，这对于生于斯、长于斯的孩子来说，无疑是得天独厚的育人条件。有效地开发和运用乡土文化资源，创造性地开展活动，就能让孩子们在学习中感受乡情之浓、乡艺之乐、乡仪之美，从而使孩子们受到良好的文化熏陶。挖掘文化、利用文化、传承文化、教育后代是紧密联系在一起的，如果只挖掘不利用，就失去了意义。当前，我们组织开展乡土文化丛书编撰工作，就是要让我们的后代知道长乐的文化之根与文化形态，了解长乐的文化特色与文化优势。对我们栖息与生活的这一块热土，能潜移默化地培育起如著名诗人艾青所说的那种淳朴而深厚的情感："为什么我的眼里常含泪水？因为我对这土地爱得深沉……"对于广大群众来说，能重铸信心，充分认识到在这片土地上曾经有过的荣耀和这荣耀在今天乃至将来的继续辉煌。研究、挖掘、开发地域文化资源，使乡土文化成为长乐后代的心灵寄托，让长乐后代对"大爱暖千秋"文化有着深刻的理解。有一句话说得很好，"因为有异乡，才会有故乡"。地域的力量是强大的。乡土文化教育得当，即使有一天长乐的子弟到了世界任何一个角落，相信无论东奔西走、无论右弯左转、无论沧海多阔、无论归程多远，都会回归起点。长乐千千万万华侨对长乐经济与文化建设所做的巨大贡献，就是很好的佐证。

为了科学发展。加快乡土文化丛书编撰工作，不仅要以此为契机推进社会主义新农村文化建设，更重要的还要体现在树立科学发展观、文化涵养发展的核心要求上。众所周知，文化是软实力。文化的建设不是简单体现在建了多少场馆、多少公园，而是要引领我们对事物进行判断与分析，使我们通过文化的力量，全面探索发展道路上自我观念的更新与解放，继而找到最佳的科学发展道路。我们搞文化，不能停留在就文化论文化上，而是要以文化为牵引，领悟并且寻找出一条"思想解放、提升发展"的涵养之路，从而按照科学发展观的要求，在"以文化涵养发展"的理念中，推动经济社会又好又快地发展。

为了构建和谐。在和谐社会的构建中，不能靠经济发展来单一地影响社会、生态和经济发展本身的和谐。文化是与经济并驾齐驱、推动和谐发展的不可或缺的重要元素。可以说，乡土文化为我们提供了一种和谐的社会文化心态，这是一种归属感、一种皈依感和一种深厚感。因此，把乡土文化以群众喜闻乐见的形式持续地发展下去，使之影响人们的思维与生活方式，是构建社会和谐的一项系统工程。当前，在各种思潮、各种观念的冲击和影响下，许多人的世界观、人生观、价值观变得越来越混沌、越来越模糊。这就需要我们大力弘扬先进文化，不断探索农村文化建设的新路子，以增强文化的影响力，并使它逐渐渗透到人们的灵魂深处。这几年在长乐，我们发现了一个非常可喜的变化，那就是原先“万人皆赌”的乡村，现在已经出现了“万人皆舞”“万人皆读”的景象。越来越多的农村群众离开了茶馆、赌桌，走进了乡村阅览室与公园，看起了书，跳起了健身舞。这种可喜的变化，应该归功于我们始终坚持唱响主旋律、打好主动战、占领主阵地、守住主渠道。为此，我们要积极加快推动乡土文化丛书的编撰工作，使富有地域特色的乡土文化以书籍的方式巩固下来；并以乡土文化丛书编撰工作为契机，引导和组织群众开展健康向上的娱乐活动，使农村成为乡土文化的发展阵地，以制止不法行为的滋生蔓延。用先进的文化取代落后的文化，让广大农民在先进文化的熏陶下，从素质和素养上真正文明起来、文雅起来。

为了锻炼队伍。推动乡土文化丛书编撰工作，可以让我们更好地挖掘、发现和培养乡土文化人才。长乐曾经是一个文风鼎盛、人才辈出的地方，在经济大潮的影响下，当前农村乡土文化人才队伍存在着令人担忧的现象。为此，要充分高度重视乡土人才队伍的培养，要以此次推动乡土文化丛书编撰为契机，充分挖掘农村各类文化资源，广泛吸纳乡村文艺专业人员或各类业余爱好者，培育组建文艺、书画、体育等各类民间文化组织，并在乡村开展形式多样的文化艺术活动。这样既减少了上级有关部门的组织协调工作量，又最大限度地吸引群众的参与，得到广大农民群众的认可。同时，要切实转变观念，树立“培养乡土文化人才，发展乡土文化事业”的全新理念。通过在乡村建立文化室，培训农村文艺骨干，鼓励引导农民群众自编自演、自发开展丰富多彩的文化活动，让农村文化走自我发展、自我提高的路子。要健全县、乡、村三级文化网络体系，充分调动文化、科技、教育、妇联、团委等部门和群众团体的职能作用，形成推进新农村文化建设的合力，上下联动，齐抓共促。

（2008 年 7 月 11 日）

神　韵

所谓精神，它包含着人的思想、情感、目标、信念、理想等诸多方面。精神如同脊梁，有了它，一个民族就会无惧风雨、生息繁衍，一个国家就会历久弥坚、傲然于世，一个人就会生命不息、奋斗不止。我们常说，人生如白驹过隙，转瞬即逝。然而，对于每个人而言，这短暂的一瞬间，却蕴含着深邃的永恒。在这个世界上，我们不仅仅是肉体的存在，更有精神的诉求。生命流星燃尽的同时，也留下永恒的辉煌，那就是我们说的精神。但并不是每个人都能悟出这人生的真谛，体会到这瞬间的永恒。我们需要精神，并不仅仅是为了获得永恒。永恒只是人生的附加值，那是我们身后的事情。在实际生活中，精神是我们的人生支柱，这才是它的现实意义。古往今来，多少人在精神力量的支持下探索着、奋斗着。无论是创建伟大思想的哲学家，还是发现人类文明的科学家，他们都用自己的行动对精神做出了同样的诠释。精神是一种力量，它不是上天的赐予，而是源于我们自身的挫折与困苦、成长与感悟。顺境中，它是鞭策我们健康成长的座右铭；逆境时，它是鼓励我们坚强生活的支柱。随着社会的发展，人们的生活脚步加快了，留给自己的时间却变少了；物质生活丰富了，精神世界却日益贫瘠了。所以说，这不仅是为了铸造一个需要精神力量的时代，而且对丰富一个地方的精神之韵具有不可估量的意义和作用。

传颂抗震精神之韵。“5·12”汶川大地震留给我们的伤害是沉重的。然而，随着时间的推移，伤口总会愈合，家园也会重建。若干年后，当我们回想起来，唯一铭记的将是这场灾难所激发出的“万众一心、众志成城，不畏艰险、百折不挠，以人为本、尊重科学”的伟大的抗震救灾精神。在这场罕见的特大自然灾害面前，中华民族再次挺起了不屈的脊梁，用坚强和团结谱写了一曲慷慨激昂的壮丽史诗。这次抗震救灾，是对中华民族的一次严峻考验，更是对整个民族精神的一次洗礼。令人震惊与震撼的是，无论是一线部队中的青年军人、医疗队伍中的医生护士、新闻媒体的记者编导，还是自发奔赴灾区的志愿者和千里之外捐钱、捐物、献血的学生，“80后”“90后”在精神、体力、意志、技能和热情上的种种可圈可点之处，让整个社会刮目相看。他们以实际行动告诉所有的人，他们有情怀、他们很勇敢、他们懂大爱、他们能作为。这场灾难也让我们重新认识了“80后”“90后”，原来这不是“垮掉”的一代，而是敢于“担当”的一代。少年智则国智、少年富则国富、少年强则国强，祖国的未来需要他们去开拓、抗震的精神需要他们去传颂，希望他们以抗震救灾中同龄人为楷模和榜样，以伟大的抗震精神教育自己、鞭策自己、激励自己，为祖国的腾飞、民族的富强而努力学习、奋发进取。

传递奥运精神之韵。奥运精神体现更高、更快、更强，体现团结、公平、参与。更高、更快、更强强调的是奥运精神中的竞争理念、拼搏理念；团结、公平、参与强调的是奥运精神中的集体主义理念和团队精神。两者看似矛盾，实则统一。奥林匹克所追求的就是通过挑战、竞争，达到广泛参与、互相联系和交融的目标。奥运会本身就是一个挑战自我的平台。奥运之父顾拜旦当年在《奥林匹克宣言》中指出：“最完美的人性是努力遵循公平、喜爱艰难事业、勇于挑战困难，如此而已。”他把“勇于挑战”作为完美的人性要素之一，显然是很有道理的。从1892年顾拜旦发表这篇著名的《宣言》至今100多年来，五环旗下，不同国家、不同信仰、不同肤色、不同种族的人们，为了更快、更高、更强的目标，在公平的原则下，各自上演着挑战自我的好戏。刚刚闭幕的北京奥运会就是对奥运精神的又一次很好诠释。永不言败、挑战自我——就是这种精神，让北京奥运会的赛场精彩纷呈，运动健儿们屡破纪录，书写了奥运历史上的崭新篇章。希望肩负祖国希望、寄托人民期望的年轻一代，自觉地把挑战自我的奥运精神定格在自己的脑海里、融化到自己的血液中，当作人生的座右铭，勇于挑战自我、否定自我、超越自我，把以往的成绩化作不断前进的动力，奋力攀登、锐意进取，在以“新我”取代“旧我”的过程中，不断实现人生的一次次飞跃。

传承北大精神之韵。北京大学，初名京师大学堂。100多年来，作为中国第一所国立综合大学，北京大学不仅是中国新文化运动的中心和五四运动的策源地，还是中国共产党最早的活动基地和中国近现代史上一系列重大事件的见证地。在这个过程中，北京大学形成了爱国、进步、民主、科学的光荣传统，勤奋、严谨、求实、创新的优良学风，追求真理、追求卓越、培养人才、繁荣学术、服务人民、造福社会的办学理念。所有这些汇聚成100多年来数以万计的北大人的心血和北大这所百年名校的精神所在。因此，北大注定了其不仅是一个校园，更是一种文化、一种精神、一段历史的象征。在今天的中国，上大学已不是一件很难的事情，但北大是培养精英的大学。所谓精英，就是那些有理想、有激情、有耐心，想干大事的人；那些有思想、有知识、有责任心，能被委以重任的人；那些具有科学批判精神、能理性思考问题，有能力引领社会往正确方向前进的人；那些知书达礼，能承担起传承人类文明传统重任的人；那些有恻隐之心、辞让之心、廉耻之心和是非之心的优秀公民。总而言之，精英就是那些可以被称为社会楷模的人。希望有幸进入燕园、成为光荣的北大人的同学们，时刻牢记“北大人”这三个字不仅代表了荣誉，也体现着责任；应沿着北大前辈的光辉足迹，传承好北大精神。要热爱自由，但不可随心所欲不守矩；要张扬个性，但不可孤芳自赏不合群；要养成大家风范，但不可不拘小节；要学会独立思考，但不可自以为是；要有远大抱负，但不可好高骛远；要学好专业知识，但不可脱离社会。在有限的求学时间里，尽可能通天地之道、识为学之道、晓成事之道、谙做人之道，做到永远追求卓越、杜绝平庸。

传扬清华精神之韵。“上善若水，大德近木；水木清华，人才荟萃”，充满着生命力的水木之喻，为我们揭示了清华大学深刻而丰富的人文精神。“自强不息，厚德载物”，清华的校训更是集中体现了清华人的不懈追求和学风内涵。作为我国最著名的高等学府之一，清华大学自 1911 年建立至今，涌现出了一大批学术大师、治国之士和兴业人才，培育出了成千上万奋斗在各行各业的劳动者、建设者。他们虽然所在时代不同、业务领域不同、工作岗位不同，但有一点是相同的，那就是他们都是真正意义上的清华人。他们共同创造、传承和发扬了“爱国奉献、追求卓越”“自强不息、厚德载物”和“行胜于言”的清华精神。有人说，“入清华不易、做清华人更难”。这是因为，“清华人”不是一个简单的身份，它承载着一种特定的文化传统和时代精神。作为长乐学子的杰出代表，能够成为清华的一分子，不仅意味着个人的荣耀，也意味着自己所要肩负的社会责任。因此，已经或者将来可能进入清华园的年轻学子，都必须清醒地认识到，走进清华只是起点而非终点。不仅要把清华精神记在心上，更要落实到行动上，身体力行传扬好清华精神，倍加珍惜来之不易的清华时光，发扬敏而好学、永不满足的精神，不断拓宽知识层面，丰富知识结构，在为远大理想而奋斗的过程中不断锤炼自己、升华自己、完善自己，让清华精神在自己身上得到延续和发扬。

传播科学精神之韵。所谓科学精神，指的是人们在长期的科学实践活动中形成的共同信念、价值标准和行为规范的总称。它是科学家在科学领域内取得成功的保证，也是广大民众在各项工作中做出正确决策并达到目标的重要条件。无论是西方的文艺复兴，还是中国的五四运动，都充分展示了这种可贵的精神所具有的巨大的作用。可以说，在人类社会漫长的发展历程中，科学精神就如同一缕黑暗中的烛光，引领着我们走出愚昧、走出困惑，最终走向文明与进步。在这个过程中，需要一大批具备科学精神和科技素养的建设人才。当今世界正处在一个知识经济突飞猛进的时代，国与国的竞争，更为直观地体现为科技的竞争、人才的竞争。青年学子作为大学生群体的一员，不仅是国家建设和发展的中流砥柱，还是向公众传播科学知识和科学精神的中坚力量，在普及科学知识、提高国民素质、推动科学创新等方面有着不可替代的领军作用。因此，希望他们在大学期间打好牢固的基础，熟练掌握科学技术和科学知识，并在科学精神的指引下，积极实践、努力创新，真正成为科学精神的实践者和传播者。

传导大爱精神之韵。长乐是“大爱”的故乡。从长乐有文字记载的历史开始，“大爱”就深深地烙印在长乐这块热土上。大家熟悉的“大爱暖千秋”五个代表性历史人物，就是长乐“大爱”精神的具体体现。这些年长乐经济社会发展的每一个进步，无不告诉我们，如果没有爱，就没有“长乐速度”“长乐现象”乃至“长乐模式”的产生；如果没有爱，就没有推动长乐永续发展的强大动力和不竭源泉。所以，我们说“大爱”是千百年来流淌在长乐人血液中不变的成长基因。有了这种爱的基因，无论离家多远多久，永远抹不掉长乐人身上爱的印记。冰心先生曾经这样写道：愿从此追随乡亲之后，努力做一个称职的长乐人。为什么郑振铎、冰心这些大师没有出生在长乐，却始终以长乐人自居？我想主要的原因就是一种文化的认同和“根”的意识。当然，这种“根”的意识只有依附于文化的土壤才有其无限的生命力。生于斯、长于斯的同学们，作为沐浴着“大爱”阳光成长起来的年轻一代，在即将远离家乡踏上求学深造之路时，希望他们带着“大爱”上路，以自身良好的言行举止呵护好、演绎好长乐的“大爱”精神，树立好、展示好长乐的“大爱”形象，让长乐的“大爱”种子在燕园和清华园内生根发芽、开花结果，让更多的人通过他们了解、认识长乐这座充满爱与温暖的海峡西岸省会窗口生态城市。

（2008 年 8 月 26 日）

守　韵

“春蚕到死丝方尽，蜡炬成灰泪始干。”教育工作者们心系教育、潜心育人，在平凡岗位做着不平凡的工作，为长乐子弟的成长、成材而默默耕耘在三尺讲台，为长乐教育水平的提升和发展，在吴航这块育人的沃土上，倾注着满腔的热忱和心血。南山脚下，汾阳之滨，桃李不言，下自成蹊。广大教师以为人师表、无私奉献的大爱精神，用博大的胸怀引领着长乐数万莘莘学子健康成长的新航程。希望广大教师为了学生的成长、为了祖国的未来，不仅成为教育的先行者，更成为教育的守望者，让这样的“守韵”永远流传下去。

守望事业——以使命为先行动力之韵。经济决定今天，科技决定明天，教育决定后天。当今世界，知识经济的影响日益加深，科学技术迅猛发展，教育的基础性、先导性、全局性的地位和作用更加突出。教育是一项重要的产业。尤其是办人民满意教育，关系科学发展的推动，关系和谐社会的构建，关系教育事业的发展。认识“办人民满意教育”是推动科学发展的必然要求。科学发展观是我们党以邓小平理论和“三个代表”重要思想为指导，对长期改革与发展实践的经验总结和理论升华，是全面建设小康社会和推进现代化建设始终要坚持的重要指导思想。以人为本是科学发展观的本质和核心。教育是经济社会协调发展和全面建设社会主义和谐社会的基础工程。全面落实科学发展观，必须坚定不移地实施科教兴国战略和人才强国战略。推进经济社会全面协调和可持续发展，必须依靠人才这个根本和教育这个基础。没有教育的科学发展，就没有人的科学发展，也就没有科学发展的社会，更无法实现以人为本、促进人的全面发展的社会发展终极目标。当前，要实现经济增长方式的转变，关键是人才，根本在教育。全面落实科学发展观不仅为教育改革与发展创造了新的历史机遇，也对“办人民满意教育”提出了新的要求。我们要更加主动地促进教育更好地为现代化建设服务，推动教育与科技创新和经济发展、与文化繁荣和社会进步的紧密结合。认识“办人民满意教育”是构建和谐社会的客观要求。根据新世纪新阶段我国经济社会发展的新要求和我国社会出现的新趋势新特点，我们所要建设的社会主义和谐社会，应该是指民主法治、公平正义、诚信友爱、充满活力、安定有序、人与自然和谐相处的社会。而社会的主体是人，社会的和谐，归根到底是人与人之间关系的和谐。“办人民满意教育”是通过促进人的全面发展从而提高劳动者素质来实现社会和谐的有效途径。构建和谐社会，客观上要求办好人民满意教育。“人民满意教育”是能满足人民群众各种层次需求的教育、公平的教育、优质的教育、安全的教育、廉洁的教育、自身协调发展的教育。“办人民满意教育”就是要从根本上解决人民群众对优质教育的强烈需求和优质教育资源供给不足之间的矛盾，实现教育公平。教育公平是社会公平的重要组成部分，是社会公平的起点和核心环节，是人民群众对教育是否满意的重要标尺。没有教育机会的均等，就谈不上社会公平。只有办好让人民满意的教育，积极构建现代国民教育体系，不断优化教育结构，有效整合教育资源，才能确保社会公平，有力推进和谐社会建设。认识“办人民满意教育”是发展教育事业的内在要求。改革开放三十年来，教育为经济社会和人的全面发展做出了巨大贡献。同时，教育改革与发展也存在着许多困难和问题，面临着许多挑战。就教育自身而言，教育发展的总体水平与现代化建设和人民群众的需求仍然有很大差距，区域、城乡、各类教育之间发展不平衡的问题仍然非常突出，教育观念转变、体制改革、结构调整、质量提高的任务仍然十分繁重。就教育发展的外部环境而言，科教兴国战略还没有得到根本落实，教育优先发展还有一些障碍，教育投入仍然不足，校园安全问题十分突出，教育发展的环境有待进一步改善。联系长乐实际，这些内部与外部制约因素在不同地方、不同学校都不同程度地存在，已经严重影响了素质教育的深入推进和教育现代化建设。对此，我们要时刻保持清醒的认识，坚持以“办人民满意教育”为契机，贯彻落实“巩固、深化、提高、发展”的方针，妥善解决影响教育发展的深层次矛盾和问题，及时化解广大人民群众反映强烈的热点难点问题，全面推进素质教育，形成教育优先发展的良好环境，促进教育又好又快发展。

守望生命——以大爱为先行基调之韵。人民群众对教育是否满意，很大程度上取决于对教师是否满意。人民教师是人民教育的试金石和晴雨表，应以大爱为基调，像守望生命一样用全身的热血和全部的爱投身于教育事业。把爱寄托于事业追求。教师的职业道德素质应该包括对教育事业的无限热爱。有了对教育事业的无限热爱，才会有对事业的无限追求，才会有对事业的责任感和使命感，才会有事业的不断进步。这是教师修身的第一课，也是必修课。它是事业成功的保证，也是办人民满意教育的基本保证。名师们所取得的成绩、所获得的荣誉，正是因为对教育事业那份特殊的爱、特别的情激励着他们不断追求、不断高攀。其实，作为一名教师，只有始终坚守对教育事业的神圣使命，身怀强烈的社会责任感，忠诚教育事业，立足岗位、献身教育、潜心育人，把自己的聪明才智和人生追求融入教育教学实践中，才能真正成为无愧于党和人民的灵魂工程师。为此，我们要在教育界中大力弘扬“三平”精神，鼓励和引导广大教师在平凡而神圣的岗位上，守得住清贫、耐得住寂寞，淡泊名利、志存高远，不为物欲所惑、不为物欲所动，静下心来教书、忠诚教育事业。把爱播撒于莘莘学子。“爱，是教育的前提，但远不是教育的全部。由爱而升华为责任——对学生负责，这才是教育的真谛。”没有爱就没有教育。教师对学生的爱如春风、似春雨，无声地滋润着学生的心田，和风无语、致爱无言，它可点燃学生求知的欲望、照亮学生健康成长。而这种伟大的爱源于教师自身的品格和内在修养。因此，我们要严格按照《中华人民共和国教师法》和《中小学教师职业道德规范》的要求，注重加强师德师风建设，以德修身、以德治校、以德育人，使每位教师都能在爱的世界里，以高尚的人格感染人、以文明的仪表影响人、以和蔼的态度对待人、以丰富的学识引导人、以博大的胸怀爱护人，在三尺讲台上讲授知识、传播文明、培育爱心，真正成为学生的良师益友，成为德教双馨的优秀教师，成为备受全社会尊重的人类灵魂的工程师。把爱升华于职业操守。想爱而不敢爱是一种无奈，想爱而不善爱是一种遗憾，敢爱而不善爱是一种伤害。今天的教师，要跟上新形势，适应教育事业发展的需要，仅有师德和爱的动机是不够的，还必须具有爱的能力、学会爱的艺术。因此，长乐广大教育工作者要通过各种有效途径，锻造好自己的专业素质。在专业知识、专业技能、专业情感上全面而扎实地练好基本功。在教育、教学、教研、教法、教改诸方面，既具备刻苦钻研的精神，又具有勇于创新的品格。尤其是青年教师，他们是教育的未来，要尽快地进入角色，缩短适应期、到达成熟期、进入成才期。在师才的锻造中，过好“五关”，即：加强自我师德修养，过好思想品德关；注重教育理论的学习与实践，过好教育管理关；坚持岗位练兵不放松，过好教学技能关；深入探究教学规律与艺术，过好教材教法关；培养求索创新精神，过好教学科研关。“学海无涯，艺无止境。”教师只有在先进教育思想指引下，永不停下自己前进的步伐，与时代同步，与学子同行，才能使自己的师才与教育事业相适应，真正实现“名师出高徒”而非“高徒出名师”。

守望讲坛——以责任为先行诠释之韵。致天下之治在人才，成天下之才在教化，行教化之业在教师。教师是人类文明的传播者，是塑造灵魂的工程师，肩负社会赋予的“办人民满意教育”的神圣使命，重任在肩，尤其是名教师，要学会在正确处理成绩与不足、教书与育人、继承与创新中诠释人民教师的天职与使命。不耻下问，甘当虚心人。“三人行，必有我师焉。”名师们虽然在长乐有一定名声、有较大成绩，但是与全国“十杰”相比还存在差距。看不到差距是最大的差距，要认清现实、奋力赶上。其实每个人都有自己的长处，因此，千万不要骄傲，一定要始终保持清醒头脑，不能以名师自居，不能自高自大，不能停滞不前，不能把名师这一荣誉作为向组织伸手的条件，要戒骄戒躁、不耻下问，在为人处世、教书育人上甘当虚心人。锐意创新，勇当开拓者。教师不仅要教给学生知识，更重要的是教给学生学习知识的“钥匙”；名师不仅要交给学生“钥匙”，更重要的是让学生能够制造“钥匙”。这是一种水准、一种境界，要做到这一点，必须以创新引路。为此，大家一定要勇当开拓者，不能墨守成规，应努力学习先进的教学理念。社会在发展、科技在进步、学生在变化，作为名师在教学中更不能故步自封，必须时刻站在课改的最前沿，探索与新课程理念相适应的教学方法、教学手段和教学管理制度，深入开展课程研究，突出学生创新精神和实践能力的培养，注重课程与教学内容的科学性、先进性、针对性、实用性和灵活性，着力提高使用教材的能力、指导学法的能力，力求以高超的课堂教学艺术，增强学生的学习兴趣，使教学产生教有所获、点有所通、启有所发、导有所悟的最佳教学效果。博采众长，争当教育家。当前，按理想目标划分，整个教师队伍可以分成这样几类人：有的教好学是想做教育家，有的教好学是想当干部（或者评职称），有的教好学是为了对得起自己（良心、学识等），有的教好学是为了对得起学生及家长，也不排除有的是为了对得起每月的薪水、为了混饭吃。想当教育家的肯定会教好学，并且能走得最远；想当干部的也能教好学，但是未必能持久；为了对得起自己和他人的，也能教好学，肯定不能拖教育的后腿；想混饭吃的，通常是教不好学的。有人说：有什么样的工作标准就有什么样的工作水平。长乐的优秀教师，必须把坐标定位在当教育家上，立大志、学先进，下苦功、干实事，永远保持自己在师德、业务上的先进性，永做振兴长乐教育的先锋队。

守望森林——以培青为先行方向之韵。青年教师是学校发展的生力军，21 世纪教育的希望取决于青年教师的素质，他们是教师队伍的生力军。因此，加强青年教师政治思想教育和培养，提高青年教师的业务素质，已迫在眉睫。规范管理。青年教师在教育工作中是一个特殊群体，他们既承担着当前培育人才的责任，同时也承载着未来建设社会文明的希望。因此，教育部门以及各校的主要领导一定要充分重视对这一群体的培养工作，涉及这一群体的一切决策和政策都要做到从大局着眼、从细微着手，建立健全规范化的管理制度。要搞好教学过程化和精细化的常规管理，从细节入手，对教学常规工作提出具体细致的要求，并全面落实各学科检查工作的责任人制度，做到细致到位，执行得力。要做好教学科研的常态管理，坚持教研活动制度化，加大集体备课的研究力度，使青年教师在科研备课活动中，通过与老教师的沟通交流，累积教学经验，增长学识见识，在思想和业务上尽快成熟。要不断完善作风纪律和业务档案的长效管理，培养青年教师严于律己、科学严谨、求真务实的教学作风，培养他们善于反思、勤于发现、追求卓越的教学习惯。科学管理。青年教师思维活跃、精力旺盛、工作热情高，在管理方式方法上要注重讲究科学适用和灵活运用，切忌僵硬化和模式化。在青年教师教学管理特别是教学评估工作中，应做到量化管理和模糊管理的有机结合。要重视管的控制职能，根据实际，在教学实践中，做好对备课、出勤、上课、批改作业、课外辅导、学生家庭走访、学术论文等教学业务方面的量化工作，实行标准化、规范化，采取科学决策、从严管理，通过这些量化措施强化监督，强调服从性和统一性，建立有利于促进青年教师进步的组织制度管理模式，使青年教师能从严格的他律逐渐转向自律，把学校的规章制度、法规政策内化为指导自己行为的内隐观念和理论。与此同时，也要意识到教学是门艺术，教师的创造性不可或缺，在管理上要更加突出协调职能，注意调动积极性，对责任感、使命感以及人格魅力、工作激情、创新精神等不可量化的方面采用模糊管理，尽可能地接近客观、公正。唯有如此，真正做到既有量化又追求质优，为青年教师创造宽松的成长和发展环境，以保护好、促进好青年教师创造性的充分发挥。创新管理。青年教师进入教育行业的时间短、经验浅，在管理上要注重帮助他们疏导人际关系，融通感情。在以人为本的时代里，管理的最大价值，不在于做了多少事，而在于发现了多少人和培养了多少人。对青年教师的管理，应该赋予其更加深刻的内涵，要结合青年教师的共性和特点，进行更多的创新。具体来说，就是要以人的发展为核心，善于发现和肯定他们的优点和长处，这就需要管理者有一双敏锐的眼睛——能从一般中发现特殊，有一股真挚的情感——能从平庸中捕捉非凡，有一个公正没有偏见的头脑——能从丑陋中发现美好，从而在青年教师身上发现其闪光点和不同点，让他们真实地体验到其自身的存在和价值。要更加注重青年教师的人格成长，充分重视他们的情感、宗旨、信念、价值标准、行为标准等因素，重视发挥制度对青年教师的激励作用，同时，要从财力物力上大力支持，尽可能满足他们在工作环境、进修培训、课外娱乐等各方面的合理需求，创造全新的培养氛围，真正做到人性化管理。

守望未来——以名师为先行榜样之韵。在整个人类历史长河中，教师这一职业肩负着传承文明的职责，而名师这一称号，更是全社会对其中的佼佼者在学识和品德方面的一种肯定。名师是一种财富，在社会的各个角落散发着光热；名师更是一盏明灯，在释疑解惑中照亮了未来的方向。发挥引领作用。教师不仅是知识的传播者，更是知识的创造者。名师作为教师队伍中的精英，要进一步增强创新意识，在学科研究和教学育人等方面带好头，发挥引领作用。要不断深入研究全球化背景下科学技术日新月异、经济社会快速发展等环境因素给教育带来的机遇和挑战，坚持不断学习、终身学习、勤于学习、善于学习。要不断更新教育观念，以学生为本，充分尊重学生的人格，重视培养学生独立的思维能力、学习能力，帮助他们挖掘自身主动学习、发现和解决问题的能力以及适应社会需求的能力。要创新教育实践，不断进行教学内容和教学方法的创新，从实际出发，努力探索，认识和把握教育的客观规律，不断研究合适的教学内容和有效的教学方法。要以自己的辛勤劳动向全社会施加积极影响，促使教师行业获得到全社会的尊重，促进全社会形成尊师重教的良好风气。

发挥辐射作用。当前，长乐的城市化水平还不高，个别地区由于地处偏远，教学场所、设备比较落后，特别是经历了改革开放以来商业文化的熏陶，“诗书传家”的传统观念受到一定冲击。即使是在经济发达的乡镇，也因为各种各样的原因，始终不能形成浓厚的教育氛围。面对这一状况，各位名师作为长乐教育的先行者，责无旁贷，要更加义无反顾地投身提高长乐整体教育水平的事业中去。要将自己作为一个点、一个中心、一个光源，以优质的教学方式和优秀人格魅力去影响和带动周围以及周边的教师群体，充分发挥自己在校内外的示范和辐射作用。要加强与教育欠发达乡镇以及农村地区教师的沟通联系，利用各种送教下乡的机会，开展专题研讨、学术经验交流、巡回授课等活动，把最新的教育理论思想和先进的教学方法理念带到当地，帮助当地切实提高教育教学水平，真正实现当地教育在思想、教学和师资上脱贫。发挥激励作用。名师们不仅要做好对学科知识的言传，更要做好对为人处世的身教；不仅要做好对学生的授业解惑，更要做好对其他教师的榜样示范；既要培养出推动国家各项建设的适用人才，也要带领出符合未来教育事业发展要求的教师队伍。这样，才能把名师在教育事业中所应承担的“传、帮、带、教”的任务圆满完成。名师们要心怀对民族、对国家的高度责任感，站在国家发展和民族兴旺的高度做好教书育人工作。要心怀对教育事业的满腔热忱，树立“捧着一颗心来，不带半根草去”的无私精神，以奉献社会、奉献人民的执着信念投身教育工作。要满怀对学生的至诚至爱，关爱每一名学生，关心他们的成长进步，以真情、真心、真诚来教育和影响学生。要满怀对同事的团结互助，以刻苦钻研、严谨笃学的工作精神，以忠于真理、实事求是的科学精神，以恪尽职守、严格自律的人格魅力，感染和激励他们进一步充实自己、提升自己、完善自己，尽快加入名师这一优秀而又光荣的队伍。

（2008 年 9 月 10 日）

贤 韵

郑振铎先生作为现代著名作家、文学评论家、文学史家、翻译家和考古学家、收藏家，被称为“文帅”。他不仅是一个人，更代表一个时代。在他110周年诞辰之际，长乐家乡人民再一次深情缅怀和回顾他充满传奇色彩、波澜壮阔的一生，深切感受和追忆他留给世人、留给长乐的“贤韵”精神。

纪念他，就是要弘扬他孜孜不倦、严谨治学的钻研精神。作为现代文学史家，郑振铎先生用严谨和务实的方式进行文学研究。为了考究敦煌“变文”等我国古代讲唱文学史料，他历经艰辛到英国大不列颠博物馆查阅被劫走的我国敦煌经卷，因人家规定只准看、不准抄，他以“看一段、背一段、出来默一段”的超凡毅力完成了当时学术界堪称扛鼎之作的《中国俗文学史》《插图本中国文学史》。同时，他义无反顾、全力以赴，积数十年的收藏，汇集历代生活图录及实物拓片，精选复制，编印被吴晗称为“取精用宏”之“空前巨著”的《中国历史参考图谱》。这一事迹成为中国文化史上的辉煌一页。在他身上体现出来的老一辈文坛巨匠孜孜不倦、严谨治学的钻研精神，时至今日，依然激励和鼓舞着我们不断去勇攀新的文学高峰和探索新的未知领域。

纪念他，就是要弘扬他勇挑重担、积极开拓的创新精神。作为新文化运动的倡导者，为了中华文化的传承，郑振铎先生做了大量开拓创新而又繁杂具体的工作，正如他在《求书目录》中所说的那样：“使民族文化历千古而不灭失，此担挑在肩上，一息尚存，决不放下。”他在任《时事新报》副刊主编时，开辟了我国现代报刊史上第一个儿童文学专栏《儿童文学》。郑振铎先生和鲁迅先生又是最早致力于中国古代版画的研究者，他们为抢救木刻版画精品，曾合作收集和出版了《北平笺谱》《十竹斋笺谱》。郑振铎先生还以独到的眼光和非凡的毅力收集并出版了《中国版画史图录》。在他身上体现出来的老一辈文化革命者勇挑重担、积极开拓的创新精神，时至今日，依然为我们建设创新型城市传送着源源不断的创新血液与精神营养。

纪念他，就是要弘扬他惜古如命、保护文物的爱国精神。作为新中国文物考古工作的主要奠基人，早在20世纪20年代中国的田野考古方兴未艾时期，郑振铎先生便着手收集陶俑、版画等反映古代社会生活的美术考古资料，呼吁赶快进行科学的发掘工作，后来又陆续编印了《中国历史参考图谱》《中国古代版画丛刊》等皇皇巨著。同时，他一贯致力于文物事业，抗日战争时期，不顾个人安危，积极抢救大量的善本古籍；解放前夕，努力阻止珍贵文物的盗运出口。新中国成立后，郑振铎出任文物局首任局长兼考古研究所所长，为制订文物保护的政策法令、抢救和保护重点文物、大力培养田野考古人才、推进考古工作的进一步发展，做出了重要的贡献。在他身上体现出来的老一辈文物考古工作者惜古如命、保护文物的爱国精神，时至今日，依然是我们大力提倡和弘扬的社会主流与时代强音。

纪念他，就是要弘扬他甘为人梯、不求回报的奉献精神。作为中华文化的传播者，郑振铎先生提携后学的人梯精神令人赞颂。他在复旦、燕京、清华等大学教书育人、诲人不倦、关爱青年，有口皆碑，时有“南迅北铎”之美誉。同时，他那种乐于“为他人作嫁衣裳”的奉献精神令人敬佩。他主编的《小说月报》等刊物，成为不少名家的摇篮。如巴金第一部长篇小说《灭亡》、丁玲第一部长篇小说《韦护》、许地山第一篇小说《命命鸟》、庐隐的《海滨故人》，还有老舍的《二马》都是在《小说月报》首发。在他身上体现出来的老一辈文化传播者甘为人梯、不求回报的奉献精神，时至今日，依然是推动我们各项事业不断取得新的发展和进步的精神财富。

纪念他，就是要弘扬他放眼世界、善于交流的开放精神。作为文学研究事业的开拓者，郑振铎先生为民族文化与世界文化的交流做出了卓有成效的贡献。他最早把列宁的《俄罗斯之政党》《对于战争之解释》译成中文，刊在《新社会》上。他和鲁迅先生先后为国内社会翻译介绍俄国作家阿志巴绥夫的《工人绥惠略夫》和《赛宁》。他还是最早将俄文《国际歌》歌词翻译为中文的人。新中国成立之初，他作为中国文艺界出席世界和平大会的代表之一，开始新的中外文化交流；并到莫斯科组织举办“中国艺术展览会”，留下中外文化交流的累累硕果。在他身上体现出来的老一辈文学研究者放眼世界、善于交流的开放精神，时至今日，依然是我们坚持改革开放，主动融入世界、参与全球竞争的动力之源。

回眸百年，春华秋实；一代才华，长乐西谛。郑振铎先生虽然已经离我们而去，但他的精神永驻。家乡人民将缅怀他的惠泽、牢记他的教诲、汲取他的大爱，以先生爱祖国、爱人民、爱文学、爱文物、爱家乡的人格精神为动力，努力把长乐建设成为文明和谐的海峡西岸省会窗口生态城市！

（2008年12月11日）

儒　韵

长乐是一个文化底蕴十分深厚的古邑新市，从古到今，我们的先哲前贤践行“行有余力，则以学文”的儒家思想，为长乐赢得了“海滨邹鲁、文献名邦”的美誉。纵观长乐文化发展历史，可以从学文、治文、传文、建文、求文五个关键词的诠释上窥见长乐之“儒韵”。

学文之“儒韵”。长乐被称为“海滨邹鲁、文献名邦”，自宋以后，尤其到了明朝，书院、精舍、书室林立，在倡文导学方面发挥了积极的作用。一批批乡野子弟在“路逢十客九衿青，半是同袍旧兄弟。最忆市桥灯火静，巷南巷北读书声”的文化氛围中得以茁壮成长，成为社会才俊。勤内修。中国文人一直以“修身齐家治国平天下”为己任，把“寒窗苦读”视为实现自身远大抱负的重要路径。在这条路径的引领下，长乐的文人学士十分注重在提高自身学问上下功夫。如被称为“海滨四先生”之一的陈烈，早年读书健忘，一日读《孟子》：“学问之道无他，求其放心而已”，猛然醒悟，于是闭门不问外事，专心治学，终成大家。又如黄勉斋，在随朱熹修学期间，常常通宵达旦，数年不变。正是有了这种勤内修的精神和毅力，长乐才先后涌现出了刘砥、刘砺、郑性之等一批鸿儒硕士，培养出了马铎、李骐等一批新宁俊彦，创造出了“五子登科”“父子两尚书”“一门三学士”“叔侄七进士”“一街两状元”等惊动朝野的佳话，先后产生了10名状元、955名进士，成就了长乐“进士之乡”的美名。其中，仅“明教堂”就培养成就了3位状元，福州地区第一位状元许将就是文岭鲤鱼山人，这可以说是“史无前例”和“首屈一指”。重外学。长乐自古就处于“限以高山，人迹所绝，车道不通”的封闭状态中，只有一条官道与外界相连，交通条件极为不便。但是自然条件的封闭并没有造成长乐人思想的封闭。“读万卷书，行万里路”是长乐人博采众长、增长自身学识的一条重要渠道。像大家熟知的“建安三神医”之一的董奉和手制佛门“清规戒律”的百丈禅师，就是沿着内贯南北、外接武夷山脉的董奉山脉，走向外面的世界，在游历中不断形成和完善了自身的学识与理论。其中，董奉开创农医文化，留下了“杏林春暖”的千古佳话；而百丈禅师一路西行，先落脚于江西大雄山（又名百丈山），拜马祖道一（佛教丛林的始建者）为师，后又翻山涉水回到龙泉寺，手制了有“百丈清规”之誉的《禅门规式》，提出了“一日不作，一日不食”的农禅文化。至今，长乐在北京、全国各地和国外的学子众多，他们孜孜以求，延续着长乐先人游历求学的道路。从他们身上，我们可以清晰地看到，正是这种善于向外学习的精神，造就了长乐文化的兼容并蓄。善融合。文化的生命力在于多元的碰撞与冲击。长乐从最初的蛮荒之地，演变为后世称颂的“海滨邹鲁”，其中文化的融合居功至伟。据《闽书》记载：“永嘉二年，中原动荡，衣冠始入闽者八姓，所谓林、黄、陈、郑、邱、詹、何、胡是也。”背山临江面海的地理优势和山水灵气，使长乐成为中原地区“八姓入闽”“衣冠南渡”的首选之地，也因而使长乐相对闽地其他地方，更早实现闽越文化与中原文化的对接与融合。一批又一批的中原衣冠名流蜂拥而至，在带来中原地区先进文化理念的同时，实现了中原文化与闽越文化在长乐的结合与交融，为长乐本土文化注入了新鲜的血液。在这之后，一批又一批的长乐人追随郑和船队七下西洋，又促进了海洋文化与闽江文化的融合，形成了长乐人“能拼会赢”的性格特征。可以说，今天，我们长乐能够呈现给大家如此多姿多彩的文化元素，正是得益于多元文化的长期浸染与熏陶。

治文之“儒韵”。古人说，文以治国，武以安邦，即所谓的文治武功、出将入相。这是古代士子追求的最高目标。毛泽东在《沁园春·雪》中写道：“惜秦皇汉武，略输文采；唐宗宋祖，稍逊风骚；一代天骄，成吉思汗，只识弯弓射大雕。”这说明，只有武功不行。北宋名相赵普更为尊崇文治，他甚至认为，只要半部《论语》就可以治理天下。长乐历代文化人都把治文当作自己的人生理想，他们在治文的道路上，主要有以下三种人生选择。以文辅政。长乐历史上出现过 10 名状元、955 名进士，这种科举盛况在全国范围内都属罕见。这些士子登上龙门之后，大部分都襟怀天下兴亡的理想抱负。南宋状元及第的参知政事郑性之也是一个有宏才大略的能臣，他曾向皇帝进万言书，认为“今日之忧，不在垂亡之金，而在于蒙古与中原崛起之群盗”。嘉定六年（1213 年）他入京召对时，首论以“圣学”教太子，次论立国之根本在人才，人才所以能立国，在于气节，三论钱法、边事、军政等事，受到宋宁宗的重视和重用，由此可见他在辅政方面的成就。南宋末年的陈文龙更是兼具文才、气节的忠贞之士。他在镇东军节度判官任内，面对皇亲国戚的干扰，秉公处事，“不屈不挠，不可干以私，人皆惮之”。在他任内，曾屡次反对奸相贾似道的“劣政”。元兵入侵之际，他承担起抗元存宋的重任，兵败被俘，押解到临安时，要求拜谒岳飞墓，当晚死于岳王庙中。到了明朝万历年间，长乐又出现了一位具有改革思想的人物——谢汝韶。当时社会积弊已经积重难返，有识之士纷纷倡导变革，其中以内阁首辅张居正推行的“一条鞭法”最为著名，而首倡“一条鞭法”改革方案的，正是谢汝韶。总之，在长乐历代文人志士中，像郑性之、陈文龙、谢汝韶这样以文辅政的人才不胜枚举，他们把自己的聪明才智和道德节操都献给了黎民苍生，也在青史上留下了光彩的一笔。以文传道。孔子曾经说过，“道不行，乘桴浮于海”。孔子之道，是“格物、致知、修身、齐家、治国、平天下”之道，但在当时战国纷争时代，孔子之道无人实行，于是孔子就萌生了泛舟五湖的想法。长乐历代文士中也有一部分人壮志难酬，于是退而求其次，走上传道授业之路，把自己的理想抱负寄托在晚辈后昆身上。因此，长乐历史书院、书室、精舍林立。著名的有明教堂、龙峰书院、东溪精舍、凤岐书院、吴航书院、胪峰书院等。龙峰书院是宋代进士刘砥、刘砺兄弟筑室读书处，后朱熹讲学到此，长乐因此理学大盛，出现了黄勉斋等理学宗师。东溪精舍在县东六平山。知县王遵道礼聘进士陈洵仁主讲。陈洵仁是洪武十八年（1385 年）进士，立朝敢言，文章、政事，望重一时，因为父讼冤忤旨罢归。陈洵仁主讲东溪精舍没几年，吴实、马铎、高淮、周瑶、李马（骐）、谢复进、高沂、林山乔、陈全等十人相继登科第，长乐文风为之大振。凤岐书院在显应宫后座，知县潘府礼延里人亚魁郑孔明任主讲。明教堂在文岭姚坑村，姚颖、姚勉、陈文龙三状元曾读书于此。以文探微。长乐历代文人士子中，有一批崇尚科技的知识精英群体。这是科举文化主导下，长乐先贤另一种价值观念的体现，他们以自身的文化修养为根本，投身于探索未知的世界领域，在我国的科技发展史上，写下了浓墨重彩的一笔。长乐先贤在算术、天文、医学、水利等多种学科领域，可谓百花齐放、各领风骚，先后涌现出了珠算宗师柯尚迁、中医大师陈修园、水利专家陈文龙、天文学家高鲁、造船专家谢汉甫等一大批影响深远的科技精英。柯尚迁著有《数学通轨》一书，书中绘有当时世界最新的算盘图式，一直通用至今。中医大师陈修园是中国民间偏方“狗皮膏药”的发明者，著有《伤寒论浅注》《神龙本草经读》《医学三字经》《金匮要略浅注》等30多种医学著作，对后世中医发展做出了重大贡献。高鲁是紫金山天文台的筹建者，称得上是中国天文学领域的泰斗级人物。他们的研究开创了许多科技领域的先河，为推动中国科技发展做出了重要的贡献。经历了千百年的科技熏陶，现在，长乐又一次迎来了科技的春天。郑作新、王任享、陈俊武、石玉林、张文海等从长乐走出去的中国科学院和工程院院士，成为长乐科技实力与科技进步的象征与骄傲。

传文之“儒韵”。文化的影响力和生命力并不在于文化本身，而在于后人通过传承、传导和传扬这种文化，从中汲取营养和力量，使其成为推动社会文明进步的精神动力。长乐文化之所以历经千年而不衰，关键就在于古往今来长乐人在文化继承上做了大量的工作和努力。传承文脉。文脉如血脉，是维系地域文化与特色的重要纽带。从唐朝的林慎思，宋朝的黄勉斋和郑性之，明代的王恭敬、高棅、郑世威、谢肇淛，到清代的梁章钜、梁上国等，这些古代先贤为长乐文脉的沿袭留下了许多颇有影响的文献巨著。比如，唐代林慎思，自号仲蒙子，著有《仲蒙子》三卷、《续孟子》三卷及外篇宏词五篇，承前启后阐扬儒学，后世尊为“八闽思想家第一人”。明代谢杰著有《使琉球录》，就提供了对明清到近代中国航海史的重要文献资料；清代陈世元（引进番薯第一人陈振龙五世孙）编著《金薯传习录》《除蝗传习录》，对番薯的种植、防虫、贮存技术的推广起到重要的作用；时至今日，我们在传承文脉上也做了大量的工作，先后编辑出版了《长乐进士》《长乐历代诗词赏析》，并正在着手编撰《长乐文化史纲要》和《长乐历史文献丛书》《长乐历史文化名人丛书》《长乐乡土文化丛书》三套丛书。传导精髓。纵观一千多年的长乐文化长卷，我们会发现，在长期的生存、生产、生活过程中，对于择“福山宝地”而居的长乐先人而言，中原文化的滋养与熏陶，海洋文化的哺育与洗礼，养成了长乐人“大爱开明”的“长乐气度”和“能拼会赢”的“吴航风骨”，这是长乐文化的精髓所在。它涵养了长乐人性格中“担水劈柴、皆是妙道”的淡定，“不以物喜、不以己悲”的从容，“心存仁爱、悲天悯人”的情怀，“雨来不惧、风来不动”的坚韧和“纵横四海、无往不胜”的勇气。最近几年，我们以“大爱开明、能拼会赢”为主要内容，在全市广泛开展长乐精神大讨论，在不断的争鸣与磨合中去芜存菁，最终归纳并形成了“大爱暖千秋”的城市精神和人文精神。可以说，在传导文化精髓上收得了很好的成效。尤其是我们相继举办了“吉祥长乐”文艺晚会、“郑和开洋仪式”等大型综合性文化活动，编排演出了大型诗歌舞剧《大爱暖千秋》和大型情景歌舞剧《长山乐水》，通过艺术的形式与手段将千年的文化精髓直观地呈现在群众面前，使广大市民在艺术的享受中引发感悟、引得认同，让“大爱开明、能拼会赢”成为长乐人流淌的血液。传扬大爱。大爱是一种“大我”之爱，是指超越自我的人文关怀。长乐的“大爱”精神源于自身深厚的文化积淀，包含有道家的精神、儒家的思想、佛家的禅意，可以说是儒、道、释三家精髓的融会贯通。历史上，长乐有的是“仁爱”。“建安三神医”之一的董奉以“杏林春暖”的实际行动来济世救民，他的悬壶济世，不知道圆了多少人“人伦之爱”的梦想。冰心先生爱化春水，她以爱心使者的形象，在中国的社会舞台上活跃了大半个世纪，给家乡留下了丰厚的爱的遗产。现实中，长乐有的是“大爱”。如果没有爱，就没有“回归工程”“暖人心工程”的实施；如果没有爱，就没有慈善总会的成立和关爱女孩行动的开展。长乐人用行动向世人展示了自己如大海般宽广的胸怀。因此，我们提出“以文化涵养发展”，就是想通过传扬“大爱”精神，使之与时代精神相融合，更好地发挥它在提升城市文化品位、培养公民道德情操、推动社会事业进步的支撑作用，通过不懈的努力，把长乐建设成为一座充满爱与温暖的城市。

建文之“儒韵”。近年来，我们始终以品茶般的感觉来品析长乐的文化内涵，在挖掘、整理长乐深厚历史文化底蕴中，努力推动“大文化”体系建设，促进了整个社会更加文明，整座城市更有文化，整体市民更加文雅。建设文明社会。近年来，我们始终推行“大文明建设”的概念，以“七城同建”为平台，努力构筑富有内涵的城市文明体系，以社会文明程度的不断提高来提升城市的品位。通过各级各部门在创建活动中的示范带动作用，调动广大市民参与社会文明建设，让广大市民在为城市建设出力的过程中得到教育和熏陶，不断增强自身的文明意识。在具体实践中，我们紧紧抓住文明城市创建的有利契机，努力引导干部队伍、企业家队伍和广大市民自觉学习、广泛学习和深入学习。通过大力宣传建设学习型干部队伍的重要意义，努力增强学习的吸引力、感染力、亲和力，从而激发了广大干部学文化、学科技、学法律的自觉性，提高了科学文化素质，并把学习、调研、决策、行动统一起来，以学习带动文明进步。通过与清华大学联办“企业总裁研修班”等形式，帮助企业家全面提高素质，增强市场竞争能力。通过倡导文明健康的生活方式，充分发挥市图书文献中心、新华书店、博物馆及街道、社区单位、学校图书设施的作用，实现资源共享，营造全民学习氛围，让全市人民在读书文化活动中接受教育、感受快乐、享受文明。打造文化城市。在打造“海滨邹鲁、文献名邦”的历史文化城方面，我们十分注重规划纲要的指导作用。在结合《福建省文化强省建设纲要》和《福州市文化强市建设纲要》，组织制定了《长乐市文化强市建设纲要》的同时，还逐步着手制定了《长乐市文化发展“十一五”规划》《长乐市关于进一步加强农村文化建设的实施意见》等系列文件，为长乐文化建设工作的开展提供科学指导。在具体实践中，我们以创建省级文明城市为载体，大力开展了文明城市、文化城市、园林城市、卫生城市、平安城市、环保城市、双拥城市等“七城同建”活动，取得了文化城市建设的累累硕果。下一步，我们将在此基础上，努力将长乐打造成全国文化城市，进一步提升长乐文化建设的品位。此外，我们还通过建设博物馆、院士馆、图书文献中心等文化场馆设施，赋予了城市更多的文化元素、更多的文化特色，使城市功能不断提升、平台价值不断凸显、基础设施不断完善、人居环境不断优化、生活品质不断改善，进而让先进文化融入城市发展的生命力、创造力和凝聚力中，成为经济发展的“助推器”、政治文明的“导航灯”、社会和谐的“黏合剂”，使城市成为“居者安、近者悦、远者羡、离者归”的适宜发展与人居的乐土。培育文雅市民。我们知道，文化建设从根本上讲是人的建设。只有当个体的素养与素质达到文雅的境界，城市的文明程度才能水涨船高。为此，我们相继开展了建设“学习型城市”和“书香城市”等活动，结合社会主义荣辱观教育，牢牢抓住内化文明修养这个关键，以文化的感召力来凝聚人心、聚合人群，让全市人民在各类文化活动中接受教育、感受快乐、享受文明，在求知、求乐、求美的过程中逐步养成健康的价值取向、向上的精神状态、高尚的道德情操、文雅的言谈举止、积极的事业追求，极大地促进长乐人自身素质的提升和超越，有效激活组成城市文明的每个“城市细胞”。在这个过程中，我们尤其突出对农村和农民的引导，通过推进先进文化进祠堂（礼堂）等活动，把建设农村精神文明阵地和培育农村精神文化新风尚作为新农村建设的突破口来抓，让广大农民在先进文化的熏陶下，从素质和素养上真正文明起来、文雅起来，较好地实现从农民向市民再到公民的转变。现在，在长乐农村，富裕起来、文雅起来的广大农民，再也不像过去那样热衷于建寺庙祠堂，而是掀起了建公园、造环境的热潮。这是百姓文雅的一个最好体现。

求文之“儒韵”。《诗经 · 国风 · 周南》中述：“关关雎鸠，在河之洲。窈窕淑女，君子好逑。”长乐文化就好比一位善良美丽的少女，需要长乐“君子”孜孜以求。“求文”是风雅之事，几年来，我们通过文化的系列化、细节化和系统化的打造，努力把阳春白雪的“求文”变为了雅俗共赏、为广大群众称道乃至接受并积极参与的好事。追求系列化。历史文化是一个地方的宝贵财富，通过挖掘历史文化，有助于人们更真实、更全面、更接近本原地去认识已逝的历史及文化，使我们通过解读历史传承，挖掘文化底蕴，弘扬精神精髓，为我们开展各项工作提供历史借鉴和精神支持，因此，我们十分注重系统挖掘历史文化，使其系列化，并不断延续、发展和壮大。针对于此，我们把挖掘长乐深厚的“大爱文化”作为一项重要工程来抓，先后编撰了《大爱暖千秋》《长乐进士》《长乐历代诗词选集》等系列文化丛书，使感性的历史文化更加直观地体现在书页中，让更多的长乐人在系列丛书的品读中深刻浸染千年吴航的书香墨韵。追求细节化。细节文化的建设体现在文化精品创作中，这是文化建设的生命线。为了精心打造细节文化，创作出更多经得起时间和实践检验的精品力作。这几年，我们每年都要邀请部分省、市乃至全国的著名专家学者到长乐采风座谈、传经送宝，共同组织创作优秀的文艺作品。比如，邀请央视著名制片人邹友开为《大爱暖千秋》作词，并邀请福州市歌舞团创作大型情景歌舞剧《长山乐水》等。在借助外力的同时，我们更侧重于培养和挖掘本市文艺人才的力量，先后自编、自导、自演了大型诗歌舞乐剧《大爱暖千秋》、大型器乐协奏音乐剧《琴江乐》等既被专家叫好，又被观众叫座的名剧佳作。据统计，几年间全市共有500多件文艺作品在福州市级以上发表、展出或获奖。如闽剧《救驸马》《舞龙女》和《功德碑》先后荣获福州市、福建省和全国各类会演大奖，舞蹈《开拓者》荣获“全国第二届中小学生艺术展演”二等奖，小品《山魂》获第六届华东地区话剧小品大赛二等奖，摄影作品《快乐节日》获奥地利国际摄影金奖等，可谓精品层出、捷报频传。另外，类似体育中心和会堂广场上矗立大屏幕电视之类的细节，细节虽小，却无时无刻不在向最广大民众、最基层群众传导着先进文化。追求系统化。近年来，我们把文化工作的重点放在文化载体的建设上，力求在提升城市品位的同时，使得长乐各个历史时期的文化大事、要事都能在众多场馆中得到真实的再现，让越来越多的普通民众体验到长乐深厚的文化底蕴。为此，我们先后兴建了市人民会堂、博物馆、工青妇活动中心、图书文献中心等标志性文化设施和体育场、美术馆、音乐馆、航海馆、绿化馆、水利馆、纺织馆、影视馆、创业馆、巾帼馆等30多个文化展馆。同时，我们充分考虑基层乡村对文化设施的需求，在市委、市政府的带动下，各乡镇（街道）也积极按照“政府牵头、社会化运作、市场化筹资”的建设思路，积极动员社会、集体、个人和侨胞等社会各方面力量，兴建了一批如猴屿文化中心、大宏华侨广场、菊潭文化中心、鳌潭休闲文化公园、集仙公园、金漳广场等农村基础文化设施。

（2009年1月4日）

水 韵

水是文明之魂。作为自然系统重要组成部分的水，它带给人类的是利和害。这是“水”传递给人类的两个最原始的信息。正如《列子 · 汤问》描绘的那样，“缘水而居，不耕不稼”，对于处在蒙昧阶段的人类而言，虽然水不是人类文明产生的唯一条件，但由于人类早期的社会活动均以农耕为主，因此，无论从哪个方面讲，水对于人类的重要性都是不可替代的。300 多万年的人类历史，与其说是一部曲折的人类文明发展史，不如说是一部壮美的河流文明发展史。如我们最熟悉的人类四大文明：第一个是美索不达米亚文明，又叫作两河流域文明。创造者苏美尔人在底格里斯河和幼发拉底河流域开掘沟渠、引水灌溉，从而孕育了这一人类历史上的首个文明。第二个是古埃及文明，又叫尼罗河流域文明。埃及人充分利用尼罗河洪水留下的肥沃泥沙和腐殖质，在尼罗河两岸大力发展农业耕种，带动经济和社会的发展，形成了尼罗河文明。正如古希腊历史学家把埃及称为“尼罗河的赠礼”一样，没有尼罗河的哺育，就没有古埃及文明的繁荣与发展。第三个是古印度文明，主要体现为农业文明。印度河的存在，为沿河两岸的游牧民带来了农田灌溉的条件，促进了农业生产的发展，使印度河流域成为人类最早使用棉花织布的地区。同时，古印度文明在文学、哲学、自然科学等方面都对人类社会做出了贡献。第四个就是华夏文明，主要指我们的黄河流域文明和长江流域文明。由于黄河的存在，大约 180 万年前，人类就开始在黄河流域生息、繁衍。后来，又有蓝田人、大荔人、丁村人、河套人在黄河流域落脚。大约 6000 年前，在黄土地上出现了以半坡文明为代表的母系氏族文化。在长江流域，河姆渡文化的发现与发掘，使我国成为世界上最早种植水稻的国家之一，说明长江流域也是中华民族古老的文明发祥地。同样，福建昙石山文化的形成，也是得益于闽江水的滋养与哺育。从单纯依赖自然赋予的水资源，到能动地改造利用水资源的过程中，水成为了推动人类文明进步的最重要的物质基础。它浸泡了人类文明的种子，浇灌了人类文明的花朵，让人类文明在依水而生、伴水而在、随水而长、因水而兴中，一步步从远古走到今天、走向未来。

水是生命之源。正如我们把给予自己生命的女性称为母亲一样，人类总是亲切地将影响自身的江河称为“母亲河”。这种称谓上的雷同，恰如其分地诠释了作为自然元素的水与作为万物之灵的人之间天然形成的不解之缘。水作为生命之源，它不仅自己独立存在，而且以其广阔的空间、时间和拓展带，繁衍、滋养了众多生命体的存在。从水边的各类植物到水中的各类动物，水构建了一个丰富多彩无边无际的生物圈。仅就人类而言，最初的形成与成长，同样是由水滋养和哺育的。生命科学认为，水是孕育生命的摇篮。地球上最早的生命形式三叶虫，就诞生于大约 5.6 亿年前的海洋环境中，经过了几亿年的生殖、繁衍，才逐渐地向多样化的生命形式进化发展，生命才逐步登上陆地、飞向蓝天。很难想象，没有水，我们人类会怎样进化？人体医学认为，水是维持生命的资源。从萌芽于母体开始，生命就处于一个水世界中，被 70% 的液体所包围，并从中汲取生命的养分。当生命成长之后，水分大约占到人体自身体重的 65%。有研究表明，没有食物，人可以活较长时间（1 ～ 2 个月），但没有水，人顶多只能活 1 周左右。所以，无论是地球生命的形式，还是人生命的维持，都离不开水。正是基于这些原因，今天，我们通过对原始人类图腾与信仰的研究，依然可以清晰地看到人类与生俱来的对生命之水的敬畏。比如，中国人最崇拜的图腾是龙，在神话中，龙是神通最广大的水神，而我们又称自己是“龙的传人”。这与其说是人类对无边神灵的敬畏，不如说是人类对生命之水的敬仰。

水是和谐之理。中国的和谐文化内涵丰富、源远流长。其中，水作为自然存在的一大要素，不仅在和谐世界中扮演了重要的角色，而且，以其所蕴含的深厚哲理，教会了人类如何与自然和谐共处。水在人与自然中所处的特殊地位，决定了其对人类和谐观的潜移默化，最典型的莫过于中国人的风水观了。又比如古代中国人最早企图解释宇宙万物的产生的阴阳、五行学说，其形成就与水有着密切的关联。早在公元前300年，古人就提出了“太一生水，水反辅太一，是以成天……”的宇宙生成说，认为水生万物。由此延伸出“太极生两仪，两仪生四象，四象生八卦”的阴阳学说和“水、火、木、金、土”的五行学说。在阴阳学说中，古人认为宇宙万物皆可分为两大类，即阴性事物与阳性事物；任何事物都存在两方面，即阴性方面与阳性方面；一切事物的形成、变化与发展，都是阴与阳相互交替变化的结果，所谓“一阴一阳谓之道”。此后，演化出一阴一阳、两鱼相抱的八卦图像，以此说明天、地、雷、山、火、水、泽、风八种物质在阴阳二气的作用下构成了世间万物。在五行学说中，古人认为世间一切事物都是由水、火、木、金、土这五种基本元素（即五行）构成，五种物质的相生相克，是推动世界变化不已的动力；事物随五行的相生相克而发展变化，并在运动中维护着动态的平衡。其中，水居五行之首，发挥着重要的作用。其实，不管是阴阳学说，还是五行学说，都是人类由水而生、由水而发的对世界的思考，表述的都是自然和社会演变法则的思想体系，揭示的都是矛盾论与进化论、运动观与发展观的统一，追求的都是“天地与我并生，万物与我为一”的和谐境界，体现的都是人类最朴素的平衡与和谐的观念。

水是道德之师。自然界中，草木无言，山水无知。自古长江东逝，黄河奔流，其势丝毫不以人的意志为转移，当我们将其纳入人类的视线范畴，无知无觉的水便会超越千年历史时空，成为具有鲜活生命的道德载体。在博大精深的华夏文化中，不乏古代圣贤以水论事、以水喻理、以水明志的精辟论见。相传，我国古代大思想家老子曾在师父常枞临终之前问道：“今后，我将以谁为师？”常枞回答说：“以水为师。”何谓“以水为师”？《管子·水地篇》中说：“水者，地之血气，如筋脉之流通者也。”在这里，流动的水是大地的血和气。就像筋和脉在人的身上流通一样，水如人，迸发出生命的活力；人似水，跳动着勃发的生机。从中我们不难发现，无论是飞流直下的激越，还是奔流到海的执着，无论是惊涛拍岸的横流，还是潺潺细涓的蜿蜒，水流动的不同风格和态势，与人的秉性和气质是如此地相似和相通，以至于总能让人们从中感悟到一种道德的力量与心灵的净化。此后，老子通过对水的观察思考，由水性看人性，以水德论人德，逐步形成了自己独特的道德标准与体系。在他眼里，“以水为师”就是要学习和效法水以柔克刚的坚、水滴石穿的韧、随物赋形的和、恩泽四方的善、浑然一体的容……“上善若水，水善利万物而不争”，这是他对水的赞许。他从水滋润万物而又不与万物相争的“不争”中，领悟到上善者（品德高尚的人）存心要像水那样渊深、交友要像水那样仁爱、说话要像水那样真诚……字里行间，水不仅有了人格的力量，而且是最高尚、最善良的人格形象，以至于今天我们仍然以“上善若水”来规范和指导自己的言行。无独有偶，管子也从水“人皆赴高，己独赴下，卑也”的“独下”中，感悟出“谦卑”是水德的根、水德的魂，是人们应该学习、提倡的崇高境界。其实，无论是老子还是管子，他们眼中的水，都是具有完善境界的水，是甘处最卑地位的水。所以，在他们看来，“上善”是种境界，“谦卑”也是一种境界，“上善”因“不争”而显得宽阔，“谦卑”因“独下”而显得崇高。这种从人文角度把人的品德与水的品德、人的思想境界与水的自然境界“合二为一”进而悟出“修身处世”之德与“治国安邦”之道，是古人“以水为师”收获的宝贵精神财富。在他们眼里，高洁者之所以高洁，是因为他们以水为楷模；尊贵者之所以尊贵，是因为他们以水为榜样；仁义者之所以仁义，是因为他们以水为圭臬。我们家喻户晓的治水英雄大禹，之所以能得到舜的禅让，不仅因为他在治水过程中立下了不世之功，让人看到了他的本领和才干，更重要的是他能“以水为师”，他在治水过程中所体现出的“三过家门而不入”的高尚品德不仅凸显了大禹个人的人格魅力，而且奠定了中华民族的人格精神，成为千古传颂的美德。由此可见，“以水为师”不仅形象，而且深刻，它不仅让我们看到了人类几乎所有的美德，更造就了无数风范长存的人格。

水是智慧之泉。古人云：“仁者乐山，智者乐水。”仁者乐山，是因为山的敦厚与坚守；智者乐水，则是由于水的“随物赋形”。不同的环境，不同的场景，水总能给人不同的启迪，引人不同的哲思。在人类的文明史上，由水引发的智慧可谓洋洋大观。面对江河湖海的水，人们感受到的不仅仅是愉悦，更能使心灵与宇宙意象相互渗融，从而使心灵净化。因而，水是一种至柔智慧。在老子的眼里，水是一种哲学的智慧。老子认为，最高境界的善就像水——上善若水。这个观点的论据有三。其一，“水善利万物，又不争”，这是一种不求利我的无私境界。其二，水“善下之”，这是一种海纳百川的容人雅量。其三，“天下柔弱莫过于水，而攻坚”，这是一种以柔克刚的韧性。水的这三种特性，引发了老子深刻的哲学思考，也成就了老子博大精深的水哲学理论。在孔子的眼里，水是一种人生的智慧。孔子周游列国，曾经站在河畔上，面对奔流不息的河水，发出“逝者如斯夫，不舍昼夜”的人生慨叹。没有对人生的深刻思考，断然表达不出这种生命易逝、年华不再的痛惜与无奈。孔子一生都在宣扬自己的“齐家、治国、平天下”的理念，但就是遇不到识才的明主。他对人生偶尔也感到失望，曾经说过，“道不行，乘桴浮于海”。意思是说，我的道义如果在这个战乱的社会行不通，那就驾一叶孤舟到海上随波漂流。以孔子对“入世”强烈追求的个性，而说出这种有着浓厚的道家味道的话，同样是种内心的无奈。孔子是智者中顶尖人物，他在选择隐居地的时候，不是按照常人那样，选择深山老林，而独钟情于海，这里面就值得深思，我的看法是，还是智者乐水的情结，波涛奔涌的海水能够给他带来智慧的碰撞与升华。在告子眼里，水是人性的智慧。告子是战国时期诸子百家中的一家，在战国时期“性善性恶”争论不休时，他主张“性无善无不善”，有点中庸的味道和折中的嫌疑，但他在论证自己观点的时候，用了一个很巧妙的比喻：“性，犹湍水也，决诸东方则东流，决诸西方则西流。人性之无分于善不善也，犹水之无分于东西也。”是水给了他智慧，使他在那场人性善恶纷争中贡献了一家之言。在商鞅和范蠡眼中，水是经济智慧。商鞅说过“民之于利也，若水之于下也，四旁无择也”，范蠡也说过“财币欲有行如流水”。这两种说法都是用流水来形容加速商品货币流通的必要性与重要性，是一种经营智慧。正因为有此智慧，商鞅才使秦国空前地强大起来；范蠡在帮助越王灭吴之后才悄然隐身，在陶朱这个地方施展他的经营天才，成为财富的象征——陶朱公。在唐太宗眼里，水是政治智慧。“水能载舟，亦能覆舟”是唐太宗奉为圭臬的一句政治格言，他把民比作水，把君比作舟。如何让水载舟而不覆舟？几经思考，他找到了一条驭民之道——顺民而不逆民。于是，他开创了初唐盛世——贞观之治。在孙中山眼里，水是革命智慧。孙中山在钱塘观潮时，面对奔涌而上的潮水，发出了“世界潮流，浩浩荡荡，顺之者昌，逆之者亡”的慨叹。于是，他顺应民主潮流，一生致力于民主革命，把中国历史迎进一个全新的时代。当然，关于水的智慧不胜枚举，比如“水滴石穿”，这是一种以柔克刚的智慧；比如“不积跬步，无以至千里；不积小流，无以成江海”，这是一种求学智慧；等等。

水是文学之美。中国经典文学，几乎无水不写，写则涉水。水在文学创作中给予作者太多的灵感，赋予了太多的象征意义，发挥了太丰富的表达功能，可以说，水充当了极其重要的文学审美载体。水是表达柔美意境的载体。《诗经》中就有一个空蒙迷离的女人与水的故事，“蒹葭苍苍，白露为霜。所谓伊人，在水一方”。简简单单的几句话，就把一个秋天的意象、一个柔美的女人、一条纤尘不染的河流，带到读者的想象空间里，把“水作的女人”这个唯美的比喻绵延不绝地流传下来。宋词中有一派叫婉约派，其代表人物秦少游在《鹊桥仙》词中更把“女人与水”在本质上的相似点直观地描述出来：“柔情似水，佳期如梦。”虚幻的柔情，在虚幻的梦境中，因为有了真实具体的水，而变得真实具体起来，留给人的是“两情若是久长时，又岂在朝朝暮暮”的真实感受。水是寄托忧情愁绪的载体。诗仙李白因为对现实不满，把诗歌创作的审美取向寄托于山水，他的那句“抽刀断水水更流，举杯消愁愁更愁”，可谓“愁”中绝唱。水有多长，愁就有多长；水有多深，愁就有多深。这种愁不仅仅是小我之愁，更是家国之愁；这种愁不仅仅是情绪上的愁，更是政治上的愁。与之有异曲同工之妙的，是南唐李后主的家国之愁，

“问君能有几多愁，恰似一江春水向东流”。在李后主的笔下，愁是一江春水，永不枯竭、永不断流，连绵不绝、无穷无尽。水是抒发豪情壮志的载体。被誉为“史家之绝唱，无韵之离骚”的《史记》，曾经为一名刺客唱起了一首荡气回肠的歌谣，“风萧萧兮易水寒，壮士一去兮不复还”。短短两句诗，比一部英雄史诗更让人扼腕叹息。荆轲那种明知不可而为之的忠义豪情，在冰冷的易水映照下，一览无余。从此，“士为知己者死”的忠君思想，深深地嵌入了中国人的人格秉性中。苏东坡的“大江东去，浪淘尽，千古风流人物”，更是宋词豪放派的代名词。苏东坡笔下的江水，穿透了时空的阻隔，汇聚了众多的英雄豪杰在江水上尽展风流。那逝去的、那还在的、那尚未出现的风流人物，他们在历史舞台上的精彩表现，历经大浪淘沙，依然鲜活生动。这是一种英雄崇拜的情结，这是一种建功立业的渴望，带给我们的是文学审美的极大满足。毛泽东也留下了“到中流击水，浪遏飞舟”的词句。击水中流，是一种大无畏的勇气；浪遏飞舟，是一种冲天的豪情。在这里，他用水流的巨大力量，激励人们勇往直前，永不退缩。总之，由于水的意象的运用，水的内涵的挖掘，水给文学增添了极大的美感。

水是生存之本。地球上有生命存在的重要原因之一，是我们居住的星球有液态水的存在，水是人类社会赖以生存的不可替代的自然资源。我们的先人在保持和节约水资源方面的意识由来已久，孟子就明确提出“民非水火不生活”，管子也说过“食之所生，水与火也”，都把水置于人类赖以生存的基础与条件的高度来认识。人类社会在与水相依相伴中，在与水的抗争中，得到了繁衍和发展。从人类社会的演化和发展上看，人与水的关系大体经历了三个大的发展阶段。第一阶段为前资本主义时代，其中又可分为原始社会与农业社会两个小阶段。在原始社会，人与自然的关系明显表现出混沌不清、主客不分的特点。人与水一方面有千丝万缕的联系，另一方面自身干预水的能力又极其微弱。农业社会，人与自然的关系仍然以自然的主导地位为基本特征。但随着生产和科学的进步，人开始有了最初的治水活动。大禹治水不仅记述了洪荒时代我们祖先向水宣战的一场惊心动魄的搏斗，更形成了中华民族万代相传的一种精神。第二阶段就是我们今天称之为工业文明的阶段，日新月异的近代自然科学和生机勃勃的技术革命，不断铸造了改造世界的物质文明，使社会生产力水平以惊人的速度提高，而且不断强化着人类进一步征服自然的欲望。人们大量地开采水资源，工业的废弃物严重地污染着水体。20世纪70年代末，世界上开了两个重要会议，一个是联合国人类环境会议，一个是联合国水事会议。当时就曾向世人发出警告：水不久将成为一项严重的社会危机，石油危机之后的下一个危机便是水危机。第三阶段就是被称为信息时代的今天。仰望灰蒙蒙的天空，俯视浑浊的江河，面对满目疮痍的山川，忍受乖戾暴虐的气候，人类开始责问自己那种不顾后果的征服行为。人类通过反思得出这样的结论：人是自然的一部分，人应该学会尊重自然；人必须正确对待科学技术的作用，努力防止和清除科学技术可能产生的负效应；人必须改变以自然为对手的逻辑，学会与自然和谐共处。在人与水的关系中，人类已经醒悟，决心停止掠夺性的开采和大肆排放废弃物，寻求一条人水和谐、可持续发展的治水之路。当前，我们生活在这座水资源匮乏、用水量激增、水污染加剧的城市里，应该要有生存的危机意识，以“水资源生态年”为契机，进一步改善水生态环境，加强供水系统建设，努力营造人与自然和谐共处的优美人居环境。

水是发展之基。在地球表层中以各种形态存在的水，是自然赐予包括人类在内的全体生物界的生命线和宝贵财富。人的生存离不开水，水与人类社会的发展有着最为密切的关系。水不仅作为维持人类生理需要的要素，也是不断丰富人类生活的重要物资。随着人类社会的不断发展，用水量不断增加，一些地区出现水供不应求，甚至出现水荒。由于用水紧张，用水部类间出现争水现象，城市和工业用水挤占农业用水，生产和生活用水挤占生态环境用水；因过量引取河水，使河流水量锐减，以致断流，破坏河流功能；超采地下水导致地下水位下降，或疏干地下水含水层，造成地面沉降等环境和生态系统恶化现象。此外，自然界的水除对人类及整个生物界的有利作用外，还有其特有的丰枯变化，有时来水突然增多，洪涝为患，给人民生命财产带来损害；有时干旱缺水，使人民生产生活受到威胁。人不得不与因水带来的灾害相抗衡，这成为人与水打交道的重要内容之一。但在防治水旱灾害方面，也有不断与洪水争地，或采取措施不适当，而造成人为加大灾害的问题。可以说，水关系到国家长治久安、经济社会可持续发展的重大战略问题。但现在全球人类缺乏安全的足够的水资源以满足基本生活需要。水资源以及提供和支持水资源的相关的生态系统面临着来自污染、非可持续性使用、土地使用变换、气候变化及其他诸多方面的威胁。随着社会经济的迅速发展、城镇化进程的加快和人类活动的影响，水资源短缺与用水需求不断增长的矛盾日益突出，严重影响我国社会经济的可持续发展和和谐社会的构建。从长乐的发展历史来看，正是得益于水资源的开发和利用，才有了长乐经济社会的不断发展。早在南北朝时期，长乐人民就开始凿湖蓄水灌田。其中陈塘港是长乐古代规范最大、时间最早的引水工程，对长乐农耕经济的发展起到了积极的促进作用。而始建于北宋年间的莲柄港水利工程，历经千年，至今仍然在长乐人民的生产生活中发挥着重要的作用。因此，我们应正视现实，直面水危机，以水资源的可持续利用保障社会、经济、生态的可持续发展，促进和谐社会建设。

水是生态之母。水是地球表面最丰富的物质，其覆盖了地球约71%的表面，空气中也含有大量的水分。而生态系统，是复杂的生物群落与所处的环境相互依存、相互制约、相互稳定又有自组织功能的一个系统，水是其中最活跃、最重要的控制性因素。在润泽万物的同时，水又以其自身的丰枯规律、动力特性，影响着整个自然界的演进和变化。生态系统所有生命要素因水而生、依水而存，对水的量变和质变十分敏感。江河溪海，雨露霜雪，历来都是文人骚客的审美客体。但在历史的发展进程中，很多地方因生态环境的破坏，而导致水的审美价值被蒸发掉。如罗布泊的大荒漠里，有一座被流沙掩埋的历史名城楼兰。当年楼兰，古树遍野，兽腾鱼跃，水肥土沃。也许当时的人们错误地认为，那些动植物资源是取之不尽、用之不竭，于是便舞动刀斧箭弩，杀伐无度。当绿荫渐次稀疏时，沙龙便张开巨口吸干了河流，楼兰终被埋葬在浩瀚死寂的沙海里，成了生命的禁区。祁连山下的居延海，30多年前还是烟波万顷、清丽如画的内陆湖，是各种水鸟及鱼虾栖息的天堂。而祁连山上流下的雪水被上游无序地“围追堵截”、周围植被受到空前地狂挖乱垦，终使今日的居延海完全干涸，并成为风沙施暴北京的罪恶渊薮。内蒙古最西部的阿拉善盟，向来被誉为骆驼之乡。骆驼本是被干旱和饥饿孕育出的有着钢铁般生命的家族。近10年来，由于当地沙化程度日益加剧，骆驼的主要食粮马莲草几近绝灭。骆驼们在经受了饥渴的极限之后，一批又一批地走进了地狱之门。发生在我们身边的“金峰现象”，同样是经济发展过程中付出的一个重要代价。以上悲剧的产生，都是人类肆无忌惮破坏与掠夺大自然，导致生态环境恶化、水资源枯竭的结果。俗话说：“亡羊补牢，犹未为晚。”在大自然无情的报复中，我们要有知错就改的悔过之心，切实把保护水生态环境置于可持续发展的高度，以“水生态环境整治年”为契机，加强闽江流域长乐段水生态环境保护、城市内河环境整治、炎山取水口周边水生态环境综合治理等，还长乐青山绿水的本来面目。

水是城市之灵。水是城市诞生的摇篮。在城市形成和发展中，水作为最关键的生态环境因素介入其中，起着关系城市生存、制约城市发展、影响城市风格和美化城市环境的重要作用。通常意义的海滨城市、湖滨城市、江滨城市、水乡城市等，都体现了城市与水域的密切关系；即使干旱与半干旱地区城市，也都有依河傍湖的特点；许多城市的轮廓、风格、景色等，或多或少都与水域形态分布和数量有关。因此，也可以说水是城市的灵魂。集市的选址首先要以水为前提。河、湖、泉、井都是城市的主要水源。在古代文章中，常常出现“市井”这个词。这就是古人们说的“因井为市”“外商必就市井”的道理。水是城市存在和发展的基本条件。如天府之国的成都城与都江堰。在战国末年，都江堰的建成，改变了地处长江上游岷江流域的成都平原的自然环境，使成都获得了稳定的水源供给、完善的河渠水系，还为成都提供了便利的水运和行洪的水道。自汉代以来成都城就成为中国西南政治经济文化的中心，唐宋期间其经济的繁荣可以与长江下游的扬州媲美。如长安与“八水绕长安”。长安城北有渭河自西向东流过，南部有六条发源于秦岭的河流，从南向北流入渭河。加上渭河北边的泾河，形成了“八水绕长安”的地理形势，解决了百万人口的供水问题。正因如此，长安成为封建帝王建都的首选之地，成为中国古代著名的古都。如故宫建筑与水。故宫又叫紫禁城，是明、清二代的都城。整个宫殿内，用于排水的明沟暗道，纵横交叉沟通着宫廷院落的每个角落，形成一个四通八达的排水网络。建造者在城内设计挖掘了一条内金水河，让水从紫禁城西北角的地下引入，从东南角的地下渠道流出，汇入城外的护城河。由于故宫排水系统设计合理，遇上再大的雨，宫内也不会汪洋一片。500 多年来，尽管北京的降雨是出了名的集中，每年 80% 的降雨量集中在夏季，但紫禁城从未发生过积水的事。直到今天，这个古老的排水系统仍然在发挥着作用。可以说，一座城市的诞生和发展都与水息息相关。当前，长乐在朝着建设滨海旅游城市的发展目标中，要加大对水的规划治理，用水这根红线把城市各元素串起来，形成清水绕城、绿树成荫、游人如织、百舸争流，再现海西省会窗口水城的情景，达到“水在城中流、人在画中游”的目的，实现城市与水的完美结合，成为“海西”不可多得的生态宜居城市。

商　韵

长乐自唐武德六年（626 年）设立县制，长久以来不过只是东海之滨的一座小县邑。在长期的“农耕”经济时代，长乐人的工商才能虽然时有展露，但限于当时的社会制度，始终难成大的气候。改革开放之后，长乐人如久旱逢甘霖，隐藏在骨子里的工商意识喷涌而出，从此，中国的工商大舞台上活跃着长乐人的身影，中国的贸易大市场上大量出现了长乐人的产品。三十多年改革开放的实践一再证明，长乐人天生就是商人，正是这个商人群体，让长乐这个资源稀缺、信息闭塞的弹丸之地成为全国为数不多的人均国内生产总值突破近万美元的经济强市。如果我们多角度地审视长乐商人，就会发现，长乐商人既有北方商人的豪放大气、不拘小节的气度，又有南方商人精明干练、精打细算的本领。追寻长乐商人多年打拼的历程，不难发现长乐商人具有的多种商业特征，这种商业特征完全可以看成是“长乐商道”的雏形，而且“长乐商道”的形成又得益于长乐传统文化、现代长乐精神的积淀与熏陶，进而使以长乐商道为主轴的“商韵”内核，成为长乐文化、长乐精神的一个不可或缺的组成部分。

赢商，这是濡染了海洋文化的群体人与生俱来的冒险精神。长乐商人能够集胆量、胆识、胆略于一身，在机会到来时主动出击，说出手就出手。长乐商人的第一桶金，就是靠胆略赢来的。而且随着工商业的发展，赢的特征和品质更加明显，真正做到了方向更明、人口更多、日积月累、资本积累、经历不凡，历久弥新、稳操胜券、更加成熟。

情商，这是管理自己的情绪和处理人际关系的能力。长乐商人的情商特征，就是善于把人际关系当作重要的资源，就是把经营当作做人的延伸，注重处理好人际关系。对外，强调“人脉”因素在商业活动中的作用，因而广交五湖四海的朋友；对内，在追求商业利益的同时，又兼顾商业伙伴的发展，秉持“有钱大家赚”的“多赢”理念，抱团打拼。正是有了这种情商特征，长乐众多的在外企业家才能在全国许多地方站稳脚跟，并在各种工商活动中左右逢源，创造了骄人的业绩，得到创业地群众的广泛支持和普遍赞誉。此外，长乐商人把桑梓之情融汇到商业意识中，形成浓烈的爱乡情怀。他们一旦在外创业有成，就会想方设法回乡开基立业、把根植在乡土上，寻求一种百代基业。近年来长乐大地形成的一浪高过一浪的“回归潮”，就是这种商人情结外现的结果，从感情的层面来概括，就是一种“凤巢恋歌”的情怀。

拼商，这是一种把苦难和挫折当作一笔财富后所表现出承受逆境的能力。长乐商人常常是身体上不怕劳累、心理上不怕折磨、事业中不怕起伏、创业中不怕艰险。相信“能吃苦，吃半辈子苦；不能吃苦，吃一辈子苦”，在经历熔炼和磨难中走向成功。长乐的拼商特征就是把事业、财富当作一座座高山，在高山面前具有拼搏的勇气和气魄，把攀登事业、财富的高山当成一次挑战，把每一次挑战当成一次机遇，最后傲立巅峰。如果没有拼搏的精神，长乐这个无棉之乡就不可能成为全国三大棉纺基地；长乐这个无矿之地就不可能从冶金行业中赚取巨大的财富。

智商，这是一种反映人的观察力、记忆力、思维力、想象力、创造力以及分析问题解决问题的能力。长乐商人的智商能力，表现在商业活动中对商机具有一种源于灵感和顿悟的直觉思维能力，善于在商业活动或社会活动中捕捉若隐若现的商机，并在较短的时间内做出判断、付诸行动。长乐企业能在工商领域大展宏图就是长乐商人善于判断开拓、捕捉商机的结果。此外，长乐商人善于传承和发扬中国传统商道，把产业当作家业来经营，赢得了市场和同道认可。

德商，这是一个人的道德水平和人格品质的体现。长乐商人所展示的德商特征，就是具有良好的道德品质、诚信意识和社会责任感，对朋友忠诚，对部下宽容，对社会负责，往往在行有余力的时候，关注社会民生。长期以来长乐的社会事业特别是公益事业能得到长足的进步，既是政府强力引导推动的结果，更是长乐商界人士鼎力支持、慷慨解囊的结果。长乐商人在回馈社会的同时，也树立了自身企业的良好形象。

财商，这是指企业家的投资理财能力。没有财商，钱很容易会慢慢花光。世界上成功的商人往往都是理财高手。长乐人的财商能力也是不容忽视的，经纬集团的成长过程就很能说明财商的重要作用。他们注重把赚来的钱引导股东用来扩大再生产或技术改造，这样一来企业就能与时俱进地发展下去，长久地保持竞争的实力。另外，长乐商人的财商能力还表现在不满足于原有的单一产业基础，搞冶金的商人，往往也是纺织企业的股东，加入方式往往采取的是长乐所特有的“江湖方式进入、商人方式退出”，因而他们总是具有强大的抗市场风险能力。

韧商，这是指一个人的坚韧性、目的性、果断性、自制力等方面商场品质水平。长乐人的韧商表现为穷且弥坚，他们不会因为一时的失败和挫折而一蹶不振，总是在逆境中寻找东山再起的机遇。长乐的商人群体整体上表现为产业企业家的特质，产业企业家大多也因此成为长乐区别于其他地方企业家群体的一个重要表现。从事工业产业的企业家最基本的要求必须具备坚韧性，实践上也确实如此。长久以来长乐工业企业家多次历经这种坚韧的锤炼，他们经历了“草根工业”初创时期的艰辛，经历了弃城出走他乡的尴尬，经历了市场风险的考验，但每次都能在逆境中崛起，凭借坚韧不拔的精神闯出一片新的天地。

俗话说：一方水土养育一方人。要使长乐商道成道有方、用道有为、守道有成，就必须在继承已有商道“精神”的基础上，与时俱进、不断创新，追寻长乐精神，弘扬光大商道精髓。当然，这七种商业品质或商人本质，只不过是长乐商道的雏形，要想将这种已经形成的商道发扬光大，进而形成具有时代鲜明特征的长乐商人群体形象，还必须凭借长乐一方水土，真正做到引导有方、培育有方、锤炼有方、传承有方，通过“上传下效”、整体推动、全社会弘扬、达到整体上树立“长乐商道”精神，成就“一方大师”。

企　韵

长乐企业家的成功有其历史机缘、哲学影响与文化必然。他们在闽商群体的时代贡献中所具有的鲜明个性、独特地位与广泛影响，以及由此形成的长乐“企韵”，激励和影响着一代又一代长乐人。

把握长乐的“企韵”，要从闽文化的起源过程中认识长乐企业家群体形成的历史必然。要全方位多角度地了解长乐企业家之所以能成为闽商中极具个性的独特群体，就必须从闽文化的源流中去探因寻源。古越文化的遗风。古越族是我国南方少数民族的总称，福建的土著居民是古越族的一个分支，称为闽越人。虽然随着中原汉族人南迁入闽，闽越人在福建各地的主人地位被逐渐替代，但其悠久的文化传统都不同程度地被保存下来。比如福建闽越人图腾蛇。《说文解字》云：“闽，东南越，蛇神。”闽越人所以图腾蛇，是因为祖先生活在湿温的丘陵山区，溪谷江河纵横交错，许多蛇类繁衍滋生其中，对闽越人的生命和生产造成极大威胁。因此，人们在近山的岩石上刻蛇形以祈求神灵的保护，并建庙供奉，希望能借助于祈祷来企求福祉，同时也在“与蛇共舞”中增强了闽越人的生存智慧。这种崇拜与生存智慧延续至今，长乐仍有不少乡村还保留着“蛇王庙”。中原文化的传入。中原汉族曾四次大规模进入福建，第一次是西晋末年的八姓入闽；第二次是唐代陈元光开发漳州；第三次是唐末五代王审知治闽；第四次是北宋南迁。除了这几次大规模入闽外，从永嘉之乱前至明清，都有中原人士陆续入闽定居。早期这些入闽者大多数为逃亡或流放者，后期多为驻闽将士、赴闽仕宦者和为避乱而投亲靠友者，唐五代时河南固始来投奔王审知的多不胜数。这四次大移民和陆续进入的大量移民，都不同程度地植入了中原的先进文化，加快了福建的开发和进步。此外，名士南下和闽人北游也或多或少地传播了中原文化。从唐德宗年间常衮任福建观察使起至明清时期，大批中原名士或慕名前来，或为闽地秀丽山水而至，或前来授课讲学，他们虽然没有在闽定居，有的在闽时间也不长，但都为当时闭塞的福建吹进了清新的空气，活跃了闽地的学术文化、致仕文化和工商文化等等。宗教文化的流播。四大宗教在福建极为兴盛，传播速度极快。佛教传入中国约在东汉初年，唐中期因寺院经济与国家利益矛盾日深，皇帝发布诏令废除佛教。但福建毕竟远离政治中心，山高皇帝远，佛教传播未受遏制，长乐人怀海运用中国儒家的宗法制度，改造印度式的佛教戒律，制订出一套适合中国禅宗特点的清规戒律，称《百丈清规》，成为中国后期封建社会丛林佛寺戒律的创造人。道教传入福建的时间则较早，在原始社会时期，福建就有方士活动踪迹，宋代福建道教发展很快，不少道士屡受朝廷赏赐，新建道观如雨后春笋，著名的如福州“真庆观”、莆田“元妙观”、松溪“文昌观”等。我们今天还可从泉州清源山上具有很高的艺术价值的巨型石刻老君像看出当年道教的兴盛。伊斯兰教和基督教分别于唐代和明代传入福建。长乐民间宗教也极为风盛，其流传至今最著名的是天上圣母、临水夫人、保生大帝这三“神”，虽带有区域性，但却因有旺盛的生命力而持久不衰，对闽文化包括商文化的流播也产生了深远的影响。海外文化的冲击。福建东临大海，良港棋布，有占全国五分之一长的海岸线，因此早在南朝时代就与海外有联系。海外文化的冲击是通过国际贸易、外商定居闽地、闽人越洋后归里等几个途径产生影响。早在五代王审知治闽时，福建与海外的商业贸易往来就比较广泛。明朝郑和七下西洋更是把福建的商业贸易推向高潮，福建泉州港和长乐太平港名噪一时。由于国际贸易的繁华，许多外商定居闽地，特别是宋元时数量极多的印度人、波斯人、欧洲人、阿拉伯人定居闽地而不返，被人称为“番仔”。他们将本国的风俗民情与信仰融汇在福州、泉州、长乐等居住地人群中，日久天长，海外文化与当地文化水乳交融地渗为一体。与外商定居闽地一样，也有不少闽人（包括长乐人）定居海外，几乎遍及日本、朝鲜和整个东南亚。仅仅长乐市，当今就有四十多万海外侨胞。这些华侨大多与家乡保持程度不同的联系，时有人回乡里探亲，带来了形态各异的海外文化，特别是发达的工商文化和市场经济文化。邻域文化的渗透。福建北连浙江、南接广东，西临江西，这几个邻域的文化长期对福建渗透，特别在边界地区产生了很大影响。福建在唐以前称作“七闽”，其活动范围除福建全境外，还北涉浙江温州，南入广东潮州，西接江西余干。春秋时期的越国为楚所亡后，纷纷进入浙江南部与福建境内。三国时，占据江浙的孙权把福建作为东吴的后方基地。唐玄宗时，取福州、建州各一字，从此有了福建的名称。当时福建有不少辖地曾是今天邻省的辖地，因此与这些邻域关系始终很密切。唐中期之后，闽人与外界接触逐渐频繁，因应试、为宦、从商、访学等原因北上外出者增多，浙、赣为外出的必经之路。如长乐名人董奉、怀海都曾沿着武夷山脉北上，在江西生活过很长一段时间。福建与周边毗邻地区不仅一直有着极为频繁的贸易往来，还互派官吏。闽人热衷科举，不少人被派往浙、赣任职，亦有不少浙、赣官吏在福建任职，这促进了福建与周边地区包括工商文化在内的各种文化因子的互相渗透。

把握长乐的“企韵”，要从闽学的思想影响中了解长乐企业家群体成熟的主体特征。闽学是福建最大的哲学学派，朱熹与闽学关系极为密切，但闽学与朱熹学说并不完全相同。闽学不仅限于朱熹一个人的思想，还包括其门人的思想，且元明清时期又有许多新的发展。长期以来，闽学对闽人从政、从商产生了深远的影响，长乐作为朱熹讲学地之一，其子民特别是经商人士留有闽学深深的烙印。闽学的“明天理”理念孕育了长乐企业家群体的迁流性。理学是闽学的主要表现方式，“明天理、灭人欲”是理学的哲学精髓。它认为天下万殊之物都是由一理之本派生而出，而这一理之本又规定了万物之殊异，强调天理、人欲、人心、道心的区别。后来朱熹对这一哲学思想有了新的归纳提升，指出“万物皆有此理，理皆同出一原，但所居之位不同，则其理之用不一”，认为总合天地万物的理，只是一个理；分开来，每个事物又都各自有一个理。这有多方面的含义：理是先于自然现象和社会形象的形而上者，是事物的规律，是伦理道德的基本准则，是自然条件的客观存在。“存天理”，从道德范畴上讲，主张仁义礼象之理先于事物而存在，应把道理原则贯彻到实际行动和具体措施中去；从生存需求上讲，强调要顺应自然条件的变化，善观时变，善于接受自然的挑战，适者生存。这一理念对长乐企业家的影响是非常深远的。今天，长乐许多人心中依然回荡着小巷里的叫卖声。即使中国经济最闭塞的年代，长乐人还是敢于走出自己的家门求得一线生存机会。这个群体蕴含着极其旺盛的生命力是其文化之本。与内陆完全从事农耕劳作的农民性格完全不同的是，长乐人热衷于移民，哪里好谋生，长乐人就义无反顾地奔向哪里。这一特性，与逐水草而居的游牧民族的性格倒有几分相似之处，但浩瀚的海洋这一背景，使长乐人的迁流更具浓郁的变幻不定的漂泊色彩，漂泊的历程中潜藏着更多的凶险，长乐谚语“行船走马三分命”正是这种凶险处境的表述。同时，地理条件造成的生存困难，是沿海而居的长乐人为了谋生不得不迁徙的自然因素。长乐临江面海，“三山六水一分田”，真正可耕种的土地不多，人被挤到江海边上，辽阔无垠的江海就成了长乐人的土地。艰难的生存条件逼使长乐商人远涉重洋，向日本、南洋甚至美国等地移民，以寻求生路。长乐人这种“尚迁流”的自然秉性也暗合了闽人的文化积淀和闽学的熏陶涵养。闽学的“求创新”理念催生了长乐企业家群体的冒险性。“超出”“创新”是理学孜孜不倦的追求目标，朱熹把太极当作理之极致；陈淳则把太极当作一物，产生天地万物之物。在理念关系上，朱熹把气作为产生世界万物的中间环节；陈淳却认为理在气中，理通过气体现，把理和气合而为一了。朱熹主张天即理，一向认为体用一源、理物一致；蔡沈却主张理要限制在数的范围之内，要理物分开、体用割裂。后来，陈其晟把程朱理学的本质总结为治心之学，对朱熹的学说进行了创新提升，为闽学开拓了新的思想境界。闽学的“不断否定，善于创新”的理念在广大闽商包括长乐企业家群体中植下了敢创的因子。闽商有着大家耳熟能详的歌叫《爱拼才会赢》，其实后来人们也把长乐人的秉性特征概括为“能拼又会赢”。这方面与闽南人确有几分相似。有人说，长乐企业家的成功可以用“不怕”两个字概括：没文化不怕，照样当老板；没经验不怕，照样搞开发；没有钱不怕，照样敢融资。选准就干，不惧风险，不搞市场评估，固执得匪夷所思。从某种意义上说，正是敢拼的长乐企业家，使长乐经济凤凰涅槃、获得重生。长乐企业的“不怕”，自然带有一定的盲目性，或许长乐企业家成也“敢拼”、败也“敢拼”。商场也是战场，也是讲成王败寇，胜利者总是被美化的，所有的失败者又都总是不被欣赏的。商海深广，过尽千帆的地方，谁曾问水底有过多少沉船？在三十多年经济大潮的起起落落中，也有不少“敢拼”的长乐企业主尝到了失败的滋味。那些在今天能够不断把产业和事业做大的除了“敢拼”还“会拼”。他们虽然文化程度很低，但会借助有文化的人的力量；他们虽然没有经验，但会借鉴别人的成功经验；他们虽然资金不足，但会借助自身的影响力在民间融资。凭借着“敢拼”的胆量、气魄和借智、借力、借钱的“会拼”的智慧，铸就了长乐今天的经济辉煌。“能拼会赢”是一种信念，它唤起你的热情，在你困难的时候使你坚强不屈、百折不挠，它是长乐企业家群体最可宝贵的文化财富和精神支柱之一，也是长乐企业家性格的一种体现。没有信念是不行的，只有信念是不够的，因为信念不等于商业智慧、商业谋略。希望闽学“求创新”的理念始终能正面地影响和引领长乐企业家群体的健康成长。闽学的“轻训诂”理念涵养了长乐企业家群体的独立性。闽学学者大都学习刻苦，常以“咬得菜根，则取可做”自勉。刻苦治学，故学问渊博、著述宏富。除朱熹是公认的百科全书式的人物外，其他一些著名的闽学家也大都著作等身。值得注意的是，闽学家们都延续了朱熹“重义理、轻训诂”的治学方法，不注重烦琐的文字训诂和名物的考证，而是通过注释来阐述书中义理，追求作者独到地来表达理学的思想。这个理念也润物无声地滋养了一代又一代的长乐商人。闽商是最不像“帮”的商帮，有人说中国是“一个人是一条龙，三个人是一条虫”，这话用来形容闽商怕是再合适不过了，闽商遍天下，但闽商多出“独行侠”。若问闽商精神中最缺乏的是什么？人们会毫不犹豫地回答：团队精神。福建生意人的一个特别突出的特点是散兵游勇，生意再大也要自己当老板，而不愿意跟人合作，替人打工对他们而言更是万不得已的“下策”或“末路”，他们中大多数人宁愿开个鱼丸店、开个茶庄甚至摆个小摊，也要自己当老板。长乐人也有这方面性格。长乐民间有句俗话：“宁做鸡头，不做凤尾”表达的就是这样一种心迹。在长乐企业家圈子里，“合字不好写”常常既是商人对自己的告诫，也是对商业合作的一种评价。长乐人习惯于单打独斗，缺乏团队协作精神，使许多本有希望做大做强的产业，因为股东之间缺乏信任、老板与员工之间的“非暴力不合作”，而无法做大做强。长乐民营企业创业初期大家都还团结一致，等发展到一定阶段就开始出现内讧，哪怕再小也要分家。志同道合的朋友携手打天下，到企业做出点样子了就难逃分家之厄。同胞手足之间有的也既不能同甘，也不能共苦，一些小波折都会另起炉灶。企业合伙人之间能够多年风雨同舟、矢志不移的，实在可以算得上传奇。为此希望长乐企业家们在接受闽学“轻训诂”理念的同时，不忘学习、不丢传统、不弃包容，善于协作经营、团结发展、多赢合作。闽学的“善采纳”理念造就了长乐企业家群体的兼容性。闽学善于采纳各家之长而加以融会贯通，并允许多种派别存在，这正是闽学比汉以后历代儒家思想都高出一筹的原因。一方面，闽学善于吸收理学中各种不同派别的观点，采纳了周敦颐的“濂学”、邵雍的“象数学”、张载的“关学”、二程的“洛学”之精华，并加以阐述发挥和改造。闽学在以朱熹为核心的鼎盛时期，与其他学派有着广泛的交流。另一方面，闽学善于吸取佛道中的精华。虽然朱熹最终弃释归儒，但佛教对他的影响是极深的，他的许多思想都直接脱胎于佛教。闽学中派别众多，各有自己的学说、师承和书院，因而形成各自不同的特点和学风。闽学的“采纳包容”理念，对长乐文化在漫长的区域历史演进过程中产生了深远的影响。相对封闭的地理环境和历史文化传承上的多元性，造就了长乐兼容并蓄的文化生态环境。长乐商人很少拉帮结伙，帮派意识比较淡薄，跟长乐商人打交道，很容易看出，他们大都不排斥外地人，表现出了海洋文化特有的对异质文化的兼容性。长乐人讲的方言虽然在外人听起来都像外语一样难懂，但当长乐人与外地人打交道时，他们并不像一些其他方言区的人那样，表现出语言上的自闭倾向。在长乐，我们对这样一种场景或许更习以为常：几个长乐人在一起谈得正尽情尽兴，如果他们意识到其中有一个不是长乐人，绝大多数时候如果不是不会普通话，所有人都会立即改口说普通话，哪怕他们的普通话讲得不太好，哪怕他们谈的事跟这位外地人没有关系。长乐企业家群体的兼容性还表现股东对老板的相对宽容上。长乐的民营企业极少用银行的钱，绝大部分靠的是股东融资，而融资时靠的是信用，有的连投资的收据都不开，形成了独具长乐融资特色的“契约精神”。为此，希望来源于闽学的“善采纳”理念影响形成的长乐独有的“江湖方式进入，商人方式退出”的股份生成与退出机制能通过进一步的完善和发挥，引领长乐企业实现更好更快地发展。闽学的“重节义”理念决定了长乐企业家群体的民族性。闽学学者大都能身体力行儒家的义理，有强烈的务实精神和事业心，他们注重自身道德修养，讲究清正廉洁。闽学学者注重节义，一直有着优良的传统。早期闽学代表人物杨时拒割三镇，反对议和；罗从彦积极主张抗金，大力提倡名节忠义和廉耻等道德风尚；李侗“治道必以明天理、正人心、财富节义、厉廉耻为先”。早期闽学较强的民族精神对闽学的发展产生了深远的影响，如南宋黄幹、蔡清、陈淳等都注重民族气节，坚决反对屈膝求和，主张抗金；元朝熊禾、吴海入元不仕，不为异族服务；明代黄道周被捕不屈而死；等等。先人的民族气节在八闽大地得以传承，在世界各地创业的长乐人民的血脉也始终流淌着爱国爱乡的民族热血。作为全国著名的侨乡，长乐拥有40多万海外侨胞。郑和七下西洋的空前壮举，不仅给长乐留下了光辉灿烂的海洋文化遗产，而且直接把许多长乐人带向“南洋”，漂洋过海成了长乐人外出谋生的重要方式。这些遍布世界各地的长乐乡亲，不管是老华侨，还是新移民，都像是一棵棵散叶开枝的大树，无论如何枝繁叶茂，根都始终深植于长乐这块故土。“叶落归根”这种中国人传统的“爱国爱家”的情感，在他们身上得到了最朴实最真挚的诠释。不仅是在异国他乡创业的长乐人具有这种情怀，就是在外省兴办实业的企业家近年来也纷纷回归，除了参与家乡的经济建设之外，还捐助大量资金用于发展公益事业。“我的根在长乐”，这是每一位长乐在外创业乡亲发自内心的话。如果说，在域外创业有成的长乐乡亲为家乡出钱出力，是因为根在家乡的话，那么根的最深处就是闽学几千年来形成的爱国爱乡的文化传统，它成为他们心系故土、报效桑梓的情感之源。

把握长乐的“企韵”，要从闽商的创业足迹中追寻长乐企业家群体做出的时代贡献。追寻闽商的足迹，如同翻阅一本厚重的史籍。福建是一个具有悠久经商传统的地方。早在四千多年前，昙石山文化已显现出海洋文明的特征；宋元时期，泉州成为“海上丝绸之路”的重要发源地；近代，厦门、福州位居五口通商之列，马尾船政文化辉煌一时。可以说，海洋、商贸、移民等因子，早已融入福建人的血脉，成为福建文化特有的禀赋。闽商闯世界最早可追溯至唐宋时期，自东晋至唐宋五代以来，中国战乱不止，加上黄河地区气候寒冷，自然条件恶劣，许多北方人南迁，导致闽粤人口激增，形成人口过剩的局面。人多地少，当地民众只能出洋谋生以寻求出路。闽人从商盛于元朝。唐宋时期，迁徙的闽人为了谋生从家乡带着丝绸、药物、糖、纸、手工艺品等特产搭上商船漂洋过海，将这些商品运往世界各地。至元代，商人已经有了固定的商业意识，一些商人因经商需求开始定居异国他邦拓展商贸往来。可以说，闽商在中国商界活跃了几百年，通过海上丝绸之路，他们创造了东渡日本、北达欧亚、西至南北美洲、南抵东南亚的辉煌历史。而真正具有现代意识的闽商则崛起于 19 世纪后半期。明中叶以后，商业资本十分活跃，是继徽商、晋商之后的著名商帮。商帮中大多数是中小商人，也有拥资数万、数十万乃至百万的富商大贾。也正是在当时，以明代社会经济大发展为背景，以本地发达的手工业为依托，闽商开始进行大规模的海上贸易活动。那时有人形容闽籍商人：“世界上凡有人群的地方，就有华人；凡有华人的地方，就有闽人。”历史的巨轮驶至今日，地处腹地，以“红顶商人”为代表，以“贾而好儒”为精神物质，以“官商紧密”为特点的晋、徽商已然淡出；地处沿海，以“民本”为生发力量，以外向型为特征的潮汕、宁波商帮则正不断穿越历史的跌宕起伏渐行渐近，有了今日的辉煌阵势。而闽商帮，同样面向“大海”，同样由民间获得原动力，也正从历史的烟尘中现身，在新时代的背景下突现出伟岸身影。人们给予闽商精神以文字定义——善观时变、顺势有为，敢冒风险、爱拼会赢，合群团结、豪爽义气，恋祖爱乡、回馈桑梓。更为重要的是，闽商这个对福建、海西、全国乃至世界都具有巨大贡献和影响的商人群体，其脉络在世人面前愈发清晰起来。而长乐企业家群体作为闽商的生力军，对闽商被推到历史前台所做出的贡献则是鲜明而且独特的。长乐企业家善于运势制胜。长乐第一代企业家文化素质都不高，缺乏相关的经营管理知识，但他们运势制胜、把握机会的能力相当强。在改革开放初期，为了生计，长乐人异常勤劳，他们起家靠的是家庭作坊，全家老少齐上阵。不过长乐企业家的市场洞察力非常敏锐，一旦嗅到有生意可做，马上就会弄台机器干起来，机器先放在家里，做得好了再盖厂房，做大了才请人一起运营管理。长乐企业家早期就是靠这种方法换取效率、把握市场机会的。到了20世纪90年代末，长乐企业家善于运势制胜的能力更是发挥得淋漓尽致。首先表现在他们对于产业的选择上，长乐人选择了与人类“衣、食、住、行”关系最为密切的冶金和纺织两个产业作为主攻方向，到现在，这“一黑一白”两个产业确实已经支撑起长乐经济的半壁江山，域内外长乐企业家创造的纺织和冶金两大产业的工业总产值，据不完全统计已超过了万亿。其次表现在长乐企业家善于借政策之势，化不利因素为有利因素，借政府之力发展自己。20世纪90年代末，国内刮起了国企改制之风，长乐人借机而上收购了国内许多地方大量亏损经营的纺织和冶金相关国有企业，引进了崭新的经营管理模式，使这些企业得以重生，也完成了长乐做大做强这两大支柱产业的资金积累，这是长乐企业家运势制胜的智慧结晶。长乐企业家勇于机制创新。长乐民营企业起步时一般都是采用家族化管理模式，近年来，长乐企业家群体已深谙这一管理模式对做大做强企业的局限性，跳出“家”的狭隘观念，树立企业长远发展的理念，企业作为一个法人独立于家族，突破子承父业的束缚。规模以上企业为了适应管理现代化的要求，都实行委托管理制，建立现代企业制度；企业用人唯贤而不是用人唯亲，择贤聘用家族之外的管理者；改变过去所有者与经营者合二为一的管理模式，实行所有权与经营权的分离。重大决策由董事会集体研究，家长或其他家族成员不得超越董事会与总经理而对企业经营活动任意干预。同时为了适应企业发展的需要，企业进行所有权结构调整，明晰企业产权，特别是在家族成员间界定产权，实行企业产权结构的多元化，运用让企业经营管理人员、企业技术骨干等参与投股实现企业资本社会化，形成股权激励。此外长乐广大企业家还能积极拓展发展路径，稳健地推进跨界经营，寻找新的发展空间；不断调整产业结构，提高创新能力；把握纺织和冶金两大产业发展的脉搏，及时抢占发展“先机”。长乐企业家群体在经营理念和经营模式上的创新，给广大民营企业注入生机和活力，使长乐企业家又开始走在了闽商群体勇于追求机制创新潮流的前头。长乐企业家敏于跨界发展。长乐的民营企业基本上都是在改革开放后迅速发展起来的，今天已经成为长乐国民经济的重要组成部分。特别是纺织和冶金两个产业已经具备相当的规模，甚至在全国都有一定的影响力。高度决定视野，角度决定态度，尺度决定成效。实践证明，长乐很多民营企业之所以能够不断做大做强，就在于企业的决策者具有跨界发展的战略眼光，善于从战略高度思考问题，不断地进行思维调整。现在有的企业家一天可以不接打一个工作电话，因为具体的事他不用管，他把许多事交给手下人去干，自己只是不断地学习、观察、思考，在全球范围内根据环境和发展的要求调整战略，合理配置资源，长乐企业敏于跨界发展者已为数众多，甚至不少企业已经和世界500强企业成功牵手实现跨界发展。长乐企业家乐于形象提升。随着长乐民营企业的不断发展壮大，企业家也不断对企业形象和自身素质进行改造提升。一方面是注重提升企业内涵，大力加强企业建设，以企业文化来展示长乐企业家的价值品位和可贵风尚，真正把长乐企业办成现代企业；另一方面注意企业品牌建设，把企业经营重心由产品运营、资本运营拓展到品牌运营，特别是纺织企业着力开拓一批在高端领域和国际市场具有自己知识产权的民族品牌，打造出21世纪具有长乐印记并驰名全国的纺织产业链；再一方面追求合作经营，逐步改变长乐企业散兵游勇、特立独行的缺陷，学习借鉴海内外闽商团结、互助、合作的精神，充分发挥长乐在省外各地商会的作用，拧成一股股合力，共同打造产业集群，实现长乐支柱产业发展的集聚效应。此外，长乐企业家群体还十分重视自身素质的提升，不管是老一代的还是新生代的长乐企业家，在繁忙的企业管理工作之余都十分重视学习，通过学习培育全球视野和崭新的企业经营管理理念，以提升长乐民营企业在市场风云变幻中的抗衡力及长乐企业家在闽商群体中的影响力。

长乐企业家重于社会责任。企业社会责任主要是指企业在创造利润、对股东承担法律责任的同时，还要承担起对员工、消费者、社区和环境等责任。企业社会责任要求企业必须超越把利润作为唯一目标的传统理念，强调在生产经营过程中对劳动者以人为本，强调对消费者、对环境、对社会的贡献。长乐企业家以四海为人生奋斗的舞台，他们善观时变、能拼会赢，把产业当作家业来做，创造出企业发展的一个又一个神话。在获得惊人的成功后，他们往往通过注重企业社会责任达到对人生价值的自我肯定。他们除了不惜成本加大企业环保投入、提高员工的福利待遇之外，还将“报效桑梓、光宗耀祖”作为自己拼搏的一种内在的强烈动力。“报效桑梓”与“光宗耀祖”实际上是同一种情感的两个方面的体现。创业有成之后，长乐企业家纷纷回归，在家乡的公益事业、慈善事业以及文化场所、公园建设等方面慷慨解囊，并把此当作一种义举、作为一种天职。长乐企业家这一品行和风尚，已经成为闽商群体中的一道亮丽的风景线。

地 韵

从有文字记载开始，长乐已有一千三百多年的历史。如果从细节角度去深挖历史，我们会更深地感受到长乐有许多可歌、可赋、可圈、可点的细节。因为有了细节，可以让人们记住历史。一部波澜不惊的历史往往因为有了些许与众不同的细节而变得跳跃生动起来，人们也往往借助于这些细节去“以小见大”，去了解历史、记住历史的辉煌。有了细节，可以完整地记录历史的发展。随着时间的流逝，有的人会把历史当作往事一样尘封起来，但是一些历史细节却永远令人记忆犹新。正因为有了这些细节，历史不再变得枯燥无味，流淌的时间也瞬间变得生动亮丽起来，已如过眼云烟的历史也一下子变得熟悉亲切起来，让人们有了探索思考历史的冲动。有了细节，可以让人们可兴、可比、可鉴、可赋。有了细节，我们才有了“以史为鉴”的参照物，才能找到历史与现实的最佳结合点，才能将单个细小的历史情节升华为整体雄厚的历史脉络，才能为后人的作词作赋提供最经典的题材内容。那么，长乐最感动世人的细节是什么？在此基础上形成的“地韵”特征又是什么呢？

福山宝地。我们可以从地形构造、文化传承、历史追溯三方面全面地认识、解读长乐“福山宝地”的由来。一是与大陆架构造相吻合。从区域结构来看，长乐陆域面积658平方公里，海域面积1327平方公里，在陆域与海域之间逶迤着一条长达120公里的江海岸线。从整体构造来看，长乐属于典型的“三山六水一分田”的地理构架。当然，这一地理构架未必是最适宜人类生存发展的构架，但是，按照水域与陆域的面积比来看，长乐的这种地理构架与地球的海域与陆域比例大致吻合，如果说，地球因为有了这样的海陆比例而成为人类生活的乐园，那么，长乐的这种地理构架也在某种程度上为城市和谐发展找到了与大自然的暗合之处，为人们提供了安居乐业的一方热土。二是与大吴越文化相传承。在吴越交锋和楚越争霸时期，以浙江为中心的越国几度南迁到闽地，以吴越文化为母体的闽越文化开始兴起，最后又演变出闽文化。此时，与福州咫尺之遥的福山宝地长乐也开始走上漫长的文明之路，先是吴王夫差在此屯兵造船（这就是长乐别称“吴航”的缘由），后有越王无诸定都福州，这些举措极大地促进了吴越文化在长乐的传播和影响，加之长乐背山临江面海的地理优势，使得长乐成为西晋之后中原士民“衣冠南渡”的首选之地，这些缙绅士大夫的到来，带来了中原地区先进的文化理念和生产方式，改变了长乐先民以舟为家、居无定所的传统生产生活方式，推动了工商意识在长乐的觉醒。可以说，长乐的历史从物质到精神都留下了“大吴越”文化的烙印。吴越传薪火，东海有遗篇，这种大吴越文化的影响，在长乐得到了很好的保留，比如闽剧文化、书院文化等。长乐因地处福山宝地，在明代伟大航海家郑和七下西洋长达 28 年的航海历史中，其庞大船队就累驻宝地、伺风开洋，不仅成就了吴航“十洋成市”，而且开阔了长乐人民的视野，增强了工商经济意识，也就是这种意识使这块福山宝地大焕神采，最终成为对外商业贸易的门户。三是与大福州建设相衔接。大自然赋予了长乐逶迤绵亘的董奉山脉，它内贯南北、外接武夷山脉，是大武夷山脉的分支和延伸；它昂首摆尾，倒吸闽江，襟抱大海，由北向南次第罗列着首石山、大埔尾、六平、五马、石巴岭、东阳山、岱峰山等，最后脉贯福山（即董奉山），早在新宁时期，长乐古县就择址在福山脚下，“福山宝地”的美名远扬可见一斑。

江海一色。长乐是个地灵人杰的好地方。冰心先生 16 岁回故乡游玩时，便被家乡旖旎秀丽的山水风光所深深吸引，并首次用“江海一色”来形容赞美家乡的景色。从长乐的三种自然形态上去追寻回味“江海一色”的意境，我们会对冰心先生的妙语点评感同身受。一是准半岛地形。长乐枕山临江面海，境内海域面积 1327 平方公里，江海岸线长 120 公里，大小岛屿 35 个。可以说，从自然形态上讲，长乐具有以秀峰、奇石、湖泊、海滩、岛礁和闽江岸线等景观要素共同构成的别具一格的准半岛自然地理风貌。二是准江海地形。

长乐位于福建省东部沿海、闽江口南岸，临江面海的地理位置条件，对长乐人民生活、生产、生存的作用是很大的，渔耕农桑皆仰赖于江海，它为人们的丰衣足食提供了保证。三是准山水地形。绵延起伏的董奉山脉内贯南北、外接武夷山脉，倒吸闽江、襟抱大海，构成了长乐依山傍水、山环水绕这一浑然天成的自然美景。俗话说，“一方山水养育一方人”，自然地理环境对人类社会及其文化的形成和发展有着巨大的影响，正如长乐原创歌曲《大爱暖千秋》中唱的那样：“大海挽起大山的手，大山牵着江河走……”这种大山水情结直接影响了长乐人的生产生活方式。东汉的董奉、唐初的怀海人智禅师、清代名医陈修园等，都是学成于家乡，溯闽江，沿武夷山脉行游历练，行万里路而博采众长，终成大家。应该说，他们之所以能成为影响久远的人物，得益于他们能够把大海、大江、大山三种文明融为一体，进而形成“三位一体”的开阔眼界、博大胸襟和精湛学术。

海滨邹鲁。邹鲁是当时周王朝在山东这个地方的两个封地，分别是邹国和鲁国。孔子生长在鲁国、孟子生长在邹国，而孔孟是中国几千年学术文化的代名词，是中国民众心目中的圣人。长乐被誉为“海滨邹鲁”，说明长乐这个地方是人文鼎盛、颇具学术影响力的地方，而这种美誉的保留与延续，靠的是从古到今一代代文人的培育与传承。跟随历史发展的足迹，我们可以分三个阶段去慢慢寻思“海滨邹鲁”地位的来之不易。一是发轫于农耕文明。在漫长的历史长河中，长乐的大部分地域浸漫在茫茫海水中，那时的长乐人生存空间极其有限。在以农为本的自然经济社会形态下，这种地域特征促使部分长乐人走上了求取功名的道路，唐、宋、明、清时期，长乐共产生了10名状元、955名进士。尤其是在唐宋元明时期长乐文化得到快速发展，涌现出大批在朝野都有影响力的学者、儒官，比如朱熹传人黄勉斋、刘砥、刘砺以及明洪武年间以高棅为代表的“闽中十才子”等，高棅本人参与纂修了《永乐大典》。正是一大批学者、儒官在学术文化上的突出贡献，长乐才赢得了“海滨邹鲁”的美誉。二是升华于群体效应。郑和七下西洋长达28年的航海历史中，其庞大船队“累驻于斯，伺风开洋”。物资的补给、船员的招聘成就了吴航“十洋成市”，大大促进了长乐工商经济的发展。工商文明的长足发展，文化、教育这些上层建筑范畴的东西才有了发展的条件和可能，因此出现了“十洋成市状元来”的历史佳话。教育事业的发展壮大，催生了一批批影响深远的文化名人，这批文化名人的作用和价值，并不单单局限于他们个人的功成名就和实现了个人价值，更关键的还在于他们在当时创造和丰富了长乐文化，牵动了一代甚至几代人的文化向往，引领社会群体进行文化探索与追求，促进求知上进教育文风的空前盛行。三是成就于现代文明。长乐人在“海滨邹鲁”这一环境和氛围影响之下，任何一个时期都不乏文化名人，直至现当代还涌现了一批以郑振铎、冰心为代表的文化界名人和五院士为代表的教育科技名人。

文献名邦。中国古代的边疆之地，包括地处东南沿海的闽地，都是开化较晚的地方。封建时代，这些地方或称“夷”或称“蛮”，与中原地区相比，明显处于文化劣势，但长乐却是个例外，与闽地其他古邑相比，长乐文明发育得较早，文化普及得较广，这主要得益于中原“八姓”的“衣冠南渡”。长乐是承接中原“八姓入闽”和历代中原望族南迁的主要地域，因而相对闽地其他地方，长乐地域文化与中原文化的对接、交融得比较完美。正因为这样，长乐很早就赢得了“海滨邹鲁、文献名邦”的美誉。我们可以从三个方面去了解体会“文献名邦”的称号并非自我标榜。一有典籍佐证。从“二十五史”、《四库全书》等权威的官方刊行的文库中，我们可以发现为数众多的长乐先贤的文章著作。二有代表人物。众多长乐古代人物都留下了对当时及后世颇有影响的文献巨著。文化艺术方面，从唐朝的林慎思，宋朝的黄勉斋、郑性之，明代的王恭敬、高棅、郑世威、谢肇淛，到清代的梁章钜、梁上国等，以这些古代先贤为代表的长乐文人群体留下的文化遗产，可以用汗牛充栋来形容，其中不乏鸿篇巨制。此外，在其他领域，长乐先贤也多有涉及，比如，明代谢杰著有《使琉球录》，就对明清到近代的中国航海提供重要的文献资料；清代陈世元（引进番薯第一人陈振龙五世孙）编著《金薯传习录》《除蝗传习录》，对番薯的种植、防虫、贮存技术的推广起到重要的作用；清代的陈修园著有《伤寒论浅注》《神龙本草经读》《医学三字经》《金匮要略浅注》等30多种医学著作，为医家所重，对后世中医发展做出了突出的贡献。三有一脉相承。过去“文献名邦”的辉煌更需要将来的传承与巩固。为了不断提升“文献名邦”的地位与名气，长乐在挖掘、利用资源上下足了功夫，不仅在长山湖湖畔镌刻50首长乐历史上最有代表性的诗、词、曲，而且用现代思想、手法去重新解读历史，以此形成新的文献典籍，让更多的人能够读懂历史、记住历史、延续历史。

丝瓷之路。长乐地处福建省东部沿海、闽江口南岸，西北与东南为闽江干流和东海三面环抱。天然的海港、便利的交通，使长乐“丝瓷之路”的拓展成为可能。当然，“丝瓷之路”的造就也并非一朝一夕之功，它的发展史从某种意义上，也可以说是长乐历史文明发展的缩影。一有起点。春秋战国时期吴王夫差和三国时期东吴孙皓在此屯兵造船，这是长乐别名“吴航”、简称“航”的最初渊源，也是从此时期起，长乐先民开始积累造船经验、萌发工商意识。唐武德六年（623年），长乐置县、建县之初，县址设在新宁（今古槐），北靠青山（董奉山）面对大海，滔滔海水就在距县衙咫尺之遥的地方潮起潮落，官道也建在董奉山脉半山腰上。在漫长的历史长河中，长乐的大部分地域浸漫在茫茫海水中，那时的长乐人生存空间极其有限，除了一部分士子走上求取功名的道路外，很大一部分长乐人则是努力向海洋讨生活，以海为田，贾贩四方，乃至漂洋过海开基创业。正是这种地理和人文特征，使长乐不仅成为古代丝瓷之路的必经之地，而且为古代丝瓷之路的开辟提供了大量的人力、物力。二是有实证。郑和七下西洋每每选择在长乐开航起锚，这从侧面也反映了长乐拥有得天独厚的地理优势和经验丰富的航海能手，集“天时、地利、人和”于一体，完全具备开创“丝瓷之路”的条件。众所周知，郑和作为和平使者，七下西洋每次都满载大量精美的物品赠予西域之邦，其中最能代表中国特色的丝绸和瓷器是最受青睐的。长乐作为郑和七下西洋的必经之地，丝瓷之路的形成也就在情理之中了。屡次在长乐海域及其周边发现的大量运载瓷器的沉船遗址，也为长乐是古代丝瓷之路必经之地提供了极有价值的佐证。三是有延续。长乐缔造了“无棉之城筑百亿纺织城”的工业神话，追根溯源，是对海上丝瓷之路的历史延续与传承。现在，长乐港口码头的运输吞吐能力，纺织业的技术、产量较之古代已是不可同日而语，往日辉煌的历史正在不断被改写并发扬光大。

科技重光。一个时代和社会的进步与发展，离不开科技力量的推动。作为“海滨邹鲁、文献名邦”，长乐先民很早就有崇尚科技的传统，并在多个领域取得了骄人的成绩，主要有三个方面的表现。一是涵盖广。在书院文化和精英教育的直接推动下，一批批乡野子弟茁壮成长起来，成为社会的才俊，推动长乐科技文明的发展。长乐在算术、天文、医学、水利等多个学科领域百花齐放，先后涌现出了珠算宗师柯尚迁、天文学家高鲁、中医大师陈修园、水利专家陈文龙、造船专家谢汉甫等一大批影响深远的科技精英，他们的事迹直到今天依然被我们所津津乐道。二是成就高。长乐科技取得的丰功伟绩并非名不见经传，只在长乐被高歌传颂，放眼全国，这些科技成果当时在全国也是处于遥遥领先的地位。如珠算宗师柯尚迁、天文学家高鲁等科学家在当时的科学领域都是属于泰斗级的人物，他们的研究成果开创了算术、天文科学研究领域的先河，为推动中国科技研究做出了重要的贡献。正是这些举世瞩目的伟大创举，让更多的人了解到长乐，记住了长乐。三是影响远。在经历了千百年的科技熏陶与厚积薄发，现在长乐又一次迎来了科技的春天。郑作新、王任享、陈俊武、石玉林、张文海等从长乐走出去的中国科学院和工程院院士，成为长乐科技实力与科技进步的象征与骄傲。其实，长乐这个只有 60 多万人口的县级市之所以会产生这种“院士现象”绝非偶然，沿着悠长的科技发展脉络一路追寻，我们就会发现它是长乐亘古文风的传承，是长乐千年教育的积淀。透过这种“院士现象”，折射出的是长乐科技往日的辉煌和今日的荣光，它代表着长乐所拥有的一支英才辈出的科技人才队伍。据不完全统计，目前，已有 955 名长乐籍高级职称人士分布在全国的各行各业，其中院士

5名、研究员29名、教授128名。在科学技术作为第一生产力的知识经济时代，长乐在推动新一轮发展的过程，紧紧依托厚实的科技底蕴，不断拓宽“引智、引才”的渠道，使科学技术对经济社会的贡献率得到了逐步提升。

大爱开明。“大爱”根植于长乐厚实的人文积淀。自从长乐有文字记载的历史开始，“大爱”就深深地烙印在长乐这块热土上了。一是历史上长乐有的是“仁爱”。在新宁时代，“建安三神医”之一的董奉悬壶济世、博爱众人，以其精湛的医术解除世人的肉体苦痛，更以其高尚的医德感化后人，留下了“杏林春暖”的千古美谈；明朝时期，爱的使者、和平的使者——郑和，其庞大舟师七次从长乐出海，以大海般的宽阔胸襟，所到之处留下的是爱、和平和友谊；怀海大师深居佛门、精研佛学，“一日不作，一日不食”，他的思想无不闪烁着对生活与生命的爱的思索；“有了爱就有了一切”的冰心以爱化人的品格深深地影响着一代又一代中国人，净化着人们心灵；郑振铎以其春华秋实的学识、严谨缜密的治学态度，向人们展示出一代文豪爱岗奉献的风采。二是现实中长乐有的是“慈爱”。“仁爱”发展到一定的阶段，当有了坚实的物质支撑，自然而然就发展为“慈爱”。现今长乐的经济、社会、政治、文化之所以得到了长足的发展，靠的就是我们身上所蕴含的“爱”的力量和对“大爱”文化的大力弘扬、提倡和推动。这从一个侧面验证了“用文化涵养发展”的重要性，如果没有爱，就没有“回归工程”“暖人心工程”的实施；如果没有爱，就没有慈善总会的成立和关爱女孩行动的开展；如果没有爱，就没有推动长乐发展的强大动力和不竭源泉。三是将来长乐必将形成真正意义上的“大爱”。“大爱”精神的历史传承与时代特点相融，形成强大的文化吸纳和辐射能力，使得长乐大爱文化的发展得到了升华，进一步丰富了长乐“大爱暖千秋”的“大爱”文化内涵，并在潜移默化中对人的品德、情操产生“润物无声”的影响，大爱精神已经成为推动长乐发展的强大动力和不竭源泉。大爱开明，是生活在大海之滨的长乐人与生俱来的精神积淀和性格特征。今天的长乐之所以能从一座滨海小城发展成初具规模的新兴港口工业和滨海旅游城市，靠的正是这种大爱开明的胸襟。有了这种大爱开明的胸襟，我们才能在城市发展过程中，摒弃狭隘的本土意识，以海纳百川的文化性格，善借“它山之石”，喜纳“八面来风”，博采众长、兼收并蓄、为我所用。我们才能在城市管理的每个环节，消除一切“傲慢与偏见”，以开明的政策给予所有外来者以公平的待遇和人文的关怀，让每一个生活、工作在长乐的外来者都能得到应有的尊重、享受到家的温馨，真正把长乐建设成为一座充满“爱与温暖”的城市。

能拼会赢。在长乐文化历史发展长河中，海洋文化与闽江文化相互交融、长期浸染，塑造了长乐人特有的勇于开拓、外争内敛的性格特征，培养了长乐人积极进取、百折不挠、勇往直前、永立潮头的“能拼会赢”的开拓精神，不管是在海外、域外还是在域内本土，到处可见勤劳拼搏的长乐儿女。一是创业在海外。受历史和地域的影响，长乐人从来不甘于囿守一方，许多人漂洋过海、闯荡四方，他们靠自己的胆识和勇气创造了财富、成就了事业、实现了辉煌、发扬了“能拼会赢”的大爱精神。“海外长乐”的蓬勃发展，为推动长乐经济、社会、公益等各项事业的发展做出了积极的贡献。现今源源不断的侨资汇入长乐，投资方向也从以往的非产业领域转为产业领域，充分发挥了侨资对经济发展的推动作用。二是拼搏在域外。在域外同样活跃着长乐人勤劳拼搏的身影，他们用辛勤的汗水和人格魅力创造了域外长乐欣欣向荣的经济，树立了长乐在外的良好形象。据不完全统计，长乐有数十万企业家在全国30多个省（自治区、直辖市）创办了上万家企业，年产值是长乐自身一年工业总产值的近4倍。“域外长乐”的长足发展为长乐实施“回归工程”创造了有利的条件，充分发挥了“域外长乐”在项目、资金、技术和人才上的优势，为长乐经济社会的快速发展注入了强大的动力。三是开拓在域内。从星星之火的“草根工业”到燎原之势的民本经济，在长乐域内拼搏的吴航儿女，也充分展示着长乐人“敢为人先”的创新精神，他们敢于走前人没有走过的路，做别人没有做过的事，在困难面前不低头、在压力面前不退缩，肯打硬仗、能打硬仗、善打硬仗，用他们的智慧和勇气，创造了“无棉之乡筑百亿纺织城”“无矿之地铸百亿钢铁城”“无煤之城建百亿电业城”“无芯之城创百亿电子城”的工业神话。

经济强市。近十年内，长乐一直保持“全国百强”“福建十强”的地位，近年更是凭借综合发展质量，跃居“福建十佳”之首。当下从城市的产业定位角度提出了建设“现代化港口工业和滨海旅游城市”的目标，培育和铸就了纺织、冶金、电业等三大支柱产业，实现了“三大”创举。创举之一：无棉之乡筑百亿纺织城。作为长乐两大传统产业之一，纺织业起步于“草根工业”时期，经过二十多年的发展，长乐的纺织业产值首次突破100亿元大关，创造了“无棉之乡筑纺城”的发展奇迹。今后我们将朝着1000亿纺织城的目标进军。创举之二；无矿之地铸百亿钢铁城。据不完全统计，长乐籍在外冶金企业有600多家，总投资200多亿元，产量3500多万吨，年产值超过1000亿元。在“回归工程”的感召和推动下，在外冶金企业纷纷回归，先后建成了吴航钢铁、东宇不锈钢、鑫海冶金等大型钢铁企业，奠定了“无矿之地铸钢城”的基础，有望在今后两年实现冶金产值过百亿、未来实现500亿的目标。创举之三；无煤之城建百亿电业城。当下在实施华能三期工程，加之福州电业城已经开始建设，待这些项目建成后，两三年内长乐又将再添一个“百亿电业城”，未来长乐将会成为福州主要的经济成长区域和经济强市。

滨海新城。长乐这座千年古邑，从大吴越时代、新宁时代、吴航时代一步步走来，迈向今天的滨海时代，这是一代代长乐人拼搏努力的结果，是历史发展的需要和时代的呼唤。一是塑造城市形象。长乐通过加大“绿色家园”工程、“碧水蓝天”工程和夜景工程的实施，不断扮靓扮美长乐城市的外在形象，使得城市品位不断提升。二是迈向滨海时代。长乐规划建设中的滨海新城位于长乐中南部黄金海岸的核心地带，靠山面海，占地近50平方公里，由滨海新区、滨海工业区和滨海旅游区三大功能区组成。可以说，滨海新城的启动建设，直接决定了长乐未来的发展空间，是长乐未来城市形象的代表与缩影。为此，在建设滨海新城的过程中，要以生态环境建设为切入点，按照“把海露出来，把地绿起来，把景美起来”的思路，在省会南大门建设成一个基础设施完善、区域布局科学、生态环境优美、产业结构合理的滨海生态城。三是开发旅游产业。充分挖掘长乐得天独厚的自然景观，以开发滨海生态旅游为突破口，将海峡奥林匹克城、下沙度假村、滨海大道示范段、大鹤森林公园等旅游景点和内、外文武的自然田园风光结合起来，形成一条集观光、休闲、度假、游乐、疗养、商务于一体的滨海旅游产业带。这样一个人与自然和谐共处、经济与环境协调发展的滨海新城，将在福州城市发展向“滨海时代”迈进的过程中，扮演举足轻重的角色，发挥极其巨大的作用。

域势之韵

才 韵

国以才立，政以才治，业以才兴。长乐自古人杰地灵，有深厚的文化传承，这不仅是长乐人才辈出的源头活水，更形成了富有长乐特色的“才韵”特征。

“十洋成市状元来”之韵。长乐素有“海滨邹鲁、文献名邦”之称，这说明长乐自古就是人文荟萃的地方。用历史的眼光来衡量，所谓人文荟萃，就是人才集聚。一个弹丸之地，历史上出现过955名进士、10名状元。长乐在宋代产生的进士人数最多，对这个现象，可以通过当时的制度设计与“精英带动”来解释。宋太祖赵匡胤通过陈桥兵变掌握政权之后，为了避免历史重演，设计了一场史称“杯酒释兵权”的绝妙好戏，从根本上解决了军阀拥兵自重的问题，从而开创了中国历史上最典型的文官制度。这种制度设计，极大地激发了士子的功名意识。另外，朱熹入闽、开创闽学并在长乐授徒这一事件，对长乐文化发展的推动作用同样不可低估，由“精英带动”引发的文化热潮在长乐出现。回过头来理解“十洋成市状元来”这句话，我们知道“十洋成市”是“状元来”的前提，正是由于郑和七下西洋均在长乐伺风开洋，为长乐工业经济和商业经济的发展都带来难得的契机。郑和舟师驻留长乐，带来了造船业的繁荣。用现在的眼光来看，这完全算得上是一个大的工业项目，对长乐当时基础设施的完善可以说功不可没。另外，从商业经济来看，庞大舟师的日常消费，毫无疑问极大地带动了当时长乐商贸业的空前繁荣。这些综合起来就促成了“十洋成市”的盛况。有了这个坚实的经济基础，文化这些上层建筑范畴的东西就有了发展的条件和可能，人才的产生就有了沃地。正因为这样，宋朝以来，特别是明朝，长乐的书院之风大盛，著名的有蓝田书院、东溪精舍、吴航书院、南山书院等四个书院，每个书院都培养了大批的人才，脱颖而出的像马铎、李骐、陈全等，都是当时颇有影响的人物。后来的名医陈修园、商人陈振龙、画家陈容等，都是一时出类拔萃的人才。所以说，“十洋成市”是一个基础前提，“状元来”是必然的结果。当然，这里的“状元”，是人才的代表称谓。这从另一个侧面证明了长乐是一个生成人才的福地、宝地。

“草根成就创新来”之韵。长乐的“草根工业”之所以能成长为今天的“参天大树”，贯穿其间的各类人才的创新意识起到了巨大的推动作用。“草根工业”在长乐发祥，说明当时长乐的能人很多，他们有气魄、有胆识、有才干，而且数量很大。这支人才队伍不可忽视，但是，这批人才往往都被排斥在统计之外。除此之外，“草根工业”发展形成的员工队伍更是隐藏着为数众多的各类人才。比如，近年来，由于企业规模不断壮大、技术不断创新，长乐市对人才的需求一直处于一种“适度饥渴”状态，创造出很多岗位虚位以待。仅从长乐市纺织行业情况来看，目前全市产值500万以上规模企业达119家，全行业总用工人数近5万人，为纺织行业吸引人才、用好人才提供了广阔的空间。那么，从“草根成就创新来”这句话，最终的读解就是“能拼会赢”，实质和关键是“创新”。从当前乃至今后一个时期来讲，要创新就要做好对长乐发展将产生深远作用的可圈可点的三件大事。一是迅速创办纺织技术学院，为民营经济的进一步壮大提供充足的人才支持和后续动力；二是政府牵头开展企业家队伍评星活动，激励企业家不断成长、成才；三是以纺织行业为试点，在企业员工中开展评定技工等级的工作，根据不同等级制定相应的工资标准，让真正的人才在长乐有“待价而沽”的机会，发挥和挖掘好企业人才对企业发展的巨大推动作用。

“流动成泉活水来”之韵。朱熹在《观书有感》诗中写道：“半亩方塘一鉴开，天光云影共徘徊。问渠那得清如许？为有源头活水来。”对已经走出“一口田”的长乐来讲，流动是长乐与生俱来的文化特质、内在冲动和不懈追求。长乐有大量的人才外出创业，同时，也有大批的人才前来淘金，这是一个非常好的现象。“流水不腐，户枢不蠹”。像浙江温州，一方面，大量引进项目、引进人才，另一方面，温州本土商人足迹遍布世界各地，事业做到五湖四海。因此，统计长乐人才数量，要有“不求所有，但求所在”和“不讲所在，但讲贡献”这两种意识，树立流入流出都是人才的观念。实际上，长乐拥有大量的“柔性”人才，比如长期为家乡发展出谋献策的在外乡贤，长期为家乡建设出钱出力的海外乡亲。最近，长乐市委、市政府聘请了16位长乐籍著名专家学者担任经济社会发展顾问，这就是长乐拥有的“柔性”人才。他们虽然不在家乡，但是他们献一策值千金，所发挥的“柔性”作用和贡献不可低估。将来光电项目及其相关项目兴办起来后，流动人才队伍势必更为庞大。有的人可能住在美国，但他的发明创造被运用到光电项目中来，他的贡献就在长乐，你能说他不是长乐的人才吗？再比如纺织学院建成后，可以聘请大批客座教授，一年在这里讲几次学，把纺织学院的档次提高了，这些客座教授当然也算长乐的人才。

“知行成就全才来”之韵。这就涉及人才标准问题。状元进士是人才，能工巧匠也是人才，具体到衡量标准中来，就是不能唯学历、关键看本事。学院有人才，民间同样也有人才。当一个人能够把理论知识与社会工作结合起来并有效地运用到加快发展中来的时候，即使他的学历并不高，也算是人才。因而，衡量人才，看的是绩效，比的是贡献。

（2004年12月30日）

安 韵

“平安是大爱、平安是福气、平安是环境”。这三句话虽然很简单，但包容的文化容量极其丰富。细细品味这三句话，不仅可以解读出许多极具人性化的人文信息，还能帮助我们不断拓宽视角去重新认识“平安长乐”之“安韵”的重要意义。

从历史角度看平安之韵。长乐有一段“杏林春暖”的历史佳话，为什么把杏林与春暖结合起来？因为董奉可以解除人的病痛，可以让人健康祥和地生活。我想这可以作为长乐人渴求平安最早的历史注脚。在这里我们可以这样联想：对医者董奉而言，平安是大爱；对病者及其家属而言，平安是福气。长乐是东晋时缙绅士大夫衣冠南渡、“八姓入闽”的承接地之一。我们的祖先曾经都是中原地方的名门望族。反观当时的长乐，还是一个闽越国的蛮荒之地、化外之域。为什么当时八大姓舍中原之繁华而南渡入闽？原因其实很简单，无非是避中原战火之乱、赋役之苦，说得更白些，就是害怕天下不太平、社会不安定。这是人祸，还有天灾。比如县治内迁，从新宁古县到吴航盆地，就是因为人们无法忍受海水风沙等自然灾害的侵扰，无法进行正常的生产、生活。因为天灾，人们渴望天地神灵的庇护，期盼超自然的力量能赐予他们平安，于是建造了寄托他们美好愿望的显应宫，供奉海神妈祖和被神化了的郑和。但是，天灾（海啸）还是在极短的时间内毁灭了人们的美好愿望。尽管如此，千百年来，长乐人也从来没有放弃对和平安宁的向往，以至于当延国和老县长带领全市人民建造绿色屏障的时候，人们纷起响应，追求的仍然是平安。

从文化角度看平安之韵。何谓平安？字面上的解释似乎很简单，就是和平安宁。其实，这个词的文化含量极其丰富，外在表现是政治安定、社会安宁、生产安全、人民安康，但其内在含义，却寄托了人们美好的愿望和对理想生活的渴望。晋大诗人陶渊明写过一篇脍炙人口的散文《桃花源记》，讲述了秦时一批人为避战乱进入一个无人问津的安全所在——桃花源，从此世代隐身“世外”，“不知有汉，无论魏晋”，安安稳稳、和和美美地避开了秦汉战火和三国纷争。所谓桃花源，人们都知道它只是一个柏拉图式的理想国，甚至只是海市蜃楼，但是，千百年来，人们仍然津津乐道这个世外桃源，向往有一天生活在这样的理想社会。追根究底，这只能证明人类的“平安”情结根深蒂固。可以说，平安已经成了中国人的一种文化追求和心结所系。漳港显应宫深埋地下几百年，似乎已经在长乐人的记忆里消失、在长乐的文献中磨灭，但是，一旦一朝重见天日，又把人们对平安的向往之火燃得更旺，又成为人们寄托平安理念的载体。一块《天妃灵应之记》碑，这是郑和下西洋时，在长乐留下的历史遗迹，记述了郑和远航中因天妃相助得以安全的故事。这实际上也是人们对平安的祈求，在文化上的一种反映。

从发展角度看平安之韵。以加快发展保平安，在平安中实现更快发展。这是我们所有人的心愿和共识。回顾这几年走过的发展之路，可用两句话来阐述“平安”与“发展”的关系。第一句是“军功章有我的一半，也有你的一半”。近年来，长乐经济社会的发展有目共睹，尤其在面对种种困难和压力的情况下，依然保持了经济的持续增长和高位运行，可以说弥足珍贵。其中，既有企业内部小环境的作用，也有政府社会大环境的推动。特别是“平安长乐”创建活动，在很大程度上确保了社会政治稳定、治安状况良好、经济运行稳健、安全生产好转、人民安居乐业。这样一个涵盖经济社会诸多领域的“大平安”的环境，对政府工作也好、对企业生产也好、对群众生活也好，都起到了积极的保障作用。第二句是“成长中的烦恼”。从发展经验来看，经济社会加速发展的黄金时期，往往也是各类社会矛盾凸显的时期。我们必须正视这样一种现象，就是在经济社会飞速发展的过程中，同样也遇到了一些新矛盾新问题，经济高速增长所付出的社会成本和代价也在不断上升：因征地、拆迁等引发的人民内部矛盾时有发生，经济发展带来的流动人口管理和安全生产压力依然很大。所有这些，都对经济的持续发展和社会的稳定造成了威胁，这就是长乐今后发展所要面临的“成长中的烦恼”。这些问题不解决，建设一个全面小康的长乐、一个和谐稳定的长乐、一个繁荣富裕的长乐的目标，就无法顺利实现。可以说是发展的需要逼着我们必须抓好平安建设，只有着力构建一个与“发展”相互衔接、相互促进、良性互动的涉及经济、社会、政治、文化、生态等各个方面的“大平安”环境，才能在平安中实现长乐的更快发展。

从政治角度看平安之韵。今年是“平安长乐”建设的重要一年，要在今年之内提前实现“平安长乐”建设目标，政法工作的责任更加重大，任务更加繁重。必须紧紧围绕建设“平安长乐”这个总目标，坚持执法为民，深入推进各项平安创建活动，全力维护社会稳定，大力加强政法队伍建设，强化基层、健全机制、严格责任、求实创新，努力提升政法综治工作的整体水平，开创“政治稳定、经济安全、社会安定、人民安康”的良好局面。从政治角度看平安，要认清形势，居安思危，把政治责任认识到位。要融入大局，服务发展，把政治责任体现到位。要立党为公，执法为民，把政治责任展现到位。要强化领导，全力保障，把政治责任落实到位。

（2005 年 1 月 20 日）

助　韵

2005年“全国助残日”的主题是“平等共享，促进残疾人就业”，在具体实践过程中主要体现在两个方面：物质支持和精神支持。精神的力量是无穷的，它如春雨般滋润着每个人，不仅给身处逆境中的人以信心和勇气，而且使一方土地上的“助韵”显现出更加动人心魄的感染力。

在“三平”中体现精神之韵。有人曾这样评价教育工作者：平静之中的伟大追求，平凡之中的满腔热血，平常之中的极强烈责任感。从事教育工作需要这样的“三平”精神，从事特教工作更需要“三平”精神。特教学校的老师们长期自觉自愿地坚守在特教岗位上默默无闻、无私奉献，这是对“三平”精神的最真实践和最好诠释。他们在平凡的工作中，以自己的爱心赋予了特教事业伟大的意义，体现了社会对每个不幸家庭的关怀与关爱，在平凡之中孕育了伟大、体现了伟大。要真正做到在“三平”之中体现精神，还要始终抱着对待工作和事业的满腔热血。只有永远流淌着一股热血、一股干劲，才能持之以恒地干好工作，增强自己的责任感与事业心，不因事小而不作为。长期面对一个特殊的学生群体，如果没有极强烈的责任感，是很难坚持下去并把工作做好的。从这个意义上讲，广大老师对特教事业的坚守和追求，是值得全社会尊重和学习的。

在逆风中闻到花香之韵。佛陀与弟子阿难曾有一段精彩的解难式对话。阿难百思不得其解的问题是：“所有的花香都是顺风飘送，有没有在逆风中也能飘送的香呢？”佛陀的回答是：“一个透过内在展现戒、空、慧的品质的人，即使在逆境里也可以飘送人格的芬芳啊！”这里的“芬芳”实际上就是心香。特殊教育是艰难的事业、容易被人遗忘的事业，只有心中有爱的人，才能长期坚守。从特教学校广大老师的身上，我们闻到的就是这种在逆境之中散发出来的心香。当然佛陀的回答有一种“花非花”的禅宗意味，他把“花香”从自然的表象扩大到了人格的境界。对残疾人而言，先天的肉体不健全，显然是一种无可奈何的人生不幸，因而，很多残疾人便在哀叹命运不公中消沉一生。但是我们也看到一部分残疾人身残志坚，他们有着健全的人格，他们没有放弃同样也是先天赋予的“爱”的权利，爱自己、爱他人、爱社会。在先天不幸中没有愤世嫉俗，反而爱心永存的人，其实也是一个健全的人。人是因为爱而奋斗、而创造、而去完成伟大使命的，所以，我们看到许多残疾人取得了令健全人艳羡的成就。因为在他们看来，不幸是先天的，意味着逆境；爱是永存的，意味着逆风中飘来的花香。

在痛苦中感受幸福之韵。“痛并快乐着”，看似简单的一句话，却包含着对生活历程的无限洞悉。人人都渴望幸福，幸福是人类的永恒追求。但是在强大的命运面前，人的生命显得异常脆弱，命运总爱残酷地捉弄人生，当病痛、残疾猝不及防降临的时候，人们的身体、心理很容易陷入无尽的痛苦、无奈与无助之中。历尽风雨，当你摆脱了这种困惑和折磨，蓦然回首，你会发现，痛苦其实是对人生的一种历练，对生命的一种感悟，对价值的一种体现。由此可见，肉体的痛苦可以用心灵的幸福去安慰与抚平。作为残疾人，先天给了你们不幸的赐赠，但这不应是你们对生活的唯一感受。在你们的身边，总有无数祝福、总有无限关怀。所以，你们并不孤单，你们与所有的健全人一样生活在同一片蓝天下，感受着爱的阳光，一切痛苦的阴霾都将烟消云散。生活在这个充满爱的世界里，我们随时随地都能感受到生活带给我们的惊喜，我们也会庆幸自己在痛苦之外还拥有幸福。被评为“感动福建”十大人物之一的长乐少年董斌，在承受病魔带来的肉体痛苦中做出了一个令人感动的决定：捐献自己的眼角膜。对他而言，让生命的光亮在别人身上得到延续，这是幸福的，因为，生命总有梦想，生命总有渴望。幸福需要我们共同的经营和维护。

在泪眼中看见烟火之韵。台湾作家林清玄的文章《在泪眼中看见烟火》，讲述了一个儿子对母亲恒久的思念。尽管母亲去世了，但母亲过年时放的烟火，却年复一年地留在儿子的记忆与生命中，成为一种希望的象征。我借用这个题目，就是想告诉每一位残疾儿童，不幸之所以能成过去，是因为我们的内心从不消沉；生活之所以能够继续，是因为我们的眼里充满希望。也许，不幸与痛苦会在你们幼小的心灵上留下或长或短的印迹，如同流星从夜空划过。但是，透过泪眼看流星，消极的人看到的是感伤，积极的人看到的是希望。无论多少不幸，都是与希望并存的。残缺的身体，一旦被希望激活，生命就有了支撑。由此，我又想起了央视春晚中《千手观音》的舞蹈，让我们为之热泪盈眶。透过感动的泪眼，我们不仅看到了一群聋人演员对舞蹈动作的完美演绎，而且看到了他们在无声世界里对美好生活的无限热爱。希望不止，生命不息。尽管烟火是短暂的，但我们要让它成为希望之火、燎原之火，长久地留在每个人的心中。在这里，我真诚地祝福广大残疾儿童能伴着希望的曙光，早日走出不幸的阴影、扬起生活的风帆，向着明天、向着未来，自信前行。

在升华中感悟生命之韵。在佛家眼中“芸芸众生，一律平等”，在美国第三任总统、《独立宣言》的起草者之一托马斯·杰斐逊眼里“人生而平等”。是的，生命的尊严、权利和价值与肢体是否健全、智力是否出众没有任何必然的联系。对每个人来说，唯有善待生命，才能体现生命的价值。著名音乐家阿炳，我们记住他的传世名曲《二泉映月》，却忘了他是一个盲人；美国作家海伦·凯勒，我们记住她的不朽佳作《假如给我三天光明》，同样忘了她也是一个盲人。无数的残疾人已经用他们的执着与尊重对生命做出了最好的诠释。肉体的苦痛与灾难，并不可悲，可悲的是我们无法读懂苦难、读懂残疾。我们必须真正懂得如何感悟生命、珍惜生命、善待生命，进而感悟残疾人事业、珍惜残疾人事业、善待残疾人事业。只要广大残疾人能够从心灵的阴影与肉体的束缚中解脱出来，参透生命的真正内涵，就能实现生命的价值，就能与所有的健全人一样拥有生命的阳光。

在呼唤中奉献爱心之韵。“这是心的呼唤，这是爱的奉献，这是人间的春风，这是生命的源泉……”这首《爱的奉献》之所以能够感动人，就在于它唱出了人间的美好，唱出了人间的真情。“赠人玫瑰之手，历久犹有余香”。在呼唤中奉献爱心的人，不但自己的生活充实快乐，而且能感染别人，是精神上的天使；在呼唤中奉献爱心的人，会很乐意分担别人的痛苦，也愿意把自己的快乐和别人一块分享；在呼唤中奉献爱心的人，心底坦荡，像一汪碧泉清澈晶莹，容不得污秽和虚伪，就不会去计较那些功名得失；在呼唤中奉献爱心的人，必定乐观、豪爽，总是用微笑来驱散生活中的痛苦和眼泪。人生的意义在于奉献，只要人人都献出一点爱，世界将变成美好的人间。为此，对待特殊教育需要“春风也度玉门关”，只有更多的有爱之士加入这股“春风”中，共同汇成爱的暖流，残疾儿童才能在爱的世界里快乐成长。

在感恩中回报社会之韵。感恩是一种爱的表达，是一种做人的责任。大自然有恩于我们，父母有恩于我们，我们所在的社会以及周围的人们都有恩于我们。映入眼帘的一切，哪怕是一棵树、一朵花、一汪清水、一片绿地，都值得我们怀着感恩的心情对它们微笑。很多时候，心存感恩，生活中才会少些怨气和烦恼；心存感恩，心灵上才会获得宁静和安详；心存感恩，才会尊敬地球上所有的生命，珍爱大自然一切的惠赐；心存感恩，才会时时感受生活中的“拥有”，而不是“缺少”。从美德角度而言，感恩也是一种“应当”的回报。“投我以木桃，报之以琼瑶”，它表达的是爱的愿望和善的回声。社会是一个集体，生活像一条河流。大家都要以感恩的心来看待残疾人事业、发展特殊教育，有钱的出钱，有力的出力。对社会大众而言，当每一个有能力、有实力的人，都能抱着感恩的心，合力去帮助残疾儿童时，孩子就能与我们站在一起，共浴阳光、共享文明。

在和谐中奏响心曲之韵。社会是一个整体，和谐社会应是和睦与稳定的社会、应是公平与均等的社会、应是尊重与宽容的社会、应是善良与关爱的社会，它包括了人与自然的和谐、人际关系的和谐、残疾人与健全人之间的和谐。追求和谐、营造和谐体现了社会的进步、文明的进步。在这个过程中，利用一切可以利用的力量，消除一切人为的障碍，让所有残疾人与健全人一起共享经济社会繁荣进步的成果。这是和谐社会的重要体现。先天或者后天的因素，造成了残疾人这样一个特殊的弱势群体，他们是不幸的，因为命运给了他们太多的苦难；他们又是幸福的，因为社会给了他们无私的关爱。我们提倡构建社会和谐、生活和谐、生态和谐的新长乐，更要弘扬我们长乐特有的“大爱”品格，给予残疾人以更多的关注、关怀与关爱。让全社会的人都伸出友爱之手，在构建和谐人际关系中，发乎心、发乎情、发乎爱，以实际行动奏响人性“至真、至善、至美”的乐章，让残疾人与健全人一起创造和谐、共享和谐。

（2005 年 5 月 14 日）

军　韵

长乐一直保持着拥军优属、拥政爱民、军民一家亲的良好传统。在新的历史形势下，我们应该在更高的起点，用更新的方式，立足于更宽的平台，不仅把双拥工作质量做得更优，更让“军韵”在吴航大地上熠熠生辉。

立起点更高的“军韵”。长乐是一个有着优良双拥传统的地方，荣获过全国双拥模范城荣誉称号，并两次蝉联全省双拥模范城。面对全面建设小康社会和中国特色军事变革的新形势、新任务，我们只有站在更高的起点上审视和把握工作全局，才能始终保持正确的发展方向和旺盛的生命力。目标起点要高。各级各部门必须立足于战略全局，在更高的层次上认识新形势下做好双拥工作的重大意义。要以“三个代表”重要思想统领双拥工作全局，正确处理好市场与战场、生产力和战斗力的关系。要深入研究和探索双拥工作的新思路、新方法，紧紧把握时代脉搏，在更高的起点上思考和筹划，瞄准新情况、解决新问题、融入新理念，在抓巩固、抓提高、抓创新、拓宽新的领域、构建新的载体、培育新的亮点上有所开拓、有所创新、有所发展，努力在科技双拥创出新品牌、在后勤拥军形成新特色、在行业拥军推出新典型、在制度拥军出台新规定，坚持政策拥军、依法优抚。制度措施要严。要把双拥工作纳入长乐经济和社会发展的总体规划，纳入目标责任制考核、实行一票否决制，明确为各级党委、政府的“一把手”工程，作为一项经常性工作来抓。建立健全一整套各级领导研究双拥、决策双拥、参与双拥、视察双拥、检查评比双拥的制度规定，形成领导任期有目标、组织有保障、议事有日程、工作有措施、经费有保障的双拥工作制度体系。宣传氛围要浓。双拥宣传教育工作是双拥工作的重要组成部分，在提高全民国防意识、增强爱国拥军观念、加强军政军民团结、凝聚军心民心等方面起着非常重要的作用。我们必须高度重视国防教育和爱国拥军的宣传教育工作，结合形势教育，突出抓好机关企业单位干部职工、社区居民群众及广大中小学生的国防教育。要广泛开展以爱国主义为核心、以“军民情，爱国心”为主题的双拥宣传教育活动，切实使国防教育和双拥宣传深入人心。

立方式更新的“军韵”。开展创建双拥模范城活动是一项长期任务，我们必须坚持与时俱进，通过不断创新工作方式方法，使长乐市的双拥工作更加扎实、更富有成效。探索奖励双拥新制度。为激励社会各界和广大干部群众参与双拥、支持双拥工作，进一步推进双拥工作的社会化，我们可以探索尝试建立双拥奖励金制度，设立“爱国拥军奖”“拥政爱民奖”“双拥创新奖”等，不定期地对在双拥活动中有创新发展、有特殊贡献的单位和个人给予嘉奖。要注重挖掘和培养在双拥优抚安置工作的先进事迹和先进个人，树立具有时代特征和本地特色的双拥典型，使双拥工作由“政府行为为主要双拥形式”，向“政府搭双拥共建之台，社会各界唱爱国拥军之戏”的形式转变，促进双拥工作在基层中发展、在基层中创新，把双拥工作真正落到实处。推出社区拥军新品牌。社区建设是一个新课题，军民共建文明社区也是新的探索。我们要以建设“和谐社区，平安社区，人文社区”为目标，使“双拥工作”再次向更高、更新、更亮方向推进。要通过社区与部队连队结对共建，努力培养和树立1～2个基层双拥共建的新典型，使军民共建精神文明活动在社区建设中起到良好的推动作用。培育机关拥军新亮点。围绕开展学习型机关活动，机关部门单位与部队连队党支部结对共建，广泛开展军民共建学习型机关、学习型部门、学习型党支部活动，将部队的好思想、好传统、好作风、好习惯在机关部门中发扬、在支部建设中展现。

立平台更宽的“军韵”。双拥工作的纵深发展，需要我们充分发挥现有优势，深入探索和研究工作新思路，为双拥活动提供广阔的平台，创造有利的条件。全力推进“两新组织”的双拥工作。随着我国政治经济体制改革的不断深入，双拥工作面临着社会经济深刻变革的新形势。长乐是民营经济相对发达的地区，新社会组织、新经济组织发展迅猛，非公有制经济组织和新社会阶层的发展壮大，使双拥工作的群众和社会基础发生了变化。“两新组织”已成为双拥工作生力军。组织引导非公有制经济组织和新社会阶层承担国防义务、开展军民共建活动已成为双拥工作必须努力开拓的新领域。做好新形势下的双拥工作，迫切需要开发“两新组织”的资源。只有充分开发“两新组织”的拥军优属资源，才能不断创新双拥工作，为经济建设和国防建设服务。全力推进学校的双拥工作。要将学校发展成长乐开展双拥工作的一支新兴力量，要充分发挥学校人才教育资源优势，尤其要大力提倡办好中学高复班教育，为部队官兵接受高等教育提供师资、场所等。同时，部队也要立足自己的优势，利用学校节假日时间，帮助学校做好学生的军训工作，促进学校与军队共建工作的开展。全力推进企事业单位的双拥工作。大中型企业事业单位，已成为长乐开展双拥活动的主力军。要把长乐的企事业单位纳入双拥工作范围，充实双拥工作领导组织机构，积极发挥大中型企业和事业单位的作用，认真做好组织、指导和协调工作，深入开展部队和企事业单位的军民共建活动。

立质量更优的“军韵”。各级各部门要大力弘扬求真务实精神，大兴求真务实之风，切实把工作往深里做、往实里做，努力提升双拥工作的质量和效益，推动双拥工作不断向深层次发展。要坚持双拥工作的有效性。要着眼于双拥工作新的实践和发展，做到：开展活动既要有一定的声势和形式，又要注重实际效果；既要充分调动广大军民的积极性、自觉性，又要重视建立和完善必要的政策法规，依据法规制度开展工作，切实把双拥工作落实到基层。要扎扎实实地办实事、解难题，有一件抓一件，抓一件成一件，力求抓落实、出成效。要坚持双拥工作的整体性。要在双拥工作领导小组的统一领导下，统筹兼顾、协调发展、互促共进、整体提高。各级党委、政府要把科学发展观贯穿双拥工作全过程，在制订经济和社会发展规划时，要把支持国防和军队建设作为重要内容纳入其中；在进行城乡基础设施建设时，要充分考虑未来战场建设和军事斗争准备的需要；在出台政策法规时，要真正维护好国防和军队的利益。驻军广大官兵要自觉服从和服务于党和国家建设大局，积极为长乐全面建设小康社会服务、为维护社会政治稳定服务，以良好形象和新的作为感召人民群众。只要军地双方都能从大局着眼，从国家和民族的根本利益出发，相互理解、相互体谅，积极主动地履职尽责，双拥工作就能在服务中心工作中得到全面、协调发展，军政军民关系就会更加和谐融洽。要坚持双拥工作的群众性。特别要坚持把在社会变革中出现的民营企业的创业人员和科技人员、受聘于外资企业的管理技术人员、个体户、私营企业等社会阶层纳入双拥工作范围。要充分调动包括新型经济组织和新的社会阶层在内的广大人民群众的爱国拥军热情，注重保护他们拥军优属的积极性和首创精神，广泛开展民企拥军、行业拥军、个体拥军等活动。不断创新活动载体，促进双拥工作社会化，推进双拥工作深入持久地开展。

（2006 年 1 月 25 日）

家　韵

“家”在东方文化中占有十分重要的地位，在中国人看来，家是一个充满“爱与温暖”的概念，是打造爱与温暖城市的细胞。在今天这样一个离家和回家频繁交替的时代，“家”的情结，无论如何都是茫茫人生中的一份驻足停留、一种眷恋情思。经千年积淀后的“吴航老家”，更值得我们这些家人去探索研究。

家韵之“龙”的传人。没有一种文化能像中华龙文化一样保持几千年不间断的连续；没有一种文化能像中华龙文化一样浸入每一个民族成员的血液，并演绎出各种具有中国传统特色的文化。是长江、黄河哺育了我们。在中国广袤的大地上，长江、黄河犹如两条巨龙横亘其间。龙是中华民族的图腾，我们是龙的传人。古往今来，人们讴歌黄河、赞美长江，称它们为中华文明的发祥地、中华民族的“母亲河”。长江、黄河孕育了中华灿烂的古代文化，在中华民族的繁衍和发展史上发挥了重大作用。而我们可爱的故乡——长乐，虽没有长江、黄河博大精深，但在我们的吴航大地上也昂卧着一条巨龙——董奉山脉，它内贯南北、外接武夷山脉，是大武夷山脉的分支和延伸；它昂首摆尾，倒吸闽江，襟抱大海，脉贯董奉山。故乡的巨龙负重若轻，永远显示出一种强者的大气和自信。这种大气和自信哺育并激励着吴航儿女开拓进取、拼搏创新。是中原文化熏陶了我们。中国古代的边疆之地，包括地处东南沿海的闽地，都是开化较晚的地方。封建时代，这些地方或被称“夷”或被称“蛮”，与中原大地相比，明显处于文化劣势。但长乐却是个例外的地方。与闽地其他古邑相比，长乐文明发育得较早，文化普及得较广，这主要得益于中原“八姓”的“衣冠南渡”。这些缙绅士大夫的到来，带来了中原地区先进的文化理念和生产方式，改变了长乐先民以舟为家、居无定所的传统生产生活方式，推动了科教理念和工商意识在长乐的觉醒。可以说，长乐的发展，离不开中原文化的熏陶。是东海、闽江涵养了我们。长乐位于福建省东部沿海、闽江口南岸，临江面海的地理位置条件，对长乐人民生活、生产、生存的作用是很大的。在农耕时代，渔耕农桑皆仰赖于江水。随着时代的发展、科技的进步，人们征服自然的能力进一步增强，大江所提供的活动空间明显不能满足人们的需求，长乐人又把目光转向浩瀚无垠的蓝色海洋。海洋文化与闽江文化的相互交融、长期浸染，塑造了长乐人特有的像海一样的博大胸襟、像江一样的细腻情感的性格特征，培养了长乐人积极进取、不折不挠、勇往直前、永立潮头的“能拼会赢”的开拓精神。

家韵之“农”的耕人。从千年古邑到滨海新市的跃进过程，对长乐而言，就是从农耕文明到工业文明的蜕变过程。在这过程中，“农耕”“草根”“园耕”三种文化起到了举足轻重的作用。是“农耕”文化赋予我们生存力。长乐的历史相当长一段时间处于千年农耕文明时代，在此期间，伟大的航海家郑和把长乐作为其七下西洋的伺风开洋之地，其对长乐的直接影响就是开创了“十洋成市状元来”的繁荣景象。在漫长的千年农耕时代，吴航大地先后产生了955位进士、10位状元，给长乐留下了丰厚的文化积淀。可以说，“农耕”文化赋予了长乐人民强大的生存力。是“草根”文化赋予我们生命力。长乐是“草根工业”的发祥地。正是“草根工业”的萌芽与发展，为长乐带来了工业文明的曙光，使长乐经济社会的发展开始迈入工业文明年代。“草根工业”的发展不仅唤醒了长乐人的全民工商意识，而且使越来越多的长乐人经受了全民办工业的锻炼，同时，也使为数众多的民营企业完成了原始资本的积累，形成了长乐人“能拼又会赢”的品质，为长乐的发展创造了物质条件。可以说，“草根”文化赋予了长乐工业强盛的生命力。是“园耕”文化赋予我们生长力。从星星之火的“草根工业”到燎原之势的民本经济，在海内外拼搏的吴航儿女，充分展示着长乐人“敢为人先”的创新精神。他们敢于走前人没有走过的路，做别人没有做过的事，在困难面前不低头、在压力面前不退缩，肯打硬仗、能打硬仗、善打硬仗，用自己的智慧和勇气，在家乡创造了“无棉之乡筑百亿纺织城”“无矿之地铸百亿钢铁城”的工业奇迹和家园神话。长乐的“草根工业”经过企业家们多年的精心培育，在家园里、工业园区内茁壮成长为“参天大树”。当今的长乐工业已经进入具有产业集聚、园区集聚鲜明特征的工业化带动城市化、城市化促进工业化的“园耕”时代，并作为福州民营经济的排头兵、领头雁屹立在省会窗口。可以说，“园耕”文化赋予了长乐民营企业强劲的生长力。

家韵之“容”的海人。海纳百川，有容乃大，长乐地处东海之滨，由于地域的关系，长乐人在人文精神和品格特征上，都濡染了大海能容的秉性。是大海给予我们优越的环境。与陆地一样，海洋也是一种生存空间、一种生活平台。长乐的海域面积是1327平方公里，江海岸线达120公里。从远古时期开始，我们的先人就在这片广袤的海域上汲取大自然赋予的财富。长乐的先民也因此养成了“善舟楫”的特征，他们以海为田、以舟为犁，长年累月依靠海的赐予繁衍生息。随着时代的进步，长乐人更充分地认识到海洋的巨大潜在价值，从最先的搏击海浪求生存，到今天利用海港建码头，长乐人在与海洋的相克相生中开阔了胸襟、拓宽了视野、增长了本领，闯荡出更广阔的生存空间、创造出更多样的发展机会。是大海给予我们宽阔的胸襟。“海滨邹鲁”是长乐历史形成的美称，这既是从文化层面上对长乐的总体概括，也是从秉性特征上对长乐人的定性。“大爱暖千秋”是长乐人文精神的内核，而“大爱”文化的精髓则很好地体现在长乐人如大海般无比宽广的坦荡胸襟。这种胸襟体现在经商创业上，就形成了具有长乐特色的现代儒商文化。这几年长乐经济的发展、社会事业的进步，靠的就是长乐企业家群体中“大爱”精神的释放。是大海给予我们开拓的激情。海洋蕴含的巨大能量，点燃了长乐人勇于拼搏、开拓创新的激情，长乐的“草根工业”能够成功地转型提升为民营经济，正是长乐人激情燃烧的结果。可以说，改革开放以来的二十多年，就是长乐人激情燃烧的光辉岁月。长乐的纺织行业能够从前店后厂的作坊式企业发展到现在这种拥有全世界最先进设备的大工厂，这里面包含了整整一代企业家开拓创新的勇气和激情。

家韵之“融”的闯人。“融”是一种意境，它蕴含着中华民族的传统美德，其间更能产生出无穷的力量。长乐在外企业家以“融”为立事做人之本，就能战胜各种困难，闯过各种逆境，迎来创业的美好春天。是家国情怀融出合力。人心齐，泰山移。“一个篱笆三个桩”“一个好汉三个帮”等许多古训都告诉我们：同心同德、齐心协力，则事业兴；各自为政、互相拆台，则事业亡。长乐的企业家可能比任何人都清楚：所有的成绩的取得，要归功于合力；所有风险、困难和问题的应对，需要合力；能有今天的创业局面，靠的是长乐内外企业家的精诚团结、相互协作。比如，经过“草根工业”时代的千锤百炼，形成了具有长乐特色的“江湖方式进入、商业方式退出”且代表中华传统文化精神的股份生成与退出机制，使长乐工业不断朝着做大做强做久的轨道发展；长乐在他乡异地创建各种商会、行业协会，通过此类组织结构实现在生活上的互帮互助，在生意上的互惠互利；等等。这些都是凝聚合力的载体表现。是家国情怀融出胆气。“能拼会赢”精神是广大吴航儿女永不休止的创业动力源泉，特别是长乐企业家面对困难和曲折，永不低头、永不言败，以独有的胆量和气魄塑造了长乐人的勇于开拓、外争内敛的性格特征，培养出长乐人积极进取、不折不挠、勇往直前、永立潮头的“能拼会赢”的开拓精神。正是有了这种能拼精神的引领，时至今日，不管是域外、海外还是在域内、本土，无论是海拔千米的川藏之巅，还是茂林密布的西南边陲，到处可见勤劳拼搏的长乐儿女，总会闪现长乐人孜孜不倦的创业身影。是家国情怀融出天地。正是有了创业合力和胆气的存在，我们才能拧成一股绳，始终保持旺盛的斗志，不断迎接征途上的种种挑战；不仅积极融入投资地的经济社会发展大局，更是借风得势，打造出属于自己的一片发展天地。举个例子，据不完全统计，长乐在外有近 6 万名企业家，分布在全国 30 多个省（自治区、直辖市），创办了 5000 多家企业，创造了年产值逾 1500 亿元的欣欣向荣的“域外”长乐经济。“谁持彩练当空舞”，可以说，长乐企业家正在发展的大环境中不断开拓出发展的无限天地，并引领“星星之火”的“草根工业”向星火燎原的民营经济不断发展。

家韵之“浓”的爱人。“浓”是一种味道，它蕴含着游子对故乡寄托的无限情怀。广大企业家不仅对自身的事业怀有浓浓的兴趣，更是对他人、对社会表现出浓浓的爱意，这是难能可贵的。是浓浓的乡音、浓浓的爱。“美不美，家乡水；亲不亲，故乡人”。地道的方言、浓浓的乡音、纯朴的乡情，总是让人激动不已。赤子之心、爱乡之情，犹如故乡的酒，醇厚美味，芳香四溢。家乡的一草一木时刻牵动广大在外企业家的心。每逢传统佳节，吃家乡菜、饮家乡酒、看家乡戏就成了大家无限遐想的乐事。可以说，长乐人的浓浓乡音总有一种亲切、温馨和特别陶醉的感觉。我们更是从中体会到了一种时空和地域所不能割舍的爱意，只要大家走到哪儿，就会把我们的大爱传统传播到哪，塑造了长乐及长乐人在外的整体良好形象。是拳拳的归心、拳拳的情。浓浓爱乡之情，拳拳报乡之志，唱响了“凤巢恋歌”。乡情最深、乡景最美、乡人最亲，我们通过积极实施“回归工程”“绿卡工程”等诸多暖人心工程，全力构建良好的软硬两方面环境，为长乐在外企业家的回归搭好台、筑暖巢。同时，长乐在外企业家致富不忘家乡，对家乡的发展给予了极大关注。通过回归，他们不仅能积极参与到家乡的经济发展上来，而且更是倾情捐建家乡各种社会公益事业，让家乡始终朝着更新、更好、更美的方向发展。回归中显示的拳拳之情，绝不仅仅是一个远离故土在外创业游子的梦，也是所有长乐人的梦，是所有长乐人为之倾洒汗水、努力实现的梦。有句话说得好，梦在，因为希望在；希望在，因为成功在。成功就在远方，我们正一步一个脚印地慢慢向它靠近。是殷殷的祝愿、殷殷的盼。正是有了殷殷的家国情怀，我们看到了企业家的良好精神状态，看到了大家搞好企业的决心和信心，也看到了长乐未来发展的希望。新时代蕴含着无限的发展机遇，衷心地祝愿长乐的明天会更加美好。完成这一重任，衷心地期盼具有深厚家国情怀的长乐人始终保持立大志、创大业的精神和勇气，始终保持咬定目标、艰苦创业的拼劲和胆气，始终保持解放思想、开拓创新的科学态度和锐气，坚持以自强不息、勇攀新高的志向，敢于同强的比、向高的攀、与勇的争、跟快的赛，为实现长乐更宏大目标做出新的更好的贡献。

（2006 年 2 月 5 日）

底　韵

长乐自古就有“福山宝地”的美誉。长乐能够成为一方投资乐土，充分体现了其由历史积淀而成的“底韵”十分丰厚且富有特色。

底盘厚之“底韵”。底盘就是基础。长乐能够取得今天的发展成效，一个主要原因就在于它拥有一个良好的发展基础。这个基础体现为优越的区位、雄厚的民资和浓厚的发展氛围。区位优越。长乐自古就是一个人杰地灵的好地方。从地理位置上看，长乐背靠闽江、面向大海，是个准半岛；境内“三山六水一分田”，秀峰、奇石、湖泊、海滩、岛礁、江海岸线等自然要素共同构成了“长山乐水”的独特风光。从区域位置上看，长乐位于闽江口南岸，是连接“长三角”与“珠三角”的重要节点，也是福建省建设海峡西岸经济区的开放前沿；东与台湾隔海相望，北与马尾经济技术开发区一江相连，距省会福州市区20多公里，与台湾桃园机场空中飞行时间仅半个小时，是闽台经贸和文化交流、实现两岸“三通”的一个重要城市。民资雄厚。长乐是全国著名的侨乡，全市现有“三胞”40多万人，主要分布在北美、西欧、东南亚等区域的70多个国家与港澳台地区。现在，每年有5亿多美元的侨汇从境外通过正常渠道汇入长乐，平均一天150万美元。同时，作为“草根工业”的发祥地之一，长乐民营经济发展迅速，积累了大量的民间资金。据不完全统计，长乐市现有2万多人在川、桂、滇、湘、豫、鄂、沪、粤等30多个省（自治区、直辖市）创办企业近3000家，年产值1200多亿元，流量资金最多时高达千亿元。2005年，全市城乡居民储蓄存款余额首次超过百亿元。近年来，长乐通过实施“回归工程”等办法，不断扩大民资投资领域、拓宽引进民资渠道，积极引导民间闲置资金投入产业发展，为全市经济社会的全面发展提供了充足的资金来源。氛围浓厚。近年来，长乐紧紧围绕加快发展这一中心任务，坚持以发展统一思想、以发展凝聚力量、以发展评判工作，不断排除前进中的干扰，攻克发展中的难关。动员广大干部群众同心聚“内力”、同向聚“动力”、同步聚“合力”。围绕建设“生态型硬环境、亲商型软环境、平安型美环境、文化型好环境”的目标，把全市上下的思想统一到发展上来、精力集中到发展上来、工作落实到发展上来。城市综合竞争实力不断增强，发展环境不断优化，形成了风正气顺、人和业兴的浓厚氛围。

底数大之“底韵”。近年来，长乐经济社会各项事业始终在高位平台上保持快速、持续、有效发展，“家底”不断垒大，工业经济实力和后劲不断增强，人均 GDP 不断提高。经济实力强。长乐经济综合实力连续多年位居全国百强县（市）和福建省十强县（市）行列。2005 年经济实力从 2001 年全国的第 96 位跃升到第 61 位。工业经济长期保持良好发展势头：2005 年完成工业总产值 373.85 亿元，比增 24.0%；工业用电量 26.32 亿度，比增 32.1%。规模企业支撑作用更加突出：规模以上工业企业达到 298 家，其中工业产值亿元以上 57 家，10 亿元以上 5 家；规模以上工业总产值 307.78 亿元，比增 29.2%，占全市工业总产值的比重达 82.3%；华能电厂、金纶石化、经纬集团、金源纺织、华威化纤、吴航不锈钢等 6 家企业入选福建省百家重点工业企业。支柱产业不断垒大做强：纺织业实现产值 190 亿元，被中国纺织协会授予“中国纺织产业基地市”和“纺织产业集群试点市”，金峰镇被评为“中国经编名镇”；冶金业产值突破 50 亿元，被列为“福建省冶金产业集群试点市”。人均 GDP 高。长乐作为著名的侨乡，是一个民营经济比较发达的地区。近年来经过对“家底”的深入挖掘和精心培育，2005 年人均 GDP 率先突破 3000 美元大关。人均 GDP 3000 美元历来被经济界认为是现代化的门槛，为经济发展带来诸多机遇和挑战。长乐针对这个敏感的经济区间，已经做好了足够的应对准备，认真学习借鉴了新加坡、韩国、马来西亚、泰国、中国台湾和中国香港在人均 GDP 达到 3000 美元时所采取的一系列积极应对措施，努力吸取了巴西、阿根廷、墨西哥、菲律宾等国家的失败教训。我们有信心、有决心采取一系列应对措施，乘势而上，实现经济社会发展在新起点的腾飞。发展后劲大。长乐是“草根工业”的发祥地。从20世纪80年代初起，长乐的“草根工业”所孕育的民营经济就有力推动了长乐经济的快速发展，并形成了今天纺织和冶金两大支柱传统产业。在此基础上，考虑到传统的纺织和冶金两大传统产业品种较为单一、抵御市场风险能力较弱等不确定因素的影响，长乐在做长纺织、冶金行业产业链的同时，通过外引内联，全力打造“回归工程”；尤其注重引进大型项目，吸引长乐民间资金注入产业发展。在纺织产业方面，长乐通过加快经纬纺织、金纶石化、力拓锦纶、华亚纺织、弗瑞嘉、华冠等大型石化、纺织、服装等项目建设，带动、推进纺织产业链向上下游延伸。在冶金产业方面，长乐通过加快东宇不锈钢、鑫海冶金二期和三期等大型冶金项目建设，积极引进相关配套项目，延长产业链，发挥产业优势，尽快形成冶炼、热轧、冷轧、制品一条龙配套发展和轧钢、不锈钢等多品种的冶金行业发展新格局，力争建成东南沿海不锈钢产业基地。在新兴产业方面，长乐通过以迅捷光电为龙头，带动其他大型电子项目尽快升级落地，把电子产业培植成长乐新兴的工业主导产业。

底子稳之“底韵”。这几年来，长乐采用稳扎稳打的方式，扎扎实实地开展各项工作，不断巩固健全发展的各类基础要素，实现了稳步发展、稳固基础、稳定民心。稳步发展。近年来，长乐经济均保持快速健康发展的好势头。2003年至今，长乐地区生产总值、财政总收入、工业总产值、规模以上工业总产值、固定资产投资等各项经济指标的增长量每年都在30%左右，保持着高位平台上的强劲发展势头，呈现出稳打稳扎、比较健康、比较持续的特点。农业生产实现了从传统粮、经二元结构向粮、经、饲三元结构的转变，水产、畜牧、果蔬、花卉、食用菌五大产业的生产能力得到加强。工业经济在电子、电业、建材等新兴产业得到蓬勃发展的同时，纺织、冶金等传统支柱产业的竞争实力进一步增强，基本形成了集棉纺、化纤、织造、印染、服装为一体的纺织产业链条和冶炼、热轧、冷轧、制品、不锈钢一条龙配套的冶金产业发展格局。第三产业发展结构得到优化，港口、商贸、旅游、物流、会展等新兴产业和品牌经营、连锁经营、特许经营等新型业态发展迅速。稳固基础。近些年来，长乐充分利用境内拥有福州国际机场、松下港深水港区和马尾港洋屿作业区两大港口等“空、海、江港”优势，积极引导民间和社会资金投入基础设施和市政设施建设，不断稳固发展基础，提升长乐区域竞争力。先后建成了长限等 3 座 11 万伏变电站和江田 22 万伏变电站，完成了漳港等 5 座 11 万伏变电站扩建工程；铺设了鹤上至金峰、空港工业集中区一期和市二水厂北线供水管网，顺利完成市二水厂扩建和第三水厂筹建任务，建成了滨海大道、金福路等城市交通主干道，启动了 201 省道长乐段建设，全力推动马尾港洋屿作业区和松下深水港区项目建设，促使金峰工业片区、闽江口工业片区、滨海工业集中区等各个工业区的各项基础配套设施不断趋于完善。目前，长乐境内公路总长 1100 多公里，其中高等级公路总长达 200 公里，福泉、罗长高速公路和机场高速路穿境而过；拥有 7 万吨级外港泊位和 2 万吨级内港泊位；初步形成了陆、海、空有机衔接的现代化立体交通网络。稳定民心。近些年来，长乐积极开展“春风行动”，不断改革和完善以养老保险、社会保险、医疗保险为主要内容的社会保障体系，扎实推进扶贫帮困工作，全面实施“助学、扶贫、解困、助行、复明”工程，充分发挥市慈善总会等社会团体的力量，大力发展社会慈善事业；加大对“三农”工作的政策倾斜和扶持力度，认真推进农村税费改革，落实各项减免措施；加强公共卫生应急机制、疫情信息监测体系、疾病预防控制体系建设，成立市疾病预防控制中心和卫生监督所，完善市、乡镇（街道）、村居（社区）三级医疗保健服务网络；深入实施“关爱女孩行动”试点工作和“亲情、安居、成才、保障、致富”五大工程，不断推动计生工作的规范化、制度化进程；结合“四五”普法活动，扎实开展“平安长乐”建设，创新警务方式、完善群防体系、健全“严打”机制，实现了社会治安的全面好转；完善信访接访和息访制度，构筑起市、乡镇（街道）、村居（社区）三级矛盾排查和纠纷化解网络，确保了社会的安定稳定；依法加强对偷私渡活动的打击力度和非法宗教活动的治理工作；积极拓展“阳光工程”，全面推行政务、村务、厂务、院务、校务公开和民主评议、咨询听证等民主形式，促使政府部门运作效率和服务质量得到显著提高，提高了全市广大人民群众对自身生产、生活、生存环境的满意度，进一步稳定了民心。

底牌明之“底韵”。最近几年，长乐注重从宏观上把握发展方向，有针对性地制定发展措施，确保了经济、社会在高位平台上的持续健康地发展。站位明了。长乐有今天的发展成果，根本就在于进一步明确了作为海峡西岸省会窗口城市的区域站位，作为现代化港口工业与滨海旅游城市的产业站位，并推动两种站位的相融互促，从更高站位、更宽视野、更大平台上主动呼应、主动对接了“大福州、新长乐”的建设。一方面，长乐以区域站位来引导产业站位。长乐是闽江口经济圈的重要一翼。近年来，长乐特殊的区域站位正不断引领产业发展，垒大做强了染整、化纤、棉纺、经编、电力、电子、建材、羽绒、生物医药等产业集群，推进了市区、金峰、滨海三大组团建设，实现了全区域、组团式联动发展，凸显长乐作为省会窗口城市的连接和沟通功能。另一方面，长乐以产业站位来支撑区域站位。长乐以工业作为主导产业，大力发展工业经济，做大做强了纺织和冶金这两大具有长乐特色的支柱产业。以旅游作为长乐的主攻产业，宣传和打造“大爱暖千秋”旅游文化品牌，不断提升城市品位、提高市民素质，使长乐这座古老的城市天更蓝、水更绿、草更青，从而打响了“中国长乐”城市品牌，塑造了良好的省会窗口形象。目标明确。长乐立足优越的区位和人文优势、强劲的经济实力、群众高涨的创业热情等有利条件，确定了今后五年的奋斗目标。一是经济增长更加强劲。全市经济总量保持较快的增长速度，地区生产总值年均增长 12.3%，至 2010 年全市生产总值达 285 亿元，至 2010 年全市财政总收入 26 亿元；经济综合实力在全国百强、全省十强县（市）的排名不断提升。二是城市特色更加鲜明。用 3 ～ 5 年时间，基本建成首占新区、规划并启动建设滨海新区，实现全区域、组团式联动发展。三是城乡发展更加协调。社会主义新农村建设扎实稳步推进，城镇综合承载能力增强，一流、超一流经济强镇不断涌现。四是基础设施更加完善。年固定资产投资率力争递增25%以上。基础设施对经济社会发展的支撑保障作用进一步增强，海陆空立体交通枢纽地位更加突出，通信更加快捷通畅，能源电力供应更加可靠，市政公共设施和旅游接待设施功能日趋完善，防灾抗灾保障更加有力。五是改革开放更加深入。建立更加完善的市场经济体制，建设规范、有序的市场环境；深入推进政治体制改革和行政管理体制改革；不断拓展对外开放的广度和深度，力争以年均递增10%的速度提高利用外资水平。六是人与社会更加和谐。科技、教育、文化、卫生、社会保障等各项事业全面进步：每万人受高等教育人数达270人；城镇基本养老、失业、医疗保险覆盖率分别达到70%、80%、65%；人口自然增长率控制在5.5‰以内；市民道德素质、文化素养和民主法制意识有较大提高。方向明晰。着眼于今后五年的发展目标，长乐以实现“港城联动、产业拉动、创新推动、文化互动、人才驱动、先进带动”作为工作的指导方向，努力推进经济、政治、文化、社会“四位一体”建设进程。在经济建设方面，长乐将以推进结构优化、城乡协调发展经济建设为方向，通过加快城乡互动发展、推进现代农业建设、构建农业保障体系来推动城乡统筹、社会主义新农村建设；通过培植壮大支柱产业、着力培育新兴产业、引导企业自主创新来发展工业，不断垒大经济总量；通过强化项目招商、打造项目载体、服务项目落地来实施项目带动，增强经济发展后劲；通过积极提升商贸业态、大力发展现代物流、全面开放滨海旅游来强化内需拉动，激发经济增长活力；通过加快海洋资源开发、促进临港产业发展、搭建对外开放平台来发挥港口带动，拓宽经济发展领域；通过提升城市品位、完善城市功能、打响城市品牌来拓展城建思维，展示省会窗口形象。在政治建设方面，长乐将以推进民主法治、公正清明的政治建设为方向，围绕形成“风正、气顺、人和、业兴”的局面，做好创新工作：匡正气，打造民主规范的法制环境；清风气，营造清正廉洁的创业氛围；鼓锐气，保持奋发有为的精神状态；扬朝气，建设生机勃发的干部队伍；顺心气，巩固坚强有力的执政基础；讲和气，形成上下同心的发展局面。在文化建设方面，长乐将以推进科教进步、文明健康的文化建设为方向，在实现“六力”上下功夫：树立社会主义荣辱观，提高道德融合力；推进学习型城市建设，提升城市文化力；深化创建活动，彰显文明亲和力；弘扬乡土文化，扩大特色影响力；实施科教兴市，增强发展竞争力；控制人口增长，凸现人均发展力。在社会建设方面，长乐将以推进保障有力、祥和有序的社会建设为方向，做好“民”文章：关注民生，完善社保体系；体察民情，健全服务网络；凝聚民心，关爱弱势群体；排解民忧，深化医疗改革；集中民智，保护生态环境；顺应民意，维护社会稳定。

（2006 年 5 月 10 日）

开　韵

长乐是一座日新月异的省会窗口城市，它位于闽江口南岸，东与台湾隔海相望，北与马尾经济技术开发区一江相连，距省会福州仅20多公里。特定的地理、区位条件，为吸纳吴越文化提供了条件、为传承中原文化提供了空间、为开发海洋文化提供了基础，三种文化在长乐历史的长河中相互渗透、互为激荡，影响了一代又一代吴航儿女。长乐文化在吴越文化、中原文化、海洋文化相互激荡融合中成长，彰显着“开化、开洋、开放”的脉络符号和“开韵”特色。

开化之韵，始于吴越文化。中国文化发展的一个显著轨迹就是从北方的黄河文化到中部的长江文化再到东方、南方的海洋文化。正因为这样，历史上人们常把居于东海之滨的古代闽地称为“蛮荒之地”。长乐从最初偏安于闽越一隅的蛮荒之地，演化为后世称颂的“海滨邹鲁”，其中“衣冠南渡”的传承厥功至伟。长乐文明是一种海洋文明与大江文明交替式发展、螺旋式上升的文化形态。长乐建县之初，县治设在新宁（今古槐），背靠青山（董奉山脉），面对大海，当时没有内外文武围垦工程，也没有沿海防护林带形成的绿色屏障，滔滔海水就在距县衙咫尺之遥的地方潮起潮落，正因为如此，长乐的先民练就了“善舟楫”的基本技能。后来由于自然灾害如台风、海啸的侵扰，县治内迁到吴航盆地，闽江在长乐先民心目中的地位才凸显出来。应该说，在农耕时代，江比海对人民的生活、生产、生存的作用更大，渔耕农桑皆仰赖于江水。随着时代的发展、科技的进步，人们征服自然的能力进一步增强，大江所提供的活动空间明显不能满足人们的需求，长乐人又把目光转向浩瀚无垠的蓝色海洋。从最先的搏击海浪求生存，到今天利用海岸建码头，长乐人在与海洋的相克相生中开阔了胸襟、拓宽了视野、增长了本领，闯荡出更广阔的生存空间，创造出更多样的发展机会。纵观长乐发展历史，从“避海择地而居”，到提出建设滨海新城规划和建设海湾型城市构想，海洋带给了长乐人无穷无尽的向往和希望。更值得一提的是，海洋文化的长期浸染，已经在长乐人的思维中构筑起一片无垠的“心海”，海有多大，长乐人的心就有多广。

开洋之韵，是历史的选择。从远古时期开始，我们的先人就在这片广袤的海域上以海为田、以舟为犁，因此在练就“善舟楫”的基本技能的同时，也带动了长乐造船业的发展。早在春秋时期（公元前 5 世纪），吴王夫差击败越王勾践后，就在长乐马江恩波亭前设厂造船。三国时期（公元 260 年），吴王置典船校尉于长乐吴航头造船。唐宋时期，长乐沿海船民发明了用石灰、油漆、麻丝混合填缝的技术，其牢固程度甚至堪比木材原质，从而彻底解决了木船的漏水问题，使木船可以放心地进入远海。明成祖永乐三年（公元 1405 年），朝廷命郑和下西洋，曾数次下令福建造船，而长乐承担了主要的制造任务，最多时有 1000 多名造船匠在此修造舰船，可谓盛况空前。此时，长乐造船业制造、维修经验之丰富，技术之娴熟，都达到炉火纯青的程度，并由此成就了长乐“无湾不造船”的一段历史。随着造船业的蓬勃发展，长乐也以“船匠之乡”闻名遐迩，理所当然地成为当时东南沿海的造船基地，因而也具备了开洋的基本物质条件。“海者，闽人之田也。”长年累月的出海“通易经商”和海上“挂网采捕”，不仅练就了长乐人高超的航海技术和丰富的航海经验，而且奠定了长乐作为海上贸易基地和开洋基地的基础。正因如此，当年郑和船队出江苏太仓七下西洋，就选择了长乐作为出海的驻泊地和伺风港。在长达 28 年的航海历史中，其庞大船队“累驻于斯，伺风开洋”，在长乐完成了出海前的物资补给、船只修造和船员招聘。不仅带来了造船业的繁荣和码头基础配套设施的完善，而且极大地带动了当时长乐商贸业的空前繁荣，成就了“十洋成市”的繁荣景象。长乐地处闽江南岸，扼乌龙江、马江、琴江三江汇流处，自古就是兵家要地。长乐屯兵的历史最早可追溯到三国时期的吴国，之后历朝历代一直延续下来。最著名的就是清朝时在长乐琴江设立的“三江口水师旗营”，它位列当时全国沿海四大水师旗营之一，比马尾的福建水师还早151年。在这里曾爆发了近代史上著名的中法马江海战，当时法舰沿闽江口入侵福州，驻防三江口的水师旗营官兵凭着火枪土炮和木帆船，以血肉之躯抵抗法国侵略舰队的坚船利炮，奏响了一曲撼天地、泣鬼神的爱国壮歌。洋务运动后，水师旗营中的青年人纷纷进入船政学堂，毕业后成长为中国海军的栋梁之材，涌现出了许多著名的海军将领和海军世家，因此，琴江的三江口水师旗营又被誉为中国近代海军的摇篮。

开放之韵，是发展的需要。自古以来，长乐人多在水上生活，对风浪险恶习以为常，这种习性塑造了长乐人特有的勇于开拓、外争内敛的性格特征，培养了长乐人积极进取、不折不挠、勇往直前、永立潮头、"能拼会赢"的开拓精神。其中，在下西洋、闯南洋、越海洋时期，长乐人开拓进取的精神发挥得更加淋漓尽致。当年，郑和船队出江苏太仓后七下西洋，六次选择长乐作为出海的驻泊地和伺风开洋港，其庞大船队在长乐累计驻泊长达4年时间，在这里集结船队、招募水兵、整编训练、修造船舶、补充给养、购置货物、祭祀海神，等候东北季风到来时扬帆开洋，这给长乐人带来极其深远的影响，促进了长乐的经济、文化发展。从历史的眼光来看，这一时期应该算是长乐古代经济的黄金时期。称之为黄金时期，主要是因为在传统的农业经济基础上，注入了工业经济和商贸经济的新鲜血液。同时，众多的长乐人跟随郑和船队漂洋过海、谋生创业并积累了大量的航海经验，他们凭着自身勇于开拓、吃苦耐劳的禀性，变他乡为故乡，在艰苦的条件下，不畏艰险、开拓进取，在异域立住脚跟、发家致富，这为长乐人开拓了另一条谋生之道，形成世世代代出海闯荡的诱因。随着现代航海事业迅猛发展，人们的视野日益开阔，不少地方父携子、兄带弟、亲随戚、友与朋，相继申请出境，移民海外。其中，郑和史迹所在地或当年郑和到过的地方，都是有名的侨乡，如太平港周边的吴航、航城、首占、营前等街道（镇），闽江口的猴屿、潭头等乡镇。改革开放之后，更多的长乐人走出国门，到世界各地创业定居。目前，长乐籍海外乡亲已达40万人，大部分人都是通过移民或者劳务输出的方式出去的。他们以血缘为核心，以家族为凝聚力，从事家庭式经营，父业子承，在异国他乡发展壮大，积累了大量的资金、人才、技术以及管理经验。基于这一客观实际，现在，我们把“回归工程”的领域进一步向海外拓展，在侨资、侨智、侨技的引进上取得了新的突破。

（2006 年 6 月 17 日）

生　韵

关爱女孩既是新风又是旧俗。透析中国传统文化，生老病死是绕不过的历史命题；优生优育是人口与计划生育最高层面的长久问题。唯有用文化涵养发展的理念，以《诗经》中“关关雎鸠，在河之洲。窈窕淑女，君子好逑”的情感关心、关注、关爱女孩，才能转变老化旧俗、营造和谐的“生韵”新风。

以关爱女孩的“生韵”实践来落实基本国策。长期以来，作为基本国策的计划生育在具体执行过程中，一直存在着落实难的问题。为使“关爱女孩行动”始终沿着科学正确的工作轨道开展，长乐一开始就坚持把“关爱女孩行动”作为推动计生工作的突破口来抓，以“关爱女孩”的具体实践来贯彻落实好基本国策。在思想认识上传导关爱。人们常说：“计生天下第一难，领导重视就不难。”同样，要确保“关爱女孩行动”落到实处，首先要提高各级领导干部的思想认识。为此，长乐从强化认识入手，通过市委书记办公会议、市委常委会会议、市长办公会议、计生工作领导小组会议、计生工作季度汇报会等渠道，不断在思想上灌输关爱、传导关爱，在各级领导干部中形成了对“关爱女孩行动”的广泛共识。从强化领导入手，成立了“关爱女孩行动”试点工作领导小组，制定了《“关爱女孩行动”试点工作实施方案》；市四套班子领导成员定点挂钩联系乡镇（街道），深入基层亲自调研、亲自策划、亲自推动，及时发现问题、解决困难。从强化配合入手，在市计生领导小组成员单位和各乡镇（街道）推动成立了“关爱女孩行动”领导机构，立足发挥各自职能优势，实现从计生部门“孤军奋战”到全市上下“并肩作战”的转变，形成了“秉承大爱传统、同心关爱女孩”的良好局面。在计生工作上突出关爱。作为“关爱女孩行动”试点市，长乐始终把开展“关爱女孩行动”置于人口与计划生育工作的全局加以统筹考虑，并根据“关爱女孩行动”自身特点和工作要求加以重点推动。特别是把整顿B超、打击“两非”作为日常计生管理的重点工作来抓，加强了对超声诊断仪、染色体检测和施行人为终止妊娠手术的管理。实行严格的审批制度，对非法为他人进行胎儿性别鉴定或选择性别的终止妊娠手术的单位和个人，依据有关法律法规进行严肃处理。同时，成立由公安、检察院、法院、计生、卫生等部门联合组成的专案组，开展专项整治活动，严厉打击非医学需要的胎儿性别鉴定、选择性别的人为终止妊娠、遗弃或溺杀女婴、拐卖妇女儿童等违法犯罪行为。通过扎实开展“关爱女孩行动”，进一步调动了广大育龄群众实行计划生育的积极性和自觉性，带动和推动了全市计划生育整体水平的不断提升。在政策制定上保障关爱。为了给开展“关爱女孩行动”创造一个良好的政策环境，三年来，长乐先后制定了《“关爱女孩行动”试点工作实施方案》《关于深入开展“关爱女孩行动”实施五大工程的若干规定》《关于关爱女孩户“安居工程”的实施办法的通知》《农村部分计生家庭奖励扶助制度实施细则》等文件，成立了总金额100多万元的“关爱女孩”专项基金，组织实施了“亲情、安居、成才、保障、致富”五大工程，形成了较为完善的政策推动、奖励扶助、利益导向机制，在义务教育阶段免费入学、提供政府贴息贷款和小额无息贷款、开展绿色就业通道、减免各项费用等方面向“关爱女孩行动”对象倾斜，从政策上保障了“关爱女孩行动”试点工作的顺利开展。

以关爱女孩的“生韵”内涵来融入大爱文化。长乐是一座充满爱与温暖的城市，千年积淀而成的大爱文化从来都是推动长乐各项事业向前发展的强大精神动力。为此，长乐十分注重以“关爱女孩行动”的深刻内涵来融入大爱文化，与时俱进地拓展和丰富大爱文化的内容。呼唤爱的共鸣。“关爱女孩”是一项以爱为基调的社会行动。只有人人都献出一份爱，才能让所有的女孩都沐浴在爱的阳光下。为此，在行动开展伊始，长乐就把营造“关爱女孩行动”的浓厚氛围作为立足点来抓。借助媒体的宣传平台，开辟了“关爱女孩”专题、专栏；举办了村级党组织书记计生论坛和以“关爱女孩行动”为主题的书画摄影展、文艺晚会、知识竞赛、演讲比赛、征文活动、钢琴演奏会等各项活动；出版了《千秋女儿红》专题文集和《芳菲满吴航》书画专集；开辟“关爱女孩”宣传一条街；等等。这些举措在社会上引起巨大反响，广大干部群众自觉加入关爱女孩、关注女性的行列，共同奏响爱的共鸣、形成爱的暖流，使很多贫困家庭的女孩重新找到了生活的希望，树立了战胜困难的勇气和信心，实现了真正意义上的社会上有地位、生活上得帮助、经济上有实惠。搭建爱的舞台。为了搭建一个汇聚爱、展示爱、交流爱的舞台，三年来，长乐以政府引导、市场经营、社会运作的方式积极整合社会资源，在全市范围内依托原有文化设施和青少年德育基地，新建了“中国长乐关爱女孩文化公园”、南阳省委旧址关爱女孩革命传统教育基地、冰心文学馆“关爱女孩”思想教育阵地、市图书馆“女孩阅览室”、中国长乐纺织馆“女孩技能培训中心”、华夏书画馆“女孩书画室”等一大批“关爱女孩”活动和教育基地，为新一代女孩提供了积极、健康、向上的发展空间，让她们有机会用科技知识武装自己的头脑，展示自己的艺术才能，增强自立于社会的才干，从而树立自尊、自强、自信、自爱的理念。寻找爱的支点。古希腊数学家阿基米德说过，“给我一个支点，我就能撬动整个地球”。同样，在全面推动“关爱女孩行动”的过程中，也需要寻找到爱的支点。为此，长乐在开展“关爱女孩行动”中，坚持以“关注女性健康”“救助贫困母亲”为支点。一方面，结合创建“省级计生优质服务县（市）”，在开展“双查”服务的同时，免费为育龄妇女检测和治疗妇科常见病，并在潭头镇和漳港街道进行了国际合作计生拓展项目试点，开展孕情管理、女婴成长、生殖健康等各项服务；另一方面，实施救助贫困母亲的“幸福工程”，广泛动员机关、企业和社会力量为救助贫困母亲捐款捐物，同时，通过金融部门向贫困母亲提供小额无息贷款，以此帮助许多贫困母亲走上脱贫致富的道路。

以关爱女孩的“生韵”行为来促进社会和谐。我们常说“妇女能顶半边天”，这是广大女性应该享有的地位和作用。由此可见，一个缺少女性、缺乏爱心的社会，绝不是一个文明的、和谐的社会。

开展“关爱女孩行动”以来，长乐用自身的行动实实在在地践行着构建和谐社会的理想与愿景。通过关爱女孩来平衡性别比例。在多年的工作实践中，我们深切体会到：今天的女孩子，就是明天的建设者；关爱今天的女孩，就是关注民族的未来。这是新时期人口与计划生育工作的要求，是维护妇女合法权益、促进男女平等的需要，也是确保人口安全、落实以人为本的科学发展观、全面构建和谐社会的需要。针对基层群众中存在的重男轻女的观念问题，针对与男性和成年人比较，妇女尤其是未成年女孩的弱势现象，长乐力求通过“关爱女孩行动”的开展，把党和政府的关爱落实到每一项具体工作中，以此解决出生人口性别比例失衡问题。通过关爱女孩来缩小贫富差距。开展试点工作以来，为了摆脱“越穷越生，越生越穷”的计生怪圈，长乐将工作的着力点放在帮助“关爱女孩行动”对象的脱贫致富上，致力于改善他们的生产、生活条件，从根本上解决群众对生育女孩的后顾之忧。为此，长乐建立了市五套班子领导、民营企业家与二女扎困难户挂钩帮扶制度，切实解决二女扎困难户就业、就学、就医等困难。市有关部门还联合向农村独女户、二女户中的困难家庭提供政府贴息贷款、技术培训和就业岗位，帮助他们依靠自身力量脱贫致富；并将符合低保条件的困难纯女户优先列为最低生活保障对象，给予生活困难和救灾救济补助。通过关爱女孩来化解社会矛盾。受工作方式方法和陈旧婚育观念的影响，计生问题、女孩问题一直都是引发干群矛盾、家庭矛盾、邻里矛盾的重要因素。为使“关爱女孩行动”得到切实有效的贯彻和落实，长乐坚持把“关爱女孩行动”作为改进计生干部作风、缓解干群紧张关系的一个有效平台，不断提高“关爱女孩行动”的透明度和公信度，使示范工作得到广大群众的理解和支持。同时，长乐还通过新型婚育观念的传导和经济利益的导向，以许许多多“关爱女孩行动”受益者的切身变化，帮助群众树立“生男生女都一样，女儿也是传后人”的正确思想，消除社会大众对一女户、二女户的歧视，进而融洽人际关系、家庭关系和邻里关系，有效化解了各类社会矛盾。

以关爱女孩的“生韵”引导来弘扬文明新风。“关爱女孩行动”

为新型生育文化建设，提供了一个新的切入点、一种新的载体、一项新的活动方式。近年来，长乐以开展“关爱女孩行动”为契机，大力倡导科学、文明、进步的婚育观，促进了全民的观念同社会进步与文明的有机融合。引导树立新风。长乐从强化联合宣传意识、落实部门职责入手，深入开展“双创”“两为”活动，建设新型生育文化；并把“关爱女孩”作为宣传重点，通过宣传培训、文艺演出、知识竞赛等多种形式，开展群众喜闻乐见的宣传活动，积极倡导科学、文明、进步的婚育新风，促进了广大育龄群众婚育观念的转变。目前，全市共成立了73个婚育新风示范区，为人口计生工作奠定了良好的群众基础。同时，通过组织开展“长乐一日游”、青春期性健康教育进校园、计生文艺宣传队“镇乡巡回演出”等宣教活动，引导广大村（居）民参与文明村居、文明社区、文明家庭、星级文明户、好媳妇、好婆婆等群众性精神文明创建活动，进而以先进文化来引领群众的生产生活，在全社会倡导和树立积极、健康、向上的社会风尚，促进新型婚育观念的形成和确立。引导培育新人。实践证明，要有效控制人口计划生育情况，培育新一代高素质的育龄青年是关键。在知识信息时代，新知识、新信息、新事物层出不穷，只有使群众不断吸收新鲜空气、不断吐故纳新、不断转变“传宗接代、重男轻女”的陈腐婚育观念，计生工作才能不断上台阶，才能持续发展。针对于此，长乐计生管理部门积极引导群众树立晚婚晚育、少生优生、男女平等的婚育观念，切实帮助群众改变观念，让其把主要精力放在提高子女的素质、家庭的生活水平上。引导展示新貌。长乐把“关爱女孩行动”宣传纳入全市精神文明建设和宣传工作整体规划，作为“三下乡”的重要内容之一，在党员干部和广大职工、农民群众中宣传新型人口和生育文化；利用行业优势和文艺资源，组织城乡专业、业余文艺团体创作、编排、演出婚育新风题材的节目，组织群众自编自演节目，加大了对“关爱女孩行动”的宣传力度；以专题、专栏形式，对“关爱女孩行动”的政策、意义和工作进行新闻宣传；通过现代传媒和其他形式传播新型婚育观念和科普知识。从而营造出了上下联动、广泛参与、全面宣传“关爱女孩行动”的大宣传格局。

以关爱女孩的“生韵”理念来推动自主创新。创新是一切工作的灵魂。只有不断创新，才能提高各级计生管理部门适应新形势新任务的要求的能力。因此，近年来，长乐在开展“关爱女孩行动”时坚持把创新贯彻始终，注意吸收在工作过程中遇到的各类切实可行的创意，富有成效地开展“关爱女孩行动”。寓关爱女孩于理念创新中。全市各级计生管理部门能以创新的理念，自觉地把思想认识从那些不合时宜的观念、偏见、做法和体制的束缚中解放出来，改变“就人口工作抓人口工作”的旧观念；把计生工作与全面建设小康社会的大目标联系起来，与坚持科学发展观、实施可持续发展战略联系起来，推动人口与经济、社会、资源、环境协调发展。能主动克服等靠要思想，在争取政府支持的同时，努力提高了社会协调、动员组织群众和依靠市场开发资源的能力。能主动到基层去、到群众中去，了解群众需求，帮助解决群众实际困难，用爱心争取群众对“关爱女孩行动”工作的支持。寓关爱女孩于制度创新中。“关爱女孩行动”的试点工作是一项关乎国计民生、人口安全、社会稳定、妇女发展的社会系统工程，不仅需要政府部门的积极推动，更需要全社会的积极参与。近年来，长乐按照“突出关爱、强化宣传、政策推动、综合治理”的思路，建立由村居（社区）党支部或村居（社区）委员会成员、协会负责人、计生专干（兼任协会秘书长）共同主持“关爱女孩行动”工作和“两委负总责、村民搞自治、群众做主人”这一带有综合性、经常性、群众性的长效工作机制，促使“关爱女孩行动”工作逐步走上了群众自觉参与的轨道。同时，长乐还建立有奖举报制度，提倡群众监督、举报，集聚全社会各方面力量，加强对B超、终止妊娠药物和手术的监督，发挥强大的舆论震慑作用，对举报非法进行B超性别诊断或非法进行选择性别人工终止妊娠者给予重奖，激励广大群众自觉守法，在全社会形成了依法管理的法制环境。寓关爱女孩于方式创新中。“关爱女孩行动”是做群众工作的。如何把工作做到群众的心坎上，让群众愿意听、乐意接受？这就要创新“关爱女孩行动”工作的方式方法。因此，近年来，全市各级计生管理部门围绕群众的需求，创造多种群众自我教育、自我管理、自我服务的方式方法，积累用群众喜闻乐见的方式宣传与大众媒体宣传相结合、宣传教育与服务工作相结合、思想政治工作与精神文明创建活动相结合等方面的经验，进一步改进了“关爱女孩行动”工作的方式方法。

以关爱女孩的“生韵”成效来检验干部队伍。“关爱女孩行动”试点工作做得好不好，各项举措落实得到位不到位，也能充分体现干部执政能力水平的高低。为此，长乐要求广大计生干部从大局观、宗旨观、统筹观等方面去努力把握，不断促进“关爱女孩行动”试点工作迈上新台阶。检验大局观。在“关爱女孩行动”试点工作这个问题上，没有部门之分，也没有上下级之分，大家肩负的责任都是一致的，都是为广大人民群众负责。只有各级各部门密切配合、加强联动、齐抓共管、综合治理，才能全面提高“关爱女孩行动”试点工作的整体水平，否则，单靠计生部门的“孤军奋战”，可谓“独木难支”。为此，应充分强调“关爱女孩行动”试点工作的大局观，要求各相关部门要经常反思一下：本单位本部门在开展“关爱女孩行动”中，职责履行到位与否？在触及部门利益的时候，有没有不讲大局、不议全局？做到有则改之、无则加勉。检验宗旨观。为人民服务是我们要牢固树立的宗旨观。作为一项与生命密切相关的工作，“关爱女孩行动”试点工作具有突发性、长期性、复杂性等特征，最能考验每一位计生干部的能力和韧性。对此，长乐要求广大计生工作者要真正体现人本主义精神，以对人民群众负责的态度、对工作负责的态度去开展“关爱女孩行动”试点工作。长乐要求干部坚持深入一线，多到计生对象家中去坐坐，多看看、多想想他们的处境和存在的问题，以真情、真心去感动他们，从而打开新的工作局面。友善地亲近群众并与其打成一片，及时知道群众在想什么、忧什么，从而找到问题的症结所在。同时，要求每个干部都要尽量同计生户挂钩联系，定期访谈，要做到如影随形、知根知底。检验统筹观。开展“关爱女孩行动”试点工作特别是在基层一线开展“关爱女孩行动”试点工作，更能考验长乐广大干部的统筹协调能力。在打好计生大会战、攻坚战、日常战的过程中，长乐始终要求领导干部讲究领导艺术，善于“弹钢琴”，在促进计生“双查”“四术”“社会扶养费征收”等的同时，真正把“关爱女孩行动”试点工作放在更加突出的位置，将其列入重大事项督查范围。经常亲自听取试点工作汇报、亲自做工作部署、亲自协调解决试点工作实际问题，决不能“讲起来重要、干起来次要、忙起来不要”。

（2006 年 12 月 15 日）

泽　韵

长乐是个半岛地形，江海环绕、水网密布。长乐人自古生在水边、长在水边，也许是对水太过熟悉的缘故，许多人无形中对水的认识少了一些激情和责任，多了一些漠视和麻木，更不用说对水问题的紧迫感和危机感了。事实上，尽管长乐号称“三山六水一分田”，在发展过程中，水污染、水短缺等水危机同样突出，严重影响和制约了群众的生产生活和经济社会的发展。按古人的观念，人类生活的自然生态环境包含了天、地、雷、山、火、水、泽、风等八种物质。作为八要素之一，水带给人类的影响主要体现在两个方面，一是利一是害。在古人眼里，水就是“活”，“活”的一半是水，本义指流水的声音，它提供了人类生存的基本条件——水源，这是水的利。同时，水也是“灾”。在甲骨文中，“灾”是漫过河岸汹涌而来的洪峰横流，它直接威胁着人类脆弱的生存状态，这是水的害。现在，闽江口金刚腿段由于海水倒灌，咸淡水分界线正逐渐向内倒退；地下水由于养鳗业过度抽水正逐步变咸；莲柄港、陈塘港等重要水系的生态系统已经或正在恶化。所有这些问题，不仅为害当代而且殃及子孙。水问题已经成为当今社会共同关注和亟待解决的问题，大家应该加强对水生态环境的关注与思考，共同行动起来，“汇大爱之水，津万家百姓”，让“泽韵”造福一方、成就一地。

把水泽之韵当作生命来爱护。水是地球生物赖以存在的物质基础，水资源是维系地球生态环境可持续发展的首要条件。因此，保护水资源是人类最伟大、最神圣的天职，我们要把水当作生命来爱护。但长期以来，由于工业生产污水直接外排而引起的环境事件屡见不鲜，它给人类生产、生活带来极坏影响，因此，应当对生产、生活污水进行有效防治。当前，长乐有些工业集中的地方已经出现了严重的水污染问题，开始危及当地居民的身体健康，甚至生命安全。从可持续发展的高度出发，对此必须高度重视，认真研究解决水污染问题，必须坚决执行水污染防治的监督管理制度，坚持谁污染谁治理的原则，促进全市污水的综合治理，还长乐人民一片青山绿水，创造一个适宜生居的环境。

把水泽之韵当作战略来谋划。随着改革开放的不断深入，长乐水资源和经济社会状况都发生了很大的变化。编制新时期水资源规划，为经济社会可持续发展和水资源的节约、保护、合理利用提供科学依据，是一项十分重要而急迫的任务。编制水资源规划要坚持以人为本、人水和谐的理念，充分尊重自然规律；坚持节流优先、治污为本、多渠道开源，重视非传统水源的开发；统筹经济社会发展与水资源的开发利用和保护；协调好生产、生活和生态用水。当前要做好长乐水资源综合规划工作。应综合考虑国民经济和社会发展的需要，摸清长乐的水资源和水环境承载能力现状，全面制定水资源生态开发、利用、配置、节约和保护的规划方案。抓紧编制闽江流域长乐段水生态环境和炎山取水口周边水生态环境的治理规划及城市供水、排污体系建设规划，完善水资源规划体系，进一步改善水生态环境。

把水泽之韵当作生态来研究。水是当前打造海峡西岸生态绿色明珠过程中一个不可或缺的环节。众所周知，水资源是经济社会发展重要的物质基础，且水资源是有承载能力限制的。经济社会发展在水资源、水环境承载能力以内，就能实现可持续发展；否则，发展就会失去物质基础，造成生态系统破坏、生存环境恶化。这就需要从生态的角度出发，科学分析当前长乐区域内水资源、水环境承载能力，从中找出影响水生态与经济可持续协调发展的问题和原因，以利研究对策，实现水生态的综合平衡。为此，要全面实施建设项目水资源论证制度。在立项前对其取水水源、用水合理性、退水水质、对水环境影响等方面进行评价和论证，判断其取水是否超过当地水资源和水环境承载能力，使重大建设项目符合当地水资源条件。

把水泽之韵当作财富来节约。水资源不管在过去、现在，乃至将来，对我们来讲，都是上天赐予的一笔不可多得的宝贵财富。长期以来，我们习惯于建设蓄、引、提等工程来开发利用水资源，而忽视了水资源的节约和保护，造成水资源短缺和水污染日趋严重，使水资源供需失衡。事实上，开发利用和节约保护是合理利用水资源不可分割的两个方面，它们的共同目的是追求水资源的供需平衡。为此，在节约用水方面，自来水总公司要积极探索用水定额管理，积极开展节水型单位、家庭、企业乃至整个社会的建设工作。在水资源保护方面，长乐市水利、自来水、环保等部门应切实履行各自职责，开展入河排污口普查登记工作，强化对炎山饮用水源区、水功能区和入河排污口的管理，逐步建立排污总量控制制度；抓紧地下水超采区核定，加强地下水保护工作；抓好长乐水质监测站网建设，加强水质监测，确保人民群众供水安全。

把水泽之韵当作资产来经营。我国的水资源属于国家所有，政府对水价、水质等的管制，所代表的是公众利益。只有与时俱进、不断创新，把水当作资产来经营，才能在水资源开发、治理、保护、利用和管理过程中，按资产管理理论对水资源的开发和利用进行管理，实现水资源的优化配置和可持续利用。因此，在今后工作中，根据水资源的不同用途，对工业用水、灌溉用水、生活用水、水力发电用水、航运用水、渔业用水等进行合理分配，并通过征收水资源税和污水排放费等方式，降低人们对水资源的总量需求，减少环境损害，获取水资源的保护效益，从而改善管理维护水平，共享开发水资源的利益，进而更有效率地利用水资源和产生财政收入。

把水泽之韵当作产业来打造。水是公共产品和特殊商品。真正实现水业的市场化和产业化发展，最关键是需要转变给排水业现有的观念和思维模式，引入资本运作，实现产权多元化，从而实现水资源的可持续发展。因此，把“水”当作产业来打造，通过统一经营、统一管理，通过引进外资或其他投资者，使供排水基础设施建设、管理与运营逐步实现市场化。推进收费等配套政策改革，使原水供应、自来水供给和污水处理产业具有自我积累、自我发展的能力。运用市场化手段，引入竞争机制，积极引进战略伙伴，组建东区水厂、金峰污水处理厂等给排水企业，推进城市污水处理业运营机制向市场化发展，实现资源共享，节约经营成本，提高竞争力。

把水泽之韵当作指标来控制。当前，就全国而言，无论是工业生产，还是农业生产，水的消耗与浪费都很严重。工业用水的重复率国外已达 80% ～ 90%，我国不到 30%，单位产值水耗更是发达国家的 8 ～ 20 倍。要把水资源的消耗量和污水排放量作为衡量区域发展和企业生产的重要指标来考虑，从总量上加以严格控制。通过体制机制创新，建立依靠价格杠杆、运用市场手段调节节水防污机制，合理确定河流水体的纳污总量，对污水排放进行有效的总量控制，在重点流域和地区，实行最严格的排污总量控制措施，逐年削减排污总量，促进生态环境的好转。就企业来说，通过技术创新改进生产工艺和水平，像考虑资金和劳力成本一样将节约用水、减少排污作为企业追求发展和赢利的重要一环，切实落实好排污许可制度，从被动节水向主动节水转变，达到节水减排的目的，从而提高资源利用效率。

把水泽之韵当作景观来建设。畔江临河逐水而居、聚而为市筑而为城，是古代城市的基本成因之一。在现代，穿城而过的城市内河以及沿水建筑，成为许多城市最富特色的自然人文景观。城市水资源，正在成为城市景观建设的重要元素。长乐是一座临江面海、水网密布的城市，拥有得天独厚的水资源与水优势。在城市景观建设中，更要突出水的作用，做好江、河、湖、海、溪等“五水共导”的文章。尤其要以城市内河水环境整治为突破口，集中力量清理河道漂浮物和河岸垃圾，实施市区河道调水和清淤工程，通过建设生态河堤、河岸公园等亲水景观设施，为沿水居民提供一个优美的休闲场所和亲水平台，让城市景观在水的倒影中活跃起来、灵动起来，进而把长乐打造成一座“水在城中流、城在水上走”的亲水型城市。

把水泽之韵当作国策来宣传。长期以来，大多数人们普遍认为水是取之不尽、用之不竭的。其实，地球上水资源并不充裕，尤其是我国的人均水资源量更少，地区分布也不均匀，而且年内变化、年际差别很大，再加上污染严重，许多城市都面临水资源紧缺或枯竭的问题。因此，做好新时期节约保护水资源工作，关键在于转变观念、提高认识。通过在全社会广泛持久深入地开展相关法律法规的宣传教育活动，加强公众的国情教育和忧患意识，使广大群众懂得保护水资源、水环境是每个公民的责任，进而真正了解水、认识水、珍惜水、保护水，自觉树立“人水相亲、人水两利”的和谐观。同时，采取多种形式进行警示教育，增强公众的水危机意识，加强对浪费水源、破坏水质等行为的舆论监督，大力推广科学用水、节约用水的好方法，积极引导群众转变落后的用水观念和用水习惯，使建设节水防污型城市成为广大干部群众共同的自觉行动，努力形成节约用水、合理用水、防治水污染、保护水资源的良好社会氛围。

把水泽之韵当作责任来落实。加强水资源的节约和保护是全社会的共同责任，需要社会各行各业、千家万户的广泛参与和大力支持。在这个过程中，各级各部门必须切实负起责任。当前，长乐的水污染防治工作刚刚起步，应以开展“水生态环境整治年”为契机，自觉站在落实科学发展观和推动经济社会又好又快发展的战略高度，把节约和保护水资源作为一项革命性措施来抓，坚决执行和认真落实国家相关法律法规和规章规划，依法承担起管好用好水资源和防止水资源污染的管理责任。把水资源保护纳入各级干部的政绩考核内容，将其作为现代化城市管理的重要环节，建立起有效的管理监督机制，坚持党政一把手亲自抓、负总责，分管领导同志具体落实，将保护水资源、节约水资源纳入经济发展的规划和体系内，形成完善的目标管理责任和追究制度。

（2007 年 3 月 28 日）

绿 韵

福建是全国森林覆盖率最高的省份。位于福建省沿海、闽江口南岸的长乐，特殊的地理区位和“三山六水一分田”的自然地形，决定了建设生态长乐应是题中应有之义。近年来，长乐大力倡导“内学延国和、外学谷文昌”活动，在建设“生态绿色明珠”的过程中，积极推动“四自”工程，把“自觉自愿、自我革命、自加压力、自主管理”的理念与方式传导给群众，不仅广泛发动社会各阶层人士投入共建绿色家园的活动中，而且让这种“绿韵”理念更加深入人心。

绿缘自自觉自愿。历史上，长乐人民曾经饱受风沙肆虐的侵害。800 多年前，长乐的先民面对风沙和海浪的侵袭，在漳港海边建起了显应宫，以求得神灵的保佑。但是，一场海啸不仅冲毁了长乐先民的生存家园，也埋葬了他们的精神家园——显应宫。于是，长乐先民为了逃避自然灾害对自身生存和发展的威胁，把县治从新宁的董奉山下迁至闽江边的吴航盆地，并自觉自愿地为拓展和改善自己的生存、生产、生活环境而不懈奋斗；按照“相生相克”的古代智慧，不断地选择、论证着耐风沙、耐干旱的树种，用植树造林来抵御风沙侵袭。他们已经深刻认识到，没有绿色，生命将失去保障、生存将失去家园、生产将失去基础。

绿醒自自我革命。20 世纪 60 年代初，在时任长乐县县长延国和同志的带领下，长乐掀起了一场“镇锁黄龙、扭转乾坤”的植树大会战。历时 3 年，建起了总面积 4 万多亩的防护林带，创造了“沙漠成林海、高坡建新村”的治沙奇观，被联合国誉为“人类治沙史上的奇迹”。到了 2002 年，为了凸显长乐作为省会窗口的形象，峡漳线、福北线两侧的乡镇、村自觉行动起来，掀起了新一轮“绿色通道”建设高潮；仅用 3 个多月的时间，就完成了近百万平方米的绿化任务，构建起点、线、面相结合的绿化、美化家园新格局，体现出了自我革命的巨大勇气和坚忍不拔的顽强意志。

绿重自自我加压。共建“绿色家园”的理念已经在长乐深入人心，无论是公路主干道两侧的绿化、美化，还是征地建公园、广场，都能赢得广大人民群众的大力支持与拥护。尤其是机场高速公路两侧的绿化任务繁重，长乐积极创新机制，采取“借地建绿、征地扩绿、见缝插绿”等多种方式，引导沿线各乡镇、村投入绿化大会战中去。“借地建绿”就是以每亩每年补偿300元、补偿期25年向沿线农民借地绿化，所种林木按照“属地所有”的原则给予农户林权证，管护和采伐收益归林权所有者。“征地扩绿”就是针对长乐境内的高速公路段多为高架桥、视野广阔、绿化难度大这些现状，一方面在部分高架桥路段将绿化带外移，另一方面在可视范围的一重山上进行补植、更新造林，以求得最佳的绿化效果。“见缝插绿”就是引导、动员和鼓励沿线企业参与“绿色通道”建设，采取加厚、加实、加美等办法提升主干道两侧的绿化质量，美化沿线景观。各乡镇、村相互比拼，自加压力，在困难面前不低头，在压力面前不退缩，迸发出强烈的创业热情，显示出肯打硬仗、能打硬仗、善打硬仗的精神风貌。

绿贵自自主管理。除沿海基干林带由政府实行长效管理外，其他绿化区域则分别按照属地管理、物业管理、社区管理、企业养管等方式进行自主管理。对公路沿线绿化带、城乡公园，按照属地管理的原则，由各乡镇（街道）自主管理、养护，市里只起督促、检查的作用。对峡漳线沿线绿化带，按照物业管理的规划，通过招投标的方式，选择业主进行管理，以期达到责权明晰的管护效果。对村（社区）内的自建公园，采取村（社区）自主管理的办法，引导社区或老人会成立管理小组，进行专门管护。同时，还发动广大企业家积极回报社会，主动在企业门前或城乡接合部认种认养，绿化环境。

（2007年4月20日）

青 韵

青年是民族的希望、社会的栋梁。长乐各级团组织和广大团员青年紧紧围绕市委工作大局，不断探索体现时代特征、富有长乐特色、符合青年特点的共青团工作新路子，在服务大局、服务发展的实践中，充分发挥了物质文明建设的生力军作用和精神文明建设的先锋队作用，充分展示了新一代长乐青年奋发有为、拼搏进取的良好形象，不仅创造出无愧于青春、无愧于时代、无愧于人民的新的业绩，而且更加显示出长乐青年一代所具有的“青韵”特色。

立有志气之韵，争当理想信念的追求者。一个人的人生志向和奋斗目标直接决定其思想的高度。作为先进青年的代表，广大团员青年要始终坚定崇高的理想信念，始终把握正确的人生方向。只有这样，才能在时代的大潮中永不迷航，成为合格的社会主义事业接班人。面对错综复杂的发展形势，面对形形色色的多元思潮，广大团员青年更要坚定对马克思主义的信仰、对社会主义的信念、对改革开放的信心、对党和政府的信任，牢固树立正确的世界观、人生观、价值观，使自己的理想信念与时代前进的脉搏相协调，与长乐发展的目标相适应，把个人的成长与民族的振兴紧密结合起来，在志存高远的不懈追求中激扬斗志、焕发热情，绽放出更加夺目的光彩。

立有才气之韵，争当勤于学习的示范者。学习是进步的根基。选择学习就是选择进步，选择学习就是选择未来，选择学习就是选择成功。一个人要追求成功、实现理想，就必须像海绵一样，不断地吸纳知识、积累经验、增长才干、厚积薄发。青年是学习的黄金时期。希望全市广大团员青年一定要珍惜良好时光，把学习作为一种责任、一种修养、一种境界、一种追求，以时不我待、只争朝夕的使命感和紧迫感，勤奋学习，刻苦钻研，不断充实提高自己，在建设学习型城市中当好表率、争做先锋。要注重提升学习能力，既要刻苦读书，更要勤于思考；既要通过学习丰富知识、提高技能，更要通过学习提高思维能力和创新能力，构筑更高更广的知识平台。要注重学习与实践的紧密结合，坚持学与用、知与行、说与做的统一，在实践中检验所学，在实践中求得真知，在实践中增长才干。

立有朝气之韵，争当思想解放的先行者。思想的解放和观念的更新是事业发展的重要前提。面对新机遇、新挑战、新任务，只有进一步解放思想、与时俱进，才能抓住新机遇、争创新优势、开创新局面。青年是最富有朝气、最富有创造性、最富有生命力的社会群体。作为新一代的弄潮儿，广大团员青年要勇于突破前人、突破常规、突破自己，坚决克服一切不合时宜的思想观念，坚决打破一切束缚发展的精神桎梏，坚决改变一切妨碍进步的形而上学，解决好“满、难、怕、懒、空、散”等方面的问题，牢固树立“想干事、会干事、干成事、不误事、不坏事、不出事”的新观念，树立与市场经济相适应的发展观、开放观，形成面向世界、放眼未来的宽广视野，保持朝气蓬勃、奋发有为的精神状态，自觉走在思想解放的最前列，为改革开放和现代化建设做出更大的贡献。

立有勇气之韵，争当锐意创新的实践者。发展的希望在创新，创新的希望在青年。新时代的发展目标为广大团员青年参与创新提供了广阔的平台与空间。广大团员青年要在不断认识和把握客观规律的基础上，积极投身创新实践，树立创新意识，挖掘创新潜力，激发创新活力，努力为制度创新、科技创新、文化创新以及其他各方面的创新做出积极贡献，使自己成为赢得激烈竞争的创新型人才。企业青年要围绕增强企业的核心竞争力，积极推进企业机制创新、技术创新、管理创新，做推动企业发展的排头兵。农村青年要围绕社会主义新农村建设，敢闯善拼、先试先行，做发展农村经济、繁荣农村文化的带头人。机关青年要围绕转变政府职能，不断提高工作效率、增强服务水平，树立勤政为民的良好形象。青年学生要勤奋学习，努力实践，成为各类专门人才的后备军和现代化建设的栋梁。

立有浩气之韵，争当时代风尚的弘扬者。青年素有开风气之先的光荣传统。在建设文明和谐的新长乐的具体实践中，广大团员青年已成为引领时代风尚的重要力量。长乐是座充满爱与温暖的城市，孕育了深厚的文化底蕴和传统美德。继承和弘扬“大爱开明”的“吴航风骨”和“能拼会赢”的“长乐气度”，不仅应该成为全市人民的共同行动，更要成为广大团员青年身先垂范的自觉行为。广大团员青年要以传承优秀文化、弘扬时代新风为己任，高举先进文化的旗帜，从现在做起，从身边的小事做起，带头践行社会主义荣辱观，做民族精神的传承者，做大爱文化的传播者，做时代新风的营造者，做先进文化的创造者，做无私奉献的志愿者，自觉以青年的特色品牌活动为载体，努力塑造健康、进步、开放、文明的新一代长乐青年形象，为促进社会和谐做出自己的贡献。

伟大的时代激扬青春的风采，宏伟的事业造就青年的理想。青年朋友们肩负着承前启后、继往开来的光荣使命和重大责任，一定要不息追求，靠自己的勤劳智慧，演绎生活的精彩故事；一定要不懈奋斗，用自己的火热激情，奏响青春的华美乐章；一定要不辱使命，以不懈的进取精神，在长乐新一轮创业热潮中，做出新的更大的贡献。

（2007 年 9 月 28 日）

护　韵

生态环境没有替代品，用之不觉，失之难存。生态文明建设，功在当代，利在千秋。在推动经济社会快速发展的同时，坚持以科学发展、和谐构建为指导，把环境保护工作纳入经济社会发展总体规划，纳入建设海峡西岸经济区大局统筹考虑，扎实推进“蓝天、碧水、青山、绿城”四大工程建设，在县域经济社会发展中显得尤为重要，而且更需要一代又一代吴航的人把“护韵”传承下去，发扬光大。

成守土有责之“护韵”，推动“绿色发展”。以往在引进项目时，更多考虑的是经济总量和固投的增加，对项目环保要求重视和把关得不够有力，对个别重污染企业督促整改也不够及时，存在发展经济与环境整治“一手硬，一手软”现象，环保工作相对滞后于经济社会的发展。我们常讲，为官一任，造福一方，这就要求我们不仅要努力增加群众收入，更要提供优美的生存空间；既要小康，更要健康。如果连一个良好的生存环境都不能提供，我们还谈什么发展？而且大家都是长乐人，生于斯，长于斯，既是保护环境的主要责任人，更是环境保护的直接受益者。因此，要正确处理发展与环保的关系。一方面，要牢固树立宗旨意识。充分认识环保和生态建设的重要性、紧迫性和艰巨性，切实增强做好环保工作的责任感和使命感，以高度的责任感、严肃认真的科学态度、雷厉风行的工作作风，扎扎实实把环境保护这一得民心、顺民意的实事维护好、建设好，保护好辖区内的水土和生态环境。认真执行行政领导负责制，各单位的行政一把手是环保工作的第一责任人，要把环保方面的突出问题放在重要位置，把各项环保工作任务分解落实到人，提出要求、标准和完成时限。要建立和完善激励机制，运用物质和精神的手段促进工作的开展，年底根据工作完成情况和效果进行重奖重罚。

在全市各类文明单位、先进单位和先进个人的评比中，要实施环保一票否决权，凡是完不成环保工作任务的单位，本年度不得评为先进单位，单位负责人不得评为先进个人。对拟提拔使用的干部，要加强环保业绩的考核。通过以上措施，增强各级领导干部的责任意识，确保责任到位、措施到位、投入到位。另一方面，切实做好环保工作。以求真务实的工作作风，以对人民群众高度负责的态度，突出重点、制定措施、分解任务、狠抓落实、扎扎实实地做好各项环保工作，确保完成各项环保工作的指标任务。当前及今后一段时间，各级各部门要从环境保护工作的实际出发，坚持一头抓发展低投入、低能耗、低污染、高效益的“三低一高”产业，另一头抓压缩淘汰高投入、高能耗、高污染、低效益的“三高一低”产业，加快淘汰落后生产能力、工艺、技术和设备，积极引导企业采用有利于节能减排的技术设备，千方百计完成主要污染物排放总量控制任务，削减化学需氧量排放总量。要加快生活垃圾、污水处理设施建设，确保把环保各项任务真正落到实处。严格把好污染关口，把防范污染作为优先措施，将生产领域的“防”与流通、分配、消费领域的“防”相结合，将建设项目中的“防”与经济社会发展源头的“防”相衔接，加大经济结构调整的力度，坚决淘汰严重浪费资源、污染环境的工艺、设备和落后生产手段。严格执行建设项目环境影响评价，认真做好规划方案环境影响评价，积极探索重大决策的环境影响论证。要大力推进清洁生产，从生产的全过程控制污染。加强环境影响评价，确定环境“准入门槛”，设置产业淘汰和污染治理政策，通过生态治理，扩大环境容量，提高环境承载能力。

成守则有规之“护韵”，加强“绿色监督”。长乐是我们共同的家园，任何一个地方的环境遭到破坏，都是大家共同的灾难。当前群众环保意识有待进一步增强，部分企业环保意识和环保法制观念淡薄，个别企业为了降低生产成本，自身环保设施不配套、不完善，有的甚至擅自闲置治污设施，违法偷排现象屡禁不止。要树立强烈的环保意识，强化保护环境、人人受益，破坏环境、人人遭殃的观念，守好家园，让保护环境成为我们每个人共同的责任和使命。积极动员引导社会各方面力量成点、成面、成片地开发、建设和保护好自己的家园，不断增强将自己的家园建设成为文明、生态家园的自豪感。要增强群众环境保护共同参与感，环境保护不是一个或几个部门的工作，而是需要社会方方面面共同参与的一项系统工程。环境保护涉及面广，工作难度大，只有大家不断增强建设文明家园、生态家园的认同感，相互守望、相互监督，才能同心协力地做好环保工作。因此，我们要在加强环境执法机构和队伍的建设，提高执法者的业务素质，认真解决执法队伍存在的各种问题，建设一支敢于执法、善于执法的队伍的同时，加强环境保护工作的社会监督，保障公众对环境保护的知情权、参与权与监督权，促进环境保护行政执法人员依法履行职责，提高环境管理的质量和效率，促进长乐经济、社会和环境的协调发展。要积极向社会、向公众宣传环境保护的方针政策和法律法规，普及环境科学知识，提高全社会的环境意识和法制观念，激发公众参与环境保护的热情。要积极招聘热心群众担任环保监督员，并借助他们密切联系广大群众的有利条件，组织他们采用检查、明察暗访等形式，监督环保执法人员的行政执法活动以及各种行政行为，督促其依法公正履行职责，正确行使人民赋予的权力；监督企业依法履行环保职责，检举企业不法排污和破坏生态的行为。要通过强有力的社会监督，敦促群众反映强烈、影响群众身体健康的重大环境问题得到尽快解决，从而不断提高环境管理的质量和效率，促进经济、社会和环境的协调发展。

成守备无患之“护韵”，保障绿色动力。近年来，全国相继发生几起由重特大安全生产事故引发的环境污染事件，给事件当地社会正常生产、生活秩序造成严重影响。各乡镇（街道）及每个企业都要居安思危，增强危机感，要设置事故应急缓冲防范设施，制定并完善环境应急预案，健全环境应急指挥系统，配备应急装备和监测仪器，落实处置措施，一旦发生事故，要立即启动应急预案，保证应急监测、应急处置、信息发布等各项措施落实到位，最大限度地减轻事故造成的环境危害。要制定环保工作规章制度，只有将环保各项工作法制化、规范化、制度化，才能进一步提高行政效能，取得事半功倍的效果。因此，在实际工作中，各部门要按照规律、规则及各项规章制度，规范地做好环境保护工作。要进一步加大环保监督和执法力度，通过多种检查手段和检查形式，及时发现和查处污染环境、破坏生态的行为。对治污设施不达标的单位，要责令限期整改；对建设项目未报先建，尤其是擅自新上污染项目的单位，该停则停，该关则关；对直排直放、屡教不改的单位，要从严处罚；对造成严重污染事故的单位，要依法追究有关人员的责任，真正做到有法必依、执法必严、违法必究。要结合全年工作重点，以日常监督检查和突出检查相结合，部门检查和综合检查相结合的形式，加强监督管理，对严重的环境违法行为，坚决予以严肃查处。要根据有关法律法规的规定，将查人和查事相结合，对有关责任人予以严肃处理。要在执法手段和执法方式上注重创新，不断拓宽执法的环境内容，加大执法的力度，解决危害人民群众身体健康的环境问题，促进人与自然、人与社会、人与人、人自身的和谐，让更多的老百姓享受最大限度的环境舒适度。要充分发挥环保部门环境统一监管职责，集中力量，全方位做好工作。要从污染源头上严把建设项目环评审批关，严格执行建设项目环境影响评价制度，力争环评执行率达到100%。建设项目报建前必须做好环境影响评价报告，污染严重的项目，一律不予审批，坚决杜绝污染严重企业向长乐转移。项目建设中，不得擅自更改环保设计、人为降低环保设施建设质量。要严格环保验收制度，环保不达标的项目不能投入运营，更不允许项目投产后自行停运环保设施。环保及相关部门要切实加强项目建设和运营中的现场监督管理，加强检查，防止产生新的生态破坏和环境污染。对污染大户，环保部门要会同有关部门，对其限期进行工艺改进和技术更新，抓紧污染治理，坚决把污染强度降下来，对环境执法检查中发现的污染物排放超标的企业，要按照“谁污染，谁治理”的原则，限期治理，尽快达标。

（2007年10月12日）

亲　韵

军民一家亲，军地一家人。一直以来，长乐军地双方始终保持着拥军优属、拥政爱民的优良传统。面对新形势、新情况、新问题，如何让双拥之花香如故、开满城？这不仅需要我们共同构建起更大、更宽、更实的双拥平台，而且应使这种双拥互动的“亲韵”发挥出久久为功的效应。

亲情同唱一首歌。长乐这座1300多年历史的古邑新市，在大爱文化的熏陶和浸润下，在改革开放大潮的一次次洗礼中，双拥工作代代相传。1992年以来，长乐已4次获评“全省双拥模范城”，2次被评为“全国双拥模范城”，2004年又被省双拥工作领导小组评为“科学拥军工作先进单位”。这些凝聚着心血和汗水的荣誉，深深鼓舞着68万吴航儿女和全体驻航官兵。大家团结一心，众志成城，谱写出一曲曲新时期的双拥赞歌。每当台风、洪灾来临之时，可爱的人民子弟兵不顾个人安危，在湍急的洪水中抢救人民的生命财产、保卫长乐人民的家园；每一次森林火灾，又是他们冲锋陷阵，与熊熊烈火抗争，用鲜血和汗水及时地扑灭恶火，保住了长乐的青山绿水、挽救了人民的宝贵财产；在维护长乐社会稳定中，他们积极为地方培训保安人员，出人出力参加夜间巡逻活动，打击刑事犯罪，为长乐人民送上温馨与安宁。一幅幅可歌可泣的感人画面，感动着长乐地方党委、政府和人民。为给广大部队官兵提供更好的服务平台，全市各级党委、政府围绕服务经济发展需要、服务军事斗争准备、服务构建和谐社会，采取有力措施，认真落实国家新出台的军人抚恤、军休安置、退役士兵自谋职业等政策，有效解决了重点优抚对象的生活、住房、医疗等问题，妥善安置了军队离退休干部、转业复员退伍军人和随军家属，较好地解除了部队官兵的后顾之忧。

亲人同建一座城。长乐历来就有军民共建、军地合作的光荣传统。多年来所铸就的坚如磐石的军政军民合作关系，已成为推动长乐经济社会发展的重要力量源泉。近年来，长乐以创建省级文明城市为载体，大力开展了包含双拥城市在内的“七城同建”活动，把加强军政军民团结同维护社会稳定结合起来，把物质文明、政治文明、精神文明和社会文明建设结合起来，通过文化拥军、科技拥军和待遇拥军，赋予了拥军工作更多的文化元素、更多的文化特色，使城市功能不断提升、平台价值不断凸显、基础设施不断完善、人居环境不断优化、生活品质不断改善，极大地促进了长乐社会生产力的发展和部队战斗力的提高，进而让先进文化融入城市发展的生命力、创造力和凝聚力中，使驻守长乐的广大部队官兵及随军家属都生活在“居者安、近者悦、远者羡、离者归”的适宜发展与人居的乐土上。长乐城市的跨越式发展与进步凝聚着部队官兵的心血与汗水，体现了新时期军政军民“同呼吸、共命运、心连心”的鱼水之情。

亲心同扬一份爱。在这块充满爱与温暖的吴航大地上，在长乐建设文明和谐的省会窗口生态城市的征程中，希望驻航部队官兵始终“视人民如亲人，把驻地当故乡”，弘扬长乐特有的“大爱”传统，充分发挥拥政爱民的优良传统，在完成各项战备训练任务的同时，更加关心、支持长乐的发展，调动军队参建参治的积极性和创造力，为推动长乐经济社会好字优先、又好又快科学发展贡献力量。驻航部队要充分利用科技、人才和信息优势，把维护和实现人民的利益作为根本职责，广泛开展助民爱民活动，坚决完成好抢险救灾等急难险重任务，切实保护好国家财产和人民生命财产安全，积极协助地方应对自然灾害和处置突发事件，维护社会治安，为构建和谐长乐创造安全稳定的环境，用实际行动展示新时期“最可爱的人”的光辉形象。“你的大爱无法回避，你的温暖难以抗拒”，长乐地方党委、政府和人民一定会像爱护眼睛一样爱护军政军民团结，像关心自己亲人一样关心子弟兵的困难，切实解决好广大官兵最想、最盼、最急、最愁的问题。会高度重视国防教育，引导全民增强履行国防义务、支持军队建设的光荣感和责任感，充分调动包括新型经济组织和新的社会阶层在内的广大人民群众的爱国拥军热情，广泛开展民企拥军、行业拥军、个体拥军等活动，努力营造人人关心国防事业、人人支持军队建设的拥军氛围，凝聚起建设国防、推动发展的强大合力。

（2008 年 1 月 18 日）

侨　韵

年年岁岁景不同，岁岁年年情依旧。多年来，广大华侨身在异乡、心向祖国、情系家园，为祖国统一、长乐发展做出了卓越的贡献、书写了不朽的丰碑。历史与现实证明，当今长乐的发展是本土长乐、域外长乐和海外长乐“三个长乐”共同推动、推进的结果，也由此形成了富有长乐特色的“侨韵”新声。

侨史之悠久。侨是长乐的一大特色、一大历史。作为著名侨乡，长乐华侨的历史可以追溯到一千多年前，基本上与建县史同样漫长。当我们翻阅厚重的长乐华侨史，就会发现，这是一部荆棘满路的谋生史、一部可歌可泣的发展史、一部和平友好的交流史、一部波澜壮阔的开放史、一部源远流长的人文史。据记载“唐末五代时，城关东门王彦英举家浮海避难新罗（今韩国）”，这是长乐有文字可查的最早华侨。可以说，王彦英开启了长乐人为避国内战乱、远赴海外谋生的先河。在他之后，伴随着每一次的朝代更迭和天灾人祸，特别是明末清初，由于战乱、迁界等原因，一批又一批的长乐人从海上流离到日本和东南亚国家。其中，尤以南宋庆元年间，谢升卿入赘安南（今越南）、被立为安南王最为有名。之后，明洪武年间，朝廷招 36 姓赐予琉球，长乐人梁嵩任琉球中山王府长史司，延绵至今成为当地望族。接下来，就是大家熟知的郑和七下西洋，在长达 28 年的时间里，郑和舟师足迹遍及亚非 30 多个国家和地区，大批随船而去的长乐籍船匠、水手等留在当地或经商或定居，实现了与原住民的融合，增进了中外人民的友谊。进入 20 世纪 80 年代，有着悠久移民传统的长乐人，乘着改革开放的春风，又一次扬起了远航的风帆，通过移民、留学、投资等途径再次掀起了移民海外的浪潮。现在，长乐旅外华侨华人已有 40 多万人，分布世界 60 多个国家和地区，创办了 44 个长乐籍在外社团，形成了长乐强大的“海外兵团”。回顾一千多年的长乐华侨史，可以说，长乐人不仅具有悠久的移民史，也有着悠久的爱国心、爱乡情。一代又一代长乐人不管身在何处，根始终系在吴航、扎在长乐，尽管枝繁叶茂，却始终保持着对根的依恋与情意，正所谓“树高千尺、叶落归根”。正是有了这份浓浓的乡情，长乐这座“爱与温暖”的城市才多了一份温情、多了一份感动、多了一份和谐。

侨心在桑梓。俗话说“有海水的地方就有华人”，同样，有华人的地方就有长乐华侨。目前，旅居世界各地的40多万侨胞，正以长乐人特有的“大爱开明”的长乐精神、“能拼会赢”的创业豪情，在异国他乡用自己勤劳的双手、聪明的大脑埋头苦干、奋勇拼搏，创出了令世界瞩目的辉煌业绩，不仅在海外立稳了脚跟，而且成为在政治上有影响、社会上有地位、经济上有实力的群体。华侨华人是推进我国现代化建设、实现祖国完全统一和中华民族伟大复兴的重要力量。长乐华侨以雄厚的经济实力为后盾、以先进的科学技术为引领、以广泛的商业网络为平台，支持国家改革开放、参与祖国开发建设，并向世界介绍中国、推介长乐，为外商来航创业引路。长乐华侨还利用其在当地的经济实力、政治影响和社会关系，在维护祖国统一、促进对外交往、解决涉外纠纷、处置突发事件等方面发挥积极作用，为发展做贡献，为和平做贡献。长乐华侨有着浓厚的爱国爱乡情结。华侨身在海外、心系桑梓，对家乡的一草一木都倍感亲切、温馨。长乐侨亲对家乡做出的贡献随处可见。大到公园景点、小到村建设施，包括村级小学、道路、礼堂等，许多是在侨亲的鼎力资助下建设完成的。在长乐，凡是侨亲多的乡镇，其公建设施必然齐全、公益事业必然发达。更为难得的是，长乐华侨还积极地对内陆欠发达地区施以援手，帮助同胞发展经济、改善民生，将长乐核心的大爱精神发扬得淋漓尽致，同时也丰富了长乐的形象、扩大了长乐的影响。

侨力贵赓续。新形势拓展新视野，新使命激发新追求。当前，随着国际交流与合作的加深，世界正变得越来越平坦，“中国全球化、全球中国化”的趋势告诉我们，中国离不开世界，世界同样需要中国。面对难得的机遇和巨大的挑战，在全市人民的共同努力下，在广大海外乡亲的大力支持下，长乐正迎来一个发展的上升期。建设海峡西岸省会窗口生态城市的伟大战略构想，不仅为长乐人民描绘了未来长乐发展的宏伟蓝图，而且也为海外华侨提供了巨大的发展商机。“老侨老情结、新侨新力量”。回首往事，老一辈华侨在非常困难的条件下，含辛茹苦，以“俯首甘为孺子牛”的精神，埋头苦干、艰苦创业，发展了自己的事业，创下了侨业的根基，而且积极融入所在国，同当地的人民一道，结成了深厚的友谊。希望长乐华侨今后在扎根海外、激情创业的同时，以桑梓的情怀继续发扬爱祖国、爱家乡的优良传统，充分发挥自身优势，一如既往地关心长乐、支持长乐、宣传长乐，为全面推进海峡西岸省会窗口生态城市做出新的贡献。再看今天，海外华侨人才济济、资源丰富、联系广泛。新一代华侨凭借改革开放的大潮，锐意进取，又打开了一片新的天地。在这里必须特别指出的是，当前的侨情与以往相比发生了一些变化，那就是老华侨由于年龄关系逐渐淡出社交圈，新生一代日渐活跃在社交的舞台上。这批华裔新生代素质更高、视野更宽、层次更新、能力更强，其中许多人从小生活在欧美发达国家，悉知先进的发展经营理念。这是一个不可忽视的优势。希望侨领能很好地发挥引导、示范作用，把第二代、第三代的新华侨带回故乡的怀抱，注重引导他们积极参与家乡的经济、社会、文化等各领域的建设，不断拓展发展空间，为长乐的发展注入新的力量、塑造出全新的形象。

（2008 年 2 月 1 日）

信韵

诚信作为中华悠久文明的精髓、社会持续进步的标志、人类和谐共处的基石，对于现代社会、现代人而言，“信韵”理念的建立与践履，重要性不言而喻。

重建社会信任之韵。什么是信任？在众多的定义中，有两个定义相对容易被人理解，一个是心理学上的定义，指建立在对另一方意图和行为的正向估计基础之上的不设防的心理状态；一个是社会学上的定义，指一种以对他人能做出符合社会规范的行为或举止的期待或期望为取向的社会行为。对于现实社会来说，任何人都不可能孤立生存，人与人之间需要交流、合作、竞争、分工、相处、共事，而前提就是要建立互相信任的关系，这是维持正常生活秩序、促进社会和谐稳定的条件。如果病人不信任医生，怎么敢把生命托给拿手术刀的人？如果学生不信任老师，怎么能期望成就一生的梦想？如果人们不信任银行，怎么会把一生积蓄交给银行管理？所以，重建社会信任很重要，如果一个城市处于失信的边缘，那么生活在城市里的每个人都将举步维艰、寸步难行。

重塑企业信誉之韵。市场经济本质上是一种“契约经济”，其运行基础是参与经济活动的人与企业对契约规则的广泛认同和自觉遵守。企业作为基本的经济组织形态，是市场经济的基本细胞。企业的生存与发展不仅依赖其所生产的优质产品和提供的优质服务，更有赖于每一次经济交易的成功实现。在这个过程中，企业的诚信行为不但对每一次交易的达成至关重要，而且也是向交易对象发出的下一次交易的邀约信号，这个信号就是企业的信誉。历史上的徽商，他们受传统儒家思想的影响，以儒家道德规范自己的经商行为，如“红顶商人”胡雪岩就在店内设立两块写着“真不二价”和“戒欺”的巨大金匾。正是由于徽商以诚待人、以信服人、非义不取，所以每到一处都会出现“归市如流”的盛况。无独有偶，明清之际兴起的晋商，也是把“守信、讲义、取利”作为从商的信条，才造就了数百年的声名显赫、富可敌国。作为从“草根”成长起来的长乐企业，在“摸着石头过河”阶段，多多少少沾染有一些“江湖”习气，也多少经历过不规矩、不规范的事。但是，正如“一个懂得自己真正利益所在的人”一样，长乐的企业在越来越透明、越来越激烈的市场竞争中，也要学会把建立企业信誉作为求得长久生存发展的立身之本、经营之道。

重拾个人信心之韵。现在，之所以有人说“人心不古”，就是因为各种假的、虚的、伪的东西太多了，充斥着人们的视觉与听觉。所谓“三人成虎”，当假的东西泛滥在一定程度，假的就容易变成真，而真的就会变成假，这就是“假作真来真亦假”的道理。如果一个社会连基本的信心都不能让人拥有，可以想象，人们又将拥有一个怎样的内心世界和道德准则？其实，就一般道德内涵而言，诚信包含了“诚”与“信”两方面的内容。所谓“诚”，就是真实不欺的品格，是有真心、真言、真行，不存伪诈；所谓“信”，即真心实意地遵守和履行诺言，言而有信。只有“诚”从“信”见，“信”自“诚”出，才能重拾个人信心，让每个人都能对身处的这个社会、这个城市、这个群体有信心。所以，诚信是增强个人信心的心理基础和现实条件。如果说社会是一个按照一定文化模式和制度规范构建起来的系统，那么诚信就是这个系统内部各个构件之间的纽带或润滑剂，它使人们彼此信任、相互帮助、平等相处、合作共事，最大限度地减少社会生活中的各种摩擦和内耗，使社会运行成本大大降低，使社会人际关系充满温馨、充满活力。

重整机构信用之韵。如前所述，诚信首先是人与人关系上最基本的道德准则。然而，伴随着市场经济的产生和发展，诚信已不仅是一个伦理道德范畴的约束，更是一种制度、一种规则、一种机制。不论是企业、还是机构，只要是作为市场经济的一个主体，都必须受到这种诚信制度、规则和机制的约束，无一例外。当前，许多企业和机构在参与经济活动时，常常面临“信用危机”，就是不知道如何取信于生意伙伴或者如何信任合作伙伴。之所以如此，是因为许多人都有过“一朝被蛇咬”的经历，在教训与代价面前，每个企业和机构在对待合作伙伴时就会先在心里打着问号。可想而知，置身于这样的信用环境与氛围中，企业如何发展？机构如何运行？举个例子，现在，“融资难”是中小企业普遍面对的问题，其中，既有国家货币政策调整的因素，也有企业自身的信用问题，当然还有银行等金融机构和民间典当、借贷、担保等中介机构的问题。要解决这个问题，关键就在于信用环境的建设。只有银行与企业都讲信用，融资关系才能顺利进行；只有规范信息传递和披露机制，发展资信评估行业，金融生态的“自然法则”即市场机制才能充分发挥作用；只有增强经济主体诚信状况的透明度，建立符合社会主义市场经济要求的信用管理体系，企业、中介机构和个人的信用状况才能真正成为其参与社会经济活动的重要依据。

重现政府信望之韵。自古以来，诚信都是统治者、执政者有效治理国家、维护统治的根本保证。所谓“政令信者强，政令不信者弱”，统治者、执政者只有兑现自己的诺言而不给民众以“口惠”，才能取得人民的信任和拥护。一般说来，掌握社会资源越多的部门及其人员，由于他们的活动对社会及社会成员的影响力最大，因此他们的渎职和不诚信对社会诚信制度的危害最严重，同时对社会规矩的破坏也最大。所以，他们的职业道德和职业诚信具有很高的不可替代性。在现实中，一些部门不能依法行政、公正办事，致使政策扭曲；一些干部言行不一，明一套、暗一套，致使形象受损。这些都在一定程度上降低了政府的公信力。要重现政府的威信和声望，各级政府及部门就必须带头讲诚信，把诚信作为社会公权执政、行政的核心理念来贯彻和执行，明白自己的管理边界，清楚自己能做什么、不能做什么。只有这样，才能提升政府的公信力，放大诚信的社会效应，进而有利于提高社会心态的宽容度和承受力，为发展提供一个更文明、更有序、更和谐的社会环境。

重振未来信仰之韵。在传统文化中，诚信是对人的一种“君子一言，驷马难追”式的道德要求；在现代社会中，诚信则是与市场公平、社会公正、权利义务息息相关，是以“和谐”为终极诉求的社会基石。进入全球化时代，“诚信”正越来越被看作除物质资本和人力资本之外决定一个国家经济增长和社会进步的“非物质的第三要素”。为此，在党的十六届四中全会上，中央首次完整提出“构建社会主义和谐社会”的概念。党把“公平正义、诚信友爱”作为和谐社会的重要组成部分加以积极倡导和推动。其中，“诚信友爱”属于精神文明的范畴，是为人之本、从业之要、执政之道、经商之德，是社会组织的黏合剂与润滑油。如果一个社会不能在公民中普遍培养起诚信的道德素养，其政治、经济、文化等各方面的关系就不可能协调，人与人之间就不可能做到平等友爱、融洽相处，社会生活就不可能充满活力和安定有序。可见，诚信直接关系到整个和谐社会的建设，是衡量社会和谐的一个重要尺度。离开了诚信道德的规范、支持和维护，人们的和谐意愿与追求将遥遥无期。因此，希望长乐诚信协会成立后，要在传导和推动全社会诚信建设上有所突破和有所作为，使诚信成为每个人自觉的行为和自发的信仰，让长乐的明天更加美好。

（2008 年 2 月 21 日）

暖　韵

老区建设促进会作为社会团体组织，是党委、政府联系老区人民的纽带和桥梁，在工作中必须充分发挥促进老区建设的重要参谋和助手作用，为革命老区的建设和发展注入新的生机和活力，使老区人民也能够共同享受长乐经济社会发展所带来的物质成果和文化成果，并且让一代代吴航人在这种长久以来形成的“暖韵”精神的引领下，始终不忘老区建设。

让“暖韵”发挥好在坚定理想信念上的引领作用。老促会成员是经受住时代考验、人民检验的改革开放的实践者和推动者，其人生阅历、工作经历就是生动而鲜活的党性教材。各位成员应在社会主义精神文明建设、政治文明建设等各项建设中率先垂范、争当表率，以更加坚定的社会主义理想信念、以更加高尚的社会主义道德修养、更加鲜明的社会主义行为准则来感动更多的没有经历过那些艰难困苦时期的人们，特别是青少年一代，教育引导他们树立正确的人生观、价值观，规范生活行为、确立理想信念，自觉地拥护社会主义、拥护改革开放、拥护海西建设。

让“暖韵”发挥好在弘扬革命传统上的示范作用。长乐是一块殷红的土地，作为全省抗日根据地的中心、南方革命的重要战略支点，是中共福建省委旧址、闽中特委和闽中游击队司令部所在地，拥有光荣的革命传统和丰厚的党史资源。在艰苦卓绝的革命斗争中，经过血与火的洗礼，形成了英勇顽强、艰苦奋斗、依靠群众、无私奉献、开拓奋进的“南阳精神”。秉承这种精神，在改革开放的浪潮中，长乐人民不断从中汲取营养、获得能量，进一步形成了勤劳勇敢、能谋善干的拼搏精神，从而战胜了各种困难，开创了经济社会繁荣发展的和谐局面。老促会应以弘扬“南阳精神”为代表的“老区精神”为己任，把“老区精神”作为服务老区发展、推进海西建设的强大动力。

让“暖韵”发挥好在联系老区人民上的纽带作用。老促会的最大优势是“老”字，因为老促会成员大多数是参加工作几十年的老领导、老同志、老党员，阅历很深、经验丰富，作风扎实、德高望重，深受人民群众的欢迎和爱戴，对党和社会来说都是一笔十分宝贵的精神文化财富。充分发挥好老促会自身优势，主动接触老区、贴近群众、倾听呼声、反映民意，深入挖掘老区在精神力、影响力、文化力方面的精髓和优势，想方设法让社会各界民众进入老区、了解老区、关心老区、竭尽全力让“老区精神”更好地融入、支持社会发展，努力成为党委、政府联系老区人民的纽带和桥梁。

让“暖韵”发挥好在加快老区发展上的参谋作用。服务老区、发展老区、建设老区是老促会的职责与使命，老促会应深入老区、调查研究，多为老区建设谋思路、出主意、想对策，多为老区事业与社会力量沟通连接、牵线搭桥，积极协助党委、政府尽快制定出台扶持促进老区发展的综合性意见，使资本对利益的追求和政府对老区的扶持形成一个完美的结合，从而穷尽智慧、因势利导，让更多的资源主动进入老区，参与老区建设，力求把老区人民想发展、要发展、求发展的意愿传导好、实现好，为致富老区发挥余热、贡献力量。

让“暖韵”发挥好在构建和谐老区上的促进作用。坚持以人为本、构建和谐是时代的最强音。老促会应把构建和谐老区作为一项重点工作加以推进与落实，以民为先，大力服务与发展老区各项社会及公益事业，倾心扶持老区欠发达村落的发展。更为重要的是，老促会要代表老区协调政府和社会层面的关系，促使政府在日常运作上形成长效机制，促使社会的焦点能经常性地关注到老区的和谐构建上。各级各部门也要按照“老区优先、适当倾斜”的原则制定相关扶持政策，切实协助解决老区人民发展难、就业难、求医难、受教难、文娱难、生活难等问题，努力提高老区人民的生产生活水平和尽快改善老区自然生态环境。

（2008 年 7 月 30 日）

善　韵

慈善公益事业是一项利国利民、功德无量的崇高事业。企业家作为社会的精英，应勇立时代前列，倡导慈善、推广慈善、践行慈善，让中华民族优良的传统美德从少数人的行为变为全社会共同的行动，代代相传、源远流长；以慈善之举精心呵护这种无疆大爱，让善行天下。一个完整的慈善行为不仅是一个系统的过程，而且带有自己一方地域的“善韵”特征。

善发于心。慈善事业关乎价值观的取向。善举本身的价值和意义并不仅仅在于拿出多少钱和物，更重要的是培育爱心、塑造风尚。慈善行动为社会的进步树立文明的标识和道德的标杆，反映国家和民族的文明程度，折射人与人之间的和睦与友爱。慈善事业的发展，特别是慈善捐赠，是一种自觉自愿的行为。这种自觉，就体现在公民慈善意识和企业社会责任的普遍增强；这种自觉，不是相互等待观望，也不是互相盲目攀比；这种自觉，就是发自内心、从我做起！企业家在力所能及的情况下，将自己手中的财富用于慈善事业、发展慈善事业，这是一种对财富观的升华、一种爱的注入。一个企业家回报社会的价值不在于捐赠额的多少，而在于他有份心，能够把创造财富的过程，作为世界观、人生观、价值观不断升华的过程。如果我们人人都有这份心，我们的国家、我们的民族、我们的社会必然充满爱心和温馨，变得更加文明与和谐。

善乐于施。拥有财富，如果只是把财富用于个人消费，或是把大量的财产厚荫子孙，那是一种狭隘的财富观。正如林则徐所说：“子孙若如我，留钱作什么？贤而多财，则损其志；子孙不如我，留钱作什么？愚而多财，益增其过。”如果把个人拥有的财富，用于让贫困、疾病、孤寡的人得到救助，用于让面临大灾大难、失去生活依靠的人们重建家园，用于让我们的生活环境充满清新的空气、充满鲜亮的绿色，那是一种高尚的财富观。纵观国内外，许多企业家把个人财富用于回报社会，造福社会、这些企业家，把参加慈善和支持公益事业作为人生重要的追求，充分展现自己的人生价值和人格魅力。对于这样的企业家，人们无不景仰，社会无不赞赏。

善贵于恒。“只要人人都献出一点爱，世界将变成美好的人间。”爱是一份真情的流露，爱是一种品德的体现，爱是一种人性的回归。长乐作为“大爱”生成地，“大爱”传统源远流长。可喜的是，随着市场经济的发展，在众多取得丰裕经济收益的成功企业中，一批富有社会责任感和公益道德心的长乐籍企业家逐渐涌现，积极弘扬大爱、播种慈爱、体现真爱，以热心公益的行动赢得了世人的尊重。但最打动我们的不仅仅在于这些企业家所做的贡献，更在于他们对公益事业的坚持不懈、一如既往。俗话说：“做一次好事容易，难的是一辈子做好事。”慈善之举贵在坚持，希望企业家要自觉主动地秉承“施惠勿念”的慈善观，把慈善视为自己的一项事业，作为人生的一种追求，用一颗慈善之心来为需要帮助的人们奉献爱心。同时，也希望长乐的企业和企业家以及社会各界人士踊跃建立冠名基金，不断壮大慈善资金实力，把有限的善款用到社会困难群体最需要、最紧迫的善事上去，用在安老、扶孤、助学、济困等方面，让受助群众充分感受到社会的温暖、感受到企业家的善意。

善重于实。1998 年我国南方发生百年不遇的特大洪水，全国众多企业慷慨捐助，但 6 亿元募捐款有一半没到位。2008 年年初的雪灾，湖北省共接受捐款 1.06 亿元，实际到账仅 7383 万元，有 3000 多万是空头支票；“5·12”汶川大地震，也或多或少存在捐款不到位的现象。这些“诺而不捐”情况被新闻媒体曝光后，全国上下一片哗然，对“诺而不捐”企业的产品进行了抵制。由此可见，这些企业的捐赠行为不仅得不到社会的认可，而且其发展和产品的市场信赖度受到了严重的消极影响。这是做任何广告都无法弥补的，也值得长乐广大企业认真借鉴。国家为了最大程度地维护社会道德和诚信，在《中华人民共和国公益事业捐赠法》第十二条明文规定：“捐赠人应当依法履行捐赠协议，按照捐赠协议约定的期限和方式将捐赠财产转移给受赠人。”通过法律的形式，提示捐赠人：做出捐赠承诺一定要诚信，承诺之后，就要严格按照法律履行捐赠义务。因此，长乐企业要按照自己的承诺，兑现自己需要履行的义务，极力避免“诺而不捐”现象出现，从而影响了自身发展。同时，市慈善总会要按照“党和政府最关心、困难群众最需要”的方针，坚持扶贫济困、拾遗补缺、“雪中送炭”的原则，科学策划救助项目，把有限的慈善资金用到刀刃上。面对孤寡老人、残疾人、失学儿童、特困大学生、下岗失业人员以及遭受疾病或各种天灾人祸的贫困家庭，要大力开展“情暖万家”“朝阳助学”“夕阳扶老”“康复助医”“爱心助残”等活动，让更多的人感受慈善事业带来的好处。

善在于传。中华民族历来有乐善好施、扶危济困的传统美德。千百年来，从儒家“仁者爱人”的主张，到道家“道济天下”、佛家“普度众生”的追求，从普通百姓的相互接济到有钱人家的施舍赈济，从名人的慈善宣传到佛教寺院的慈善救济，无不体现着人们慈心为人、善行济世的美好愿望。对于长乐来讲，从董奉的施医赠药到冰心先生“有了爱就有了一切”以及长乐市慈善总会的成立，吴航大地上无不闪耀着慈善的光芒。企业是社会各类活动的中流砥柱、中坚力量，唯有负责，才能受人尊重，让人放心，才能做强走远。因此，长乐广大企业家要坚持弘扬慈善精神，树立“兼济天下”的责任意识，思源、思进、思报，积极主动地承担起相应的社会责任和义务，积极加入到慈善事业中来，以自己的爱心和善行，千方百计扶贫济困，积极开展各项救助活动。在实现个人价值追求的最大化的同时，积极传导慈善精神，引导长乐二代、三代企业家不断增强慈善意识，跟随前人的脚步，积极参与长乐各项慈善活动。人的能力有差别，对社会的贡献有大小。捐款有价，爱心无价。只要每个社会成员都成为爱的奉献者，社会的和谐程度就一定会不断提高。广大企业家要积极用自己的爱心激发全社会的爱心，用自己的行动带动全社会的慈善义举，不断增强社会各界的慈善意识和扶贫济困的社会责任感，从而引导广大群众积极参与慈善事业，在全市范围内形成扶贫济困、乐于助人、和衷共济的良好社会风尚。

善严于管。建立和完善慈善总会的各项管理操作制度，切实加强机构内部规范和高效管理，强化组织建设，不断提升社会公信度，是每个慈善组织可持续发展、长盛不衰、永远立于不败之地的根本所在。为此，我们要建立规范、公开的财务管理和信息披露制度，对慈善资金的运作进行全过程控制，并定期公布有关信息，自觉接受社会各界的监督，如定期向捐赠者乃至全社会公布各项支出与收入及财务审计报告、慈善活动效率的指标数值等内容，加速建立项目资金的追踪和反馈机制，加大推进组织内部项目核算和行政支出管理制度改革力度；同时强化预算管理，切实提高慈善资金的使用效益。加强慈善工作透明度，做到善款来源公开、投向公开，定期向社会公布慈善经费使用情况，接受社会监督、检查和审计，确保慈善总会依法活动。同时，我们要进一步发动社会各界特别是企业界、金融界等有经济实力的单位，慷慨解囊，捐资慈善事业，进一步壮大长乐的慈善力量。

（2008 年 7 月 30 日）

慈　韵

长乐是个有着1380多年县治历史的邹鲁之地。在漫长的发展历程与历史进程中，长乐不仅积淀了厚实的文化底蕴、形成了鲜明的人文特性、构建了独特的发展路径，而且形成了以“大爱开明、能拼会赢”为核心的长乐“慈韵”文化和精神特质。

慈母之韵养育了耕读文化。“男耕女织”是农耕时代人们的生存、生产、生活形态。正是在这种艰难地维持生计的环境中，长乐人以慈母般的刚毅耕海牧渔、以慈母般的灵巧纺纱织布、以慈母般的大智诗书传家，养成了传统并不断发扬光大。把“耕海牧渔”养成了传统。长乐建县之初，县治设在新宁（今古槐），背靠青山（董奉山脉）面对大海。当时没有内外文武围垦工程，也没有沿海防护林带形成的绿色屏障，滔滔海水就在距县衙咫尺之遥的地方潮起潮落。正因为如此，长乐的先民养成了“善舟楫”的初始特征。后来由于自然灾害如台风、海啸的侵扰，县治内迁到吴航盆地，闽江在长乐先民心目中的地位才凸显出来。应该说，在农耕时代，江比海对人民的生活、生产、生存的作用更大，渔耕农桑皆仰赖于江水。但随着时代的发展、科技的进步，人们征服自然的能力进一步增强，大江所提供的活动空间明显不能满足人们的需求，长乐人又把目光转向浩瀚无垠的蓝色海洋。从最先的搏击海浪求生存、到今天利用海岸建码头，长乐人在与海洋的相克相生中开阔了胸襟、拓宽了视野、增长了本领，闯荡出更广阔的生存空间，创造出更多样的发展机会。纵观长乐发展历史，从“避海择地而居”，到提出建设滨海新城规划和建设海湾型城市构想，海洋带给了长乐人无穷无尽的向往和希望。更值得一提的是，海洋文化的长期浸染，已经在长乐人的思维中构筑起一片无垠的“心海”，海有多大，长乐人的心就有多宽。把“纺纱织布”养成了传统。长乐纺织业的历史渊源，有文字记载的最早可以追溯到明代。明永乐年间郑和七下西洋，庞大舟师均在长乐伺风开洋。当时郑和舟师携带大量的瓷器与丝绸，其中部分丝绸就在长乐购置，足见当时长乐纺织技术已经达到相当高的程度。明万历年间，琉球人蔡夫人擅长刺绣，曾因织龙袍入贡，受到皇帝赞赏，后来居住在长乐梅花，把刺绣技术广授给乡人。清代中叶，长乐乡村妇女就把织夏布作为家庭副业，并组织队伍到苏州一带推销产品。民国初期，长乐积极抵制日货，在县城自发创办起毛巾厂。1915 年，长乐天主堂法国传教士组织修女生产抽绣、并带往德国销售，到 1929 年，县城已有织布专业的作坊 26 户，拥有织布机 75 架、纺织从业人员 1100 多人。1946 年至解放初期，长乐纺织业已从单纯的织布业发展到纺纱业、染布业以及抽绣、刺绣业。正是因为拥有如此深厚的历史渊源，改革开放以后，长乐的纺织经济迅速发展成为长乐经济的一支生力军，纺织产业也成为长乐的传统支柱产业，初步形成了集纺纱业、化纤业、织造业、印染业、服装业等为一体的纺织体系。2007 年，长乐纺织业产值突破 300 亿元大关，成为名副其实的“中国纺织产业基地”。同时，长乐还建成了全国为数不多的全面介绍纺织知识的“中国长乐纺织馆”，真正把“纺纱织布”养成了传统。把“诗书传家”养成了传统。长乐素有“海滨邹鲁”之美誉，其先民在“三山六水一分田”的局促发展状况下，坚持奉行孔子的“行有余力则以学文”这一儒家思想。他们依靠海蚌、龙眼和番薯（俗称“三粒”）这些有限的自然禀赋，坚守着“诗书传家”的传统，这就是所谓的“三粒养一本书”。书院文化和精英教育培育了长乐先人的学习力。唐、宋、明、清时期，长乐共产生了 10 名状元、955 名进士。长乐在算术、天文、医学、水利等多个学科领域百花齐放，先后涌现出珠算宗师柯尚迁、天文学家高鲁、中医大师陈修园、水利专家陈文龙、造船专家谢汉甫等一大批影响深远的科技精英，他们的事迹直到今天，依然被我们所津津乐道。在经历了千百年的科技熏陶与厚积薄发，现在，长乐又一次迎来了科技的春天。郑作新、王任享、陈俊武、石玉林、张文海等从长乐走出去的中国科学院和工程院院士，成为长乐科技实力与科技进步的象征与骄傲。据不完全统计，目前，已有955名长乐籍高级职称人士分布在全国的各行各业，其中院士5名、研究员29名、教授128名。“诗书传家”的优良传统在长乐代代相传、连绵不断。“诗书传家”之风吹遍了吴航大地，成为长乐人生活中的一个重要组成部分。

慈爱之韵哺育了江海文化。从董奉“杏林春暖”到郑和“七下西洋”再到冰心“爱化春水”，长乐历来都是一个充满爱、弘扬爱的地方。这种爱正如母亲般的慈爱，已根植于长乐厚实的人文积淀，深深地烙印在长乐这块热土上，影响和教化一代又一代吴航儿女。“杏林春暖”体现了闽江文化的“怀柔”精神。闽江文化是长乐文化一个缩影，在新宁时代，与华佗齐名的“建安三神医”之一的董奉隐居现在的董奉山上，他悬壶济世、博爱众人，以其精湛的医术解除世人的肉体苦痛，更以其高尚的医德感化后人，留下了“杏林春暖”的千古美谈，充分彰显了闽江文化中特有的“怀柔”精神。这种精神影响和感染着一代又一代长乐人，它已成为长乐精神的一个重要组成部分。今天，面对海西建设如火如荼地开展，长乐人矢志不渝地秉承闽江文化的“怀柔”精神，坚持以人为本，从人民群众最关心、最直接、最现实的利益问题入手，不断满足人民群众日益增长的物质文化需要，使长乐成为一座生衍公平、安定有序的和谐城市。在具体工作中，以社会主义新农村建设为载体，以现代农业建设为平台，加大财政扶持力度，推动公共财政向农村倾斜，促进城市基础设施向农村延伸，城市公共服务向农村覆盖，让发展的成果惠及了全市广大农村群众。通过不断完善与经济发展相适应的社会保障制度，加大财政对社保基金的投入，进一步扩大社会保障覆盖面，使城镇职工基本养老和失业、工伤、医疗、生育保险等制度落到了实处，生活困难的被征地农民生活得到了保障。深入实施积极的就业政策，落实再就业的各项扶持政策，不断拓宽就业渠道，提高了广大人民群众的生活水平。坚持以“春风行动”为载体，进一步完善社会救助体系，积极开展社会救济、灾民救助、优抚安置等各项工作，提高“五老”人员、“五保户”和重点优抚对象的供养水平，塑造了和谐温馨的人文环境。“七下西洋”体现了海洋文化的“远柔”精神。600多年前，郑和七下西洋“累驻于斯，伺风启航”，给长乐带来了“十洋成市”的一代繁荣。长乐人至今传颂着“十洋成市状元来”的佳话。郑和作为和平使者远渡重洋，带去了“宣德化而柔远人”的和平外交思想。当时，众多长乐先民随郑和舟师远渡重洋、拼搏海外，不仅开阔了长乐人民向海洋求生存的视野，而且在这种和平文化大宣传过程中，自身的精神力也得到了很大的提升。正是在这种“和平、友谊、包容、开放”的“远柔”精神的感染和影响下，一代又一代、一批又一批长乐人漂洋过海。从以前跟随郑和舟师赴东南亚一带落地生根，到后来更多的长乐人赴美国或更远的国家和地区谋生，再到现在勇立潮头、敢为天下先的长乐人遍布欧美50多个国家与地区，长乐成为全国著名的侨乡。海洋文化的“远柔”精神，不仅增加了长乐华侨的生存力，而且还扩大了长乐华侨影响力。目前，长乐华侨在海外社团数量与日俱增，有地缘关系的同乡会、血缘关系的宗亲会、业缘关系的同业公会，其办会宗旨都秉承“和平、友谊、包容、开放”的海洋文化的“远柔”精神，并在不同时期发挥着积极作用。“爱化春水”体现了江海文化的“温柔”精神。“有了爱就有了一切”的冰心先生爱化春水，她以爱心使者的形象，在中国的社会舞台上活跃了大半个世纪。她给家乡留下了丰厚的爱的遗产，是我们享用不尽的精神财富。“愿从此追随乡亲之后，努力做一个称职的长乐人”，这是冰心先生对故乡爱的感言，今天的长乐也正追随冰心先生之后，努力用“大爱”来构筑这种温暖的城市。可以说，“大爱”是长乐城市特有的精神财富，长乐的发展靠的就是“大爱”精神。“大爱”打响了长乐城市品牌，创造了良好的发展环境。近年来，长乐正是以江海文化交融的“温柔”精神，爱化春水般开展文明城市、园林城市、卫生城市、文化城市、平安城市、环保城市、双拥城市等“七城同建”活动，不断优化生产、生活、生存软环境。在这过程中，长乐围绕建设“服务型、阳光型、法制型”的“有限政府”，进一步增强服务意识，把

“全天候、全过程、全方位”的理念贯穿于服务的各个环节，全面实行“零距离”“零等待”，完善企业“绿卡”、项目审批包办等各项制度，真正做到了寓管理、检查、监督于服务之中；以“满意在长乐”为载体，着眼于建立优质服务长效机制，通过开展“创文明行业，建满意窗口”活动，不断创新行业文明创建方法，逐步拓展丰富创建内涵，促进队伍素质和行业文明进一步提高；坚持“一切用制度说话，一切靠机制限权，一切以阳光照人”，形成了一支“干净、干劲、干事，公开、公平、公正，开明、开放、开拓，规范、规矩、规程，严格、严密、严谨”的干部队伍。这一切，促进了“风正气顺、人和业兴”发展局面的形成，打造出了适宜人居、适宜创业的“爱与温暖”的城市。

慈善之韵抚育了城市文化。长乐有着历史悠久的慈善文化，自古以来，吴航大地都闪耀着慈善的光芒。尤其是2004年以来，在市委、市政府领导下，在全市各级各部门大力支持下，在社会各界的广泛参与和共同努力下，长乐慈善事业迅速发展，成为长乐城市文化因子中不可或缺的一部分。用“回归经济”回报社会。近些年来，长乐大力开展“回归经济”，在广大长乐籍在外企业家的积极响应下，形成了本土长乐、域外长乐、海外长乐“三个长乐”互动联动的良好态势。据统计，2007年，全市地区生产总值突破210亿元，规模以上工业总产值突破500亿元，纺织业产值突破300亿元，冶金业产值突破100亿元。其中回归企业功不可没。从2002年开始实施“回归工程”以来，共有400多项回归项目落地投产、生根开花、茁壮成长。回归经济以其雄厚的实力、蓬勃的生机成为长乐区域经济的重要支柱，成为地方财政收入的重要来源，成为增加社会就业的重要渠道。在此过程中，长乐逐渐形成了纺织、冶金两大特色产业，俗称“一黑一白”两大支柱产业，创造了“无棉之乡筑百亿纺织城”“无矿之地铸百亿钢铁城”“无煤之城建百亿电业城”“无芯之城创百亿电子城”等工业发展神话，经济综合实力连续多年名列全省十强、全国百强。这些成绩的取得，就是长乐籍企业家积极响应市委、市政府号召，努力实施回归经济，以产业回报社会，融入经济建设大局，推动长乐经济健康协调稳健运行的慈善之举。用“造福家乡”回报社会。长乐企业家在发展过程中充分认识到，当一个企业财富积累到一定程度时，其财富既属于企业本身，也属于社会。因此，随着市场经济的快速发展、“回归工程”的深入开展，一批富有社会责任感和公益道德心的长乐籍企业家纷纷站出来，他们本着“来源于社会、造福于社会”的财富观，以极大的爱心主动参与社会公益事业建设，把大量的财富投入家乡的公共设施建设和公益事业发展上。据不完全统计，近年来，长乐各类民营企业和各界社会贤达先后捐资近4亿元，建设了郑和航海馆、吴航书院等数十个城市文化设施和南山公园、大宏华侨广场、菊潭文化中心、鳌潭休闲文化公园、集仙公园、金漳广场等大批城乡休闲场所。可以说，当前全市建设的200多个公园和40多个场馆，绝大多数是广大企业家和社会各界人士踊跃捐资的结果。而且，他们还慷慨解囊，捐资建设家乡的道路、供水、供电、教育、文化、卫生等设施，促使长乐的城市功能日趋完善。正是因为他们的拳拳爱乡善举，使长乐的每一个人都生活在“居者安、近者悦、远者羡、离者归”的适宜发展与人居的乐土上。长乐的每一个变化，都凝聚着他们深厚的桑梓情怀。用“慈善壮举”回报社会。2004年，在社会各界积极参与、热心推动下，长乐成立了慈善总会，成立伊始便筹得善款1000多万元。此后，全市单位和个人都积极响应，热心参与，纷纷举行“一日工资捐”活动，用力所能及的办法来帮助需要救助的人们，促使长乐的慈善事业像滚雪球一样不断壮大。在日常工作中，长乐深入开展以助困、助医、助学、助残、临时救助等多形式、多内容的救助活动。面对孤寡老人、残疾人、失学儿童、特困大学生、下岗失业人员以及遭受疾病或各种天灾人祸的贫困家庭，大力开展“情暖万家”“朝阳助学”“夕阳扶老”“康复助医”“爱心助残”等活动，使慈善事业惠及广大人民群众。“5·12”四川汶川大地震发生后，长乐第一时间发动全市各界人士向地震灾区捐钱捐物，短时间内便募集资金2000

多万元，为灾区人民抗震救灾、重建家园献上一份力。长乐各界人士的慈善壮举，让需要帮助的民众感受到了社会给予他们的关怀，感受到了慈善之爱给予他们的温暖。

（2008 年 8 月 27 日）

婉　韵

长期实践证明，长乐的广大妇女同志不愧是改革开放和现代化建设的生力军，不愧是推动经济发展和社会进步的重要力量；长乐的各级妇联组织不愧是党和政府联系妇女群众的桥梁和纽带，不愧是妇女权益的代表者和维护者。选好、配好乡镇一级的妇联领导班子，对于继承和发扬长乐尊重妇女地位、发挥妇女作用的“婉韵”传统，以及促进长乐妇女工作适应现代化、城市化、多元化的时代要求，都具有十分重要的意义。

体现工作性质之韵。当今社会，妇女权益具有广泛的内涵。它的范围除了劳动就业、婚姻家庭外，还有参政议政、文化教育、福利保障、健康安全等多方面的权利。维护妇女合法权益是妇联组织的首要职责和最大性质。各级妇联组织要把代表和维护广大妇女群众的利益作为工作的出发点和落脚点，坚持依法维护广大妇女的合法权益。从加强党的领导上体现性质。做好新时期的妇女工作，要自觉接受和坚持党的领导，把维护好妇女权益摆在突出位置，提升妇女素质，保障妇女在经济、政治、文化、劳动、社会等领域的各项权益。要使妇女工作始终服从和服务于党的中心工作，支持妇联按照章程独立自主地开展工作，保证党委的决策部署在妇女群众中得到贯彻落实。要最大限度地把广大妇女组织到妇联中来，使妇联的凝聚力和影响力不断得到增强，不断巩固党的执政基础和群众基础，努力使党和政府联系妇女群众的桥梁更加畅通、纽带更加牢固。要把妇女工作纳入经济社会发展的总体规划，摆上重要议事日程，为妇女发展创造良好的法制环境、社会舆论环境，为妇女工作提供良好的条件，形成全社会尊重妇女、关心妇女、支持妇女的良好局面。从把握工作规律上体现性质。要适应新形势，把握新特点，从妇联的性质和职能出发，始终坚持解放思想、与时俱进，按照“党政所急、妇女所需、妇联所能”的要求和“工作职能立足社会，工作对象面向社会，工作手段借助于社会”的思路，把有利于促进先进生产力的发展、有利于促进先进文化的发展、有利于实现包括广大妇女在内的全体人民的利益作为衡量和检验妇联工作的最高标准，深入研究妇女工作规律和特点，积极探索和创新新形势下妇女工作的方法和途径。要进一步理清思路、明确工作方向，拓展工作内容、改进工作方式，努力促进妇联工作与党的群众工作规律相融合、与经济社会发展相协调、与广大妇女需求相适应。要认真倾听妇女心声，积极反映妇女意愿，敢于维护妇女权益，最大程度地满足妇女需求，努力使长乐妇女、妇联工作在福州市、福建省，甚至是全国都办出特色、闯出名声。从发挥妇女作用上体现性质。科学发展观在新的历史高度指明了新时期、新阶段、新情况下，妇女运动实现全面进步与发展的根本道路和基本途径，从更高的起点、更深的层面上揭示了妇女工作的前进方向。各级妇联组织作为长乐妇女工作的主要推动者，要以全新的工作姿态和精神状态面对妇女工作，充分挖掘妇女群体潜力，着力提升妇女群体影响。在工作重点上，要坚持以发展社会生产力作为妇女运动的首要任务，牢牢把握“发展”和“维权”两条主线，动员和组织妇女在参与社会主义现代化建设中实现自身的发展，努力维护妇女在政治、经济和社会生活中的平等地位和各项权益。在工作手段上，要充分发挥妇女人才资源优势、民主参与、民主监督优势和群众工作优势，把广大妇女集聚到市委、市政府提出的各项事业中来，使长乐妇女工作更加体现时代性、突出重要性、富于创造性。

呈现妇联特质之韵。“妇女能顶半边天”，这句话深刻阐述了妇女在现代社会中的独特作用。各级妇联组织要着力提升妇女群体对社会发展的影响，促进妇女自身与社会的和谐发展，使长乐妇女以自尊、自信、自立、自强的面貌，出现在推动长乐改革开放和加快现代化事业建设的历史舞台上。在传统社会向现代社会的转变中呈现特质。改革开放 30 年以来，长乐县域经济在“草根工业”和“侨汇经济”的带动下，实现了历史性的跨越。在社会发展和环境变化的影响下，长乐妇女的社会地位与作用也在发生着积极的变化，她们展现能力与才情的舞台不再局限于烦琐重复的家务操持。政治、经济、教育、文化等各个领域、各个层面，都活跃着长乐杰出妇女的身影。用经济、政治、教育、婚姻家庭、健康、生活方式、法律、社会性别观念等八大指标来衡量长乐妇女地位的发展，我们欣喜地发现，与以往相比，长乐妇女事业在诸多方面取得了长足的进步，社会公众保护妇女权益的意识大为增强，妇女法律权利与社会传统习俗的冲突有所缓解。今后，各级妇联组织还要在提高妇女社会地位以及鼓励妇女参与各项社会活动方面多下功夫，促进广大妇女自身价值和社会价值的实现。在农民角色向市民角色的转变中呈现特质。经过几代人的不懈努力，长乐社会经济和城市建设取得了长足的发展，城市面貌日新月异。尤其是在近几年，这种变化呈现出不断加快的趋势，城市化毫无疑问地已成为长乐的时代主题。随着城市化的深入拓展，越来越多的农村妇女将加入城市妇女群体。城市化不仅仅是职业身份的转变和居住空间的转移，更是农民社会文化属性与角色内涵的转型。在农民市民化的浪潮中，广大农村妇女应该充分发挥吃苦耐劳和敢想敢为的中国女性的优良传统作风，克服安于现状的小农思想，努力学习科学文化知识、市场经济知识和城市生活知识，不断提高各自的综合素质特别是文明素质，切实提高各自的思想道德水平特别是文化水平，并不断与现代化、城市化的要求相契合，从而使自己成为农村城市化与农民市民化进程中的先行者和排头兵。在农村生活到城市生活的转变中呈现特质。相较于农村生活而言，城市生活提供了更加丰富的生活形态、更加便捷的生活条件、更加高质的社会保障。同时，在城市中生活的人也面临着更加复杂的社会关系、更加烦琐的社会事务、更加沉重的社会压力。在这种生活、生存和生产状态的变化和过渡中，妇女同志们要积极接触社会各方面、各层次，努力学习各种社会生活常识，切实提高自己的社会环境适应能力和社会资源利用能力。现代城市生活要求和提倡妇女广泛参与各种社会生活实践，广大农村妇女不但要通过积极就业和自主创业实现在城市生活状态下扎根立足，进而利用各种机会、通过各种渠道积极融入政治、经济、文化、教育等各项社会管理中，以寻求个人与社会的协调发展以及个体价值与社会价值良性循环。各级各部门，特别是各级妇联组织要创造平台与载体，引导好、鼓励好、保护好妇女群体的这种热情与激情。

表现妇女气质之韵。社会是以家庭为单元的集合。每个健康稳定的家庭大多是由优秀的妇女同志在管理，对社会的和谐稳定发挥着重要作用。这是因为，在经营管理方面，妇女历来有着独到之处和独特气质，广大妇女应该在更大、更宽的舞台上把各自的能力与气质淋漓尽致地发挥和表现出来。发挥主人作用。家庭事务庞杂而琐碎。自古以来，妇女都在中国家庭中扮演着重要的角色，支撑着一个个家庭或家族的正常运转。历朝历代涌现出的名门望族中，都闪动着勤劳质朴的家庭主妇忙碌的身影，都离不开她们的甘之如饴和隐忍大度。放眼改革开放30年来长乐经济社会建设的艰辛历程，长乐妇女用拼搏与大爱为长乐书写下了一段段可歌可泣的巾帼故事，正是她们的睿智与勤勉才有了“草根工业”的兴旺发达，正是她们的守望与坚韧才有了“侨汇经济”源源不断地注入长乐各项事业建设。发挥主导作用。历史发展离不开妇女的参与，妇女的地位衡量着一个社会文明进步的程度。随着社会发展进步，长乐妇女的社会地位和知识水平不断提高，参与社会事务的机会大大增加。但是，由于受传统观念束缚，长乐妇女事业的发展起步较慢，在不少领域均受到限制。要实现真正意义上的男女平等，妇女群体还需要付出加倍的努力，除了人格独立的意义外，更应从思想上、行动上去突破障碍和束缚，克服保守落后的传统观念。同时，要兼顾好事业与家庭的矛盾，重视自我教育和能力培养，切实提高自身业务水平和综合素质，通过各种渠道增强对社会的参与度，勇于展现新时期长乐女性自立自强的精神面貌，努力实现自我的人生价值。发挥主流作用。现代女性是社会风尚、潮流的缔造者和领航者，引领着社会风气的朝向，许多生活方式和生活习惯都是从妇女群体中产生并逐渐兴起，进而蔓延至社会的各个角落，并被越来越多的人所接受和争相模仿。实际上，只要从千百年来中国民间传统文化的传承史和发展史上就能看出，女性在社会文化方面具有无可比拟的创造力和感染力，然而，长久以来，我们总是自觉不自觉地忽略和弱化女性群体在社会风气建设方面所具备的特殊作用和天然优势。今后，各级各部门特别是宣传部门以及妇联组织，要着力推动妇女群体特别是农村妇女的思想文化建设，向她们传导好现代社会生活观念，提供设施和制度的支持，创造有利环境，引导她们过一种健康向上、文明和谐的生活方式。广大妇女也要积极响应党和政府建设社会主义新风尚的号召，发挥主流作用，为推动城市文明建设贡献力量。

发现群体优质之韵。在漫长的封建社会里，妇女群体的各项社会权益长期受压抑。因此，要保障妇女权益，首先就要推动妇女参政议政，积极培养妇女干部，并给予她们充分的发展空间。要德才兼备。选拔、使用和培养干部应当根据什么标准，这是党的干部队伍建设的根本问题，而干部队伍建设，历来是党的建设中的一个极为重要的问题。当前，长乐经济社会发展已进入关键时期，地方发展的现状与远景对全市干部队伍素质提出了越来越高的要求，如何将时代要求与妇女工作有机结合起来，这就要求我们要以培养造就一支适应新形势要求的高素质妇女干部队伍为目标，以才为准、以德为先，使一大批德才兼备的妇女干部走上领导岗位。各级各部门在平时要十分重视培养选拔妇女干部工作，坚持把培养选拔妇女干部工作纳入干部培养工作的全局来抓，紧紧把握舆论宣传导向，充分利用宣传媒介，广泛宣传马克思主义妇女观和男女平等的基本观念，宣传妇女干部在社会主义经济建设、政治建设、文化建设、社会建设和党的建设中的重要作用，提高社会各界对妇女参政议政的认同感，进一步激发广大妇女干部参政议政的使命感、责任感和荣誉感。要结构合理。妇女干部队伍建设有着其自身的特殊性和阶段性，绝不能为了追求片面成绩而揠苗助长、因噎废食，因此，我们在培养、提拔妇女干部时，要遵循科学发展观的指导，立足长远、立足成效，以提高队伍素质为抓手，以年轻化和高学历化为目标，循序渐进地优化妇女干部队伍结构。下一阶段，我们要把培养和储备妇女干部作为干部队伍建设的重要内容，使妇女干部的队伍结构日趋合理，使妇女干部的能力和精力能够胜任时代的发展和岗位的要求。要坚持日常教育与重点培养相结合，把妇女干部培训纳入干部队伍培训整体规划中，在确保妇女干部整体培养的同时，重点挑选一批政治素质好、文化水平高、有发展潜力的妇女干部苗子，进行重点培养。要建立一支数量充足、素质优良、结构合理的妇女后备干部队伍，采取民主推荐、组织推荐、考察培训和管理任用等方法，从各单位、各部门中选拔优秀妇女干部充实到后备干部队伍中，拓宽培养选拔妇女干部的视野，使妇女干部队伍有充足的“源头活水”。要比例协调。“至刚易折，上善若水”，政府部门在管理具体社会事务中要面对形形色色的人事，要面临复杂多变的环境，在各级各部门的干部队伍特别是领导班子中适当增加妇女干部数量，平衡男女干部比例，通过男女优势互补，使各级行政管理更趋完善、公共决策更加合理，有利于两性共同进步，促进均衡发展。这对于社会主义现代化建设是有好处的，也是十分必要的。在妇女参政议政得到社会广泛认同的今天，长乐各级各部门的重要岗位上，妇女干部特别是领导干部的人数仍然不足，妇女群体参政议政的程度还不够深入，这就要求我们要把培养选拔妇女干部工作作为干部队伍建设的重要内容，按照同等条件下优先使用原则和适应各级领导班子建设的要求，紧紧抓住干部调整、机构改革、镇级班子换届等机遇，大胆选拔任用妇女干部并充实到各级领导班子中，逐步改善和优化领导班子结构，让广大妇女干部在适合的岗位上发挥出更大的作用。

展现女性素质之韵。家庭主妇是每个家庭的灵魂和精神支柱。每一个女性，无论事业成就高低与否，婚姻与家庭始终是她们心灵的归宿和情感的寄托，始终是她们展现素质、实现人生价值的舞台。展现好主妇的素质。家庭是社会的节点，构建和谐长乐，首先就要保证每个家庭都有一个和谐稳定的家庭氛围，建设海西省会窗口生态城市，首先就要通过每个家庭境况的生机勃勃为长乐的城市建设强基固础、添砖加瓦，而这一切，都离不开每个家庭主妇的悉心照料和无私奉献。在漫长的历史岁月中，长乐妇女就已经向世人很好地展示了她们作为家庭主妇的良好素质，靠着“三粒”（番薯、龙眼、海蚌）的微薄收入和耕读传家的坚定执着，以及地方文化中特有的顽强与拼搏精神，她们硬是在艰难困苦的生活状态下培养出了955名进士。如今，长乐作为著名侨乡、改革开放的前沿阵地、海西先行的窗口城市，长乐妇女应该将这种好主妇的传统与素质继承好、弘扬好、展现好。展现廉内助的素质。家庭可能是温馨的港湾，也可能是形成犯罪、悔恨终生的起点。事业成功的男性家庭中，总是有一名贤惠的女性在默默为其助力；贪污腐化的领导干部，沉沦堕落往往从其家庭内部开始。夫妻之间的相互影响和帮助，对于党员干部预防和抵制腐败具有不可替代的作用。充分发挥这种特殊作用，筑牢反腐倡廉的家庭防线，妇女同志的职责重要、意义重大。当好廉内助，当好家庭廉洁的守门员、监督员，这是党和政府对广大妇女的重托和殷切期望。大量正反两方面的典型事例表明，领导干部廉政与否，与其家庭有着深刻和千丝万缕的联系。妇女同志应该与丈夫和家人共同进步、共同成长，用实际行动和真情力量与配偶互相支持，不以领导干部配偶的身份去谋取私利，不因眼前利益而毁掉整个家庭的长远幸福。展现好邻里的素质。“远亲不如近邻”，说明邻里和睦相处确实非常重要，然而，随着城市化进程的不断深入推进，人口的流动性加大，再加上繁忙的社会工作，城市社区邻里之间接触交流的机会越来越少，人际关系日趋陌生冷淡。在促进社区质量提高以及和谐氛围构建方面，妇女群体的能量具有无可替代的现实意义。在日常生活中，广大妇女要与邻里友好交往，经常嘘寒问暖、倾力帮助，沟通邻里间的亲密关系，使自己的家庭拥有更多的朋友。要有更多的谦虚精神，多学习左邻右舍在持家、教子、处事以及他们家庭成员间的恩爱、生产、经营等方面的好经验、好方法，并学以致用，使自己的家庭更加美满和谐。遇到分歧和争执时，也要尽力保持冷静大度的心态，不要去深究对错，不要为蝇头小利或一时意气而伤了邻里和气。

凸现文化雅质之韵。进入时代的新世纪和发展的新时期，妇女群体在社会群体中的作用越来越重要，妇女文化建设在社会主义文化建设和文明建设中的地位得到了跨越性的提升。在培育妇女文化、生活方式以及文化形态时，要着重朝着优秀和先进的方向，凸现出长乐妇女的特色与雅质。传导优秀的妇女文化。妇女文化涵盖广泛，包括了妇女运动、女性人物、女性书籍、生育文化、婚嫁文化、家庭文化等。中国五千年的文明史孕育了极为优质的、并具有中国特色的妇女文化。新中国成立后，伴随着社会主义革命以及改革开放，中国传统妇女文化与社会主义妇女运动有机地结合起来，迸发出了巨大的能量，为新时期的中国女性开阔了视野、树立了信心，提供了干事创业的无尽动力。作为中国妇女文化的一个组成部分，长乐妇女文化也拥有着自身的独特魅力，在长乐的各个历史阶段，它始终能够紧扣时代脉搏、紧随发展步伐，默默地维系着一方建设。现今，我们许多重点工作都与妇女工作息息相关，比如社会家庭与婚姻质量、计划生育工作、留守儿童教育、留守老人赡养等，我们要更加深入地挖掘优秀妇女文化，并对广大长乐妇女强化传导，用文化的手段解决业已存在的现实问题与矛盾。注重文明的生活方式。社会活动归根到底是人的活动，养成健康文明的生活方式，保持积极向上的生存状态，对于每个社会人的发展以及社会的发展都是至关重要的。这几年，随着长乐城市化进程以及社会主义物质文明、精神文明建设的不断加快，尽管市民的生活条件和生活方式有了较大幅度的改善，但由于经济状况、地缘文化、思想观念等方面的特殊原因，传统承袭与前期发展所遗留下来的各种硬伤和顽疾始终没有得到彻底根除。妇女是否拥有好的生活习惯和方式，不仅决定着自己，同时也影响着家庭成员。现阶段，在全市范围内，特别是农村地区，妇女群体已经成为社会生活的主流，扮演着越来越重要的角色。因此，要利用各自资源向广大妇女大力倡导学习科学文化、加强身体锻炼等健康优质的生活方式，促使她们摒弃婚丧喜庆时乐于搞封建迷信的陈腐风俗，帮助她们戒除赌博、铺张等不良嗜好。培育先进的文化形态。文化影响人们的世界观、人生观、价值观，进而影响人们的行为。它直接反映着一个地区的基本性质、政治倾向、健康程度和进步水准。文化受经济基础所决定，却又相对独立，文化的发展与生产力的发展水平并不总是完全同步的。长乐发展至今，在物质经济水平上已经达到了一个相对较高的层次。近年来，从社会各个层面所反映出来的各种问题，实际上就是经济水平与文化水平相脱节造成的。我们应该沉下心来，把工作重心与视线适当地往文化建设上聚拢，让文化的发展始终紧随经济的发展，始终服务于经济的发展。妇女是文化形态的重要建设者和传播者，要让妇女成为长乐文化建设的生力军和排头兵，就要不断以当代先进文化形态充实妇女群体，在全市妇女中塑造正确的世界观、人生观、价值观，防止她们因思想空虚、精神生活贫乏，思维方式和思想观念发生扭曲，进而导致生活腐化堕落，影响到全市文化建设和文明建设的大局。

（2008 年 10 月 14 日）

童　韵

少年儿童是民族的未来。对一个国家、一个地区而言，做好关心下一代工作、呵护少年儿童健康成长都是重中之重。为此，我们必须以从“一”而终的“童韵”理念，把关心少年儿童健康成长放在心上。

立一心一意之“童韵”。只有认清关心下一代工作的重要意义、关心下一代工作委员的职能定位，以及当前青少年存在的问题，才能加强做好关心下一代工作的责任感和紧迫感，从而一心一意地做好关心下一代工作。认清意义，急党政之所急。当前，西方敌对势力加紧对我国实施西化、分化的政治图谋始终没有改变，而且在策略上、手法上又有新的发展。他们转向利用各种现代化文化传播渠道，千方百计地进行渗透，与我们争夺阵地、争夺青少年。在国内，随着社会主义市场经济的发展，各种社会思潮相互交织，个人主义、拜金主义、享乐主义不可避免地在一部分青少年中滋生蔓延。培养和造就一大批合格的社会主义事业接班人和建设者是各级党委、政府心头和案头的大事、急事。为此，关工委一定要充分认识做好新时期关心下一代工作的重要性，怀着感情、带着责任，积极协助各级党委、政府做好工作，为关心下一代事业的深入发展做出新的贡献。认清问题，解青少年之所需。只有把青少年思想上的难点、学习上的难题、生活上的难处，作为各级关工委工作的立足点和出发点，才能促使关心下一代工作开展得更加富有成效。为此，各级关工委组织要牢固树立服务观念，想青少年之所想、解青少年之所需，紧紧抓住广大青少年学习、成长、就业等各个环节最关心、最现实、最直接的问题，想方设法为他们办实事、做好事、解难事。要及时了解广大青少年的所思、所想、所盼，认真研究当代青少年身心发展的新特点、新变化，积极探索关心下一代工作的新规律、新方法，不断增强工作的针对性和实效性。既要关心他们的学习，又要关心他们的生活；既要关心他们的思想，又要关心他们的身体；既要关心他们的普遍利益，又要关心他们的特殊需要。认清职能，扬关工委之所长。关工委是在党委领导下，以广大离退休老同志为主体，有现职同志参加，开展关心教育下一代的群众性工作组织，是党和政府在青少年教育方面的参谋和助手。关工委不是可有可无的临时机构，而是党委领导之下肩负重任的群众性工作组织，各级关工委和广大“五老”志愿者对此要有清晰的认识。过去几年的工作实践也证明了，长乐市关工委及广大关心下一代工作的工作者是一支值得各级党委、政府信赖和托付的队伍，为长乐关心下一代工作事业做出了卓有成效的努力和贡献。希望全市各级关工委组织要一如既往地认清职能、履行职责，坚持正确的理念，保持积极的心态，扬关工委之长，不断创新活动形式，扎实有效地做好工作，把长乐关心下一代工作做得更好。

立一学一践之“童韵”。学习是实践的前提，实践是学习的目的。要做好关心下一代的工作，就必须与时俱进，在学习中实践，在实践中再学习，从而发挥好各级关工委的作用，开创关心下一代工作的新局面。坚持用科学发展观来统领。关心下一代工作是教育培养人的工作，需要坚持以人为本；关心下一代工作是百年大计，需要健康持续发展；关心下一代工作是为了促进青少年全面发展、健康成长，更需要全面协调和统筹兼顾。为此，我们要坚持用科学发展观来统领关工委工作。在实践过程中，要认真研究如何用科学发展观的思维分析青少年成长中面临的新情况，用科学发展观的办法解决青少年前进中遇到的新问题，进一步解放思想、与时俱进，改进工作中不适应发展形势的方法、体制和机制，努力把科学发展观的要求转化为促进关工委工作科学发展的思路，落实到各项具体工作中。坚持用社会主义核心价值观来引领。把广大青少年培养、教育成为中国特色社会主义事业的合格建设者和可靠的接班人，是关工委的工作内容与重点。这就决定了在工作过程中，要坚持用社会主义核心价值观来引领青少年的思想。为此，各级关工委组织要按照社会主义核心价值体系的四项基本内容和实践要求，坚持不懈地用马克思主义中国化的最新成果武装青少年，用建设中国特色社会主义的共同理想激励青少年，用以爱国主义为核心的民族精神和以改革开放为核心的时代精神教育青少年，用社会主义荣辱观规范青少年，引导广大青少年常怀爱国之心、常思报国之举，坚定不移地拥护党、心向党、跟党走，争做社会主义核心价值观的弘扬者和实践者。坚持用创新意识来带领。创新是事物发展的力量源泉和根本动力，没有创新就没有发展。做好关心下一代工作，需要全市各级关工委组织认真学习、运用先进的教育理论成果，认真分析当代青少年身心发展的特点，认真研究青少年成长环境的新变化，不断增强关心下一代工作的创造力和实效性。为此，在工作中，全市各级关工委组织要经常深入青少年中间，了解他们的思想状况和行为特点，深入思考关心下一代工作应该“关心什么”“怎样关心”等重要问题，研究当前青少年“需要什么”“怎样引导”等课题，把先进地区的好经验、好做法和长乐实际情况有机结合起来，勇于探索、大胆创新，努力寻找适合本地实际的工作方式方法，切实把关心下一代工作落到实处。

立一老一少之“童韵”。“家有一老，如有一宝”，老干部、老战士、老专家、老教师、老模范等老同志是一支对未成年人有着极大说服力和极强影响力的特殊社会群体。工作中，我们要充分发挥“五老”优势，促使长乐更好地开展关心下一代工作。发挥“五老”的政治优势，以老育少。“五老”在长期的革命斗争和社会主义现代化建设中，养成了坚定的理想信念、优良的革命传统、崇高的精神风范以及对党的事业忠心耿耿。在广大青少年心目中，“五老”是令人敬重的长者，是人生的榜样和楷模，对青少年能起到潜移默化的影响和润物细无声的凝聚作用。请老同志讲理想、讲信念、讲传统、讲人生、讲奉献，更容易让青少年理解接受，更容易对他们的人生产生重大影响。为此，我们要充分发挥“五老”的政治优势，通过理想信念教育，宣讲革命传统、英雄故事，让青少年从小就树立爱国理想，从而爱党、爱国、爱人民、爱社会主义事业。发挥“五老”

的亲情优势，以老爱少。从感情上来讲，老同志与孩子是隔代亲，像爷爷、奶奶对孙辈那样的呵护和关怀。这种老少之间的亲情关系，不是溺爱、放纵，而是从政治上爱护、从学习上帮助、从生活上关心，与孩子间形成“不是亲人，胜似亲人”的亲密关系。为此，我们要充分利用“五老”的亲情优势，在全市范围内进一步浓厚关心爱护青少年的氛围，形成一个人人爱护青少年、人人关心青少年成长的局面。在工作中，要把广大“五老”同志组织和发动起来，通过开展“夕阳托朝阳、朝阳映夕阳”活动，促进老少互动、双向关爱，实实在在地为周围的青少年解决思想问题、心理问题以及在学习生活中遇到的实际问题，消除不和谐因素。发挥“五老”的经验优势，以老带少。在几十年革命和社会主义建设实践中，“五老”积累了丰富经验和聪明才智。不同的工作岗位，让他们有着各自不同的长处，有的长于教育，有的长于科技，有的长于思想政治工作，有的长于文化艺术活动，等等。我们要充分发挥“五老”的这些经验和长处，引导青少年学法、懂法、守法、护法，使他们懂得什么是违法、怎样做是正确、怎样做是错误，从而使青少年做到忠心献给祖国、爱心献给社会、关心献给他人、孝心献给父母、信心献给自己，真正做到在学校是好学生、在家是好孩子、在社会是合格小公民。

立一地一特之“童韵”。一个城市的发展程度以及文化氛围对青少年群体的世界观、人生观、价值观的形成有着深远的影响。长乐作为有着千年文化底蕴的城市，关心下一代工作在借鉴他人经验的同时，更重要的是要根据自身实际，不断探索、改进工作的方式方法。发挥优势。城市文化和城市精神并不是被赋予甚或是强加的，一定是生活在这片土地上的人们在发展过程中形成的群体共识。同时，文化的熏陶和品德的铸造在青少年这个人生的关键阶段是极为重要的，拥有乐观包容的性格和吃苦耐劳的品格更是决定着一个人是否有所成就、对社会是否有所贡献。对于长乐的关心下一代工作来说，大爱开明的大爱文化和坚忍拼搏的城市精神都是弥足珍贵的活力源泉，我们一定要想方设法地探索适当方式，将自身文化优势资源开发好、引导好、利用好，把弘扬优良的传统文化、地域文化、时代文化与关心下一代工作结合起来，推动长乐关心下一代工作不断出新的成绩、上新的高度。建好基地。青少年教育基地是学校、家庭、社会三者结合教育的重要纽带和载体。多年来的经济发展和文化建设，为长乐留下了极为丰富的设施资源。在各种文化设施中，我们既拥有弘扬地方文化的航海馆、武术馆等，也有铭记祖辈事迹的进士馆、将军馆等，更有传递环保意识和崇尚自然精神的董奉山国家森林公园和闽江口国家湿地公园。然而这么多好的载体，在长乐的青少年教育培养工作中却没有得到充分利用。在今后的工作中，一定要加强青少年教育与城市文化设施的有效结合。此外，要进一步办好家长学校，搞好家庭教育，帮助广大家长树立为国教子、以德育人思想，加强自我约束，重视言传身教，争当合格家长，培养合格人才。形成特色。一项工作要实现长期长效，就一定要突出特色、具有针对性。青少年是处于变化期的群体，随着时代的发展，在不同时期会呈现出不同的特质和突出问题。关工委要针对这些情况开展经常性的调研和分析，不断细化工作，努力探索解决长乐青少年群体中因年龄段、学龄段以及性别差异所产生的各种实际问题的有效方法。就目前来看，留守儿童的教育引导工作始终是长乐青少年教育中的重点和难点。这些孩子大多是在爷爷奶奶的溺爱和父辈源源不断的侨汇中成长，过度放任的自由和物质满足不可避免地造成了自控能力和独立意识的缺失。在关心下一代工作中，就要将这部分群体作为重点课题加强调研。

立一枝一叶之“童韵”。长乐是棵郁郁葱葱的大树，每位长乐子弟都是大树上的枝叶。青少年时期是人生的起步阶段，具有很强的可塑性。特别是当代青少年生活在市场经济条件下，从思想到生活方式都更具多样性，引导他们走好走正人生道路至关重要。关爱失学。长乐经济较为发达，基础教育体系也较为完整，本地居民的经济条件基本都能够比较顺利地将自己家的孩子供到大学，因此长乐的失学率一直控制在极低的水平。但我们也不能忽略社会教育中的弱势群体，尤其是经济越是发达，就越是容易造成贫富悬殊，少部分贫困家庭的青少年就越是容易被忽视和边缘化。对于这些孩子的失学问题，关工委要予以更多的重视和关爱。对于社会弱势群体来说，孩子就是家庭的希望，而失学对于孩子和家庭所造成的伤害是百分之百的。要做好贫困学生的帮扶工作，广泛开展“一助一”“多助一”结对帮扶等活动，探索建立“关爱基金”，动员社会各界为贫困学生、失学儿童奉献爱心，帮助他们完成学业，以此努力促进和维护长乐的教育公平与社会和谐。关怀失范。长乐的文化传统历来是重视教育的，然而随着经济的发展和物质生活的日益富足，外来以及自身形成的一部分腐朽、消极的文化和观念也逐渐威胁着长乐青少年群体的健康成长。同时作为“家庭老师”的家长也由于社交、工作或是其他各种原因，用在孩子的培养上的时间少了，出现了管教方式单一或是只注重学历培养而不注重品德培养的情况，也因而在社会上形成了一定规模的问题学生和问题青年。关工委要充分重视这一部分青少年的帮教和挽救工作，对有心理问题的青少年及时进行疏导，引导他们形成良好的心理素质。同时加强与这些家庭的联系，进行有针对性的分析和指导，帮助家长走出子女教育的困境，帮助问题青少年走出人生成长的误区。关注失足。目前，长乐未成年人违法犯罪仍有上升趋势，对社会安定造成很大隐患。各级关工委组织要协调配合有关部门做好《中华人民共和国未成年人保护法》《中华人民共和国预防未成年人犯罪法》等相关法律法规的宣传工作，引导青少年提高法律意识、增强法制观念。与此同时，这些失足青少年也急需社会的帮扶和教育。要做好对青少年犯罪案件的司法审判和惩罚执行的监督工作，切实维护失足青少年的合法权益。要发挥“五老”的作用，协助有关部门切实做好社区矫正对象、刑释解教青年、社会闲散青少年的教育管理和就业安置工作，使这部分青少年尽快走上正确的人生道路。要主动深入研究青少年的各类违法犯罪行为，努力从个性中找出共性，从共性中找出重点，从重点中找出突破口，开展集中教育、集中预防，形成从源头上预防青少年犯罪的坚固屏障。

立一任一责之“童韵”。青少年是党和国家的未来、民族复兴的希望，关心青少年就是关心未来，就是关心党和国家的前途和命运。关心下一代工作，是一项长期而艰巨的任务，不可能“毕其功于一役”，必须树立“长期作战，一任接着一任干”的责任意识。凸显党政责任。长乐经济社会各项事业才刚刚起步，还要靠青少年一代来接班建设。他们的思想道德状况，直接关系到长乐未来的发展空间和程度。关心下一代健康成长，抓好下一代的教育培养工作，提高青少年思想道德素质，造就高素质的劳动者、专业人才和创新人才，是我们义不容辞的责任。各级党委、政府要进一步重视关心下一代工作，将其纳入经济社会发展总体规划，千方百计帮助、支持关工委工作，尽力为他们解决实际困难和问题。分管领导要定期听取工作汇报，研究问题，经常征求关工委的意见、建议，及时通报有关情况。要加强各级关工组织领导班子建设。组织部门要安排部分退居二线的干部和动员部分年龄相对较轻、精力充沛、热心关工委工作的退休干部到关工委领导班子中来，配齐配强工作人员，确保关工委更好地开展工作。凝聚社会责任。关心下一代工作需要全社会的共同参与和支持。各级关工组织要加强与有关部门的联系，协调各方面力量共同做好关心下一代工作。各成员单位都要从各自职能特点出发，扎扎实实、尽心尽力为关心下一代工作办实事、解难题，各尽所能，各尽其力。工、青、妇等群团组织要充分发挥作用，积极为关工委开展工作搭建舞台、创造条件。教育行政主管部门和中小学校，要充分发挥好在教育引导青少年健康成长中的主体作用，积极支持各级关工委的工作。各级文化、科技、政法、劳动、财政等部门、单位都要齐心协力、密切配合，为关心下一代工作做出贡献。各相关部门、各主要负责同志都要把关心下一代工作当作分内事，真情关怀，真心支持，真抓实干，为关工委工作提供更好的条件。各级新闻媒体要积极宣传关心下一代工作，努力营造全社会重视、支持关心下一代工作的良好氛围。履行自身责任。各级关工委组织要进一步增强政治意识、大局意识、责任意识，加强自身学习，不断提高理论素养，积极创建学习型、服务型、创新型组织。要深入青少年当中去，了解、研究当代青少年的思想动向、心理特征和成长规律，使各项工作更富有针对性和实效性。要加强对在职干部的管理、培养、交流和使用，提高他们的思想、业务素质，努力造就一支政治强、业务精、纪律严、作风正的专职干部队伍，不断激发工作的活力。关心下一代工作的重点在基层，关工委要着重加强组织建设，进一步健全完善由市、乡镇（街道）以及市直有关部门组成的关工组织体系的主体结构，并努力继续扩大覆盖面，争取将关工事业向农村地区、民营企业等基层延伸，真正建立起纵到底、横到边的组织网络，为长乐顺利开展关心下一代工作奠定坚实的组织基础。

（2009 年 3 月 13 日）

德　韵

以德为先，创建文明城市。长乐广大干部群众投入了巨大的热忱与热情，并着眼于长乐经济社会发展的特点与趋势，结合文明城市创建的目标与要求，创新性地提出了文明创建"六个态"的"德韵"理念以及可操作可践履的目标与机制。

让"德韵"铸造政治生态。近年来长乐市党风政风和社会风气进一步好转，人心思进、人心思上成为主流。但是，我们也清楚地看到，"1·31"特大火灾事故背后折射出的是个别政府部门和公务人员的腐败现象。因此，各级领导干部必须大力弘扬政治清明之风。"风正气顺、人和业兴"的政治生态文明是长乐这些年得以持续发展的基础。在当前发展面临转折与困难的关键时期，各级领导班子和干部队伍只有弘扬政治清明之风，讲团结、讲奉献、讲正气，才能凝聚成推动发展的强大合力。必须大力弘扬作风清新之风。牢固树立和进一步强化公仆意识，在勤政务实上做好表率，真诚倾听群众呼声，真实反映群众愿望，真心关心群众疾苦，积极作为，多为群众办好事、办实事，开拓创新，真抓实干，真正做到权为民所用、情为民所系、利为民所谋。必须大力弘扬清正廉洁之风。常修为官之德，心不贪，手不伸，坚持严于律己，用党的纪律约束自己，管好家属子女，管好身边工作人员，在依法行政上做好表率，既不能失职"缺位"，又不能越权"错位"。

让"德韵"铸造经济形态。建设文明城市，发展经济是前提。在文明城市创建的全过程中，长乐正确处理好物质文明建设与精神文明建设的关系，把"大爱开明、能拼会赢"的长乐精神融入经济建设中，展示长乐经济平稳较快发展的良好形态。借助文明创建激发经济发展活力。这些年，长乐主动融入海西"两个先行区"建设中，注重发挥自身优势与特点，以"回归工程"为载体，不断激发经济发展活力，区域经济得到了长足发展。同时，我们也深刻意识到，战胜和克服当前面临的危机，更需要激发政府、社会与企业的活力，持续推进经济的平稳较快发展，确保长乐“打基础、挑大梁、树形象、走前头、做表率”作用的发挥。借助文明创建彰显经济发展魅力。近年来，长乐以完善城乡基础设施建设为突破口，逐步提升城乡一体化水平，努力打造“半小时经济圈”，既增强了城市的辐射力，又焕发了城市经济的独特魅力，尤其是吸引了大量的人流、物流、资金流；在巩固第一产业、提升第二产业、壮大第三产业的同时，持续稳固了长乐在“全国百强”“福建十强”的地位，使长乐的对外知名度更高了、形象更美了。借助文明创建展现经济发展实力。长乐民间资金丰富，仅2008年全市流量资金就有近3000亿元，这是长乐的特色，也是长乐的实力。在金融危机之下，把这股强大的实力发挥好、引导好，对于创建文明城市、克服金融危机、维护经济形态都具有重要的意义和重大的作用。

让“德韵”铸造文化常态。在创建文明城市的过程中，长乐十分强调文化常态的建设，致力于让长乐悠久的大爱文化和独特的人文个性、风格情调得以凸显。着力加强文明建设。充分发挥先进文化的引导、辐射和带动作用，着重抓好文明创建亮点的培育，使之成为一个方向、一种示范、一股动力，带动城乡文化事业的共建共享，逐步塑造和提升城市的整体文明品位，使更多的群众真正享受到文明发展的成果。着力培育文化气息。不断加强公共文化设施建设，将其纳入城市发展和新农村建设规划，精心打造文化场馆和各类文化主题公园，以此为载体推动社区文化、村镇文化、校园文化、企业文化、家庭文化的繁荣发展。着力倡导文雅行为。引导广大市民积极参与创建文明城市活动，从自身做起、从现在做起、从小事做起，说文明话、走文明路、行文明车、办文明事、做文明人，自觉养成文雅的行为习惯，使创建文明城市这项工作具有实实在在的意义。

让“德韵”铸造社会世态。城市的文明说到底就是市民的文明。因此，长乐十分注重通过深入开展群众性精神文明创建活动，使每一个长乐人都成为做事大气、胸怀大度、情系大爱的城市代言人，让城市时时处处开遍文明之花。做事大气。虽然创建过程历经曲折，但创建省级文明城市、先进城市的标准没有降低、措施没有放松、信心没有减弱。按照创建文明城市的标准来高度对待、深度衡量和广度比较，切实巩固和提升创建文明城市的成果，充分展示长乐人的胸襟与大气。胸怀大度。创建文明城市要虚怀若谷、听取各方面意见，善于求同存异，把精力放在谋划事业和发展上。为此，长乐紧扣文明城市测评体系，继续加大整改力度，对一些带有普遍性、易反弹的重点难点问题，切实做好整改。情系大爱。大力弘扬“大爱开明、能拼会赢”的长乐精神，以高昂的精神状态迎接文明城市考评检查，展示长乐城市的良好形象，并把这种精神融入经济发展与社会建设的方方面面。

让“德韵”铸造百姓仪态。创建文明城市最根本的任务就是培育人、塑造人，全面提高市民的素质。所以，长乐把提升市民素质、展现市民的文明仪态作为创建的重要目标，使创建的过程成为教育人、引导人、塑造人的过程。文明生活。通过抓教育提高、抓行为规范、抓示范引导，切实解决少数群众中存在的道德观念淡薄、守法意识不强、善恶界限混淆、诚信规范缺失等突出问题，使广大市民树立文明、健康、科学的生活方式，养成良好的生活习惯，引导全社会形成热爱祖国、遵纪守法、诚实守信、知书达礼的精神风貌和行为规范。科学生产。继续从城乡一体的角度来规划农村基础设施建设，推动交通、供水、电力、通信等城市基础设施网络向农村延伸、向乡村覆盖，实现文明创建与发展生产共同推动、共同实现。围绕“资源节约、环境友好”的目标，大力开展环境整治与工业污染的治理，实现持续发展。保护生态。按照“生态优先、宜居为重”的思路推进文明建设，创造更加有利于人类生存发展的生态环境，从而推动文明创建向更高层次发展。

让“德韵”铸造精神状态。加强领导，精心组织，落实责任，齐抓共管，是创建工作全面顺利开展的有效方法和重要保证。为此，要以崭新的精神状态，不断创新工作机制，为创建文明城市工作提供有力保障。落实责任确保不迷茫。努力健全党委统一领导、党政主要领导亲自抓、各级各部门密切配合的创建领导体制，各级各部门特别是主要负责同志树立大局意识，强化对创建工作的组织领导，带头履行职责，带头搞好协调，带头推进落实，确保政令畅通、高效运作，确保各项工作扎实有序地推进。广泛参与确保不迷失。充分调动干部群众参与创建的积极性和创造性，激发群众投身创建的智慧和热情，营造群众性创建的良好氛围，使全市人民的思想和行动自觉地统一到创建文明城市工作上来，使广大机关干部、企事业职工、社区居民、农村群众、学校学生、部队官兵等都积极行动起来，人人争做文明城市的使者。跟踪督查确保不迷惘。及时跟踪督办创建活动的进展情况，对措施不力、行动迟缓、推诿扯皮，影响全市创建整体效果和整体进度的责任单位与领导，给予批评教育，限期整改，问题突出的追究责任。量化分解工作指标，建立督促检查的反馈制度，做到工作有人抓、任务有人落实、问题有人解决。

（2009 年 3 月 18 日）

后　记

《脉望乡韵》与作者已出版的《脉动乡土福州》《闽韵乡风》共同构成的“闽乡愁三部曲”，如今得以完整地呈现给读者。

习近平总书记曾多次提到“乡愁”：“乡愁是什么意思呢？就是你离开了这个地方会想念这个地方。”中华文化是乡愁的“根”。“留得住青山绿水，记得住乡愁。”这是作者撰写“闽乡愁三部曲”的初衷。“悠悠天宇旷，切切故乡情。”作者作为“生于斯，长于斯，成于斯”的福州人，对这片土地爱得深沉，其对乡愁文化的抒写，饱含着他的热爱、热情、热念。

“闽乡愁三部曲”中，2014 年出版的《脉动乡土福州》，书写了 54 个福州乡土之“脉”，从天脉、地脉、山脉、水脉、城脉、根脉、文脉等不同的脉络着眼，带读者共飨福州乡土文化的历史形态、领略福州乡土文化的自然形态、审视福州乡土文化的城市形态、感悟福州乡土文化的人文形态、追寻福州乡土文化的教育形态、展望福州乡土文化的未来形态。2021 年出版的《闽韵乡风》，用“漫话”这一动词为“题眼”，解读八闽大地之历史人文精华，可谓“于斯竞呈异彩”，展现出八闽大地的独特历史、厚重文化以及人情风俗的变迁。这本《脉望乡韵》以 81 个“韵”为“眼”记叙了长乐作为福山宝地“三山六水一分田”的地缘形态，作为海滨邹鲁的耕读文化传承，作为文献名邦的多个学科领域百花齐放，作为大爱开明的能拼会赢经济强地，以及作为滨海新城的未来城区展望。

作者从八闽地域不同角度，为读者解读乡愁文化提供了不同的样式、启发与思考。是为记。

编者

2023 年 2 月